1960년대편 **1**권
한국현대사산책

1960년대편 **1**권 개정증보판

한국 현대사 산책
4·19 혁명에서 3선 개헌까지

강준만 지음

머리말
'기회주의 공화국'의 탄생

기회주의의 다양한 얼굴

　기회주의란 무엇인가? 우문愚問일 수도 있다. 한국 사회에서 아마도 이 말처럼 자주 쓰이면서 많이 타락한 단어도 없을 것이기 때문이다. 누구건 그 이름을 대보라. 그 사람을 싫어하는 사람들은 그 사람이 기회주의자라는 이유를 10개도 넘게 댈 것이다. 기회주의라는 단어는 그저 싫어하는 사람을 공격하기 위한 딱지로 전락하고 말았다. 그래서 기회주의는 존재하지 않는 것인가? 그렇진 않다. 기회주의라는 말의 타락은 한국 사회에 그만큼 기회주의가 난무한다는 걸 말해주는 것이다.
　『국어사전』의 정의에 따르자면, 기회주의란 '어떤 일에서 종국의 목표를 위해 철저하지 못하고 정세에 따라 기회를 관망하고 지조 없이 편의적으로 행동하는 경향'을 의미한다. 이론의 결핍과 행동의 돌변이 그 특징으로 지적된다. 따라서 기회주의자란 일정한 신념이나 주관이 없이, 그때그때의 형편에 따라서 되는 대로 행동하는 사람을 가리킨다고 말할 수 있다.

그러나 이 정도의 정의론 현실 세계에서 기회주의자를 판별해내기가 쉽지 않다. 기회주의의 종류도 여러 가지라 하나로 싸잡아 말하기도 어렵다. 동인動因은 사적 이익을 추구하기 위한 것일 수도 있고 공적 이익을 추구하기 위한 것일 수도 있다. 결과 중심으로 누구의 관점에 서느냐에 따라 '긍정적 기회주의'와 '부정적 기회주의'로 구분할 수도 있다. 기회주의의 성과 획득에서 '거시적 기회주의'와 '미시적 기회주의'로 나눌 수도 있고, 방관을 겸한 대세 추종이냐 참여 또는 개입이냐에 따라 '소극적 기회주의'와 '적극적 기회주의'로 나눌 수도 있다.

어디 그뿐인가? 겸양의 뜻으로 자신에게 '기회주의' 딱지를 붙이는 사람들도 있고, 이념에서부터 행태에 이르기까지 다양한 영역과 용도에 기회주의라는 말이 사용되고 있기 때문에 '교통정리'를 한다는 게 영 쉽지 않다.

보수주의 경제학자 프리드리히 하이에크Friedrich Hayek, 1899~1992는 자신이 보수주의자가 아니라는 걸 역설하면서 보수주의는 자신이 지향하는 이상적 사회형태에 대한 지식과 신념이 결여되어 있기 때문에 그들의 정치적 성향의 밑바닥에는 기회주의가 깔려 있다고 말한다.[1] 당연하다. 비단 보수주의자만 그런 게 아니다. 보수주의자에게 정열이 결여되어 있을 가능성이 높긴 하지만, 이건 원초적으로 정열의 문제이기도 하다. 평소 이래야 한다고 역설하던 사람의 선택과 이래도 좋고 저래도 좋다고 생각하던 사람의 선택이 같은 무게를 가질 수는 없다. 후자의 사람에게 기회주의라는 딱지는 별로 어울리지 않는다.

기회주의는 인간 본성을 어떻게 볼 것인가 하는 문제이기도 하다. 보수주의는 인간의 본성이 원래 기회주의적인 것이라고 본다. 애초부터 사회정의가 설 땅은 아예 없거나 매우 좁다고 본다. 영국의 전 총리 마거릿 대처Margaret Thatcher, 1925~2013의 주장에 따르자면, "사회 같은 것은 없다. 하나하나의 남자와 여자가 있으며 그리고 가족이 있을 뿐이다".[2]

기회주의는 다분히 관계적 개념이며 사회적 개념이다. 보수주의적 관점에서 기회주의는 생존경쟁 체제에서 개인적 행태 차원의 것으로 축소된다. 그러나 뜨거운 정열을 갖고 있는 보수주의자, 주로 극우파에겐 이야기가 달라진다. 그들은 좌파만큼 뜨겁거나 그들보다 더 뜨겁다. 그래서 그들에겐 기회주의가 용납하기 어려운 초미의 관심사가 된다.

기회주의가 난무할 수밖에 없는 이유

여기서 기회주의에 대한 교통정리를 해보려는 건 아니다. 기회주의는 한국적 삶의 조건일 수 있다는 데에 주목해보자는 것이다. "출세한 사람치고 기회주의자 아닌 자 없다"[3]는 속설은 한국 사회가 '기회주의의 천국'이었음을 말해주는 게 아닌가? 그래서 기회주의에 대해 너그러워지자는 이야기를 하려는 게 아니다. 기회주의적 처신을 둘러싼 역사적·사회적 조건과 배경을 제대로 이해할 때에 비로소 기회주의에 대한 감식안을 갖게 되리라는 것이다. 그래야 악성의 기회주의에 놀아나거나 휘둘리는 최악의 상황도 피해갈 수 있을 것이다. 한국 사회엔 기회주의가 난무할 수밖에 없는 몇 가지 역사적·사회적 이유가 있다.

첫째, 역사의 격랑이다. 지배 세력도 자주 바뀌는 데다 반대 세력의 저항이 만만치 않은 상황에서 모두가 다 지배 세력의 일원이 되거나 목숨을 걸고 싸우는 투사가 될 수는 없으니 일반 민중의 처지에서도 기회주의는 불가피한 점이 있었다.

둘째, 압축적 근대화와 그에 따른 '역사의 지체' 현상이다. 한국 사회의 발전은 각 부문간 극심한 괴리를 전제로 하여 이루어졌다. 부문간 불균형은 그 자체로서도 그렇지만 그걸 시정하려는 노력에서도 불연속적 변화를 수반하기 마련이다.

셋째, 과도한 외부 환경의 영향이다. 이는 지정학적인 것에서부터 학술적인 것에 이르기까지 바깥바람을 많이 탈 수밖에 없다는 걸 의미한다. 그러니 내부의 일관된 흐름이나 신조가 별 힘을 쓰지도 못하거니와 힘을 갖기도 어렵다.

넷째, 공적 영역에 대한 불신이다. 민중의 공적 영역에 대한 기억은 착취일 뿐 그것에 삶을 의탁할 만한 신뢰를 가질 수 없었다. '잿더미'에서 일어난 한국 경제의 놀라운 발전 자체가 공적 영역은 여전히 폭압과 감시의 주체로 선 가운데 '만인에 대한 만인의 투쟁' 방식에 의해 이루어졌다.

다섯째, 한국의 독특한 '소용돌이 문화'다. 소용돌이란 무엇인가? 그건 어느 한곳을 향해 맹렬한 기세로 돌진하는 모습과 힘을 가리킨다. 브레이크가 없다. 극단으로 치닫고야 만다. 소용돌이에 말려들면 빠져나오는 게 불가능하다. 자주 쓰이는 '전쟁의 소용돌이' 운운하는 표현을 생각해보라. 평화로운 때라고 해서 소용돌이가 없는 게 아니다. 입시 전쟁도 소용돌이 현상이요 유행이니 신드롬이니 하는 것도 소용돌이 현상이다. 월드컵 열기도 소용돌이 현상이요 세상을 들썩이게 만든 선거도 소용돌이 현상이었다. 좋건 나쁘건, 이 모든 현상은 '중앙과 정상을 향한 맹렬한 돌진'이라고 하는 점에선 똑같은 것이다. 그런데 왜 이런 현상이 나타나게 되었을까?

한국의 '소용돌이 문화'

한국은 대단히 동질적인 사회다. '단일민족'이라고 좋게만 볼 일은 아니다. 동질적인 사회는 이질적인 사회에 비해 위계질서에 대한 집착이 강하다. '서로 다르다'고 인정하는 게 아니라 반드시 서열과 우열을 따져야만 직성이 풀린다. 가치 체계에서도 그러하다. 한국은 중앙 집중성이 매우 강한 사회다. 그 이유로 강력한 중앙집권체제를 유지했던 조선 500년의 역사와 더불어 지정학적 구조를 지적하는 사람이 많다. 삼면이 바다로 둘러싸여 있는 나라가 바다를 포기하는 바람에 사람들의 삶이 원심력을 상실하고 구심력 중심으로 흐르고 말았다는 것이다. 그래서 개인의 출세와 성공과 삶의 보람마저도 곧 누가 더 중앙의 핵심에 가까이 가느냐 하는 게임이 되고 말았다.

한국 사회의 동질성과 중앙 집중성은 극단주의를 낳는다. 엘리트와 대중간 매개 그룹이 없고, 좌우左右 대결 구도에서도 중간파가 설 땅이 없다. 개혁이건 반反개혁이건 모든 게 중앙 패권 중심으로 이루어지기 때문에 누가 그걸 차지하느냐는 '전부 아니면 전무'의 게임 또는 '승자 독식' 게임이 되고 말기 때문이다. '소용돌이 패러다임'을 고수하는 개혁이 그 어떠한 숭고한 목적을 내세워도 상당 부분은 '권력 투쟁' 또는 '인정 투쟁'으로 변질되어 큰 사회적 기회비용을 유발할 수밖에 없는 이유가 바로 여기에 있다.

'소용돌이 문화'는 앞서 지적한 이유들과 연관된 것으로서 정치의 과잉, 지도자 숭배, 공직의 출세 도구화, 승자 독식 문화, 패권 쟁취를 위한 분열주의, 뜨거운 교육열, 위험을 무릅쓰는 문화, 자본주의 이데올로기에 충실한 문화, 여론의 휘발성, 피곤한 삶 등과 같은 결과를 초래하게 되었다.[4]

1960년대, 기회주의의 완성

기회주의는 적어도 조선 말기부터 오늘에 이르기까지 한반도에서 삶을 지배해온 가장 강력한 행태적 이데올로기였다. 이미 살펴본 1940년대 후반과 1950년대 역사에서도 온갖 종류의 기회주의가 난무했지만, 기회주의의 완성은 1960년대에 이루어졌다. 박정희의 제3공화국은 '기회주의 공화국'이라고 해도 좋을 성격의 것이었다.

기회주의는 단물을 찾아 화려한 날개를 퍼덕이는 나비의 이데올로기다. 사람들은 화려한 날개에 주목하지만 날개를 움직이게 하는 힘은 단물이다. 다른 건 제쳐 놓더라도, '부정부패 척결'을 외치면서 거사했던 5·16 주체세력이 얼마 후 부패 세력으로 변질된 건 바로 기회주의의 극치를 보여주는 것이었다. 박정희와 그 일행의 그런 기회주의는 그들이 조선의 왕권王權보다 훨씬 더 강한 권력을 행사하게 되면서 한국 사회 전반에 큰 영향을 미치게 되었다. '부패의 국유화'라는 표현이 적합할지도 모르겠다.

존 모런Jon Moran의 표현을 빌리자면, "박정희 정권에서 부패는 중요한 의미에서 국유화되었다고 말할 수 있다. 국가는 부패가 발생할 수 있는 범위를 설정했으며, 그 결과 부패는 발전 과정의 역동적 부문으로 기능했다".[5] 경제 발전에 대한 박정희와 그 일행의 공로를 인정해야 한다면, 기회주의에 친화적인 '경제동물'의 탄생도 같이 지적되어야 공정할 것이다. 그 어떤 강력한 구심점을 따라 온 사회가 요동치는 소용돌이 현상도 오랜 세월을 두고 학습해온 나머지 이젠 한국인의 유전자에까지 각인된 특성이 되었기 때문에 누가 누구에게 손가락질을 하기도 어렵게 되고 말았다.

1960년대를 기회주의라고 하는 관점에서 보는 건 한국 현대사에 대한 새로운 안목을 제공해줄 것이다. 여기서 기회주의는 꼭 부정적인 의미로만 쓰는 개념은 아니다. 한국의 지정학적 조건이 국가적 차원의 기회주의적 처신을 요구해왔듯이, 국내적으로도 그런 역사가 존재했으며 그것이 오늘의 삶을 규정하기도 한다는 것을 있는 그대로 담담하게 살펴보자는 것일 뿐이다.

성찰적 지혜를 얻긴 해야겠지만, 과거에 대해 부끄러워하거나 괴로워할 필요는 없다. 소위 선진국가라고 불리는 나라들의 과거를 보라. 모두 다 제국주의적 착취와 불의로 오늘의 번영을 이루었다. 이는 인류의 역사가 결코 정의로울 수 없다는 걸 말해주는 것이다. 쾌도난마식의 확실한 윤리적 판단을 내리기 위해 복잡하고 모순투성이인 세상을 단순화·왜곡하는 건 어리석다. 무엇보다도 그런 판단의 생명력이 오래 가지 못할 것이기 때문이다. 정의롭지 못한 세상의 이치를 집단을 위한 법칙과 이론으로 만들어 당위로 내세우는 건 사악하다. 그런 일을 하는 사람들은 늘 그 집단의 밑바닥에서 멀리 떨어져 있는 사람들이기 때문이다.

'합의독재'와 '민중의 기회주의'

2000년 1월 12일 여야 합의로 공포된 '민주화운동 관련자 명예회복 및 보상 등에 관한 법률'은 권위주의적 통치의 기점을 3선 개헌이 국회에 상정된 1969년 8월 7일로 규정했다. 5·16 군사쿠데타를 권위주의적 통치 이전으로 위치시킨 것이다. 이는 "5·16 군사쿠데타는 불가피했다"는 주장을 법적으로 정당화했다는 점에서 '잘못되고 위험한 가치판단'이라는 비판을 받기도 했지만,[6] 많은 사람이 '1960년대의 박정희'와 '1970년대의 박정희'를 구분해서 보려는 경향이 있다는 건 분명한 사실이다.

'1970년대의 박정희'라 할망정, 오늘날의 한국인들은 박정희에 대한 '가치판단'을 회피하고 싶어하는 게 현실이다. 한국갤럽이 2004년 6월 16일 창사 30주년을 기념해 '한국인이 가장 좋아하는 40가지'란 주제로 특별기획 여론조사를 실시한 결과에 따르면, '역대 대통령'에선 박정희가 47.9%로 1위를 차지했다. 2위 김대중 14.3%, 3위 노무현 6.7%, 4위 전두환 1.7%, 5위 김영삼·이승만 1.0%의 순이었다.

이 조사 결과는 새로운 건 아니다. 늘 이런 조사에선 박정희가 1등을 차지해왔다. 그래서 박정희 정권을 이른바 '합의독재' 또는 '대중독재'의 개념으로 접근해 독재정권에 대한 민중의 '합의'를 역설하는 학자들까지 나오게 되었다. '대중독재'의 주창자인 임지현은 "대중독재 체제를 살아내야만 했던 동시대인들을 '집합적 유죄'라는 틀로 재단하지 않으면서, 그 과거를 반성적으로 성찰하는 사회적 기억을 만들어내는 것, 그것이 '대중독재' 프로젝트의 지향점이다"고 말한다.[7]

아마도 '군사문화에 의한 훈육 효과'도 있었을 게다. 물론 그 효과엔 기회주의도 포함되어 있다. 따지고 보면 1960년대의 근대화 자체가 기회주의 이데올로기에 의해 추동되었다. 기회에 모험을 거는 행위는 우연과 운에 크게 의존하는 법이다. 누군 출세하고 누군 실패하고, 또 누군 더 나은 기회를 찾기 위한 몸부림을 쳤다. 재벌의 성공도 줄에 따라 좌우되었고, 국가의 탈을 쓴 폭력 행사마저도 줄에 따라 결정되었다. 줄과 기회를 찾아 온갖 질주와 이합집산이 벌어지는 난장판 가운데 경제는 꿈틀대며 성장의 길을 걸었던 것이다.

역사는 승자勝者의 역사다. 많은 이가 5·16 군사쿠데타와 박정희가 아니었다 하더라도 한국은 '한강의 기적'에 상응하는 경제성장을 얼마든지 이룰 수 있었다고 주장한다. 이런 주장에 대해 정윤재는 그런 "분석적 차원의 논리가 '구슬이 서 말이라도 꿰어야 보배'라는 우리 속담이 주는 실천적 지혜보다 결코 더 중요하다고는 생각지는 않는다"고 말한다.[8] 무언가 개운치 않은 느낌이 들긴 하지만, 그런 '승자 우대주의' 또는 '결과 우대주의'가 엄연한 현실인 걸 어찌 부인할 수 있으랴.

'기회주의 공화국'의 명암明暗은 이 책의 '맺는말'에서 자세히 살펴보기로 하자. 노파심에서 미리 말씀드리자면, '4·19 혁명'에서 '3선 개헌'에 이르기까지 한국 사회를 지배했던 기회주의의 대향연에 대해 너무 슬퍼하거나 비관하는 독자가 없기를 바란다. 이 '한국 현대사 산책' 시리즈는 시종일관 선악善惡 또는 흑백黑白 이분법에 대해 저항해왔다는 걸 상기해주시기 바란다.

이 책은 21년 전에 출간되어 독자들의 과분한 사랑을 받은 『한국 현대사 산책 1960년대편』의 개정증보판이다. 누구나 인정하겠지만, 한국처럼 현대사가 끊임없이 다시 쓰거나 수정하거나 보완해야 할 필요성이 큰 나라는 없을 게다. 한국의 운명에 큰 영향을 미친 나라들의 비밀문서가 해제되고, 비극적인 과거에 대한 진상이 뒤늦게 밝혀지면서 배상과 보상이 논의되는 상황에서 개정증보판을 너무 늦게 낸 건 아닌지 모르겠다. 독자들의 너그러운 이해가 있기를 바라마지 않는다. 오래 살아야만 가능한, 한 번 더 개정증보판을 낼 수 있는 행운을 누릴 수 있기를 감히 기대해본다.

2025년 12월

강준만

차례

머리말 — '기회주의 공화국'의 탄생

기회주의의 다양한 얼굴 • 4   기회주의가 난무할 수밖에 없는 이유 • 6   한국의 '소용돌이 문화' • 8   1960년대, 기회주의의 완성 • 9   '합의독재'와 '민중의 기회주의' • 11

제1부   1960년: 점증하는 좌절의 혁명

제1장 — 4·19 혁명: '주인 없는 혁명'

서울의 '한국 민주화 선봉장론' • 27   '마음의 준비'조차 없었던 혁명 • 28   4월 19일 고려대 학생 시위 • 30   115명이 사망한 '피의 화요일' • 31   '민중의 분노'를 지적한 미국의 압력 • 34   4월 25일, 258명의 교수 시위 • 37   이승만의 하야 성명 • 39   '미국 만세', '매카너기 만세' • 42   이승만 하야는 4·19의 목표가 아니었다 • 44   시민혁명인가, 단순한 정권교체인가? • 46   '미완의 혁명'에서 '빼앗긴 혁명'으로 • 48

역사 산책 1 4·19와 두 여중생의 죽음 • 50

역사 산책 2 주요 소통 수단으로 등장한 혈서 • 53

역사 산책 3 정치 바람에 들뜬 대학 • 56

제2장 — 이기붕 일가 집단 자살

현실 감각을 잃은 이승만 • 58   이기붕의 아내 박마리아의 과욕 • 59   3·15 부정선거와 종교 교육 • 61   이기붕 일가의 비극적인 최후 • 63

제3장 — 허정 과도정부와 내각제 개헌

"혁명을 비혁명적인 방법으로" • 66   장면의 '정략적 사임설' • 67   '주인 없는 혁명'과 '무임승차' • 69   이승만 망명, 내각제 개헌 • 71   미국의 부정축재 비호 • 74

제4장 ── 제5대 총선: 국무총리 장면, 대통령 윤보선

아이젠하워의 한국 방문 • 76   민주당의 7·29 총선 압승 • 79   민주당의 무한 내분 • 81   '서울역 납치'로 시작된 머릿수 싸움 • 82   폭력 사태로 번진 국무총리 인준 투쟁 • 85

제5장 ── 민주당 신·구파의 이전투구

권위주의적이고 타협을 모르는 윤보선 • 87   '착하지만 어리숙한' 장면 • 89   난투극으로 번진 신·구파 싸움 • 91   서울역 사건: 내각책임제 대통령의 월권 • 94   민주당 정권의 몰락을 경고한 곽상훈 • 94   분당: 민주당 126명, 신민당 65명 • 96

제6장 ── "혁신정당은 분열증 환자"?

혁신계의 7·29 총선 참패 • 98   혁신계를 집어삼킨 분열의 악순환 • 100   북한의 남북연방제 제의 • 102   12월 지방의회 선거에서 몰락한 혁신계 • 103

제7장 ── 콜론 보고서: '정권의 잉여가치'가 부른 기회주의

콜론 보고서의 '쿠데타 필연론' • 105   콜론 보고서의 '자기이행적 예언' • 107   6·25 전쟁이 낳은 과대성장 집단 • 109   군의 기형적 인사 구조와 부정부패 • 112   청렴파 장교들의 절망감 • 114   '승자 독식주의' 때문이었을까? • 117

제8장 ── 박정희의 인생: 그는 무엇을 하고 있었는가?

보통학교 3학년 때 '권력'을 알다 • 119   박정희의 영웅은 나폴레옹 • 121   다카키 마사오에서 오카모토 미노루로 • 124   "박정희의 친일 경력은 경미한 수준" • 125   황군으로 개조된 인간 • 127   "세상은 썩었어. 더러워" • 129   남로당 우두머리가 된 박정희 • 131   '이념'보다 더 진하고 질긴 '줄' • 133   "기회주의 청년 박정희!" • 136   박정희를 살린 6·25 전쟁 • 138   박정희의 반미 민족주의? • 140   박정희와 황용주의 동상이몽 • 142   4·19가 만든 정군 운동 카드 • 144   박정희와 김종필의 로비 • 146

제9장 —— 장면 정부의 어설픈 군 정책

10만 감군 정책의 폐기 • 149   군부를 소외시킨 군의 문민화 • 151   국군통수권은 누구에게 있는가? • 153   육사 8기 11명의 9·10 '충무장 결의' • 154   미국의 정군 반대 • 156   누가 쿠데타의 '진짜 주체'인가? • 157   눈에 핏발이 선 박정희 • 159

제10장 —— 국회의사당 난입 사건과 소급입법

"둔한 재판관이 내린 의외의 가벼운 선고" • 162   "우리가 정치를 하겠다!" • 163   응징을 위한 소급입법 개헌 • 165   정부에 '기적'을 요구한 국민 • 166   정권 안보에 대한 두 극단주의 • 168

제11장 —— 학원민주화운동·국민계몽운동·교원노조운동

연세대의 학원민주화운동 • 170   '국민계몽운동'과 '신생활운동' • 172   교원노조의 '속죄와 책임의식' • 173   경북교원노조의 단식투쟁 • 175

역사 산책 4 실업자와 사기꾼이 들끓는 다방 • 179

제12장 —— 10배 가까이 늘어난 신문: 무엇을 먹고사는가?

억눌렸던 한의 폭발 • 181   언론민주화를 위한 언론출판노조운동 • 184   사이비 기자의 전국적 발호 • 185   독자들의 과도한 '실력 행사' • 186   "누가 더 비판을 잘하나" 경쟁 • 188   약장수가 '엔터테이너'이던 시절의 영화 • 190   김기영의 〈하녀〉와 '식모'라는 직업 • 192

제2부   1961년 ①: '역사의 지체'에 대한 분노

제1장 — 장면 정부의 '경제제일주의'
『사상계』가 맡은 국토건설사업 • 197   면 작업복과 청조운동 • 199   장면 정부의 경제개발계획 • 201   한일 국교 정상화 시도 • 203   장면 정부에 대한 미국의 냉소 • 205

제2장 — 장면 정부 장관들의 평균 재임 기간은 2개월
장면과 윤보선의 불신과 불화 • 207   1·20 개각과 신풍회 • 210   신민당 창당과 중석불 사건 • 212   '3신론' 또는 '4신론' • 214   억눌린 굶주림이 키운 분열 • 216

제3장 — '부정축재 처벌'과 민주당의 부패
장면은 측근들의 꼭두각시였는가? • 218   경제계의 매카시즘 수법 • 221   부정축재자 처벌법은 만들었건만 • 223   장면이 두 손 든 정치자금 문제 • 224

제4장 — '한미경제협정 파동'과 '2대 악법 반대 투쟁'
한미경제협정 반대운동 • 227   데모규제법과 반공특별법 • 229   다시 격화된 좌우 대결 구도 • 231   3·22 서울시청 앞 횃불데모 • 233   싸움으로 끝난 청와대 4자 회담 • 235

제5장 — 육군참모총장 장도영: 최악의 인사였는가?
김종필의 강제 예편이 쿠데타에 미친 영향 • 238   왜 하필 장도영이었을까? • 240   장면 정부의 작동 방식 • 241   '미국 지원설'과 '장도영 장인 로비설' • 244   '정치자금설'·'뇌물설'·'어머니설' • 246   '박정희 로비설'과 '지연설' • 247

제6장 ── 4·19 1주년: '통분·치욕·울분'

"꽃다운 젊음 헛되이 갔는가" • 249   "가자 북으로 오라 남으로" • 251   혁신계의 무책임성 비판 • 253   "데모로 해가 뜨고 데모로 해가 진다" • 254   "낭만적이며 관념적인 통일지상주의" • 257   김종필, "나는 혁명의 아버지였다" • 258   4·19 데모 유발 공작 • 260   창녀들과 포주들의 데모만 일어났다 • 263

역사 산책 5 "우리에게 일터 주면 무력 없이 멸공된다" • 266

제7장 ── 신문망국론: 3신의 으뜸

신문, "때려야 잘 팔린다" • 269   사이비 언론의 '뜯어먹기 경쟁' • 271   사이비 언론의 주요 목표는 군 • 273   『민족일보』의 창간 • 275   『민족일보』의 편집 갈등 • 277   『민족일보』와 장면 정부의 충돌 • 279   『민족일보』의 쿠데타 지지 • 281

제8장 ── 5월 16일: 장면의 잠적, 윤보선의 협조

"혁명은 숫자로 하는 게 아니다" • 283   거사 기밀 누설에도 김종필이 당황하지 않은 이유 • 284   이범석과 김윤옥의 말싸움 • 287   거사 5시간 전에 발각된 쿠데타 • 289   쿠데타군의 KBS 장악 • 291   KBS를 통해 전국에 전파된 '혁명공약' • 293   목숨을 건 '사무라이 마니아' • 295   박정희·장도영의 '목숨 걸기' 게임 • 297   길가에서 벌을 받는 국방부 장관 • 299   윤보선, "올 것이 왔구나" • 301   윤보선의 기회주의인가? • 304   계속 쿠데타를 도운 윤보선 • 307   수녀원에 꼭꼭 숨어 기도만 드린 장면 • 308

제9장 ── 5월 17일: 장면의 '미국 숭배증'의 비극

쿠데타에 만세를 부른 신민당 • 312   군의 '위계질서 파탄' • 314   쿠데타 성공 후 모습을 드러낸 장면 • 315   장면, "미국의 생각을 알고 싶다" • 317   완장의 위력과 '완장 시대'의 개막 • 319

제10장 — 5월 18일: 국가재건최고회의의 탄생

체포·모욕당한 이한림 • 321   육사생도들의 쿠데타 지지 행진 • 322   장면 내각 사퇴, 국가재건최고회의 설치 • 325   장면의 어설픈 변명 • 327   장면을 배신한 미국의 기회주의 • 329   미국의 쿠데타 배후조종설 • 331   "초대에 의한 쿠데타"였을까? • 333   30~40대가 주축이 된 '세대 쿠데타' • 335

제11장 — 장면은 '선진적인 정치가'였는가?

'장면 다시 보기' 운동 • 338   조광과 이덕일의 긍정적 평가 • 340   '미국 중독증'까지 옹호할 수는 없다 • 342   직업을 잘못 찾은 사람 • 343   최소한의 리더십마저 없었다 • 345   곽상훈의 체념적인 냉소 • 347

제12장 — 미국의 인정을 받기 위한 '빨갱이 만들기'

북한의 착각과 오해 • 350   미국의 사상검증을 통과하기 위하여 • 352   혁신계의 어리석은 착각 • 354   박정희의 빨갱이 경력 세탁을 위해 • 356   '빨갱이 만들기'의 제물로 바쳐진 조용수 • 358   미국의 '박정희 관리' 전략 • 360   반공을 인정받기 위한 눈물겨운 노력 • 362

주 • 365

1960년대편 2권

제1부 1961 ②

병영국가의 건설
- 제1장 군사정권의 포퓰리즘과 인간 개조 운동
- 제2장 5·16과 신문: 기회주의의 향연
- 제3장 5·16과 지식인: 소외된 그룹들의 만남
- 제4장 장준하는 왜 5·16 군사쿠데타에 협조했는가?
- 제5장 중앙정보부는 정부 위의 비밀 정부
- 제6장 논공행상과 토사구팽
- 제7장 '부정축재 처벌'에서 '부정축재 이용'으로
- 제8장 박정희의 미국 방문

제2부 1962

구악을 뺨친 신악
- 제1장 정치활동정화법: 윤보선 사임, 장면 구속
- 제2장 경제개발: '자력갱생'에서 '수출'로
- 제3장 대학망국론: 우골탑을 분쇄하라!
- 제4장 언론: 안하무인의 역전
- 제5장 4대 의혹: 증권·워커힐·새나라·파친코
- 제6장 KBS-TV의 탄생: "TV는 가정불화의 유행병"

제3부 1963

'권력 투쟁'과 '색깔 전쟁'
- 제1장 민주공화당 창당
- 제2장 번의 정치: "변덕스러운 박씨"
- 제3장 5·16 주체세력의 이전투구

1960년대편 2권

제4장	'국가와 혁명과 나'
제5장	황태성 사건: 왜 '밀사'를 '간첩'으로 조작했는가?
제6장	10·15 대선: '진보 여당' 대 '보수 야당'?
제7장	11·26 총선: 민주공화당 110, 민정당 41, 민주당 13
제8장	광부·간호사의 서독 파견
제9장	"주여! 상업방송을 금지시켜 주시옵소서"

제4부 1964 '민족 신앙'에서 '수출 신앙'으로

제1장	가난·기복신앙·수출제일주의·부정부패
제2장	박정희 정권의 '4·19 마케팅'
제3장	6·3 사태: '굴욕'에 대한 감수성 갈등
제4장	언론윤리위원회법 파동과 '진산 파동'
제5장	통일 논쟁: 황용주·리영희 필화 사건
제6장	수출·『시장과 전장』·〈회전의자〉
제7장	『주간한국』·TBC-TV·〈맨발의 청춘〉

1960년대편 3권

제1부 1965 — '한일협정'과 '월남 파병'
- 제1장 증산·수출·건설: '수출 아니면 죽음'
- 제2장 한일 국교 정상화: '졸속·굴욕'이었는가?
- 제3장 누가 '기회주의 지식인'인가?
- 제4장 월남 파병: '맹호는 간다'
- 제5장 『중앙일보』 창간, 라디오의 '코미디 경쟁'

제2부 1966 — '정경유착'과 '한미유착'
- 제1장 '주체 외교'와 한미행정협정
- 제2장 한국비료 사건: 박정희와 이병철의 합작 음모
- 제3장 존슨의 방한: 광적인 환영
- 제4장 "서울은 만원이다"
- 제5장 『경향신문』 경매, 기자 테러

제3부 1967 — '정치공작'과 '국가 테러'
- 제1장 귀순자 이수근은 이중간첩이었는가?
- 제2장 제6대 대선: 다시 붙은 박정희와 윤보선
- 제3장 박정희, 지역 분열주의의 원흉인가?
- 제4장 제7대 총선: 3선 개헌을 위하여
- 제5장 "반미는 곧 용공이다"
- 제6장 동백림 사건: '국가 테러리즘'
- 제7장 북한: 자주노선과 김일성 숭배 구조의 완성

1960년대편 3권

제8장   "건설은 나의 종교": 한강 개발과 여의도 건설
제9장   언론산업의 성장, 언론자유의 쇠퇴
제10장   경제개발의 영향을 받은 영화와 가요

제4부 1968   남북한의 적대적 공존

제1장   1·21 사태와 푸에블로호 사건
제2장   국민복지회 사건: 박정희와 김종필의 애증 관계
제3장   통일혁명당 사건, 울진·삼척 무장 공비 사건
제4장   국민교육헌장: '유신쿠데타의 정신적 전주곡'
제5장   "신문은 편집인 손에서 떠났다"
제6장   강남 개발과 아파트 홍보

제5부 1969   독선·독단·독주의 정치

제1장   박정희, "단군 이래의 위인"인가?
제2장   "언론의 타락, 민주주의의 죽음"
제3장   박정희의 금권 정치
제4장   3선 개헌: "그는 '샤먼'이 되어 있었다"
제5장   '베트남 특수'와 '월남에서 돌아온 김 상사'
제6장   '뺑뺑이 세대': 중학교 추첨 배정제
제7장   '서울의 찬가': 서울은 초만원이다
제8장   영화의 쇠락, TV의 성장

맺는말   '기회주의 공화국'의 명암

제1부 1960년 | 점증하는 좌절의 혁명

- 4·19 혁명: '주인 없는 혁명'
- 이기붕 일가 집단 자살
- 허정 과도정부와 내각제 개헌
- 제5대 총선: 국무총리 장면, 대통령 윤보선
- 민주당 신·구파의 이전투구
- "혁신정당은 분열증 환자"?
- 콜론 보고서: '정권의 잉여가치'가 부른 기회주의
- 박정희의 인생: 그는 무엇을 하고 있었는가?
- 장면 정부의 어설픈 군 정책
- 국회의사당 난입 사건과 소급입법
- 학원민주화운동·국민계몽운동·교원노조운동
- 10배 가까이 늘어난 신문: 무엇을 먹고사는가?

4·19 혁명:
'주인 없는 혁명'

서울의 '한국 민주화 선봉장론'

1960년 설날은 악몽이었다. 그해 설날을 이틀 앞둔 1월 26일 밤 서울역에서 귀성객들이 플랫폼을 향해 한꺼번에 몰려가다가 계단에서 쓰러지면서 31명이 사망했다. 3등 열차는 지정석이 없던 시절이라 자리를 잡기 위해 그 많은 인파가 앞다퉈 달려간 게 화근이었다. 이 참사 후에 등장한 게 인파를 물리적으로 통제하기 위해 만든 길이 5미터쯤 되는 대나무 장대였다. 경찰은 "앉으라"고 고함쳐도 말을 듣지 않는 사람이 있으면 장대를 휘둘러 강제로 앉혔다. 군중이 일어서 있으면 질서를 지키기가 더 어렵기 때문에 어떻게든 앉혀 놓으려 했다. 이런 식의 귀성 전쟁은 이후 수십 년간 지속되었다.[1]

그건 이후 수십 년간 무시무시한 규모의 인구가 서울로 계속 몰려들었다는 걸 의미하는 것이었다. 그렇게 몰려든 사람들의 아이들을 기존

교육시설이 감당하기엔 역부족이었다. 1960년 서울시 조사에 따르면, 96개의 초등학교에서 부족한 교실 수가 1,751개나 되었다. 다수의 초등학교가 2부제 수업을 해야 했으며, 심지어 3부제 혹은 4부제 수업을 해야 하는 초등학교마저 등장했다. 이른바 '콩나물 교실'이 익숙한 풍경이 되었다.[2]

서울로 인구 집중은 종국엔 살벌한 경쟁을 유발해 '지방 소멸'과 '세계 최저의 출산율'이라는 재앙을 낳게 하지만, 한 가지 분명한 장점은 있었다. 대도시가 민주화 시위엔 유리하다는 점이었다. 경남 마산 출신의 서울대학교 교수 김형국은 훗날 「나의 서울살이 30년」(1995)이라는 글에서 서울의 '한국 민주화 선봉장론'을 제기한다.

그는 "인구가 밀집한 도시는 커뮤니케이션을 극대화할 수 있는 장소인 까닭에 시위의 동기를 시민들에게 일시에 알릴 수 있고 또한 시위를 순식간에 조직할 수 있는 입지적 이점이 있다"며 이렇게 말한다. "일제시대 때 백성들의 항일시위가 장터나 도시에서 발생했던 것도 그 때문이다. 현대에 들어와 그 정치적 시위의 입지적 이점이 서울에서 가장 큰 것은 당연했다. 서울이 고밀도의 초대형 도시로 자라났기 때문이다.……민주화의 성취면에서는 서울의 공덕은 높이 평가되어야 한다."[3] 이는 먼 훗날에 일어날 일이지만, 4·19 혁명은 서울의 그런 힘 덕분에 가능한 것이었음을 부인하기 어렵다.

'마음의 준비'조차 없었던 혁명

3·15 부정선거 이후 항의 시위의 주체는 대학생이 아닌 고등학생

들이었으며, 대학생들의 참여도 서울 소재 대학보다는 지방대 학생들이 먼저 들고 일어났고, 이승만의 하야를 외치는 최초의 목소리는 대학생들이 아닌 교수들에 의해 먼저 제기되었다는 사실은 4·19 혁명의 성격과 관련해 중요한 의미를 갖는다.

대학생들은 단지 생존경쟁에서 유리한 고지를 차지했다는 이유에 근거한 특권·선민의식에 물들어 있었고, "소수를 제외하고는 극우냉전 체제적 사고와 구미 제일주의의 근대화론 틀에서 벗어나 있지 못했다".[4] 그들은 이승만 체제하에서 "자발적이고 반체제적인 운동을 해본 적이 없었"으며, 4·19 당시에도 "기성세대는 각성하라"는 식의 소박한 분노를 표출하는 차원에 머물렀을 뿐이며, "오히려 4·25 교수 시위에서 처음으로 교수들이 먼저 '이승만 정권 물러나라'는 주장을 했을 정도였다".[5]

이는 종국엔 4·19 혁명의 주체가 된 대학생들에게 혁명 이후의 상황에 대한 '마음의 준비'조차 없었다는 걸 의미하는 것이다. 초보적인 의식 수준에서 갑자기 혁명의 주체로 급상승하는 급격한 변화를 겪으면서 학생들은 과격한 수준의 이상주의에 경도되었을 가능성이 높다고 볼 수 있다. 시위에 참여한 학생들은 혁명의 와중에서 빠른 속도의 의식화를 경험했겠지만, 그런 의식화를 모든 사람에게 기대할 수는 없는 일이었다. 과거 그들이 극우냉전 체제적 사고와 구미 제일주의의 근대화론 틀에 갇혀 있었듯이, 한국 사회는 '혁명'에도 여전히 적어도 의식과 행태에서는 구질서가 지배하는 관성의 법칙에서 자유로울 수 없었으리라는 것이다. 4·19 혁명의 출발은 그런 몇 가지 의문의 굴레에서 자유로울 순 없었지만, 일단 탄력을 받게 되면서 '혁명'으로서의 내용물을 점차 채워가기 시작했다.

4월 19일 고려대 학생 시위

고려대학교 학생위원장 이기택은 이세기·강우정 등과 모의해 4월 18일 신입생 환영회를 구실로 3,000여 명의 학생을 김성수 동상 앞에 모았다(4월 18일 오후에서야 들고 일어선 고려대 학생들의 시위에 대해 "왜 제일 먼저 고려대였는가?" 하는 의문과 관련, 이런 의견이 있다. "민주당[한민당]·고려대·『동아일보』의 연고 관계로 인해 고려대는 야당계 대학으로 지목받고 있었고, 4·19의 전야제 격이던 4·18 고려대 학생 데모도 이러한 관계와 무관하지 않았다").[6] 오후 12시 50분, 이 자리에서 이들은 '4·18 선언문'을 낭독했다.

"친애하는 고려대학생 제군, 한마디로 대학은 반항과 자유의 표상이다. 이제 질식할 듯한 기성 독재의 최후적 발악은 바야흐로 전 국민의 생명과 자유를 위협하고 있다. 우리들 청년학도는 이 이상 역류하는 피의 분노를 억제할 수 없다. 우리 청년학도만이 진정한 민주역사 창조의 역군이 될 수 있음을 명심하여 총궐기하자."[7]

이어 기성세대는 각성하라, 마산 사건의 책임자를 즉시 처단하라, 우리는 행동성 없는 지식인을 배격한다, 경찰의 학원 출입을 엄금한다, 오늘의 평화적 시위를 방해 마라 등 5개 항의 구호가 낭독되었다. 시위 주동 학생들은 시위 준비 과정에서 일부 교수들, 특히 학사 행정의 책임을 맡은 교수들의 무사안일한 자세와 비겁함에 크게 격분해 시위 구호의 맨 첫머리에 기성세대의 각성을 촉구하는 구호를 내걸었던 것인데, 이는 4·19 이후 유행한 '세대교체론'의 전조前兆이기도 했다.[8]

오후 1시 20분, 이들은 교문을 나와 "민주 역적 몰아내자", "자유 정의 진리 드높이자"는 플래카드를 앞세우고 태평로에 있는 국회의사당을 향해 달렸다. 이들은 대광고교 앞과 안암동 로터리 입구에서 경찰의 제지에 막혀 뿔뿔이 흩어졌으며 그 와중에 90여 명이 경찰에 연행되었다. 흩어진 학생들 중 1,000여 명은 오후 2시 20분경 국회의사당 앞에 집결해 연좌데모를 벌이며 경찰의 학원 개입 중지와 시위 중 체포된 학생들의 석방, 정·부통령 재선거 실시 등을 요구했다.

오후 4시 고려대 총장 유진오가 시위 현장인 국회의사당 앞에 도착해 학생들에게 해산을 종용했다. 학생들은 당일 안암동 로터리 부근에서 연행된 동료 학생들의 석방을 요구했다. 오후 6시 내무부 장관 홍진기의 지시로 학생들이 석방되자 고려대생들은 6시 40분경 귀곳길에 올랐다. 오후 7시 20분경 고려대생의 시위 대열이 청계천 4가 천일백화점 앞에 이르렀을 때 유지광이 지휘하는 '반공청년단'과 조직 깡패 100명이 일시에 쇠파이프, 쇠갈고리, 몽둥이, 벽돌, 삽 등을 휘두르며 시위 대열에 뛰어들었다. 고려대 학생 수십 명이 부상을 입고 길바닥에 쓰러졌으며, 그 일대는 피바다로 변했다.[9]

115명이 사망한 '피의 화요일'

고려대 학생들의 '4·18 선언문'엔 이런 말이 있었다. "학생이 상아탑에 안주치 못하고 대對사회 투쟁에 참여해야만 하는 오늘의 20대는 확실히 불행한 세대이다. 그러나 동족의 피를 뽑고 있는 이 악랄한 현실을 방관하랴."[10]

그랬다. 나중에 '피의 화요일'로 불린 4월 19일 아침 조간신문들의 1면 머리기사를 장식한 고려대 학생들의 피습 소식은 다른 모든 학생의

고려대 학생들이 '4·18 선언문'을 발표하자 학생들은 약속이나 한 듯 일제히 봉기의 깃발을 올렸다. (『동아일보』, 1960년 4월 19일)

피를 끓게 만들었다. 나중에 오보誤報임이 밝혀졌지만, 특히 『동아일보』 3면에 실린 「고대생 1명 피살被殺?」이란 4단 크기의 기사는 동족의 피를 뽑고 있는 그 악랄한 현실을 더는 방관할 수 없다는 각성을 하게 만드는 데에 중요한 몫을 했다.[11] 학생들은 약속이나 한 듯 일제히 봉기의 깃발을 올렸다. 연세대의 '4·19 선언문'은 "혈관에 맥동치는 정의의 양식"을 역설했다.[12] 대학생은 말할 것도 없고 고교생, 여중생들까지 들고 일어났다.(역사 산책 1: 4·19와 두 여중생의 죽음 참고)

4월 19일 오후 1시경 서울 시내 전역의 시위 군중의 수는 10만 명을 넘어섰다. 아직까지는 거의 대부분 대학생들과 고등학생들이었다. 이들은 국회의사당 앞 세종로 거리에 운집해 있었다. 학생들은 인파 앞으로 뛰쳐나와 3·15 부정선거를 규탄하고 시민들의 시위 참여를 촉구하는 혈서를 썼다. 이때 군중 속 곳곳에서 "대통령을 면담하자", "경무대로 가자"는 구호들이 터져 나왔다. 3·15 부정선거에 항의하는 학생들의 시위에 혈서가 동력이 되었던 것처럼, 혈서가 망설이는 시민들의 참여를 이끌어내는 데에 큰 역할을 한 것이다.[13] (역사 산책 2: 주요 소통 수단으로 등장한 혈서 참고)

오후 1시 40분, 경무대로 향한 시위대 2,000여 명은 경무대 어귀에서 경찰과 대치했다. 시위대와 경찰의 간격이 10여 미터로 좁혀지자 경찰은 발포했다. 여기서 21명이 사망하고, 172명이 부상을 입는 참사가 발생했다. 현장을 지켜본 『동아일보』 기자 이명동의 증언이다.

"마치 시가전을 치르고 난 전장터 같았다. 학생들의 시체가 여기저기 쓰러져 있고 부상 학생들은 비명을 지르며 몸을 꿈틀대고 있었다. 그런데 부상 학생이 쓰러져 있는 바로 근처에서는 4~5명의 경찰관이 부상자 쪽은 본체만체하고 조그만 발발이 개를 앞에 놓고 개의 목에 감긴 끈을 열심히 풀고 있었다. 이 발발이 개는 이 대통령이 아끼는 개인데 아마 총소리에 놀라 경무대 밖으로 뛰어나온 것 같았다."[14]

오후 2시경, 시위대가 완전히 지배하고 있던 세종로 네거리에는 시체와 부상자를 실은 구급차들이 사이렌을 울리며 오가고 있었다. "희생자를 보기 전까지만 해도 길가에서 박수를 보내는 정도로 엉거주춤 소극적이던 사람들조차 피를 보자 흥분하여 데모에 뛰어들었다. 곳곳에서 총성이 요란한 가운데 20만 명으로 불어난 데모대는 도심지 거리거리에 성난 물결처럼 넘실거렸다."[15]

오후 3시 서울 일원에 계엄령이 선포되었다. 그러나 이때부터 4시

제1부 1960년

사이에 시위대는 자유당의 나팔수였던 『서울신문』 사옥과 정치깡패의 소굴이었던 반공연맹 건물에 불을 질렀다. 서울을 포함한 전국 각지에서 일부 파출소는 시위대의 습격을 당하고 있었다.

계엄령 선포와 함께 신문 검열이 실시되었다. 그러나 검열이라 해도 정세의 대세를 반영한 탓인지 웬만한 사태 보도 기사는 그대로 통과되었다.[16] 오후 5시 계엄령은 부산, 대구, 광주, 대전 등지로 확대되었다. 오후 7시부터 새벽 5시까지 통행이 금지되었고 제15사단이 서울로 진주했다. 계엄사령부의 발표에 따르면, 19일 하루 동안에 발생한 사망자 수는 민간인 111명, 경찰 4명이었고, 부상자 수는 민간인 558명, 경찰 169명이었다.[17]

'민중의 분노'를 지적한 미국의 압력

주한 미국 대사 월터 매카너기Walter McConaughy, 1907~2000는 4월 19일 밤 이승만을 만났다. 국방부 장관 김정열과 법무부 장관 홍진기가 배석한 자리에서 이승만은 "나는 선거 부정에 대해 들은 바 없소. 내가 믿는 김 장관이나 홍 장관이 그럼 나에게 거짓말을 했거나, 아니면 이 사실을 숨겨왔다는 말인가요?"라고 말했다.[18] 매카너기는 현 사태가 시정되지 않는다면 6월로 예정된 드와이트 아이젠하워Dwight Eisenhower, 1890~1969 대통령의 방한 계획은 취소될 것이며 연간 2~3억 달러에 달하는 미국의 대한 경제원조도 재검토될 수 있음을 시사했다.[19]

4월 20일 계엄령하의 서울에서는 시위가 중단되었지만 대구, 인천, 전주, 이리(익산), 수원에선 학생 데모가 계속되었다. 이승만은 국무위원

전원과 자유당 당무위원 전원의 사표를 제출하도록 지시하며 사태 수습에 나섰지만, 아직 사태 파악을 제대로 하지 못하고 있었다. 이는 자유당도 마찬가지였다. 자유당은 20일 다음과 같은 성명을 내놓아 오히려 시위대를 자극했다.

"민주당에서는 시위 행진에 대하여 무자비한 발포를 감행했다고 하나 데모대의 투석, 경찰관 구타, 치상, 통의동 파출소 습격과 점거, 문교부 청사 파괴, 경무대 침입 기도 등으로 경찰은 부득이 발포하게 되었다."[20]

4월 21일 미국 대사 매카너기는 다시 이승만을 찾았다. 외무부 장관 대리 최규하와 미국 부대사 마셜 그린Marshall Green, 1916~1998이 배석한 자리에서 이승만은 여전히 사태 파악을 하지 못한 주장을 되풀이했다.

"때로는 선의가 잘못 이용돼 어려운 상황을 만들기도 하지요. 이번 시위 사태는 대중적 불만의 폭발이 아니라 장면 부통령과 천주교 노기남 주교의 공작입니다. 노 주교는 장씨가 성공하면 이를 틈타 천주교의 영향력을 확대하려는 겁니다. 워싱턴의 시각은 지금 현실과 완전히 틀려요. 워싱턴이 계속 그렇게 잘못된 현실 파악 위에서 정책을 입안한다면 엄청난 혼란을 겪게 될 거요. 미국 신문들도 잘못됐어요. 계속 선동하고 문제를 악화시키고 있어요."[21]

이에 매카너기는 이승만에게 장면과 천주교가 봉기의 선동자가 아니라는 걸 이해시키려 했지만, 이승만은 흥분하면서 곧 장면의 음모에 대한 증거를 제시할 수 있을 것이라고 주장했다. 매카너기는 갈수록 흥분하는 이승만에게 미 국무부 장관 크리스천 허터Christian Herter, 1895~1966의 각서를 읽어 내려갔다. 그 각서는 "미국은 데모가 민중의 분노의 반영이라고 믿는다"며 부정선거 철저 조사와 관련자 제거 등을 주문했다. 매카너기는 회담 후 국무부에 이승만이 위험할 정도로 정보에 어둡고 오보를 갖고 있으며, 그건 80대 후반의 나이 탓과 더불어 아첨을 잘 받아들이고 비판자의 동기를 의심하는 그의 '잘 알려진 편견' 때문인 것 같다고 보고했다.[22]

4월 23일 장면은 이승만의 하야를 촉구하면서 부통령 사임서를 제출했다. 그날 이기붕은 부통령 당선 사퇴를 고려하겠다는 성명을 발표했다. 그러나 '고려' 운운하는 게 오히려 국민적 반감을 샀고, 민주당은 즉각적인 사퇴를 요구했다. 장면의 부통령 사퇴 소식을 접한 이승만은 23일 하오 자유당 총재직은 사퇴하고 국무에만 전념하겠다고 발표했다. 이승만은 이미 오전에 외무부 장관에 허정, 내무부 장관에 이호, 법무부 장관에 권승열 등을 임명함으로써 대통령직을 계속 수행하겠다는 강한 의지를 보여준 바 있었다.[23]

오유석은 "이승만은 '국민이 원하는 일이면 무엇이든지 하겠다', '내 사랑하는 동포' 운운하면서 자유당과의 결별을 선언했다. 이승만은 앞으로 모든 정당 관계에서 벗어나 대통령직에 전념할 것을 밝혔다"며 다음과 같이 말했다.

"이 단계에서 이승만은 모든 책임을 자유당과 이기붕에게 떠넘기고 자신은 초당적인 국민의 지도자로 남음으로써 권력의 유지를 기할 수 있다고 생각했다. 사실상 이것은 이승만이 쓸 수 있는 마지막 카드였다. 자신의 친위대인 자유당을 버림으로써 그는 민중의 지지를 상실한 권력자가 보일 수 있는 가장 추악한 모습을 보였다."[24]

그날 4·19 시위 관련 연행자 1,000여 명 중 23명을 제외한 전원이 석방되었으며, 다음 날인 24일 이기붕은 부통령 당선 사퇴는 물론 모든 공직 사퇴를 발표했다. 그러나 이미 너무 늦은 시점이었다.

4월 25일, 258명의 교수 시위

4월 25일 국회에서 야당 의원들은 자유당 의원들을 압박해 비상계엄 해제를 결의하고 민주당은 이승만 하야下野 권고안을 국회에 제출했다. 대법원장은 "4·19 시위는 순수한 운동이었다"고 공개 발언했으며, 계엄사령관 송요찬도 "희생자는 나라의 보배"라고 공언했다.[25]

그날 오후 3시 서울대학교 의과대학 구내에 있는 교수회관에서 서울 지역 대학교수들의 모임이 열렸다. 이날은 월급날이었기 때문에 의심받을 이유가 적었으며, 많은 사람이 모일 수 있는 날이었다. 이날 교수회관에 모인 대학교수는 27개 대학 258명이었다. 이들은 "대통령을 위시한 여야 국회의원들과 대법관 등은 3·15 부정선거와 4·19 사태의 책임을 지고 물러나는 동시에 재선거를 실시하라"는 요지의 14개항 시국 선언문을 발표했다.[26]

이 선언문이 만장일치로 통과된 후, 동국대학교 교수 김영달의 제안으로 데모 행진에 돌입했다. 이들은 "학생들의 피에 보답하자"는 플래카드를 앞세우고 "이 대통령은 즉시 물러가라!", "부정선거 다시 하라!", "살인자 처단하라!"는 등의 구호를 외쳤다.[27] 교수들의 행진은 화신백화점 앞과 광화문을 지나 국회의사당 앞에서 해산했다. 이에 대해 김형석은 다음과 같이 말했다.

"그 당시 교수 데모를 주도한 교수들의 대부분은 철학과 역사학에 몸담고 있는 사립대학의 노교수들이었다. 이상한 것은 정치학 교수도 보

서울 지역 대학교수들은 3·15 부정선거와 4·19 사태의 책임을 지고 대통령과 여야 국회의원들과 대법관들은 물러나라며 시국 선언문을 발표하고, "학생들의 피에 보답하자"는 플래카드를 들고 행진했다.

이지 않았고 경제학 교수도 주동인물 중에는 없었다. 철학 교수들만큼 정치와 무관한 사람도 없고 역사학 교수들은 정치적 이해관계를 벗어난 사람들이다. 그것은 4·19가 학생들을 중심으로 일어났으며 그 흐름도 순수했다는 사실이다. 그러나 세월이 지남에 따라 정치 및 사회학적 해석이 추가되기 시작했다. 그렇게 되는 것이 사회의 흐름이다."[28]

이승만의 하야 성명

4월 26일 아침부터 쏟아져 나온 시위 군중은 오전 9시경 3만 명으로 늘어나 세종로 일대를 메우기 시작했고, 오전 10시경 이들이 경무대로 육박할 때엔 10만 명이 넘었다. 4월 19일에 경찰의 발포로 전한승(6학년)을 잃은 수송초등학교 학생들까지 "국군 아저씨들, 부모형제에게 총부리를 대지 말라"는 플래카드를 들고 거리로 나섰다.29

오전 9시 10분 매카너기는 국방부 장관 김정렬에게 전화를 걸어 사태가 매우 심각하므로 "즉시 이 대통령을 만나서 학생대표단 면담, 선거 재실시에 관련된 성명 발표, 이 대통령의 향후 정치적 역할에 대한 고려 등을 건의하라"고 말했다. 9시 40분경 미국 CIA 서울지부장 피어 드 실바Peer de Silva, 1917~1978도 김정렬에게 전화를 걸어 "이승만이 경무대와 한국을 떠나는 문제를 매카너기와 협의할 준비를 하라"고 촉구하며 "2시간 안에 총사퇴를 하지 않으면 여러분은 모두 죽게 될 것"이라고 사태의 심각성을 전했다. 김정열은 "국민의 뜻이라면 대통령직을 사임할 수 있다"는 내용을 포함한 4개항의 대국민 발표문을 기초해 이승만의 승인을 얻었으며, 이를 10시 15분에 매카너기에게 미리 알려주었다.30

매카너기가 유엔군 사령관 카터 매그루더Carter Magruder, 1900~1988와 함께 경무대를 방문할 때에 라디오에서는 이승만의 하야 성명이 발표되고 있었다. 이때가 오전 10시 30분이었다.

"나는 해방 후 본국에 돌아와서 우리 애국 애족하는 동포들과 더불어 잘 지내왔으니 이제는 세상을 떠나도 원한이 없으나, 나는 무엇이든지 국민이 원하는 것만 있다면 민의를 따라서 하고자 할 것이며 또 그렇게 하기를 원했던 것이다. 보고를 들으면 우리 사랑하는 청소년 학도들을 위시해서 우리 애국 애족하는 동포들이 내게 몇 가지 결심을 요구하고 있다 하니 내가 아래서 말하는 바대로 할 것이며, 한 가지 내가 부탁하고자 하는 것은 우리 동포들이 지금도 38선 이북에서 우리를 침입하고자 공산군이 호시탐탐 기다리고 있다는 것을 명심하고 그들에게 기회를 주지 않도록 힘써주기 바란다."

매카너기와 매그루더와 이승만의 회담엔 김정열과 새로 임명된 외무부 장관 허정이 배석했다. 그 직전 계엄사령관 송요찬의 주선으로 경무대를 방문한 학생 대표 5명을 잠시 만나고 온 이승만이 매카너기를 만난 건 10시 40분경이었다. 이승만은 이렇게 말했다.

"참 좋은 학생들이고, 정의감으로 가득 차 있군요. 하지만 오로지 진리만 알고 있을 뿐이오. 대사, 3월 15일 대선이 부정선거였음을 25일에야 내 정확히 보고 받았소. 과거에도 그래왔듯이 이번에도 국민이 원하는 대로 하겠소."[31]

그러나 매카너기는 '국민의 뜻'을 어떻게 결정할 것이냐며 이승만의 성명이 분명하지 못하다는 점을 지적했다. 이승만이 계속 명확한 답을 피하자 매카너기는 이승만을 '한국의 조지 워싱턴George Washington, 1732~1799(미국의 초대 대통령)'으로 추켜세우면서 그의 사임을 직접적으로 권유했다. 이에 이승만은 수긍하는 태도를 보였다.[32]

국회에서도 이승만이 내놓은 성명의 모호성이 지적되었다. 국회의원 김선태는 "국민이 원한다면 하야한다는 말은 하야하겠다는 것인지 아닌지 불분명하다"며 문제를 제기했다. 과거 이승만의 장기인 '우의마의牛意馬意 정치'에 한두 번 당해온 게 아니라 그런 의심은 당연한 것이었

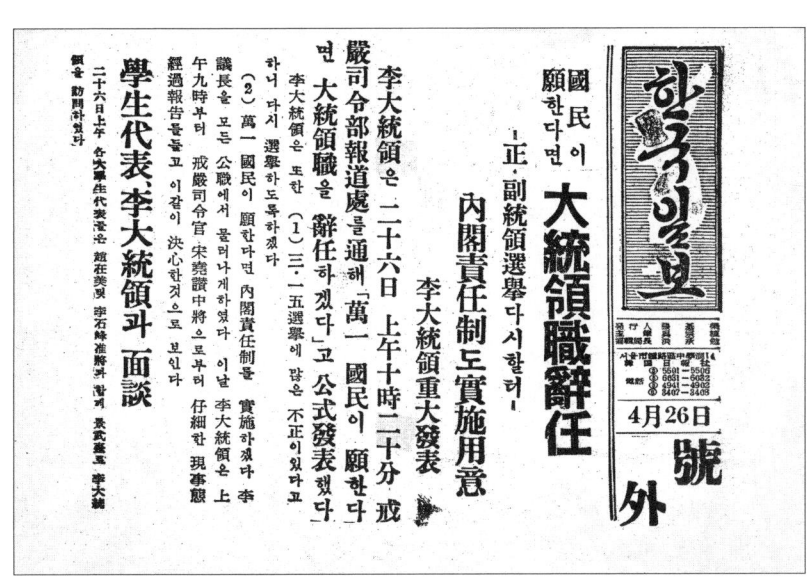

이승만이 하야 성명을 발표한 배경에는 미국의 압력이 매우 큰 영향을 미쳤다는 건 분명하다. 이승만 대통령의 하야 결의가 게재된 『한국일보』 1960년 4월 26일자 호외. (대한민국역사박물관 소장)

다. 국회는 26일 오후 4시경 "이 대통령은 즉시 하야할 것"을 결의했다.[33]

조갑제는 이승만이 매카너기를 만나기 전에 이승만의 하야 성명이 방송으로 나갔기 때문에 "매카너기 대사가 이승만에게 하야를 권고하여 결심을 하도록 했다는 통설은 완전히 엉터리"라고 주장한다.[34] 또 『조선일보』 기자 이한우는 4월 26일 아침 이승만을 만났던 학생 대표 유일라가 이승만의 하야를 건의한 후 이승만이 성명을 발표했다면서 그걸 "이승만 대통령은 미국의 압력이 아니라 국민의 뜻에 따라 하야를 결심했다는 결정적 증거"라고 주장한다.[35]

그러나 앞서 지적했듯이 이승만의 하야 성명은 김정열을 경유한 전화 통화로 미국 측과 이미 합의를 본 상태였다. 또 4월 26일자 성명의 불분명성을 지적하면서 압박한 것도 미국이었다. 한국으로선 불쾌한 사실일 수도 있겠지만, 이승만의 하야에 미국의 압력이 매우 큰 영향을 미쳤다는 건 분명한 사실이다.

심지어는 군의 중립화와 대학교수단의 데모에도 미국이 영향을 미쳤다는 주장도 있다. 임창순은 대학교수단 데모는 미국 대사관의 신분보장을 받고 이루어졌다고 증언했다. 이승만의 고문이었던 로버트 올리버 Robert T. Oliver, 1909~2000는 4·19를 이미 1950년대에 몇 차례 구상되었던 미국의 '이승만 제거 작전'이 실행에 옮겨진 것으로 간주했다.[36]

'미국 만세', '매카너기 만세'

불분명한 상태로나마 이승만의 4월 26일 하야 성명은 시위대로 하여금 만세를 부르게 만들었다. 이승만의 하야 성명이 방송으로 흘러나오자 10대 청소년들은 파고다공원으로 달려가 이승만 동상을 파괴하고 새끼줄을 동상에 묶어 길거리로 끌고 다녔다. 제2의 대규모 시위를 논의하고자 한양대에 모였던 27개 대학 학생 대표들은 하야 소식을 듣고 이제는 시내 질서를 수습하는 것이 급선무라는 데 의견을 모으고 그 자리에서 질서 유지를 위한 시위를 하기로 결정했다. 이들은 "민권民權은 승리했다", "질서를 지킵시다"는 플래카드를 앞세우고 도심지로 행진하는 한편 빗자루를 들고 나와 거리를 청소하기도 했다.

그러나 하야 성명 발표 후 1시간가량이 지났는데도 동대문경찰서 앞에서는 "정치깡패를 내놓으라"면서 시위를 하던 군중에게 경찰이 총격을 가해 20여 명의 사상자가 발생했다. 성난 군중은 동대문경찰서 현관을 부수고 난입해 불을 질렀다.[37] 4·19 이후 26일까지의 희생자는 사망 186명, 부상 6,259명(평생 불구 200여 명)이었다.[38] 사망자는 하층 노동자 61명, 고등학생 36명, 무직자 33명, 대학생 22명, 초등학생·중학생 19명, 회사원 10명, 기타 5명 등이었다.[39] 사망자 중 대학생은 22명인 데 비해, 도시 빈민이라고 할 수 있는 하층 노동자(61명)와 무직자(33명)는 94명이었다. 이와 관련, 오제연은 「4·19 혁명 전후 도시 빈민」에서 다음과 같이 말했다.

"4·19 혁명 당시 도시 빈민의 희생이 컸던 것은 그들이 적극적으로 나섰기 때문이었다. 그럼에도 불구하고 오늘날 4·19 혁명의 주인공으로 도시 빈민을 떠올리기가 쉽지 않다. 왜 도시 빈민은 4·19 혁명의 기억 속에서 사라졌을까? 그 이유는 도시 빈민들의 과격한 행동에 비판적이었던 대학생과 지식인, 언론의 인식 속에서 찾을 수 있다."[40]

4월 26일 서울에서 시위대가 이기붕의 집을 습격했을 때 일부 어린 학생들이 불을 지르려고 했으나 대학생들이 불이 이웃집으로 번질 수 있다는 이유로 제지했다고 한다. 이 광경을 본 한 언론사 기자는 "대학생의 지성이 없었던들 이번 혁명의 사태는 무지한 파괴로 끝맺었을지도 모른다"고 논평했다.[41]

이승만의 하야 성명을 누구 못지않게 기뻐한 사람은 매카너기였다. 그가 아침에 경무대를 향할 때 시위 군중은 박수를 치며 그를 환영했고, 그가 경무대에서 나올 때는 '미국 만세'와 '매카너기 만세'를 부르며 그의 차를 따라 미국 대사관까지 행진했다. 그날 저녁 일부 시위 학생들은 서대문 이기붕의 집을 완전히 파괴하고 집안의 온갖 사치품과 귀중품들을 끌어내어 불태웠다. 그들은 그 가재도구 더미 속에서 대형 성조기를 발견하고 마침 취재 중이던 미국 기자에게 건네주었다. 반공연맹 건물이 불타고, 파고다공원에 있던 이승만의 동상이 길거리로 끌려다닐 때에도, 반공회관 앞의 맥아더 동상엔 화환이 걸려 있었다.[42]

4·19 혁명의 소용돌이 속에서 미국은 한국인들에게 '은인' 비슷하게 각인되었으니, 미국으로선 이 이상 더 좋을 순 없었다. 그날 밤 매카너기는 "밤이 깊도록 피아노 앞에 앉아 베토벤의 아파시오나토 소나타 F단조를 신나게 치면서 즐거워했다는 에피소드"도 있다.[43]

이승만 하야는 4·19의 목표가 아니었다

이승만의 하야는 늘 미국을 구원자로 여겼던 그의 처지에서는 자업자득自業自得이었다. 그러나 한국의 처지에서 보자면 비극이었다. 과거 이승만의 어떤 정치적 행위가 하야만큼 한국인들에게 큰 기쁨을 안겨주었는지를 생각해볼 때에 더욱 그랬다. 『조선일보』의 '만물상'은 이승만의 하야 성명에 대한 감격을 이렇게 표현했다.

"만세! 또 만세! 이겼구나, 우리들 이겼구나, 민권이 이겼구나! 학생이 일어났고, 학생이 싸워 줬고, 학생이 피 흘리고 학생이 승리했다. 대학생·고등학생·소학생 만세! 청춘조국은 그대들의 것. 하늘을 두고 맹서해도 좋다. 독재는 어디서나 정녕 무너지느니라. 자, 이제부터 찬연히 빛날 우리들의 화려강산. 모두 뭉쳐 일하자!"[44]

4월 27일 이승만은 확실한 '하야 성명'을 발표하고 국회에 사임서를 제출했다. 사임서 내용은 이승만이 절대군주의 의식을 갖고 있었음을 시사했다. 사태에 대한 언급은 한마디도 없었다. "나 이승만은 국회의 결의를 존중하여 대통령의 직을 사임하고 물러앉아 국민의 한 사람으로서 나의 여생을 국가와 민족을 위하여 바치고자 하는 바이다."⁴⁵

이승만은 4월 28일 경무대를 떠나 이화장梨花莊으로 옮기기로 했다. 동양통신 기자 김성진은 이 소식이 전해지자 광화문에서 경무대 입구까지 순식간에 일반 시민들로 인산인해를 이루었다고 했다. "자동차도 타지 않고 걸어서 경무대를 떠나는 이승만 박사에게 경의를 표하겠다고 몰려들었던 것이다. 이들 시민들을 어떻게 보아야 할까? 엊그제까지만 해도 학생 데모들에 가담하여 '독재자'라 매도하며 하야를 요구하던 시민들이 이제는 갑자기 불쌍하며 애처롭다고 경의를 표하겠다니……. 한국 사람들은 이처럼 정에 약한 것일까, 아니면 부화뇌동하였다는 것일까?"⁴⁶

며칠 전에는 이승만을 '독재자'라며 하야를 요구하던 시민들이 이제는 이승만이 경무대를 떠나자 불쌍하다며 그에게 박수를 보내고 있다.

왜 그랬을까? 여러 이유가 있었겠지만, 이승만의 사임이 4·19의 주요 목표가 아니었다는 점도 크게 작용했을 것이다. 4·19 직후 서울의 주요 대학 학생들을 상대로 실시한 한 여론조사 결과에 따르면, 전체 응답자의 84.5%는 자유당에 반대해 데모에 참가했다고 답했고, 이승만에 반대한다는 응답자는 전체의 11.3%에 지나지 않았다.

4·19가 일어난 주요 이유를 들라는 질문에 대해 응답자들은 정부의 부패, 부정선거, 경제 불황, 이승만의 장기 집권, 경찰의 고려대생 데모대 공격, 장면에 대한 지지 등을 지적했다. 가장 싫어하는 인물이 누구냐는 질문에 대해서는 이기붕, 자유당 지도층, 경찰·아첨배·특혜 추구자들, 부정축재자와 모리배, 이승만, 정부 관료 순이었다.[47] (역사 산책 3: 정치 바람에 들뜬 대학 참고)

시민혁명인가, 단순한 정권교체인가?

4·19 후 대부분의 사람들은 '4월 혁명'이라는 용어를 썼다. 이승만 정권의 붕괴와 장면 정권의 수립을 시민혁명이나 민주혁명으로 본 것이다. 반면 혁신 세력은 진정한 혁명은 사회구조의 근본적 변혁이 있어야 한다며 이승만 정권의 몰락은 혁명이 아니라 단순한 정권교체에 불과하다고 주장했다.[48]

흥미로운 건 수십 년 후엔 이게 뒤집혀 오히려 진보진영 쪽에서 4·19를 혁명, 그것도 민중혁명으로 보는 시각이 대두되었다는 점이다. 예컨대, 김동춘은 4·19가 "3·15 부정선거에 대한 반대에서 촉발되었다는 현상적 측면에 초점을 맞춘 정치학적 연구"의 부당성을 지적하면

서 "4·19를 반독재 민주화투쟁으로 보는 것은 소시민적 운동관에 불과하다"고 주장한다.[49]

반면 김영명은 4·19는 "근본적으로 해방 이후 수입된 자유민주주의적 이상과 권위주의적 현실 간의 괴리에서 발생"했으며, "그것은 사전에 계획되고 체계적으로 진행된 것이 아니라, 돌발적이고 즉흥적·자연발생적이었으며, 대중적이었다"고 말한다.[50] 김영명은 4·19를 민중혁명론의 관점에서 보는 주장들은 논리적 자기모순과 비일관성을 안고 있다며 다음과 같이 말했다.

"가장 중요한 이유는, 이들이 4·19가 민중혁명임을 주장하면서도, 사실은 그렇지 못했다는 사실을 동시에 인정하지 않을 수 없는 어려움에 있는 것으로 보인다. 사실, 모든 민중혁명론자들은 4·19를 주도한 학생들이 그 낭만성 때문에 또 사회의 총체적 변혁의 요청을 외면하여 민중혁명을 달성하지 못했음은 물론 그것을 시도하지 않은 점을 인정하고 있다.……이러한 논리적 모순을 극복하기 위해 이용된 방편이 혁명이라는 단어 앞에 각종의 제한적 수식어를 붙이는 일이다. 대표적인 것이 '대리 혁명'과 '미완의 혁명'이다. 둘 다 과학적 용어는 아니다."[51]

김영명은 '미완의 혁명론'이 주장하는 4·19의 계승 문제에 대해선 "4·19는 계승해야 한다. 그러나 반드시 그것이 혁명이어야 계승하나? 혁명적 목표에는 미치지 못한 민주적 봉기였다고 하면 계승할 것이 없는가? 미완의 혁명이 아니라 성공한 봉기라고 하면 계승할 것이 없는가?"라고 물으면서 다음과 같이 말했다.

"당시의 사회정치적 상황이나 대중의 정치의식으로 볼 때, 이승만의 부패한 권위주의적 정권을 무너뜨린 것만 해도 엄청나게 큰 의미를 가진 사건이었다. 4·19를 정치적 독재에 대한 항거였다고 규정하는 것이 결코, 민중혁명론자들이 주장하듯이, 이를 '평가절하'하는 것은 아니다. 미완의 혁명이라는 용어 속에는 일정한 방향으로의 사회 변혁을 의도하는 목적론과 한국사의 사건들을 미화하고자 하는 국수주의적 경향들이 묘하게 섞여 있다. 그 경향들의 문제점은……엄밀한 사실 분석을 방해하고 따라서 역사적 사실의 과학적 이해를 훼손하는 데 있다."[52]

'미완의 혁명'에서 '빼앗긴 혁명'으로

김영명은 4·19를 '혁명'으로 부르는 데에 반대한다는 걸 전제하면서도 4·19를 굳이 혁명이라고 부르겠다면, 그것은 "이승만 정권의 전복, 혹은 정권교체의 차원에서 이해되어야 한다"고 말한다.[53] (이 책에서 '혁명' 개념은 바로 이 수준의 것임을 밝혀둔다.)

그러나 '미완의 혁명'이란 용어가 김영명이 주장하는 것처럼 꼭 민중혁명론자들의 것만은 아니다. 많은 사람이 김영명이 마지못해 양보해준 정권교체 수준의 혁명일망정 원래 내건 목표들이 제대로 이행되지 못했다는 점에서 '미완의 혁명'이란 말을 쓰고 있다.[54] 김영명의 주장은 개념을 엄격하게 쓰자는 취지로 이해하면 될 것 같다.

4월 혁명은 '점증하는 좌절의 혁명'이기도 했다. 이승만 정권 시절 도시화, 대중매체의 발달, 교육 확대 등과 같은 근대화 덕분에 욕구는 높아졌지만, 산업적으론 이렇다 할 변화가 없었다. 이런 '산업화 없는 근대화'[55]는 욕구와 충족 사이에 큰 괴리를 낳을 수밖에 없었다.

1960년의 한국은 압도적인 농업국가(농림수산업 종사자가 전체 취업자의 79.5%)로 도농都農 격차가 매우 큰 사회였다.[56] 실업률은 23.7%, 실업자 수는 250만 명에 육박했다. 1960년 봄 100만 명이 넘는 농촌 인구가 식량 부족으로 허덕였으며, 전국적으로 900만 명 이상의 아동이 정기적으로 점심을 걸렀다는 조사 결과가 나올 정도였다.[57]

그런 상황에서 대학생 수는 해방 직후 7,000여 명에서 1960년 10만 명 가까이로 급증했다.[58] 4·19 당시 대학생 수는 당시의 한국 사회가 수용할 수 있는 능력의 18배나 되었다는 주장도 있다(미국의 정치학자 새뮤얼 헌팅턴Samuel P. Huntington, 1927~2008의 주장이다).[59] 18배라는 건 과장된 주장이겠지만, 사회적 수용 능력보다 많은 대학생 수는 욕구와 충족 사이의 괴리를 더 크게 만들었을 것이다.

4월 혁명이 일어나게 된 배경도 그랬지만, 5·16 군사쿠데타가 나기까지의 13개월간 보상이 욕구를, 변화가 기대를 따르지 못함으로써 4월 혁명의 주체들은 내내 좌절감을 맛보았다. 5·16 군사쿠데타는 그 좌절감을 이용함으로써 성공할 수 있었다는 점에서 4월 혁명은 5·16으로 인해 '빼앗긴 혁명'이 되고 만다.

| 역사 산책 1 |

4·19와
두 여중생의 죽음

　4·19 시위에 가담했다가 미아리 고개에서 얼굴에 총탄을 맞고 죽은 한성여중 2학년 학생 진영숙은 미리 어머니 앞으로 이런 '유서'를 써두었다. "시간이 없는 관계로 뵙지 못하고 떠납니다. 끝까지 부정선거 '데모'로 싸우겠습니다.……저는 아직 철없는 줄 압니다. 그러나 국가와 민족을 위하는 길이 어떻다는 것을 알고 있습니다. 저의 모든 학우들이 죽음을 각오하고 나가는 것입니다. 저는 생명을 바쳐 싸우려고 합니다. 데모하다가 죽어도 원이 없습니다. 어머니 저를 사랑하는 마음으로 무척 비통하게 생각하시겠지요. 온 겨레의 앞날과 민족의 해방을 위하여 기뻐하여 주세요."

　이 '유서'는 1965년 4월 '4월혁명동지회'가 "사위어가는 4·19의 불길을 가연加燃시키고자" 출간한 『4월 혁명』이라는 책에 수록되어 있다. 신형기는 이 14세 소녀의 죽음을 국가와 민족을 위한 숭고한 희생으로 간주하는 것이 옳은 일이겠느냐고 묻는다. 그는 "4·19는 잔혹한 폭력을 증오하고 비장한 희생을 찬미하는 '도덕적' 감정을 확산시켰다"며 다음과 같이 말했다.

"눈앞에서 자행되는 불의不義의 폭력은 두려움을 불러일으키는 것일 테지만 공포는 일순 분노로 바뀔 수 있는 것이기도 하다. 그녀는 정의의 부름을 들었을 것이다. 그리고 그녀는 순수한 마음에서 이 부름을 회피하지 않아야 한다고 생각했을 것이다. 왜냐하면 그녀에게 그 부름은 국가와 민족의 부름이었기 때문이다. 그런데 이것이 바로 용해-귀속의 메커니즘이었다. 즉, 그녀는 분노와 의기 속으로 용해됨으로써 국가와 민족에의 귀속을 새롭게 확인한 것이며, 나아가 쇄신된 국가와 민족을 상상하게 된 것이다. 이로써 국가주의는 다시 작동할 수 있었다."

신형기는 4·19 정신을 만든 메커니즘에서 국가주의가 작동한 흔적을 읽는 것은 어려운 일이 아니며, 바로 이런 국가주의 정신을 구현할 역사 주체의 등장은 필연적이었다는 점에서, 5·16 군사쿠데타의 성공은 가능했다고 말한다.[60] 이 관점을 받아들이면 왜 수많은 4·19 주체가 5·16 군사쿠데타를 지지한 것인지 그 이유도 쉽게 규명할 수 있을 것이다. 1960년 8월에 일어난 '가짜 잔다르크 사건'도 전혀 다른 결말을 낳긴 했지만 바로 그런 국가주의적 욕구가 만들어낸 '사건'이었을 것이다.

1960년 8월 『서울신문』 사회부장은 한 기자에게 '한국판 잔다르크'로 내세울 만한 여학생 영웅을 찾으라는 취재 지시를 내렸다. 지시를 받은 기자는 4·19혁명유족회와 병원을 돌아다니며 탐문에 들어갔다가 우연히 어느 여중생의 죽음에 주목했다. 그러나 취재에 들어가면서 기자는 그 14세 소녀가 '가짜 잔다르크'라는 걸 알게 되었다. 동대문경찰서가 불타던 4월 26일 낮, 임신 6개월이었던 그 소녀는 병원에서 낙태수술을 받고 있었고, 자궁 수축이 잘 안 돼 과다출혈로 숨졌다. 이를 부끄럽게 여긴 부모는 의사와 함께 딸의 사망 진단서를 조작해 시신을 화장한 후 4·19 때 숨진 것으로 허위신고를 했다는 것이다.

 그러나 기자가 쓴 기사는 사회부장에게서 10번이나 퇴짜를 맞았다. 사회부장은 매번 '철저한 사실 확인'을 이유로 내세웠지만 내심 애초 기사의 목적이 '잔다르크의 발굴'이었는데, '가짜 잔다르크'를 싣는다는 게 영 내키지 않았을 것이다. 결국 11번째의 기사가 『서울신문』 8월 18일자에 크게 실리게 되었지만, 기사의 방향은 '잔다르크의 발굴' 의도와 다르지 않은 것이었다. 기사 제목은 「불의不義로 죽은 딸 순의殉義로 가장: 여기 의거義擧 정신을 모독한 부모 있다」였다. 경찰 수사가 시작되었고, 관련자 8명이 구속되었다.[61] 그러나 이게 꼭 그런 식으로 대서특필해야 할 일이었을까?

| 역사 산책 2 |

주요 소통 수단으로 등장한 혈서

4·19 혁명의 성공 이후 혈서는 주요 소통 수단으로 등장한 것처럼 보였다. 무엇보다도 혈서를 쓰는 주체와 상황과 이유가 다양했다. '유세 혈서'다. 『조선일보』 1960년 7월 10일자에 따르면, "9일 고양군 민의원 입후보자 합동 정견 발표회장에서는 무소속으로 출마한 이용식(37) 씨가 약 2천 명의 청중을 향하여 왼손 넷째 손가락을 잘라서 혈서를 쓰면서 청중에게 보이며 '당선이 되면 참된 일꾼이 되겠다'고 외쳤는데 합동 정견 발표회 연단에서 혈서를 쓴 일은 전혀 없었던 일이었다".[62]

'취업 혈서'다. 『조선일보』 1960년 11월 7일자에 따르면, "호구지책을 마련할 길을 잃은 예비역 강재선(34) 중위가 신문사를 찾아와 혈서로써 취직을 호소했다. 팔순 노경에 있는 어머니와 한 달 밖에 안 되는 젖먹이 등 여섯 식구를 거느리고 돈암동 산마루에서 천막살이를 하는 강씨는 20명의 이웃 사람이 연명한 진정서를 갖고 국무총리실을 찾아갔으나 뜻을 이루지 못하고 스스로 목숨까지 끊으려고도 했으나 늙고 어린 가족들을 위해 혈서로써 애소한 것이라고".[63]

'채무자 혈서'다.『조선일보』1960년 11월 12일자에 따르면, "'부채 30만 환을 갚을 길 없어 동정이 없으면 이젠 죽음밖에 없습니다.' 이것은 여섯 식구를 거느린 장로교회 신자인 20세의 청년이 본사에 보내온 혈서의 내용이다. 주소를 충북 청주시 내덕동 227에 둔 김철복이라는 청년은 고교 재학시 부친이 부채 30만 환을 남겨놓고 작고한 이후 입에 풀칠로 어려운 형편에 채권자의 성화에 이 이상 살 수 없게 되었다는 것".[64]

'대통령 면담 혈서'다.『조선일보』1961년 1월 14일자에 따르면, "13일 종로경찰서는 청와대로 혈서를 써가지고 윤보선 대통령을 면회하겠다고 들어간 한 청년을 즉결재판에 돌렸다. 전남 광양에서 상경하여 일정한 주소와 직업이 없이 떠돌아다니던 장기호(23)라는 이 청년은 지난 12일 하오 5시 20분경 '어떤 일이 있어도 생명이 붙어 있는 한 대통령을 만나 보겠다'는 내용의 혈서를 써가지고 대통령을 면회키 위해 청와대를 찾았으나 정문 입초 순경에게 거절당하자 온실 부근의 철조망을 뚫고 정원 안에 들어섰다가 붙잡힌 것이다. 이 청년은 즉결재판에서 10일의 구류 언도를 받았다".[65]

'반공 혈서'다.『조선일보』1961년 4월 7일자에 따르면, "5일 하오 1시 대구종합운동장에서는 경북 상이용사회 주최의 반공구국총궐기대회가 경북 도내 3천여 명의 상이용사들이 모인 가운데 열렸는데 이날 대회 도중 유득렬(32) 씨가 등단하여 오른손 무명지를 깨물어 '배고픈 자에게 빵을 다오', '정부는 정쟁을 지양하라', '용공분자 주시하라'는 혈서를 써 대회장의 공기를 긴장케 하였다".[66]

'반일 혈서'다. 1962년 당시 야구 스타 백인천이 일본프로야구 도에이 플라이어스東映フライヤーズ(현재 닛폰햄 파이터스日本ハムファイターズ) 입단이 확정되자, "백인천이 돈에 팔려갔다"는 비아냥과 함께 매국노로 몰아붙이는 '혈서 편지'가 하루에도 몇 통씩 백인천에게 날아왔다. 훗날 백인천은 "현해탄을 건너면서 이빨을 깨물고 허벅지를 바늘로 찔렀다. 일본에서 성공하지 못하면 다시는 한국에 돌아가지 않겠다고. 결국 75년 퍼시픽리그 타격왕(0.319)에 오르는 결실을 거둘 수 있었다"고 회고했다.[67]

역사 산책 3

정치 바람에 들뜬 대학

　　대학은 1960년 5월 1일부터 문을 열었지만 들뜬 사회 분위기로 수업이 제대로 될 리 없었다. 당시 서울대학교 불문과 학생이었던 소설가 김승옥은 "열광적인 분위기는 여름방학이 될 때까지 학교 안을 지배했다. 특히 문리대는 가장 심했다. 주로 정치과, 외교과, 사회학과의 고학년 생들이 주동이 되어 대강당에서는 거의 매일 외부 인사(주로 정치인)들을 초청하여 시국 강연회를 열었다"며 다음과 같이 말했다.

　　"학생들의 거의 대부분 그런 강당으로 모여들었고 교수들은 아주 얌전한 학생 몇 명만을 상대로 강의하거나 그나마도 '휴강합시다' 하면 휴강이었다. 학생들은 기고만장하였다.……당시 학생들을 리드하던 고학년생들 중에는 새로 선출하는 국회의원 입후보자 등으로부터 자금을 받아 학생들을 선거운동으로 이용하려는 자들도 있었고 실제로 떼를 지어 선거운동을 하러 지방으로 흩어지는 학생들도 있었다."[68]

서울대학교 교수 이상백은 그런 풍토에 대해 학생들을 꾸짖었다. "너희가 부정선거 원흉으로 몰아낸 장경근이 같은 사람도 너희들 만했을 때는 동경제대 법과 수석으로 졸업한 수재라고 했다. 그런 사람도 나이가 들어 세상 때에 물드니 그런 짓을 했는데 공부할 생각은 안 하고 정치가나 된 듯 우쭐대는 너희들이 이담에 장경근이 나이가 되면 무슨 짓을 할지 기가 막힌다."[69]

목사 강원용도 『빈들에서: 나의 삶, 한국 현대사의 소용돌이』(1993)에서 일부 학생들의 정치인 행세에 대해 개탄했다. 그는 "하루는 내가 시내의 길을 걷고 있는데, 갑자기 내 앞에 웬 세단차가 와서 탁 서는 것이었다. 그러더니 차에서 사람이 나오는데 보니까 우리 교회에 나오는 대학생이었다"며 다음과 같이 말했다.

"그는 4·18 고대생 데모 때 국회의사당 앞에서 선언문을 읽었던 4·19 주역 중의 하나였다. 그는 나를 보고 '목사님, 타시지요. 어디까지 가시는지 모셔다 드리겠습니다' 하고 말했다. 나는 깜짝 놀라 '누구 차냐?'고 물었더니 자기 차라는 대답이었다. 그때 버스를 타고 다녔던 나는 그의 대답에 놀라지 않을 수 없었다. 더구나 그가 차 안에 앉아 있는 예쁘장한 여자를 가리키며 '제 비서입니다'라고 소개를 할 때는 '어찌 학생이 이럴 수 있는가' 하는 생각이 절로 드는 것이었다."[70]

그렇게 우쭐대는 행태마저도 굳이 좋게 해석하자면, 과잉 의욕이었을 것이다. 현실과 동떨어진 과잉 의욕은 학생들의 특권일 수 있었지만, 문제는 그들이 현실문제에 너무 깊숙이 개입하고 있었고 그들의 힘이 너무 세졌다는 데에 있었다.

제2장

이기붕 일가 집단 자살

현실 감각을 잃은 이승만

3·15 부정선거가 일어난 지 한 달이 넘은 4월 19일까지도 "나는 선거 부정에 대해 들은 바 없소"라고 외치는 이승만의 항변은 진심이었을까, 정략적인 것이었을까? 그런 물음 자체가 우문愚問일 정도로 이승만은 세상과의 끈을 놓고 있었다. 그는 수많은 학생이 희생된 이후인 4월 21일에도 시위를 천주교의 공작과 농간으로 돌릴 정도로 전혀 딴 나라에 살고 있는 사람이었다.

현실 감각을 상실한 채 세상에서 철저하게 유리되어 있었던 건 비단 이승만 혼자만은 아니었다. 각기 정도와 양상의 차이는 있었을망정 그건 이승만 정권 상층부의 공통된 특성이었다. 이걸 잘 보여준 인물이 바로 이승만의 후계자인 이기붕과 그의 아내인 박마리아 부부였다. 이기붕이 그 자리에 오르기까지엔 이기붕보다는 박마리아의 역할이 더 컸다는 점에서 더욱 주목할 인물은 박마리아였다.

　　1906년 강원도 강릉에서 출생한 박마리아는 아버지를 일찍 여의고 홀어머니 밑에서 매우 가난하게 자랐다. 어머니는 목사 정춘수 집에서 가정부로 일하면서 나중에 전도사 역할까지 하게 되었던바, 박마리아는 '증오에 가까운 가난 혐오'와 더불어 어려서부터 독실한 기독교도가 되었다. 박마리아는 정춘수의 주선으로 선교사가 세운 개성의 호수돈여고에 진학했고, 이후 이화여전을 거쳐 선교사 앨리스 아펜젤러Alice R. Appenzeller, 1885~1950의 추천으로 미국 유학길에 올라 미국 조지 피바디 사범대학George Peabody College for Teacher에서 석사학위를 받았다. 귀국 후 이화여전에서 수신修身과 영어를 가르치다가 1935년 이기붕과 결혼한 후 YWCA 활동을 했다.[71]

　　1896년 충북 괴산에서 출생한 이기붕 역시 홀어머니 밑에서 가난하게 자랐으며, 선교사의 도움으로 보성고등학교까지 마쳤다. 그는 일본을 거쳐 미국 유학을 해 아이오와주州 데이버대학에서 문학을 전공했으며, 유학 시절에 이승만을 만났다. 그때 박마리아를 만나 1931년에 약혼했다가 박마리아의 귀국으로 약혼이 취소되었지만, 이기붕이 1934년에 귀국하면서 재회하게 된 것이었다. 귀국 후 이기붕은 사업에 실패하고 국일관 지배인을 지내는 등 일이 전혀 풀리지 않다가 해방 후에 이승만과의 인연으로 정치의 길로 나서게 되었다.

이기붕의 아내 박마리아의 과욕

　　1959년 대한부인회 회장으로 재선된 박마리아는 대한부인회 간부진을 장·차관 부인들과 친여 성향의 기업체 사장 부인들로 채웠다. 박마리아는 내무부 장관 최인규의 부인 강인하를 대한부인회 서울시 본부장에, 전 문교부 장관 김법린의 부인 박덕순을 대한여자청년단장에, 재력가인 김성곤의 부인 김미희를 부단장에 임명하는 등 대한부인회의 정치도구화를 위해 앞장섰다.[72]

1959년 7월 대한부인회 전국대회는 자유당의 정·부통령 후보를 전면 지지한다는 결의문을 채택했다. 이 결의를 어기고 대한부인회 최고위원 임영신이 부통령 출마를 선언하자, 박마리아는 1960년 2월 17일 대한부인회와 대한여자청년단의 이름으로 "대통령에 이승만 박사, 부통령에 이기붕 선생을, 임영신의 출마는 반동 행위이다"는 성명을 신문지상에 발표했다.[73]

이기붕의 추천으로 이승만의 비서를 지낸 박용만의 증언에 따르면, "박마리아 여사는 내가 오래도록 겪어보았지만 보통 여인이 아니었고 퍽 욕심이 많고 남에게 지기 싫어했으며 지나치게 자존심이 강했다. 물욕이 지나치게 많았으며 굉장한 에고이스트가 되어서 자기 것은 쌀 한 톨 남에게 주는 법이 없으면서도 남의 것은 주는 대로 받았던 여인이었다. 박마리아 여사의 이와 같은 성격은 어려서부터 불행하게 성장했고 가난이 몸에 젖어서 그런지는 몰라도 퍽 인색했었고 그러면서도 콧대는 대단히 높았다".[74]

이는 박마리아에 대한 부당한 평가일 수도 있겠지만, 박마리아가 3·15 선거시 국회의원에 출마하려고 했던 점에 비추어본다면 박마리아의 '과욕過慾'만큼은 틀림없는 사실인 것 같다. 박마리아의 출마는 이기붕의 반대로 결국 무산되었지만 이 문제로 두 사람은 격렬한 부부싸움을 벌였다. 박용만의 증언이다.

"한 번은 만송의 방으로 들어갔더니 만송과 박마리아는 모두 흥분해서 얼굴이 상기되어 있었고 박은 울어서 눈이 빨갛게 충혈되어 있었다. 박은 '당신 오늘날까지 요만큼이라도 출세한 것이 당신이 잘나서 그렇게 된 줄 아시오? 어림도 없어요.……당신 같은 재주로는 어림도 없어요. 누구 덕에 당신이 시장이다, 장관이다, 자유당 총무부장이다 하는 것을 하게 됐소. 어디 말해봐요. 그래 당신이 잘나서 그렇게 된 거요?……당신이 이제 와서 남자라고 유세를 내게 부리는 거요? 내 당신만 못한 것이 무엇이오.' 앙칼진 목소리로 만송에게 쏘아부쳤다. 만송은 '그래 당신이 잘났어…… 당신같이 똑똑하고 잘난 여자 만난 덕택에 내가 출세를 했지.……너무 사람 무시하지 말아요. 여자가 그렇게 날뛰고 잘난 체하면 집안 망해요' 하고 맞받았다."[75]

3·15 부정선거와 종교 교육

권력에 대한 욕망이 이승만의 눈을 멀게 했듯이, 박마리아도 이미 오래전부터 세상을 보는 눈을 잃고 있었다. 박마리아는 이승만에게 가장 강력한 영향력을 행사하고 있던 프란체스카의 거의 유일한 말벗이었다는 점에서,[76] 그건 국가적으로도 큰 비극이었다. 박마리아는 『이대학보』 1960년 4월 15일자에 쓴 「대학생과 종교」라는 글에서 3·15 부정선거에 대해 '종교 교육'의 중요성만 역설했다.

"지금 이 글을 쓰며 마산 소요 사건 재연의 비보를 들었다. 특히 군중의 앞장을 서서 외치고 떠들던 사람이 학생이었다는 말을 들었다. 슬

프고 마음 아픈 일이다. 신의 섭리에 순종할 줄 알고, 신을 두려워할 줄 아는 국민이라야 위대한 국가를 건설할 수 있다는 것은 역사가 웅변적으로 증명하고 있다. 어떻게 하면 신을 두려워하는 국민을 기르느냐 하는 대답은 종교 교육을 잘하여야 된다는 결론에 도달하게 된다."77

4월 19일의 시위를 촉발시킨 정치깡패들의 고려대생 피습 사건도 박마리아의 지시 때문에 일어났다는 주장도 있다. 언론인 이경남에 따르면, "고대생 데모대 600여 명이 연좌데모를 하며 3·15 부정선거를 성토하고 있다는 소식을 들은 박마리아는 반공청년단을 향해 '당신들은 300만 단원을 가지고 있다면서 그까짓 학생 애들 데모 하나 처리하지 못하는가' 하고 목청을 돋구었다. 반공청년단 본부에서는 종로구단(단장 임화수), 동부특별단부(단장 유지광)에게 단원 동원을 지시하였다.…… 200여 명의 단원들이 경기도청(지금 종합청사 건너편, 현재는 공원이 되어 있다) 앞에 집결하였고 신도환(반공청년단장), 임화수 등과 본부에서 회동을 하고 나온 유지광은 단원들에게 데모대를 분쇄하도록 지시했다".78

이승만의 측근들은 고려대생을 피습하는 피바람을 일으키고서도 아직 사태 파악을 못하고 있었다. 고려대생 피습의 와중에서 조무래기 단원 몇 명이 동대문경찰서에 연행되었는데, 이들의 석방 요청을 받은 경무대 경무관 곽영주는 전화로 동대문경찰서장에게 호통을 쳤다. "그들은 애국적인 반공청년단원이야. 화랑동지회 회원이란 말이야. 훈장은 못 줄망정 체포하다니 당신 정신 나갔어? 당장 석방해."79

이기붕 일가의 비극적인 최후

1960년 4월 25일 교수단 데모를 계기로 데모대가 서대문 자택을 포위하는 등 신변에 위협이 다가오자 이기붕의 가족은 경기도 포천에 있는 6군단에 피신했다. 대부분의 기록은 이기붕 일가가 6군단의 거절로 그곳에서 쫓겨났다고 되어 있으나, 이는 언론의 오보誤報에 기인한 것이었다. 6군단장 강영훈은 훗날 "내가 그런 오보를 한 기자에게 항의했더니 '사실 관계는 알지만 이렇게 써야 장군님께 유리하다'고 변명만 하고 정정해주지 않았다"면서 "그 뒤 자유당에서는 날 욕하고 민주당에선 갈채를 보냈다"고 말했다.[80]

이기붕 일가는 26일 밤 경무대에서 보낸 차를 타고 6군단을 떠나 경무대 별관 경비실 옆에 있던 제36호 관사로 피신했다. 그곳에서 이승만의 양자이자 그들의 장남이었던 이강석은 두 자루의 권총으로 아버지, 어머니, 동생 이강옥을 차례로 쏘고 자신도 자살로 끝을 맺었다. 4월 28일 새벽 5시 40분경에 벌어진 일이었다. 국회조사단의 진상 조사 결과에 따르면 이기붕, 박마리아, 이강옥이 먼저 수면제를 먹고 숨을 거둔 후 이강석이 이들이 되살아날 것을 염려해 권총을 쏜 것으로 판명되었다.[81]

경기도 고양군 벽제읍 백란공원에 묻혀 있는 이기붕 일가 중 이강석의 묘비엔 "불타는 정의감이 있었기에 부모님 모시고 동생 데리고 기꺼이 웃으며 자진해서 간 것을 우리는 아노라. 이강석 군 1960년 4월 28일 24세로 산화함"이라고 적혀 있다. 그러나 한동안 "이강석이 어떻게 자신의 복부와 머리에 두 발을 쏠 수 있었을까" 하는 의문 때문에 모살謀殺의 의혹이 제기되었다. 누가 죽였다는 주장이 나오기도 했지만, 이는 세

이승만의 후계자로 지목되었던 이기붕은 이승만의 몰락으로 피신할 곳을 찾지 못하다 아들 이강석의 총탄에 최후를 맞았다. (『조선일보』, 1960년 4월 28일)

인의 관심을 끌지 못한 채 곧 묻히고 말았다.[82]

4월 28일 아침, 아직 이기붕 일가의 집단 자살 소식을 모르고 있던 매카너기는 국방부 장관 김정열에게 전화를 걸어 이기붕 내외의 미국 망명을 받아주겠다는 미국 정부의 입장을 전달했다.[83] 그런가 하면, 미 대사관은 이미 이기붕의 망명을 위한 비행기 준비까지 했지만, 이기붕이

모든 사태에 대한 책임감을 느끼고 그걸 거절하고 죽음을 택했다는 설도 있다.[84]

　1960년 7월 허정 과도내각이 국민들의 과거 청산 요구에 따라 '특정재산 조사위원회'를 통해 조사한 바에 따르면, 이승만의 재산은 5억 환, 이기붕 일가의 재산은 15억 환인 것으로 밝혀졌다. 합계 20억 환은 오늘날의 92억 8,000만 원에 해당하는 돈이다.[85] 이기붕 일가의 서대문 집은 나중에 '4·19혁명기념도서관'이 되었다.

허정 과도정부와 내각제 개헌

"혁명을 비혁명적인 방법으로"

1960년 4월 27일 이승만이 국회에 제출한 사임서는 즉시 수리되어 그날로 외무부 장관 허정이 대통령 대행을 맡는 허정 과도정부가 들어섰다. 미국 측은 그들이 잘 모르는 허정보다는 미국통인 송요찬이 집권하게끔 하려고 했으나 국방부 장관 김정열 등이 매카너기에게 강력 항의해 허정 과도정부가 들어서게 되었다는 주장도 있다.[86]

허정은 취임하자마자 "과도 기간을 석 달 안에 끝내겠다"고 밝혔다.[87] 허정 과도정부는 4·19를 '혁명'이 아닌 '의거'로 단정하면서 "혁명을 비혁명적인 방법으로"라는 슬로건을 내걸었다. 이재봉은 『제2공화국과 한국 민주주의』(1996)에 쓴 글에서 허정이 대통령 대행이 되자마자 4월 28일 매카너기를 초청해 "미국의 내정간섭을 자청하였다"며 다음과 같이 주장했다.

"이틀 전 경무대에서 대사의 신분으로 주재국의 노련하고 완고한 대통령을 위압적으로 굴복시키던 모습을 옆에서 지켜보았던 그로서는 미국의 실체와 위력을 분명하게 인식했을 것이다. 허정은 매카너기에게 미국과 밀접하게 그리고 전적으로 협조할 의도를 밝히고 '모든 적절한 방법으로' 자신을 지지하고 도와줄 것을 간청하였다."[88]

이영석은 『야당 40년사』(1987)에서 허정 과도정부가 이승만 세력의 연장이었고, 그것은 없어도 되는 과도기를 만들고 말았다고 말했다. 민주당은 혁명의 정치적 주체로서 사명과 책임을 회피했고 결과적으로 비겁하게도 깨뜨려진 자유당 정권의 파편에 불과한 과도정부에 잠시 정권을 넘겨줌으로써 혁명의 비혁명적 처리를 결과했다는 것이다.[89] 이영석의 그런 지적은 장면의 부통령 사임에 대한 비판이기도 하다. 이승만이 물러나고 3·15 선거가 무효로 처리되면 잔여 임기가 넉 달도 채 안되지만 대통령직은 장면에게 넘어오게 되어 있었는데, 그걸 거부한 건 무책임했다는 주장이다.

장면의 '정략적 사임설'

장면은 자신의 회고록에서 부통령직 사임의 세 가지 이유를 들었다. 첫째는 "정권을 내놓더라도 장면이 바로 계승하지는 않는다"고 보장해줌으로써 이승만의 하야를 확실하게 이끌어내기 위해서였다는 것이다.

"당시 나의 최대 목표는 이승만 대통령의 하야였다. 대통령직 계승권을 가지고 있다는 사실 그 자체가 항상 대통령 자신과 그 밑의 자유당 당원들에게 불안감을 주고 있었던 것이 사실인 만큼, 이승만 대통령이 위험감과 의구심을 버리고 대통령직을 안심하고 내놓게 할 수 있는 길은 내가 계승의 야심이 없음을 보여주어야 했다."

장면은 두 번째로 부통령으로서 도의적인 책임, 세 번째로 이승만의 불행을 틈타 권력을 잡는다는 인상을 국민에게 주기 싫어서였다는 이유를 들었다.[90] 그러나 이영석은 세 가지 이유의 설득력이 약하다고 주장한다. 이승만이 하야 결단을 내린 때의 주변 상황과 심경으로 보아 장면의 존재는 고려 밖에 있었으며, 장면은 이승만 정권에서 권력 행사에 참여하지 못한 채 소외와 박해를 당했으며, 국민의 혁명 의욕에 의한 대통령 하야에 따른 결과를 남의 불행에 편승하는 걸로 보는 건 온당치 않다는 것이다.[91]

민주당 구파의 해석은 장면이 새 정부의 실권을 잡는 데 더 유리하리라는 정치적 타산에서 부통령직을 내놓았다는 이른바 '정략적 사임설'이었다. 독재 방지를 위해 내각책임제가 필요하다는 인식이 광범위하게 퍼져 있던 상황에서 장면이 대통령이 되면 내각제 개헌을 실현하는 일인데, 현직 대통령에 있으면서 국무총리 경쟁에 나서는 건 여론에서 환영을 받지 못하리라는 것을 내다보았다는 것이다. 그 경우 국무총리직은 구파에 넘어갈 것이고, 그래서 그걸 원치 않았기 때문에 부통령직을 사임했다는 것이다.

'정략적 사임설'을 어떻게 평가하건, 장면이 그런 말이 나오게끔 행동한 책임을 면키는 어려운 일이었다. 부통령직 사임 결정 과정에 큰 문제가 있었기 때문이다. 그건 결코 혼자 결정할 일이 아니었다. 당의 공식 기구에 회부하거나 적어도 구파의 지도자들과 상의해 결정을 내렸어야 했다. 그러나 장면이 측근 몇 사람과 상의는 했겠지만 혼자 단독으로 결정을 내린 모양새가 되고 말았다. 그래서 구파에서 정략적 사임이라는 평가를 받게 되었고 이후 격렬한 신·구파 분쟁의 씨앗을 또 하나 제공하게 된 것이다.[92]

구파의 지도자인 김도연은 훗날(1968년) 회고록에서 장면의 부통령직 사퇴가 이승만의 하야를 촉진했을 가능성을 인정하면서도, 당시 장면이 부통령직을 사퇴하지 않았다면 대통령 자리를 물려받아 사태를 수습할 수 있었고, 그 경우 정국의 추이는 다른 방향으로 전개되었을 것이라고 아쉬워했다.[93]

'주인 없는 혁명'과 '무임승차'

4·19 혁명 이후 민주당이 당면하게 된 또 하나의 큰 문제는 이른바 '무임승차설'이었다. 즉, 민주당이 4·19 혁명에 아무런 기여를 한 것도 없이 학생들의 피에 무임승차해 그 과실을 따 먹을 위치에 오르게 되었다는 것이다. 예컨대, 당시 기자였던 고정훈은 다음과 같이 말했다.

"그런데 4월 19일부터 26일까지 학생대열에 묻어 들어가 밤낮으로 쏘다니는 동안 민주당의 주요 간부들의 얼굴을 단 한 번도 볼 수 없었다는 것은 정말로 환멸을 느끼게끔 하는 기현상이라 아니할 수 없다. 중견 간부 몇 사람이 왕성한 활동을 전개하는 것을 목격했지만 민주당의 상징적인 인물이라고 할 만한 얼굴을 나는 불행하게도 하나도 만나지 못했다."[94]

이런 무임승차설은 이제 수개월 후 제2공화국의 민주당 정부가 들어선 이후에도 왕성하게 제기되는데, 이에 대해 민주당 측은 4·19 전인

4·6 시위 주도를 들어 이의를 제기했다.[95] 원외 인사로서 민주당의 대변인을 맡게 되는 김대중은 훗날 "전국적으로 행해진 '3·15 부정선거'에 대해 국민의 분노는 극에 달했고, 저는 인사동 중앙당사 앞에 인산인해를 이룬 시민들 앞에서 마이크를 걸고 부정선거를 규탄했습니다. 그리고 4월 6일 민주당이 중심이 된 시위가 있었습니다. 시청 앞에 모여 을지로 4가와 종로, 그리고 파고다공원(지금의 탑골공원)과 광화문을 거쳐 다시 시청 앞으로 돌아오는 시위였습니다"라면서 다음과 같이 말했다.

"그때만 하더라도 학생들의 시위는 거의 없었습니다. 고등학생 일부가 부정선거를 규탄했고 대학생들은 아직 나서지 않던 때였습니다. 그 시위에서 저는 앞장서 휴대용 마이크로 구호를 선창하는 입장이었고, 정부에서는 내무장관 포고령으로 발포도 불사한다는 위협을 했습니다. 지금 생각해도 생명의 위협까지 느끼던 비장한 심정이었습니다. 시위가 시작되자 정부는 방침을 바꾸어 진압보다는 시위대가 군중과 합세하지 않도록 격리하는 데만 주력했고, 파고다공원 앞에 오자 학생들이 시위대에 합류하기 시작했습니다. 시위대가 광화문까지 오자 학생들은 경무대 쪽으로 가려고 해 시위를 주도하는 우리와 약간의 실랑이까지 벌이게 되었습니다. 이렇게 전개된 그날의 시위가 4·19 혁명의 도화선이 되었습니다."[96]

그러나 진짜 문제는 4·19 혁명에 민주당이 얼마나 기여했느냐 하는 것이었다기보다는 4·19 이후 민주당이 어떤 행태를 보였느냐 하는 것이었다. 장면의 부통령 사임을 놓고도 구구한 해석이 난무한 가운데 내분의 수렁으로 빠져들었거니와 집권 후엔 더욱 격렬한 내분의 양상을 보이게 되는 민주당을 고운 눈길로 보긴 어려운 일이었을 것이다.

4·19는 애초부터 '주인 없는 혁명'이었기 때문에 학생들이 직접 집권하지 않는 한 '무임승차설'은 나오게끔 되어 있었다고 보아야 할 것이다(정윤재에 따르면, "'주인 없는 혁명'이란 표현은 학생과 시민들의 봉기로 이승만 대통령이 물러나게 되었으나, 정작 이후의 정치 과정에서 혁명 과업을 수행해야 할 주체는 그들이 아니라 민주당의 장면 정부였기 때문에 나온 것이다").[97] 오히려 더 큰 문제는 민주당의 '독식獨食 멘털리티'였다. 7·29 총선 공천에 4·19 주도 인사들을 대거 참여시켰더라면 집권 이후 정국의 안정도 기할 수 있었을 텐데, 민주당은 파벌 간 나눠먹기를 하기에 바쁜데다 그 나눠먹기마저 여의치 않아 동일 선거구에 중복 출마하는 등 권력에 과도하게 집착하는 모습을 보였다. 그래서 4·19를 주도했던 지식인 등의 신진 인사들은 전혀 영입되지 못했던 것이다.[98] 이 경우엔 민주당에 강력한 리더가 없었던 것이 재앙이었다고 말할 수 있겠다.

이승만 망명, 내각제 개헌

4월 29일 내각책임제 개헌 기초위원회가 첫 모임을 가진 지 12일 만인 5월 11일 개헌안은 재적의원 222명 중 160명의 서명을 받아 정부로 이송되었다. 그러나 아직 정세는 여전히 불안했다. 이 불안엔 이승만의 존재도 가세했다. 이재봉에 따르면, "자유당 일각에서는 국회에 의한 간접선거를 통해 이승만을 대통령으로 재추대하려는 은밀한 움직임이 있었는데, (미) 국무부는 이승만이 여전히 정부의 일에 개입하며 심복을 통해 허정에게 영향력을 행사하고 있다는 보고에 특별한 주의를 기울이고 있었다".[99]

미국의 경계는 5월 말에서야 풀리게 되었다. 5월 25일 이승만의 부인 프란체스카는 매카너기의 부인에게 전화를 걸어 이승만과 자신이 하와이에 망명할 수 있도록 주선해 달라고 요청했기 때문이다. 프란체스카는 이승만의 지지자들이 보내는 '커다란 압력'에서 벗어나고 싶다는 이유를 들었다.[100] 프란체스카의 뜻은 받아들여져, 이승만 부부는 5월 29일 하와이의 호놀룰루로 망명길에 올랐다. 이를 특종 보도한『경향신문』5월 29일자 석간 사설은 "노老 박사의 여생에 신의 가호가 있기를 마지막 빌어마지 아니한다"고 끝을 맺었다. 이에 대해 사장인 한창우가 "우리 신문을 폐간한 이인데 무슨 신의 가호냐"고 이의를 제기했지만, 사설을 쓴 주필 이관구의 고집으로 사설은 그렇게 나갔다.[101]

자유당은 6월 1일 현재 138명의 소속 의원 중 105명이 탈당함으로써 껍데기만 남은 가운데 6월 15일 국회에서 내각제 개헌안이 표결에 붙여졌다. 내각제 개헌안은 양원제를 채택했다. 1952년 발췌개헌안이 대통령 직선제와 양원제를 채택했지만 자유당 시절에는 참의원의 구성은 유예시킨 채 민의원만 구성되었다. 참의원은 상원에 해당하는 것으로 서울특별시와 각 도를 선거구로 하여 58명으로 구성하게끔 했다. 민의원의 주요 권한은 예산심의·법률안 심의·국무위원 불신임권 등이었으며, 참의원은 민의원에서 올라오는 법안을 심의하고, 대법관·검찰총장·심계원장(현재 감사원장)·대사·공사, 그 밖의 법률로 지정된 공무원의 임명에 대한 인준권을 가졌다.[102]

6월 15일의 표결 결과, 내각제 개헌안은 출석의원 211명 중 찬성 208표, 반대 3표로 가결되었다. 내각책임제 개헌이 확정·실시되면 헌법 제52조에 따라 민의원 의장인 곽상훈이 대통령 권한을 대행하게 되

1960년 6월 15일, 제4대 국회는 출석의원 211명 중 찬성 208표, 반대 3표로 헌정사상 첫 내각제 개헌안을 통과시켰다.

어 있었다. 그러나 곽상훈이 이를 거부하고 의장직을 사임하는 바람에 대통령 권한은 계속 국무총리인 허정에게 위임되었다. 내각책임제 개헌에 따라 제4대 국회는 임기를 다 채우지 못하고 6월 24일 폐회되었으며, 폐회 직전 각종 국가보안법과 선거법 등의 독소 조항 개정 작업이 이루어졌다.[103]

미국의 부정축재 비호

이즈음 미국이 지대한 관심을 표명한 사안은 부정축재 처리 문제였다. 미국은 부정축재 처리가 진보적 방향으로 나아가는 것을 경계하면서 한국 정치지도자들에게 과격한 처벌을 피하라는 압력을 가하고 있었다. 허정이 과도정부의 수반으로 취임한 직후 이루어진 만남에서 주한 미국 대사 매카너기는 허정에게 과거 처벌이 기존 법과 질서의 범위를 벗어나 광범위하게 확산됨으로써 기존 법질서에 불안정 상태가 야기될 수 있는 가능성에 대해 강력한 우려를 표명했다.104

1960년 8월 미국은 허정과 민주당 대표최고위원 장면에게 보낸 공한公翰을 통해 "과도정부의 부정축재자들에 대한 부정재산의 국고 환원, 조세 사범들에 대한 벌과금 및 추징금의 강력한 징수, 그리고 원조자금에 의하여 도입된 원재료 독점기업에 대한 처단이 한국의 기업 생산 위축을 초래하고, 따라서 급격한 인플레를 재연시킬 우려가 있음"을 우려했다.

미국은 "미국이 그간 7~8년에 걸친 본격적인, 막대한 한국에 대한 군사·경제 원조가 유효하게 사용 관리되었던가 아니었던가 간에 미국의 원조가 사실상 한국 경제의 동맥 역할을 하고 있는 것"이며 "한국의 4월 민주혁명은 계급혁명이 아니며 비민주적 이승만 독재정권을 타도하는 데 있었"다는 것을 상기시켰다.

미국은 "쿠바의 카스트로 정권이 사유개인재산을 몰수한 것과 같은 행위가 있어서는 안 된다"고 경고하면서 "설사 부정축재자들이 이승만 정권하에서 원조자금, 세금포탈, 부정금융대부, 그리고 여타 수단에 의한 집권당에의 아부로 인한 이권 획득으로 치부를 이루었다 하더라도 이의 국고 환원, 벌과금에 의한 부정재산의 회수는" 안 된다고 못 박았다 (미국의 이런 압력은 국내 신문, 예컨대 『동아일보』 1960년 8월 13일자에도 보도되었다).[105] 미국의 이런 개입은 이후 탄생하게 될 장면 정권이 난국을 헤쳐나가는 데 큰 장애가 된다.

제4장

제5대 총선:
국무총리 장면, 대통령 윤보선

아이젠하워의 한국 방문

　1960년 7월 29일로 예정된 제5대 총선은 미국에도 중요한 관심사였다. 미국의 선택은 친미 성향이 가장 강한 장면이었다. 7월 11일 아이젠하워 정부는 서울의 미 대사에게 장문의 훈령訓令을 보냈다. "민주당 각 파벌의 지도자들을 만나라. 점심시간 등을 이용해 비공식적으로 접촉하라. 그들에게 한국이 앞으로 겪을 정치 과정들이 한국과 미국에 얼마나 중요한지를 강조하라. 장면을 지도자로 뽑는 것이 이상적인 선택임을 주지시켜라. 또한 이 점을 허정에게 말하고, 장면에게는 그가 지도자 자리를 수락하도록 비밀스럽게 요청하라."[106]

　미국 대통령 드와이트 아이젠하워Dwight Eisenhower, 1890~1969의 6월 19일 서울 방문 준비 상황에 대해 주한 대리대사 마셜 그린Marshall Green, 1916~1998이 작성한 문서에 따르면, "대사관저에서 있을 아이젠하워 주최 조찬 모임 때 민주당 지도자인 장면을 대통령의 오른쪽에 앉도록 좌석을 배치하고, 그에게 대통령과 많은 이야기를 할 수 있는 기회를 만들어야 한다".[107]

그러나 굳이 그렇게까지 하지 않아도 아이젠하워의 방문 효과는 환영 인파의 규모만으로 충분했다. 거리의 환영 인파는 당시 서울 인구(244만 명)의 40%에 해당하는 100만 명에 이르렀으니 더 말해 무엇하랴. "미국 대통령 얼굴 좀 보자"며 군중 일부는 심지어 국보 1호인 남대문 기와지붕 위에까지 기어 올라갔다.

『조선일보』 1960년 6월 20일자에 따르면, 미국 대통령 차량을 향해 열광적으로 환호하며 달려드는 인파를 경찰도 제대로 막지 못했다. 서울역 앞에서는 아이젠하워가 오픈카에 탄 채로 30세가량의 시민과 악수했으나, 이 시민이 차가 움직이는데도 손을 놓아주지 않아 차에서 떨어질 뻔했다. 인파에 막혀 차가 꼼짝 못 하게 되자 차량 행렬은 남대문 부근에서 큰길을 벗어나 골목으로 들어갔다. 미국 대통령 차량이 인파에 갇혔다가 샛길로 우회하는 초유의 일이 일어났다. 이날 아이젠하워 대통령 차는 좌우 사이드미러가 파손되었다. 함께 온 며느리의 차량도 엔진이 정지되어 한국 시민과 학생들이 60미터쯤 차를 밀어주는 진풍경도 빚어졌다.[108]

이번엔 월간 『진상』 1960년 8월호에 실린 「아이크 체한(滯韓) 28시간」이라는 기사가 전한 열광의 풍경을 살펴보자. 이 기사는 "서울역에서 남대문에 이르는 사이에 오픈카에 서서 두 손을 흔들며 시민들의 환영에 답례하는 아이크 자신이 길을 비켜달라고 손짓할 지경으로 사람의 물결은 큰길까지 뒤덮었다. 시민들은 고층건물의 창구마다 개미떼처럼

이승만의 하야를 이끈 미국은 한국인들에게 '은인'으로 각인되었다. 아이젠하워의 방문 당시 시청 앞 광장을 가득 메운 환영 인파.

몰려서서 깃발을 흔들며 환성을 올렸다. 일행이 남대문에 이르렀을 때 그들의 앞을 여지없이 메워버린 인파 때문에 도저히 뚫고 나갈 수 없게 되었다"며 다음과 같이 말했다.

"일만여 명의 경관이 아이크의 경호와 질서유지를 위하여 동원되었고 다수의 헌병들이 협력하였으나 백만을 돌파한 대군중이 길을 메우는 데는 방법이 없었다. 이날 부모와 떨어져 길거리를 헤매는 어린이들도 많았고 상당한 수효의 부상자도 발생하였다.······해거티 공보비서는 '아이크가 방문한 나라는 많으나 서울에서와 같이 이렇게 많은 사람이 환영한 것은 처음 있는 일'이라고 말하면서 한국민의 우의에 감사의 뜻을 표망하였다. 미국의 공보비서가 사의를 표할 만도 한 것이 일본에서는 아이크 방문을 반대하는 수십만 명의 시위대 때문에 일본 방문을 포기해야 했다. 반면에 한국에서는 미국 대통령을 초열광적으로 환영하였다는 사실은 '감개무량'한 일이 아닐 수 없을 것이다."[109]

민주당의 7·29 총선 압승

민의원 233석, 참의원 58석을 뽑는 7·29 총선엔 무소속 후보가 난립했다. 민의원은 입후보자 1,562명으로 평균 6.5대 1, 참의원은 214명 입후보로 평균 3.6대 1의 경쟁률을 기록했다. 정당별로 보면 민의원은 무소속 1,009명, 민주당 305명, 사회대중당 129명, 자유당 55명 등이 출마했고, 참의원은 무소속 129명, 민주당 61명, 자유당 13명, 사회대중당 6명 등이 출마했다.

7·29 총선은 '아이젠하워 효과' 덕분에 민주당의 대승으로 끝났다. 민주당은 민의원 재적의원 233명 중 175명(75.1%), 참의원 재적의원 57명 중 31명(53.4%)을 차지하는 압승을 거두었다. 민의원의 정당별 의석 분포는 민주당 175석, 무소속 49석, 사회대중당 4석, 자유당 2석, 한국사회당·통일당·기타 각 1석이었으며, 참의원은 민주당 31석, 무소속 20석, 자유당 4석, 사회대중당·한국사회당·기타 각 1석이었다.[110]

득표율은 민주당이 41.7%였던 반면 무소속은 46.8%였다. 득표율의 2배에 달하는 민주당의 의석 획득은 소선거구제와 단순다수대표제라는 선거제도 덕분이었다.[111] 그러나 무소속 다수는 민주당 공천에서 탈락한 사람들이었고, 이들 중 다수는 선거 후 민주당에 재입당함으로써 민주당의 국회 장악은 더욱 강화되었다.

껍데기만 남은 자유당은 민의원 2석, 참의원 4석을 얻는 데에 그쳤지만, 한동안 미 대사관 측은 자유당을 야당으로 키우고자 하는 희망을 갖고 있었다. 그래서 자유당 측에 사람을 보내 "자유당의 조직만은 고수해달라"는 요청을 하기도 했다. 자유당의 보수성을 높이 평가했기 때문이었을 것이다. 그러나 자유당은 이승만을 정점으로 한 사당私黨의 성격이 강했기 때문에 미 대사관 측의 희망에 부응할 수 없었다.[112]

자유당 반대운동도 적잖은 영향을 미쳤을 것이다. 일부 학생과 시민들은 자유당 후보들과 자유당 출신 무소속 후보들을 상대로 데모를 벌이고 그들의 선거사무소와 집을 습격하는 등의 방법으로 입후보 사퇴를 강요했다. 이런 강요는 선거 당일에 기승을 부려 전국의 300여 개의 투표함이 방화 또는 파괴되었고, 모두 1,739건의 선거범을 낳게 했다. 이 사건들의 대부분은 자유당이 유망한 선거구에서 발생한 것이었다.[113]

고려대학교 교수 김상협은 7·29 선거를 치른 지 엿새 후에 열린 한 좌담회에서 7·29 선거 양상이 관권과 경찰력의 개입이 사라진 대신에 전반적으로 금권으로 치러진 타락 선거였다고 개탄했다.[114] 유병용은 「장면 정권의 성립과 붕괴」(1998)라는 글에서 7·29 총선은 또다시 자유당 집권 시의 선거 풍토가 그대로 재현된 부정선거가 되고 말았다며 다음과 같이 말했다.

"다만 이번에는 관권이나 경찰의 간섭 대신에 매표·매수 행위가 자행되었을 따름이다. 자유당 정권이 무너지고 새로운 정권의 대두가 확실시되었을 때 과거의 야당 인사들은 제각기 그들의 대여투쟁 경력을 내세우거나 과장하는가 하면, 자유당에 의한 탄압이 그들에게만 가해졌던 것처럼 선전하고 그것을 마치 훈장처럼 과시하면서 정권 참여에만 급급하였다."115

민주당의 무한 내분

그런 비판은 당시 한국 민주주의의 수준으로 넘길 수도 있는 문제였다. 타락 선거보다 더욱 심각한 문제는 민주당의 무한無限 내분이었다. 민주당은 신·구파 간 조정이 안 돼 81개 선거구에선 신·구파가 동시에 출마할 정도로 '협상 문화'가 전혀 없는 정당이었다.116 신·구파가 갈라서는 것 이외엔 해결책이 없을 정도로 양 파벌의 대립과 갈등은 도를 넘어선 것이었다.

차라리 갈라서는 게 낫다는 분당分黨의 필요성은 이미 7·29 총선의 와중에 제기되었다. 구파의 지도급 인사인 소선규, 유진산, 김도연, 서범석 등은 선거 유세에서 보수 양당제의 필요성과 이를 위한 분당의 불가피성을 주장했던 것이다. 이에 대해 연시중은 "보수 양당제 필요성 주장은 분당의 명분을 미화시키려는 수단이었고 내심으로는 총선 후 장면과의 집권 경쟁에 직면하여 자신감을 잃고 있었기 때문이었다"고 말한다.117

민주당 분당의 필요성은 정치권 밖에서도 제기되고 있었다. 7·29 총선 직후인 『서울신문』 8월 3일자는 1면 톱기사로 「민주당은 갈려야 하나」라는 기사를 통해 학계 인사 3명의 찬반론을 소개했다. 서울대학교 교수 김성희는 "신구파는 전연 노선 차이가 없고 문제는 관직의 배분에 있다"며 "민주당이 구체적인 정책 실현도 해보지 않고 분당한다는 것은 국민을 배신하는 것"이라고 비판했다. 고려대학교 교수 김상협도 "민주당이 분당하려면 절차를 다시 밟아 다시 총선거를 함으로써 국민의 의사를 물어야 한다"고 주장했다. 반면 고려대학교 교수 신석호는 "민주당이 7·29 총선에서 예상외의 압승을 함으로써 국민은 또다시 일당독재를 염려할 현실에 처하였다"면서 "대국적인 견지에서 일당독재를 방지하려면 절대적으로 분당이 되어야 한다"고 주장했다.[118]

8월 4일 구파는 '23인 위원회'를 구성하고 "한 정당이 의석의 3분의 2 이상을 차지하면 일당독재의 우려가 있으며, 내각책임제하에서는 2개 이상의 정당정치가 확립되어야 하고, 건전한 야당 정치가 없는 이 정국에 너무 비대해져 있는 민주당은 2개의 정당으로 갈라져야 한다"는 성명을 발표했다. 신파는 8월 5일 이에 대응하는 '13인 위원회'를 구성하고 구파에 대해 "정당정치의 상도를 벗어나 민주주의의 정신을 저버린 언행"이라고 비난하는 성명을 발표했다.[119]

'서울역 납치'로 시작된 머릿수 싸움

문제는 머릿수였다. 아직은 어느 파가 우세한지 쉽게 가늠할 수 없었다. 이영석은 『야당 40년사』(1987)에서 신·구파 간 경쟁은 '서울역 납치'에서부터 시작되었다며 이렇게 말했다. "당시는 승용차가 드문 때여서 초선의원들은 대부분 기차편으로 서울에 올라왔다. 신구파 지휘본부 핵심 멤버들이 서울역에 나가 정중한 마중이란 이름으로 초선의원을 납치하여 자파의 지정 호텔에 모시는 것이다. 양파가 똑같이 사용한 표

낚기 작전이었다. 이 납치 작전은 그 열도를 더해 수원까지 마중 나가 열차 안에서부터 표를 다지는 치열한 대결이었다."[120]

신·구파의 세력 판도가 윤곽을 드러낸 것은 당선자 대회였다. 신·구파는 당선자 대회를 별도로 열었기 때문이다. 8월 6일 종로 3가 대명관에서 열린 신파 쪽 당선자 대회엔 85명(민의원 75명, 참의원 10명)이 참석한 반면, 시청 앞 아서원에서 열린 구파 당선자 대회엔 95명(민의원 83명, 참의원 12명)이 참석함으로써 구파가 우세를 보였다.

신·구파 경쟁에서 승패의 열쇠는 무소속 20여 표의 행방이었다. 이들을 대상으로 한 매수 작전 의혹이 여기저기서 제기되었다. 8월 9일 구파 '23인 위원회'의 대변인인 조영규는 기자들에게 이렇게 말했다. "최근 4~5일 동안에 20여 억 환의 자금이 금융기관으로부터 모측에 방출되어 정치자금으로 쓰여지고 있다는 소문이 있어 내사해 보기로 했습니다. 의원 한 사람 앞에 1,000~5,000만 환씩 뿌려졌다는군요. 그러나 이것은 어디까지나 풍설이에요."[121]

이 발언은 신파보다는 무소속을 더 자극함으로써 정치문제로 비화되었다. 무소속 의원 김봉재는 진상조사위원회 구성안을 제안하면서 이렇게 말했다. "나는 선거인에게 내가 규탄받을 일을 할 경우에는 내 목을 치라고 했어요. 무소속 의원이 고깃덩이 모양으로 이리 팔리고 저리 팔리고 하는 것 같은 인상을 주는 이런 엄청난 풍설이 신문에 터져 놓으니 시골 유권자들이 대거 서울에 와서 지금 여관에 묵고 있어요. 기어이 진부를 가려 책임을 물어야 합니다."[122]

그러나 이런 일은 진상을 가릴 수 있는 성격의 일이 아니었다. 그래서 무소속은 모든 의혹에서 벗어나기 위해 독자적으로 대통령 후보로

대의명분이 없는 민주당 신·구파의 대립은 제2공화국의 존립 근거마저 흔들었다. 대통령과 국무총리 후보를 놓고 신·구파 간부들이 협상을 벌이고 있다.

김창숙을 추대하고, 그 와중에서 단결된 집단이 되었다.

8월 8일에 개원한 제5대 국회에서 민의원 의장에는 곽상훈, 부의장에는 이영준과 서민호가 선출되었고, 참의원 의장에는 백낙준, 부의장에는 소선규가 선출되었다. 구파는 이 의장단 선거에서 양원의 부의장 3명을 모두 구파로 당선시킨 데에 고무되어 대통령과 국무총리도 구파가 독식하는 '대통령 윤보선, 국무총리 김도연' 카드를 생각하게 되었다. 반면 의장단 선거에서 패배한 신파는 대통령은 구파인 윤보선에게 주고 국무총리는 신파인 장면이 맡는 '대통령 윤보선, 국무총리 장면' 카드를 추진했다.[123]

구파는 대통령과 국무총리를 나눠서 맡자는 신파의 제안을 거부했는데, 그 이유는 자신감 이외에도 구파엔 명확한 지도자가 없었다는 점이 작용했다.[124] 즉, 구파는 윤보선·김도연·유진산 등 여러 파벌로 나뉘어 있어 이해조정이 어려웠기 때문에 대통령과 국무총리를 다 맡겠다는 과욕을 부릴 수밖에 없었을 것이다.[125]

폭력 사태로 번진 국무총리 인준 투쟁

8월 12일 민·참의원 합동회의는 재적의원 263명 중 259명의 출석으로 1차 투표에서 208표를 얻은 윤보선을 제4대 대통령으로 선출했다. 김창숙은 29표를 얻었다. 8월 16일 대통령 윤보선은 구파의 집권계획에 따라 구파인 김도연을 국무총리 후보로 지명했다. 다음 날 인준 투표에서 김도연은 재석 224명 중 찬성 111표, 반대 112표, 무효 1표로 부결되었다.

8월 18일 윤보선은 2차로 장면을 국무총리 후보로 지명했다. 다음 날 표결에서 재석 225명 중 찬성 117표, 반대 107표, 무효 1표로 장면은 가까스로 인준에 성공했다. 김도연은 2표 모자라 실패했고, 장면은 4표를 더 얻어 성공한 것이다.[126] 장면의 인준을 위해 신파는 구파 의원들을 신파로 끌어들이느라 만만치 않은 거액의 정치자금을 제공했다는 주장도 있지만,[127] 이 아슬아슬한 결과엔 무소속 의원들의 표가 결정적인 영향을 미쳤던 것으로 보인다.

국무총리에 대한 대통령의 지명이 발표되기 전인 13일 공동행동을 추구하던 20명의 무소속 의원은 신新내각의 구성에 관해 장면과 김도연에게 정책 질문서를 보냈다. 두 후보 모두 '거국내각'을 강조하긴 했지만 무소속의 내각 영입에 대해선 장면이 '무소속 포함'을 말한 반면, 김도연

은 '정당정부'를 강조함으로써 무소속 포함 가능성을 배제했다.[128]

김도연 측은 무소속은 행동 통일이 안 될 것이라고 보고 가볍게 대응한 반면, 장면 측은 매우 성의 있게 대응한 것이 그런 차이를 낳았다. 무소속 그룹은 16일 밤 참석 인원 20명 중 12대 6으로 김도연 국무총리 인준 거부를 결의했다. 이를 알게 된 김도연 측은 17일 투표 직전 무소속을 우대하겠다는 새로운 공약을 내세웠지만 이미 때는 늦었다.[129] 구파는 국무총리 인준 표결 결과에 승복하지 않았다. 그뿐만 아니라 내부적으로 뜨거운 배신자 논쟁이 일었다. 이 논쟁은 구파 내부에 매수를 당한 이탈자가 있다는 주장으로 확대되었으며, 결국엔 구파 내부의 폭력 사태로 번졌다.[130]

이런 일련의 사태에 대해 『사상계』 1960년 9월호 '권두언'은 "민주당의 신구파 싸움이 어떻게 낙착을 이룰는지 모르지만 대체 이 싸움처럼 대의명분이 서지 않는 것이 없다"며 다음과 같이 질타했다. "신구가 갈리우고 노소가 갈리우고 남북이 갈리우는 이 정쟁은 흡사 이조시대의 사색 당쟁을 방불케 하는 것인데 이 파쟁에 앞장서는 자들은 도대체 자기가 무엇 때문에 누구를 위하여 싸우는가 하는 점부터 반성해주기를 바란다. 아무리 정권 획득이 지상 목표로 알고 있는 자라 하더라도 정쟁에는 대의명분이 있어야 하는 것인데 순전히 권력욕 때문에 부질없는 정쟁만 전개하여 나라가 몇 조각으로 갈리운다 하면 어떻게 공산당을 막아낼 수 있을 것이며 어떻게 국민 대중의 정당한 욕구를 충족시킬 수 있겠는가."[131] 그러나 이런 싸움은 아주 작은 시작에 불과했다.

민주당 신·구파의 이전투구

권위주의적이고 타협을 모르는 윤보선

1960년 8월 19일에 국무총리 인준을 받은 장면은 8월 20일부터 조각組閣에 착수했다. 그러나 장면은 조각에서부터 신·구파 간 이전투구의 격랑에 휘말려 들게 되었다. 무엇보다도 대통령 윤보선이 문제였다. 그동안 윤보선은 많은 사람에게 '무난한 인물'로 비춰졌기 때문에 신파도 대통령직엔 윤보선이 적임자라고 생각했던 것인데, 일단 대통령이 되고 난 윤보선은 전혀 다른 얼굴을 보이기 시작했다.

충남 아산에서 태어난 윤보선은 대대로 벼슬을 해온 부유한 양반 출신이었다. 윤보선은 일본 게이오기주쿠대학慶應義塾大學 의학부에 입학해 두 학기를 다니기도 하다가 귀국해 중국 상하이에서 돌아온 여운형을 만난 걸 계기로 여운형을 따라 상하이로 가서 독립운동에 투신했다. 그러나 상하이 생활 3년 만에 영국으로 유학했다. 그는 에든버러대학에서

윤보선은 친일 경력도 없고 영어에 능통하며 막강한 집안 배경으로 정치에 투신하기에 매우 유리한 조건을 갖추었다. 1960년 8월 12일 제2공화국 대통령에 취임하는 윤보선.

고고학을 전공했으며, 유학 6년 만인 1932년에 귀국해 조용히 지냈다. 해방이 되자 윤보선은 친일 경력도 없고 영어에 능통한데다 막강한 집안 배경으로 정치에 투신하기엔 매우 유리한 조건을 갖추고 있었다.[132]

윤보선은 미군정청 농상국 고문직을 지냈고 정부 수립 후엔 초대 서울시장, 1949년엔 상공부 장관이 되었다. 그는 제3, 5, 6대 국회의원을 지냈고 1959년 민주당 최고위원에 선출되었다. 윤보선의 안국동 자택은 대지 약 4,630제곱미터(1,400평)에 99칸의 거대한 한옥으로 방문객들을 압도했다. 윤보선은 1960년 당시 63세였는데, 명문가라는 자존심과 더불어 양반의 권위주의적 사고를 갖고 있어 대단히 자기중심적이었다. 그의 정치관은 흑백黑白 양자택일이었기 때문에 일단 자신이 옳다고 생각하면 도무지 타협을 모르고 한 길로만 내달렸다.[133]

'착하지만 어리숙한' 장면

서울 종로구 적선동 외가에서 7남매의 맏이로 태어난 장면은 인천에서 성장했다. 그래서 그를 인천 출신으로 보기도 하고 그의 아버지가 평남 출신이기 때문에 평남 출신으로 보기도 한다. 그는 태어나면서부터 천주교 신자였으며, 나중에 국무총리가 되고서도 어머니에게 무릎을 꿇고 용서를 빌기도 하는 등 복종이 몸에 밴 인물이었다.[134]

장면은 인천성당 소속인 박문학교를 마친 뒤 수원고등농업학교(서울농대 전신)를 졸업하고 서울 중앙크리스트교 청년학관 영어과에 진학했다. 그는 동시에 용산 천주교 신학교의 강사로도 활동했는데, 이 신학교에서 장면에게 영어를 배운 세 살 아래 학생이 한국인 최초의 천주교 주교인 노기남이었다. 장면은 한국 천주교 청년회 대표 자격으로 미국 맨해튼 가톨릭대학에서 교육학을 전공했다. 그는 귀국 후 천주교 평양 교구에서 활동했으며, 1931년부터 동성상업학교 교사로 부임해 1936년에 교장이 되어 해방 때까지 근무했다.

장면은 일제 시절에 다마오카 쓰토무玉岡勉로 창씨개명하고 친일단체에서 가톨릭계 대표로 참여했는데, 그의 친일 행적에 대해선 두 가지

견해가 있다. 일제 치하에서 천주교가 선교활동의 자유를 보장받는 조건으로 일제의 지배를 인정하는 동시에 신자들의 독립운동 참여를 반대했던바, 신앙심이 깊은 장면으로선 그 노선을 따랐을 뿐 장면을 친일파로 보긴 어렵다는 시각이 있다. 그런가 하면 그런 사정을 이해한다 하더라도 천주교가 신사참배 등과 같은 '반교회적, 반그리스도인적' 행위를 용인한 것에 대해서까지 장면이 복종했다는 건 비판받아 마땅하다는 시각도 있다.[135]

8월 19일 국회에서 장면의 국무총리 지명 동의안 표결이 있기 직전, 김두한이 장면의 친일 경력을 문제삼기도 했다. 김두한은 장면에게 역사적인 귀한 표를 던져서는 안 된다는 내용과 장면의 창씨명을 적은 전단을 뿌리고, 장면을 국무총리로 뽑는다면 국회의사당을 불살라 버리겠다고 외쳤다. 이 일은 일과성 해프닝으로 끝나고 말았지만, 이처럼 일각에서는 끊임없이 장면의 친일 경력을 문제삼기도 했다.[136]

장면은 정치에 전혀 뜻이 없는 교육자였다. 그러나 한국 천주교의 대표적인 지도자인 노기남은 천주교가 한국에 전래된 이후 권력에 의한 탄압을 무수히 받았던 점을 인식해 "가톨릭을 대변하는 인물이 정계에도 있어야 한다"는 생각으로 장면의 정계 진출을 강하게 권유했으며, 결국 장면은 떠밀리다시피 해서 천주교를 대변하기 위한 대표 선수로 정계에 투신하게 되었다. 송원영의 표현에 따르자면, 장면은 '정치권으로 징발된' 정치인이었다.[137]

해방정국에서 노기남은 미군정에서 한국인 지도자 60명을 추천하는 지위를 부여받을 정도로 미군정과 매우 가까웠다. 그런 막강한 후원을 업은 장면은 미군정 시기에 민주의원과 과도 입법의원을 지냈으며,

1949년 초대 주미대사, 1951년 국무총리를 지냈다. 1955년에 신익희·조병옥과 같이 민주당을 창당해 최고위원이 되었으며 1956년 부통령에 당선되었다. 1960년 7·29 총선에선 용산갑구에서 출마해 당선되었고, 민주당 신파의 지도자로 국무총리직에 오르게 된 것이다.

그러나 장면은 교육자나 성직자의 인품을 가진 사람으로 정치지도자엔 전혀 어울리지 않는 인물이었다. 검소하고 온화한 반면 나약했고 의타적이었다. 죽도 밥도 아니라는 뜻에서 장면에겐 '짜장면'이라는 별명마저 붙었다. '착하지만 어리숙한' 모습을 꼬집은 것이었다.[138] 장면의 정계 진출 자체가 천주교와 강한 친미주의親美主義라고 하는 배경 덕분에 가능한 것이었기 때문에 혁명 이후의 혼란한 사회를 이끌고 가기엔 역부족이었다.

난투극으로 번진 신·구파 싸움

장면의 조각을 앞두고 신·구파 양 파벌의 지지를 받아 국회의장으로 선출된 곽상훈은 양 파벌 지도자들의 회합을 주선했다. 8월 21일 장면, 윤보선, 곽상훈, 유진산이 참석한 4자 회동에서 장면은 최소한 5명의 구파 인사를 내각에 받아들일 것을 약속했다. 그러나 장면은 다른 신파 인사들의 강력한 반대 때문에 이 약속을 지키지 못했다. 신파는 구파와의 연립정부보다는 개별적 흡수를 원했다. 구파가 신내각에 참여하기를 원한다면 별도의 교섭단체를 만드는 것을 그만두어야 한다고 요구했다. 그러나 구파는 이미 별도의 교섭단체에 관해 결의한 바가 있었으므로 이 또한 쉽지 않은 일이어서 장면은 조각에서부터 자신의 약속을 어

장면은 신파 10명, 구파 1명, 국회 밖 인사 2명으로 구성된 내각을 발표했다. 장면 내각의 첫 기자회견 모습.

기는 무능을 드러내고 말았다.[139]

    8월 23일에 발표된 장면의 새 내각은 신파 10명, 구파 1명, 국회 밖 인사 2명으로 구성되었다. 24일 기자회견에서 신파 일색의 조각 결과를 보고 한 기자는 "이 내각이 얼마나 오래 갈 것으로 생각하는가?"라는 질문을 던졌다. 장면은 각료 13명을 한 번 훑어보고 "이 내각은 잠정적인 것이며 언제든지 거국내각을 짜겠다"고 답변했다. 이어 "민주당 구파도 좋고, 무소속에게도 문호를 개방해 거국내각을 조속히 구성할 계획"이라고 말했다.

    이에 대해 신문들은 "장 총리 자신이 아마 신파 단독내각에 몹시 불만이 있거나 여론의 압박을 느끼는 모양"이라고 해석했다. 그러나 구파의 반응은 냉담했다. 경무대 4자 회담에서 신·구파 장관 비율을 5대 5로 한다는 합의 내용을 깼으므로 더는 장면과 신파를 믿을 수 없다는 것이었다.[140] (대통령 윤보선이 대통령 관저의 이름을 '경무대'에서 '청와대'로 바꾼 건 1960년 12월 30일이었다.)

구파로서 유일하게 교통부 장관으로 입각한 정헌주는 구파에서 엄청난 시달림을 받았다. 구파 측 당원들이 집에 몰려와 며칠 동안 '배신자'라며 규탄시위를 하는가 하면 국회에서도 구파 의원들에게 집중적인 공격을 받았다.[141] 8월 26일 국회 본회의장에선 난투극마저 벌어졌다. 그날 정헌주는 국회에서 신상발언을 통해 자신과 가족이 겪은 고통스러운 일들을 설명하면서 구파의 대응 방식을 비판했다. 그러자 구파 인사들이 벌떼처럼 들고 일어났다. 유진산은 "후안무치한 자", 양일동은 "변절자", 조영규는 "더러운 배신자"라고 고함을 질렀다.

급기야 양일동이 발언대로 뛰어올라가 정헌주의 멱살을 잡고 "이 철면피한 자"라고 외치면서 1대 1 격투가 벌어졌다. 구파의 이경과 신인우가 가세했다. 유도 6단으로 전라남도 유도회 회장이기도 한 이경은 정헌주를 허리치기로 국회의사당 바닥에 내던졌다. 이에 김재순 등 신파의 젊은 의원들이 달려들어 10여 분간 난투극이 벌어졌다.[142] 이런 난투극이 바로 민주당 신·구파의 수준이었고, 제2공화국 민주주의의 현주소였다. 윤보선은 이런 한심한 작태를 해소하려 하기보다는 자신의 권력을 강화하는 데에만 정신이 팔려 있었다.

서울역 사건: 내각책임제 대통령의 월권

8월 29일 이른 아침 국무총리 장면을 비롯한 제2공화국 장관들이 서울역에 집결했다. "윤보선 대통령이 휴가 겸 민정시찰을 떠나니 모두 나와 전송하라"는 대통령 비서실의 전갈을 받고 나온 것이었다. 이윽고 '관 1호차'를 탄 윤보선 부부가 도착했다. 이들은 오전 8시 특별열차편으로 떠났다.

이는 결코 사소한 사건이 아니었다. 정치적 의미가 매우 큰 사건이었다. 이 일이 알려지자 정치권에서는 한동안 수근거림이 일었다. 이용원은 「제2공화국과 장면: 윤보선과의 갈등」이라는 『대한매일』(1999년 3월 19일) 기사에서 "'내각책임제인데 대통령이 각료들에게 전송 나오라고 지시하는 짓은 무엇이며, 그렇다고 이에 군말 없이 따르는 장 내각은 또 뭐냐'는 말들이었다"며 다음과 같이 말했다.

"한마디로 윤보선은 월권한 것이었고 장면은 제 밥그릇도 못 챙긴다는 평이었다. 장면 정부 출범 닷새 후에 일어난 이 간단한 삽화는 '장면 총리와 윤보선 대통령의 관계'를 단적으로 보여주는 상징성을 갖는다. 민주당 신·구파의 대결이라는 큰 구도 말고도 권위주의적인 윤보선과 다툼을 싫어하는 장면의 대조적인 성격, 처음 도입한 내각책임제를 양쪽 다 제대로 이해하지 못한 듯한 미숙함들이 이 삽화에는 들어 있다."[143]

민주당 정권의 몰락을 경고한 곽상훈

8월 31일 구파는 민의원에 '구파동지회'라는 이름으로 원내교섭단체를 등록했다. 가입 의원은 모두 86명이었다. 장면은 9월 2일 "구파의 교섭단체 등록은 사실상 분당행위"라고 비난하면서도 "장관을 5석을 줄 테니 들어오라"고 제의했지만 아무런 반응이 없었다. 구파는 9월 3일 원내총무에 유진산, 부총무에 이민우와 김영삼을 선출했다. 이로써 신·구파는 공식적인 별거에 들어갔다.

9월 7일 내무 홍익표, 국방 현석호, 상공 이태용, 국무원 사무처장 오위영 등이 사표를 냈다. 신파가 내각에 구파를 받아들이기 위해 빈자리를 미리 만든 것이었다. 이틀 뒤 구파는 조건부로 입각을 결정했다. 입각은 단순히 '파견'이며 지도부가 '소환'하면 언제라도 그만둔다는 내용이었다. 그래서 장면 내각 출범 20일 만인 9월 12일 국방 권중돈, 부흥 김우평, 교통 박해정, 체신 조한백, 보사 나용균 등 구파 5명을 받아들인 개각이 단행되었다. 구파로서 처음부터 입각한 정헌주는 교통부 장관에서 국무원 사무처장으로 자리를 옮겼다.

그래도 구파의 불만은 여전했다. 윤보선은 구파에 준 자리가 빈탕이라고 비아냥댔으며, 김도연은 "어느 부 장관에 누구를 배정해 달라고 시사했는데도 무시했으니 참다운 협조정신으로 보기 어렵다"고 공식적으로 평했다.[144]

구파는 내각 참여 나흘 만에 분당 작업에 착수해 민의원 65명, 참의원 17명에게서 서명을 받았다. 이에 원내교섭단체 등록을 미루던 신파도 민주당 명의로 교섭단체를 공식화했다. 9월 23일 현재 민의원의 교섭단체별 의원 수는 민주당 신파 95명, 구파동지회 86명, 무소속 모임인 민정구락부 41명, 그밖에 어디에도 속하지 않은 의원 9명 등이었다. 9월 30일 민의원 의장 곽상훈은 다음과 같이 민주당 정권의 몰락을 경고했다.

"우리는 국민을 배반했고 기만했습니다. 국민 앞에 공약한 우리의 경륜을 일보도 실천함이 없이 당은 두 갈래로 나누어져서 힘찬 제2공화국의 건설이란 민족의 명령을 정면으로 거역했습니다.……제2공화국이 당신들의 파쟁으로 멸망할 수도 있고……정권을 잡는 게 목적이 아니라 정권을 잡아 정책을 구현하는 게 목적이라는 근대 정치인의 사고방식이 필요합니다."[145]

분당: 민주당 126명, 신민당 65명

그러나 신·구파를 막론하고 그 지도자들은 어느 시점에서 역사의 시곗바늘이 멈춰버린 전근대적 사고방식을 갖고 있는 사람들이었다. 윤보선은 민주당 구파 정치인들을 청와대로 자주 불러들여 모임을 가졌으며, 장면 내각의 정책과 배치되거나 장면을 비난하는 성명을 냈다. 훗날 당시의 민주당 파벌투쟁을 "지긋지긋한 시련이었다"고 회고한 장면은 청와대를 "갖은 정략을 꾸미는 구파의 참모본부"로 여겼다.[146]

10월 10일, 허정 과도정부 때 임명된 시도지사를 장면 정부가 경질하자 윤보선은 구파의 입장을 반영해 '유감'을 표시하는 담화를 발표했다. 장면 내각에서 "왜 정치에 관여하는가"라고 항의하자 윤보선은 "국가적인 큰 잘못에 대해 국민의 한 사람으로서 말했다"고 대응했다.[147] 그러나 새로운 도지사 임명은 내각 구성이 그러했던 것처럼 '신파 일색'이었기 때문에 시비를 가리는 데 양쪽은 그야말로 난형난제難兄難弟였다.[148]

10월 11일 시위대의 국회의사당 난입 사건으로 신·구파는 시위대

앞에서 앞으로 정쟁政爭을 하지 않겠다는 악수까지 나누었지만, 바로 다음 날인 12일 구파는 신당 발기를 결의했고, 13일엔 구파동지회를 신민당으로 발족할 것을 선언했다. 11월 8일 구파는 신당발기준비대회를 개최함으로써 민주당과 별개의 당으로 독립했다. 그러나 그 '독립'의 와중에서 민관식을 중심으로 신파와의 합작을 주장하는 '합작파'가 대두되어 구파는 '분당파'와 '합작파'로 양분되었다.

11월 21일 신파는 21명의 '합작파' 의원을 민주당에 다시 가입하게 하는 데에 성공함으로써 과반수에서 7명이 더 많은 124명을 확보했다. 지역주의도 적잖이 작용한 결과였다. 구파를 따라나서지 않은 합작파는 상당수가 영남 출신으로 이들은 호남세가 강한 신민당 간판으로는 재선 가능성이 위태롭다는 판단을 내리고 분당 반대라는 명분으로 집권당을 선택한 것이었다. 이들은 나중에 당내 주류에서 소홀한 대접을 받는다고 주장하면서 정안회(36명)를 구성해 강력한 내부 비판 세력으로 부상했다.[149]

민주당과 신민당이 원내교섭단체 등록을 마친 1960년 11월 26일 민의원 원내 세력 분포는 민주당 126명, 신민당 65명, 민정구락부 34명, 무소속 8명이었다. 이처럼 민주당은 126명을 확보하긴 했지만 '안정'과는 거리가 멀었다. 내부에서의 적대적 태도와 끊이지 않는 내부 갈등으로 인해 흔들흔들하고 있었다.[150]

제6장 "혁신정당은
분열증 환자"?

혁신계의 7·29 총선 참패

이미 선거 이전에 민주당이 보여준 한심한 행태에 비추어볼 때에 7·29 총선에서 혁신계가 참담한 패배를 기록했다는 것은 의외의 결과였다. 4·19 후 창당된 사회대중당, 한국사회당, 혁신동지총연맹 등 혁신계는 30~40석을 기대했으며, 적어도 원내교섭단체를 구성할 수 있는 20석 이상은 낙관했다.[151]

그러나 선거 결과는 전혀 딴판이었다. 민의원 선거에선 사회대중당 공천자 121명 중 4명, 한국사회당 공천자 18명 가운데 1명만이 당선되었을 뿐, 나머지 혁신계 후보는 전멸했다. 함께 치른 참의원 선거에서도 58명이 나섰지만 2명만 당선되었다. 혁신계는 패배 이유를 유권자들이 아직도 금력·권력에 영향받는 상태였고, 혁신계를 공산주의자와 동일시했기 때문이라고 보았다. 실제로 검찰은 선거를 3주일 앞두고 혁신계

당원의 65% 이상이 과거 남로당 당원들이라고 공식 발표함으로써 "진보세력의 잠재적 대중 동원력에 치명적 타격을 가했다".[152]

그러나 한승주는 "국민이 이승만 정권을 무너뜨린 것은 독재적인 지배를 거부한 것이지 반공·보수주의를 거부한 것은 아니었다"고 분석했다.[153] 4·19 시위에 참가했던 학생들 중에서도 이승만의 하야로 소기의 목적이 달성되었다고 생각한 사람이 30% 이상을 차지하고 있었다.[154] 혁신계의 비극은 4·19의 성격에 이미 내재되어 있었다고 보아야 할 것이다. 혁신계는 4·19로 인해 권력을 갖게 된 건 아니었지만 자유의 향유라고 하는 점에서 보자면, 민주당과 마찬가지로 '무임승차'라는 비판을 받을 수도 있었다. 서중석은 「1960년 이후 학생운동의 특징과 역사적 공과」(1997)라는 글에서 다음과 같이 말했다.

"혁신계도 거의 활동하지 못했다. 농민은 말할 것도 없고, 노동자도 별반 반응이 없었다. 3~4월 항쟁은 항쟁 직후 한 연구자가 평했듯이 목

혁신계는 유권자들이 금력과 권력에 영향을 받았기 때문에 선거에서 패배했다고 주장했다. 7·29 총선거 초대 참의원과 제5대 민의원 당선자 명단. (국립민속박물관 소장)

적의식이 뚜렷하지 않고 비조직적으로 움직인 학생시위 중심의 투쟁이었다. 그러나 학생들의 가슴속에는 이승만 체제에 대한 항거가 강렬히 내재해 있었다."[155]

그 점을 의식했는지, 혁신계의 사회대중당 창당준비위원회는 '경과보고'에서 기성 진보세력은 진보당 사건으로 완전히 궤멸되어 "4월 혁명에서 아무런 역할을 하지 못했으며, 이는 당시의 정세에서는 어쩔 수 없었으며 이 점에 대해 학생들에게 매우 송구스럽게 생각한다"고 밝히기까지 했다.[156]

혁신계를 집어삼킨 분열의 악순환

혁신계의 내부 분열도 무시할 수 없는 이유였다. 아예 혁신계를 집어삼켰다고 해도 좋을 정도로 분열이 극심했다. 이갑윤은 「제2공화국의 선거 정치: 7·29 총선을 중심으로」(1996)라는 글에서 지명도가 높은 대부분의 혁신 지도자들이 사회대중당에 참여했으며, 한국사회당과 혁신동지총연맹은 후보자 수나 득표율이 사회대중당의 10% 수준에 불과했다는 점을 들어 분열을 패배의 원인으로 보기는 어렵다고 말했다.[157]

그러나 문제는 혁신계 가운데 진보당의 옛 조직을 활용해 조직적으로 가장 앞섰다는 사회대중당조차 내부 분열로 몸살을 앓느라 총역량을 발휘하기 어려웠다는 점일 것이다. 심지연은 『장면·윤보선·박정희: 1960년대 초 주요 정치지도자 연구』(2001)에서 다음과 같이 말했다.

"단시일 내에 여러 집단이 모였기에 이념적인 순화가 이루어지지 못했으며, 심지어는 출마자의 성분을 정확히 파악하지 못해 지방에서 결정된 공천자를 중앙에서 무원칙하게 바꿈으로써 당원끼리 대립하는 사태가 발생하기도 했다. 이로 인해 내부에서 '이렇게 하고도 참패 아니할 수 있겠나' 하는 탄식이 나올 정도로 사회대중당은 분열상을 나타냈던 것이다."[158]

김수진은 『제2공화국과 한국 민주주의』(1996)에서 혁신계의 의석이 아닌 득표율(사회대중당 6.1%, 한국사회당 0.7%)에 주목해 "만약 비례대표제가 시행되었더라면 이들의 득표율은 최소한 14석의 의석을 확보할 수 있었을 것"이라며 이런 평가를 내렸다. "극도로 불리한 이념적, 제도적, 사회구조적, 정치적 여건하에서 이들이 이루어낸 것은 보기에 따라서는 '기적'과도 같은 성과였다고 평가할 수도 있다."[159]

그러나 당시엔 혁신계조차도 그렇게 해석하진 않았던 것 같다. 7·29 총선에서 참담한 패배를 당한 혁신계는 돌파구를 통일 논의에서 찾고자 했다. 이들의 활동이 '의회'가 아닌 '장외'로 옮겨감에 따라 "이들의 활동은 현실과 동떨어지면서 더욱 관념적으로 될 수밖에 없었다".[160] 그래서 또 '분열의 악순환'이 발생할 수밖에 없었다. 혁신계는 장면 정부의 '선건설 후통일'이란 결국 통일을 하지 않겠다는 뜻이라고 비판하면서 '선통일 후건설'을 내세웠다. 혁신계는 남북교류운동과 중립화통일운동을 전개하기 위해 9월 15일 '민족자주통일중앙협의회(민자통)' 준비위원회를 발족시켰다.

10월 22일 미국 민주당 상원의원 마이클 맨스필드Michael Mansfield, 1903~2001가 '극동보고서'에서 "오스트리아를 중립화한 것처럼 미국이 여러 강대국들과 협의, 한국을 중립화해 통일시켜야 한다"고 밝힌 게 국내에 알려지면서 혁신계는 크게 고무되어 지지 성명을 발표했다.[161]

북한의 남북연방제 제의

북한은 7·29 총선 결과에 크게 실망했다. 마산의 3·15 부정선거 규탄 시위를 '인민 봉기'로 착각했던 북한은 총선에 큰 기대를 걸고 "혁신계에서 35명가량이 당선될 것 같다"고 전망했다. 그러나 민의원과 참의원을 합해 7명에 그친 데다 당선자들이 모두 북한이 보수파로 분류한 인사들이었기 때문에 북한이 받은 충격은 컸다.

북한은 이후 전략을 바꿔 남북연방제를 주장하게 되었다. 김일성은 8월 14일에 열린 '해방 15주년 경축대회'에서 "남조선 당국이 아직 자유로운 북남 총선거를 받아들일 수 없다면 먼저 민족의 긴급한 문제를 해결하는 과도적인 대책이라도 세워야 한다"면서 남북연방제를 처음 내놓았다. 김일성은 "우리가 말하는 연방제는 남북조선의 현 정치제도를 당분간 그대로 두고 조선민주주의인민공화국 정부와 대한민국 정부의 독자적인 활동을 보존하면서, 두 정부 대표들로 최고민족위원회를 조직해 남북조선의 경제·문화 발전을 통일적으로 조절하는 방법을 실시하자는 것"이라고 밝혔다.[162]

이에 대해 장면 정권은 8월 17일 외무부 장관 정일형의 반박 성명을 통해 북한이 제의한 연방제는 이미 1949년과 1954년에 제안했던 걸 명칭만 바꾸어 제안한 것에 불과하며, 이는 북한 괴뢰 정권을 계속 유지하면서 국제적 승인을 획득하려는 비굴한 행동인 동시에 대한민국의 정치적·경제적·사회적 교란을 기도하고 공공연한 정부 전복과 민심의 교란, 간첩행위를 자행하려는 의도를 갖고 있는 것으로 비난했다.[163] 북한은 유엔 감시하의 총선거를 반대하고 김일성의 남북연방제를 재확인하는 내용의 각서를 11월 11일 유엔에 제출했다.

12월 지방의회 선거에서 몰락한 혁신계

혁신계의 남북교류운동과 중립화통일운동은 민심의 호응을 받지 못했다. 4개월여 뒤인 12월 각종 지방의회 선거에서 혁신계는 더욱 처참한 패배를 당했다. 사실상 몰락했다고 해도 좋을 정도였다. 12월 19일 시·읍·면 의원 선거, 26일 시·읍·면 장 선거, 29일 서울특별시장과 도지사 선거가 치러졌다. 전국 26개 시에서 정원 420명을 뽑는 시의원 선거 결과는 민주당 129명, 신민당 44명, 무소속 243명, 기타 4명이었으며, 전국 82개 읍에서 1,056명을 선출한 읍의원은 민주당 141명, 신민당 48명, 무소속 861명이 당선되었다. 26개 시의 시장 선거 결과는 민주당 12명, 신민당 5명, 무소속 9명이었다. 서울특별시장과 도지사 선거에서는 민주당이 서울, 경기, 강원, 충북, 전북, 경북에서, 신민당이 충남, 전남, 경남에서, 무소속이 제주에서 승리했다.[164]

혁신계의 성적은 특별시·도 의회선거에서 전국 487개 의석 중 사회대중당만이 경북에서 2석을 확보하고, 시·읍·면 의회의원 선거에선 전국 1만 6,864개 의석 중 사회대중당만이 경북 1명, 경남에서 2명을 당선시킨 게 전부였다. 이는 4개월여 간 민주당에 대한 원성이 높아졌고 혁신계는 조직 정비의 시간적 여유가 있었음에도 당한 패배인지라 더욱 쓰라린 것이었다. 이들만의 탓은 아니었지만 혁신계 내부의 분열이 워낙 심해 진보적 학생들마저 "혁신정당은 민족통일에 전위 역할을 못하는 분열증 환자"라고 욕하는 데에 주저하지 않았다.[165]

혁신계 중에서도 가장 급진적 주장을 내세운 건 고정훈의 사회혁신 당이었다. 과거 군에서 정보장교와 이후 『조선일보』 논설위원을 지낸 고정훈은 이승만 하야 일주일 만에 "민주적 제2공화국을 건설한다는 궁극적 목표는 젊은이의 지혜와 정열 없이는 이루어질 수 없다"고 선언하면서 젊은 세대 동원에 주력했다.

고정훈은 국회 해산과 기성 정치인 퇴장을 주장했다. 고정훈은 김구 암살과 조봉암 처형사건 배후에 유진산·김준연 등이 관련되어 있었다는 설을 유포함으로써 명예훼손혐의로 고소당했고, 국회의장 곽상훈에게 국회 해산을 요구한 것이 공무집행방해 혐의로 추가되어 구속되었다. 고정훈은 구속된 지 6개월 만인 1960년 11월 선고유예로 풀려나왔지만, 그의 구속 자체가 주목받을 만한 정치적 반향을 일으키지 못했다는 점에서 지지기반의 한계를 여실히 보여주었다.[166]

그러나 지지기반이 약할수록 주장은 더 과격해졌다. 아예 지지기반을 염두에 둘 필요가 없는 학생들은 이상의 날개를 한껏 펴기 시작했다. 1960년 11월 1일에 결성된 서울대의 '민족통일연맹'은 창립대회에서 공산당이 참여하는 전 한국 보통선거를 주장하고 장면이 미국과 소련을 방문해 이 문제를 협의할 것을 주장했다. 11월 5일 부산대 학생들은 '통한統韓 궐기대회'에서 "외세 의존적인 통일을 배격한 중립적인 무혈 통일"을 제의하고 나섰다.

11월 18일 학생들은 모든 대학생 차원의 '민족통일연맹'을 결성하고, 각 대학마다 조직 결성을 확산시켜 나갔다. 1961년 초까지 전국적으로 각 대학교와 20여 고등학교에까지 '민족통일연맹'이 결성되었다.[167] 이제 이들은 남북학생회담을 추진하게 된다.

제7장 콜론 보고서: '정권의 잉여가치'가 부른 기회주의

콜론 보고서의 '쿠데타 필연론'

미국의 대한對韓 정책에 대한 권고를 담은 '콜론 보고서Colon Report'가 1959년 11월 1일 미국 상원 외교분과위원회에 제출되었다. 콜론연구소Colon Association Institution의 이름으로 나온 이 보고서는 로버트 스칼라피노Robert Scalapino, 1919~2011 등과 같은 한국 전문가들이 직접 한국을 방문해 작성한 것이었다. 「미국의 대對아시아 정책」이란 제목이 붙은 이 보고서는 한국의 정치체제를 여당 하나에 야당은 반쪽인 일점반당一點半黨 체제로 규정하고, 한국군에는 커다란 정치적 신망이나 조직력을 가진 군인은 없으나 언젠가 한 번은 군부 지배가 출현하리라는 것은 확실히 가능하다는 요지의 내용을 담고 있었다.[168]

이 보고서는 "많은 면에서 대한민국은 대여된 시간 위에 존재"하고 있으며 "미국 원조 없이는 한국 경제가 붕괴할 것"이라는 평가를 내렸다. 오리엔탈리즘의 요소도 충만했다. "한국에는 민주주의의 껍질만 남은 것도 기적이다. 한국에는 민주주의가 부적당한 것 같다. 차라리 인자한 전제정치가 타당할는지 모른다."[169]

이 보고서는 "젊은, 교육을 받은 계급이 그들의 재능과 힘을 충분히 발휘할 곳을 찾지 못하여 지식 프롤레타리아트로 발전해갈 상당한 위험성이 있다"는 진단을 내렸다. "젊은 사람들은 희망을 잃고, 부자는 점점 부자가 되고 가난한 사람들은 점점 가난해지고, 또 양심이란 것을 지키는 사람은 전부 소외되거나 배척되고, 목적을 위해 수단 방법을 가리지 않는 자들만이 출세하는 사회이기 때문에, 불원 한국 사회는 심각한 상황이 벌어질 것이다."[170]

이 보고서는 논란의 소지를 예상한 탓인지 군사쿠데타의 가능성을 낮게 평가하면서도 쿠데타가 필연이라는 식의 주장을 폈다. "가난한 국가의 유능한 자제가 일반 대학에 들어가는 수는 학자금 부족으로 인해 대단히 제한되어 있다. 그들에게 어떠한 고등교육의 기회가 있다면 그것은 보통 군부 학교를 통해서이다. 이리하여 하층 계급 출신의 유망한 청년 장교가 다수 생기며, 특권적 관리 정치가에 분노를 갖게 된다. 이것은 폭발할 우려도 있는 것이다. 넓은 의미에서 한국이 타국의 예를 따라 군사 지배가 정당을 대체하는 그런 사태가 있을 수 있다 하는 의문은 정당한 것이다. 이것은 있을 법한 일이지만 적어도 당분간은 그럴 가능성은 적다."[171]

콜론 보고서의 '자기이행적 예언'

콜론 보고서는 한국에서 군사쿠데타를 기대하는 미국 정계 일각의 기류를 반영한 것이었다. 예컨대, 미국 상원 외교위원회 위원장 제임스 윌리엄 풀브라이트James William Fulbright, 1905~1995는 1959년 스리랑카 콜롬보에서 "한국에서는 정치적 위기가 점차 커지고 있다. 정당정치가 실패할 경우에 군인 정치에 의한 교체를 실현해야 한다"고 말했다. 또 이 무렵 일본 주재 미국 대사 에드윈 라이샤워Edwin Reischauer, 1910~1990는 "한국을 계승할 사람은 전쟁 마당에서 자라온 새로운 젊은 군인이다"고 주장했다.[172]

이런 일련의 주장은 제3세계에서 반공 우익정권을 지지하면서도 표면적으론 늘 민주주의를 외쳐온 미국의 대외정책이 숙명적으로 가질 수밖에 없는 기회주의 성향을 잘 드러내준 것이었다. 이는 미국 정부가 쿠데타에 대한 대응에서도 '힘의 관계'를 따져 가면서 기회주의적으로 대응하리라는 걸 시사해주는 것이기도 했다.

콜론 보고서는 1960년 1월부터 5월까지 『사상계』에 분할 게재됨으로써 국내에도 널리 알려지게 되었다. 이 보고서는 특히 젊은 장교들을 자극해 군에선 너도나도 우국방담憂國放談에 뛰어들면서 강한 정치적 성향을 갖게 되었다.[173] 박정희도 이 보고서를 자신의 쿠데타를 정당화하는 데 종종 인용하기도 했다.[174]

전인권은 『박정희 평전: 박정희의 정치사상과 행동에 관한 전기적 연구』(2006)에서 다음과 같이 주장했다. "이 보고서의 『사상계』지 게재가 우발적인 것이라고 보기는 어렵다. 이는 한국 군부의 동향을 공개적으로 탐지 또는 자극하려는 미 국무성 또는 CIA 측의 잘 계산된 행위로 볼 수 있으며, 미국이 최소한 자유당 정부를 신뢰하지 않고 있다는 강력한 의사 표현을 한 것으로 볼 수 있다."[175]

정치에 관심을 가진 소장파 장교들에게 콜론 보고서는 원군援軍의 역할을 하거나 자극제가 되었다. 육군의 쿠데타 세력과 별도로 해병대의 쿠데타 모의를 주도했던 해병대 준장 김윤근의 회고담을 들어보자. 그는 "1960년 4월 초 어느 날, 친구의 아우인 모 해병 중위가 찾아왔다. 용건이 끝나고 그는 내게『사상계』1월호를 보았느냐고 물었다"며 다음과 같이 말했다.

"보았다고 했더니 그는 콜론 보고서가 한국군 장교들을 기개가 없다고 비웃고 있다고 생각되는데 어떻게 보느냐고 물었다. 그렇게 심각하게 보지 않았다고 대답하니, 그는 화제를 바꾸어 나라가 이렇게 어수선하고 어지러운데 군부가 가만히 방관만 하고 있을 수 없지 않느냐고 했다. 구국을 위해 군부의 궐기가 필요하다는 주장이었다. 평소 같으면 상관 앞에서 감히 입 밖에 낼 수 없는 말이었지만 3·15 부정선거 규탄 데모가 연일 계속되고 있어 자유당 정부가 이 난국을 어떻게 수습할 것인가 하는 문제와 두셋만 모이면 나라 걱정하던 때라 그리 당돌한 말은 아니었다."[176]

더러는 콜론 보고서가 한국군 장교들을 우습게 보고 있다고 분개하기도 했다. 쿠데타의 가능성을 당분간 희박하다고 본데다 "현재 한국군에는 정치적 신망이나 조직력을 가진 군인은 없다. 육군엔 야심가는 많이 있으나 지금까지 육군은 정부의 주인이 아니라 그 도구에 불과했다"는 대목이 아마도 자존심을 상하게 했을 것이다.

하지만 그게 바로 그 보고서가 노린 점이었을지도 모른다. 이 보고서는 이른바 '자기이행적 예언self-fulfilling prophesy'의 성격을 갖는 것이었다('자기이행적 예언'은 "미래에 관한 개인의 기대들이 그 미래에 영향을 주는 경향성이다. 편견은 편견을 가진 사람이 피해자에 대해 어떻게 행동하는가를 결정짓고, 한편 이것은 피해자로 하여금 첫 번째 사람의 편견을 확증시키는 식으로 행동하도록 영향을 주게 됨으로써 하나의 자기이행적 예언이 될 수 있다").[177] 콜론 보고서를 작성한 스칼라피노가 5·16 군사쿠데타가 일어나자 5월 말 방한訪韓해 이모저모를 살피고 돌아간 것도 바로 그런 '자기이행적 예언'의 실현을 만끽하고 싶었던 건 아니었을까? 5·16 주체세력의 법제法制를 담당한 이석제에 대해 5시간 동안이나 이것저것 꼬치꼬치 캐물은 스칼라피노는 관변 학자로서 미 정부를 대신해 쿠데타군의 '사상 검증' 임무까지 맡았던 건지도 모르겠다.[178]

6·25 전쟁이 낳은 과대성장 집단

한용원은 『한국의 군부정치』(1993)에서 5·16 군사쿠데타 촉발 요인으로 정군파와 만주군관학교 출신 비주류파를 중심으로 한 군부의 파벌주의, 진급 적체 현상의 심화에 따른 경비사 5기와 육사 8기의 불만 증대, 장면 정권의 10만 감군 계획으로 인한 군부의 제도적 이익의 손상 우려, 정군整軍을 추진한 '말썽 장교' 예편豫編 계획에 따른 정군파 장교들의 불안 의식 고조 등을 들었다.[179]

여기에 소장파 장교들이 갖고 있던 강한 자부심이 추가되어야 할 것이다. 물론 이는 '군의 성장'이라고 하는 구조적 배경으로 볼 수 있는 것이나, 그것이 장교들 개개인에겐 강한 자부심 또는 "내가 아니면 누가 이 나라를 구하랴" 하는 식의 소영웅주의의 형태로 나타나 쿠데타의 촉발 요인이 되었을 수 있다는 것이다.

6·25 전쟁으로 인해 과대 성장한 국가의 여러 부문에서 군은 초과대 성장한 집단이었다. 군은 1950년대 내내 국가 예산의 40% 이상을 할당받은 집단이었다. 장교들의 교육 수준도 높았다. 적어도 1970년대 초반까지 장교 집단은 한국 사회에서 교육 수준이 높은 집단 중 하나였다. 한홍구는 『대한민국사 1: 단군에서 김두한까지』(2003)에서 "1953년부터 1966년까지 해외 유학 인정 선발시험을 통과해 해외로 유학한 사람은 모두 7,398명으로, 그중 86%인 6,368명이 미국으로 유학했다. 그러나 이들 유학생이 학업을 마치고 귀국한 비율은 6%에 지나지 않는다. 반면 한국군 장교는 1950년대에만 무려 9,000여 명이 미국의 각종 군사학교에 파견되어 교육받고 돌아왔다"며 다음과 같이 말했다.

"물론 장교의 미국 연수 기간이 일반 유학생들의 유학 기간에 비해 짧았다고는 하지만, 군은 일반 사회와는 비교가 안 될 정도로 많은 해외 유학 경험자들을 보유했다. 또 사회에 재교육 기관이 거의 없던 시절 군은 육군대학, 국방대학원, 보병학교, 공병학교, 통신학교 등등의 방대한 자체 교육기관을 갖춘 유일한 사회집단이었다. 군은 정밀한 무기를 다루고, 최첨단의 통신과 수송수단을 장악했을 뿐 아니라, 방대한 조직을 운영하기 위한 고도의 행정관리 체계와 기술을 보유했다. 한국 사회에서 조직관리와 경영학의 개념을 가장 먼저 도입한 집단도 기업보다 군이었다."[180]

5·16 군사쿠데타 때 6군단장으로 박정희에 협조하지 않았다가 옥살이를 한 뒤 미국으로 떠났던 김웅수는 "도미 유학 장교들은 민주주의

군은 국가 예산의 40% 이상을 할당받은 초과대 성장한 집단이었을 뿐만 아니라 장교들의 교육 수준도 높았다. 육군대학 제2기(1952) 졸업 앨범에 수록된 육군대학 교사(대구 달성초등학교)와 교기. (국립6·25전쟁납북자기념관 소장)

를 배우러 간 것은 아니지만 서구 선진 사회의 작동 원리를 배우고 왔습니다"라면서 이렇게 말했다. "국방연구원은 장교들에게 정치, 외교, 경제를 가르치게 되었는데 정부 고관들의 강의 수준에 대해서 이 장교들은 '저 정도밖에 안 되나' 하는 생각을 가지면서 '우리가 하면 훨씬 잘하겠다'는 자신감을 갖기도 했지요. 한국군 장교단은 점차 정치화되어 갔는데 이를 억제해야 할 정치가 제 구실을 못 하니 군대가 나서는 것을 막을 수 없었던 것입니다."[181]

대미對美 관계나 집단 응집력에서도 군은 다른 어느 집단보다 우월했다. 한홍구는 "미국이 한국에서 오랜 세월에 걸쳐 막대한 자금을 투여

해가며 직접 육성한 기관은 군밖에 없다.……중진 국회의원들이 주한 미 대사관의 서기관급하고도 밥을 같이 먹지 못해 안달하던 것에 비하면, 고위 장교 집단은 아주 안정적인 대미 접촉 통로를 확보하고 있었던 것이다"며 다음과 같이 말했다.

"사관학교라는 특수한 교육 경험을 공유하면서 선후배 간의 관계로 얽혀 있는 군 장교들의 응집력은 한국 사회에서 다른 집단의 추종을 불허한다. 상대적으로 많은 교육을 받았고, 응집력에서 타의 추종을 불허하고, 무제한의 물자와 인력을 사용하고, 무장력을 갖추었으며, 게다가 미국과 가장 밀접하게 연결된 군이 한국에서 정권을 장악하지 못했다면 오히려 이상한 일이었을 것이다."[182]

브루스 커밍스Bruce Cumings는 『브루스 커밍스의 한국현대사』 (1997)에서 이렇게 말했다. "1953년 이후 한국 사회의 모든 조직들이 와해되고 인적자원이 파편화되는 소용돌이 속에서 우뚝 솟은 것은 1950년에 10만에서 1953년에 이르러 60만 이상으로 팽창한 한국 군부였다. 군부는 이제 한국 사회에서 가장 강력하고 가장 응집력이 강하며 가장 잘 조직된 기관이었으니, 머지않아 자신의 정치적 힘을 발휘하게 된다."[183]

군의 기형적 인사 구조와 부정부패

그런 배경을 이해한다면 정군을 주장하는 영관급 장교들의 선의를 의심할 필요는 없을 것이다(정군은 흐트러진 군대의 기강을 바로잡는다는 뜻이다). 그러나 그 누구도 대의大義를 위한 선의善意 하나로 자신의 목숨을 걸진 않는 법이다. 그 선의를 발동하게끔 만들 수 있는, 강한 개인적인 불만이 있을 때에 행동이 이루어진다. 영관급 장교들의 가장 큰 불만 역시 6·25 전쟁에서 비롯된 것이었다. 6·25 전쟁이 낳은 군의 기형적인 인사 구조는 영관급 장교들의 숨통을 막히게 만들었다. 그 이유를 살펴보자.

한국군 장교들은 국군 창설 초기로 갈수록 군사훈련을 적게 받았다. 조선경비사관학교 시절인 육사 1기생은 6주간 훈련을, 2기생부터는 3개월 훈련을, 5기생부터는 6개월, 10기생은 1년을 받았고, 11기생 이후부터 정규훈련을 받았다. 그래서 1기생과 8기생의 차이는 4년 밖에 안 되지만 계급은 대장과 중령의 차이였다. 1기생 100명 중 42명이 5년 안에 별을 달았으며, 이들 중에서 20대 장군, 30대 사령관과 참모총장이 나왔다.

반면 8기생은 소위에서 소령으로 진급하는 데 4년이 걸렸고, 소령에서 중령으로 진급하는 데는 8년이 걸렸다.[184] 훈련을 마친 후 12년이 지난 1961년 1,801명의 8기생 중 140명 만이 대령급으로 승진했다.[185] 군사영어학교 출신의 평균연령과 육사 8기생의 평균연령의 차이는 2~3세에 불과한데 승진의 격차는 20~30년으로 벌어진 것이다.[186]

그런 기형적인 구조로 인해 8기생들의 불만이 하늘을 찌르는 상황에서 군의 부정부패는 극성을 부렸다. "별은 지프차 도둑, 말똥은 부식 도둑"하는 말이 나돌고 있을 정도였다.[187] 그런 부패구조하에서 죽어나는 건 사병들이었다. 1955~1960년 사이 강원도 화천 3사단 포병중대의 행정병으로 근무했던 강호창의 증언이다.

"휴가 나간 사병이 안 돌아오는 경우가 많았습니다. 데리러 가 보면

'배가 고파서 못 견디겠다'고 귀대를 거부하는 판이었지요. 군단장 숯굴, 사단장 숯굴, 연대장 숯굴, 대대장 숯굴의 숯을 구워 주는 데 날마다 동원되고 땔감과 건축자재용 목재를 잘라내는 데 사역을 하다가 보니 중대원 100명 가운데 부대에 남아 있는 인원은 10명 남짓 했습니다. 상부에서 검열이 오면 이웃 부대에서 병력을 꾸어 와서 속여 넘기기도 했어요. 많은 장교들이 도둑질로 먹고 살고 있었습니다."[188]

이런 사태에 대해 가장 큰 책임을 져야 할 장성들은 좀더 뜯어먹는 데에만 혈안이 되어 있었다. 5·16 주체세력이 쓴 『한국군사혁명사』는 정군 주장에 대한 부패층의 변명으로 "장군은 살기 위하여 트럭으로 날라다 먹고, 장교는 지프로 날라다 먹으며, 하사관은 등으로, 사병은 반합으로 날라다 먹으니 피차 마찬가지"라는 식으로 책임 회피에 급급했다고 주장했다.[189]

청렴파 장교들의 절망감

군의 부정부패는 나라가 워낙 가난한 탓이 컸지만, 아무런 대책도 세우지 않은 채 그걸 그대로 방치한 정부 정책의 문제이기도 했다. 부정부패를 저지르지 않고선 생계 유지가 어려웠기 때문이다. 심지어 준장 월급으로도 생계 유지가 곤란할 정도였다. 박정희는 "이승만 대통령이 일부러 장교들의 처우를 나쁘게 해놓고는 군대를 통제하려고 한다"고 해석했다. 모든 장교를 부패의 물에 발을 담그지 않을 수 없는 잠재적 범죄자로 만들어 놓으면 특무대를 앞장세워 군을 통제하기가 쉬워진다는 걸 이승만이 계산했다는 것이다.[190]

정말 그런 이유 때문이었는지는 알 수 없지만, 장교들에 대한 열악한 대우가 쿠데타의 한 원인을 제공한 건 분명했다. 적당히 타락해 부수입을 챙기는 장교들은 절망의 나락으로까지 떨어지지 않았겠지만, 체질적으로 청렴한 장교들은 그런 상황을 견뎌내기 어려웠을 것이다. 5·16 주체세력의 한 명인 이석제가 『각하, 우리 혁명합시다』(1995)에서 한 말을 들어보자.

그는 "4·19가 일어난 1960년, 육군 중령이던 내 월급도 보잘것없는 수준이었으니 거지 신세를 겨우 면할 정도로 살림이 어려웠다. 군대 월급으로 네 식구가 보름 정도 버티면 다행이었다. 월급으로 생존이 불가능하니까 장교들은 사병들에게 지급되는 주식과 부식, 각종 보급품을 빼돌려 가정생활에 보태야 했다"며 다음과 같이 말했다.

"군을 통솔하고 지휘하는 고급 장교가 부대 보급품에서 퍼낸 쌀자루를 어깨에 메고 귀가하는 모습은 어색하지 않은 군 사회의 일반적인 풍속도였다. 당시엔 부대의 수송차량이 대부분 일본에서 건너온 '닛산 트럭'이었다. 이 트럭을 외부에 임대해 돈을 챙기거나, 국유림에 자생하는 나무를 벌목해다가 몰래 팔아 부대 운영비에 보태거나 지휘관 호주머니로 들어가곤 했다. 이런 형편에 매관매직이 공공연하게 성행하면서 뜻있는 장교들의 기를 꺾었다. 진급을 위해 집을 팔았다는 소문은 어디서나 들을 수 있는 흔한 이야기였고, '누구에게 얼마 주고 계급장을 샀는지' 알 만한 사람은 다 알 정도였다."[191]

청렴했던 이석제는 자신의 상황이 절망적이었다고 말한다. 그는 "나는 육사 8기 특기로 임관한 이래 전쟁이 한창이던 1952년에 육군 중령으로 진급한 이후 내리 10년 동안 중령 계급장을 달았다. 진급을 하는 방법이야 익히 알고 있었지만 현실 여건은 절망적이었다"며 다음과 같이 말했다.

"팔 집도 없었고, 마누라와 자식들 입에 풀칠도 못 해주는 주제에 무슨 방법으로 대령 계급장을 달겠는가. 일신의 안위보다 명예를 선택했던 장교들은 내 형편과 별반 다를 것이 없었다. 동료들과 어울려 찻집에 가도 선뜻 나서서 커피값을 내기가 어려웠던 시절, 내 안사람 김숙자는 쥐꼬리만 한 월급으로 가족의 생존을 책임져야 했다. 내색은 하지 않았지만 열흘 정도는 어렵게 버티다가 나머지 보름은 동네 가게에서 외상으로 쌀과 연탄을 얻어다 궁핍한 살림을 꾸려가는 눈치였다."[192]

이석제는 어느 날 중대 결심을 하게 되었다. 그는 "어느 날인가 우리 가정에도 극한 상황이 연출되고 말았다. 육군대학에 있을 때인데 며칠째 양식이 떨어져 식구들이 곡기를 끊었던 것이다. 일어설 힘도 없어 출근을 포기하고 자리보전하고 누워 맹물로 허기를 달랬다. 참다 못 한 집사람이 양식을 구해 보겠다며 나서는 것을 말릴 수 없었다"며 다음과 같이 말했다.

"솔직한 심정으로는 어디 가서 보리쌀이라도 구해다가 식구들 허기를 채워주길 은근히 기대하는 졸장부로 전락한 것이다. 그러나 아내는 그날 저녁 눈물을 훔치면서 돌아왔다. 아내인들 무슨 재주로 양식거리를 구하겠는가. 그날 밤 나는 자신의 무능에 한없이 절망하며 희망이 없는 군 생활을 포기하기로 결심을 굳혔다. '목숨 걸고 나라를 지키는 장교를 제대로 먹이지도 못하는 이러한 군에 더이상 충성을 바칠 생각이 없다. 나는 군에 대한 미련을 버리겠다.'"[193]

'승자 독식주의' 때문이었을까?

이석제는 그런 결심을 하고 고시 공부에 매달렸지만, 3·15 선거와 4·19를 거치면서 쿠데타를 꿈꾸게 되었다. 모두가 다 이석제와 같은 경우는 아니었다 하더라도 이석제가 일부러 박정희를 찾아가 쿠데타를 해야 한다고 역설할 정도로 쿠데타에 정열을 갖게 된 건 자신의 그런 절망적인 상황에서 탈출하고 싶은 욕구와 무관치 않았을 것이고, 이는 다른 쿠데타 주동자들과 비슷했을 것이다.

그래서 쿠데타가 불가피했다는 것인가? 그게 아니다. 5·16 주체세력은 극소수를 제외하고 자신들이 내건 '혁명공약'의 잉크가 마르기도 전에 그걸 배신한다. 약속을 어길 때마다 이런저런 명분과 이유가 제시되지만, 결과적으로 나타난 건 '밥그릇'을 놓고 벌인 이전투구泥田鬪狗의 형세가 되고 만다. 물론 그게 전부는 아니며 긍정 평가할 점도 있었지만, 그렇게 볼 소지도 있었다는 것이다.

고려대학교 교수 김상협이 월간 『새벽』 1960년 2월호에 쓴 「콜론 보고에 대한 의견」이라는 글은 한국 사회의 '승자 독식주의'가 쿠데타를 낳은 문화적 요인일 수 있다는 점을 시사해준다. 김상협은 한국 민주 정치 파행의 원인은 후진국 정치 특유의 '정권의 잉여가치' 때문이라고 말했다. 이는 정권을 잡으면 집권자는 말할 것도 없고 그 추종자들까지 온갖 청탁과 이권개입으로 부를 축적하고 갖가지 명예직에 올라 이름을 날리고, 온갖 편법과 부정한 수단을 모두 동원해 사회 전 영역에서 세력을 키우며 무소불위적 권세를 누리는 걸 가리킨 것이다. 그러나 정권을 놓치는 날이면 급전직하 천길 나락으로 떨어져 하루아침에 비참한 운명

에 처하게 되기 때문에 그 누구건 일단 권력을 잡으면 절대 권력을 놓지 않으려 한다는 것이다.[194]

'정권의 잉여가치'뿐만 아니라 '정치의 잉여가치'도 있을 것이다. '권력의 잉여가치'가 큰 사회에선 누구나 다 완장을 차고 싶어한다. 5·16 주체세력은 자기들이 완장을 차고서 이 나라를 구하겠다고 그랬지만, 그 목적을 달성했는지에 대해선 논란이 있다 하더라도 그들이 완장 차는 재미를 원없이 만끽했다는 건 분명한 사실이었다.

그 누구건 완장 차는 재미를 준다면 나라를 위해 일하지 않을 사람이 얼마나 있을까? 게다가 5·16 주체세력이 '완장의 횡포'를 그들이 극복하고자 했던 구체제 이상으로 부렸다고 한다면, 쿠데타는 우선적으로 그 주동세력의 욕구 충족을 위한 기회주의였음이 틀림없다 할 것이다. 그게 나쁘다는 게 아니라, 그게 사람 사는 세상의 한 모습이라는 뜻이다.

제8장 박정희의 인생: 그는 무엇을 하고 있었는가?

보통학교 3학년 때 '권력'을 알다

5·16 군사쿠데타의 최고지도자였던 박정희에게 '기회주의'라는 딱지는 결코 모욕은 아니다. 그의 전 생애가 좀더 나은 기회를 찾아 우왕좌왕右往左往한 역사였기 때문이다. 김호진은 『한국정치체제론』(1997)에서 박정희는 '권력에 굶주린 인간'이었으며, 박정희에게 권력은 '최고의 목적가치이자 수단가치'였다고 말한다. 실제로 박정희는 "권력 동기는 피해의식과 열등 콤플렉스로부터 잉태된다"는 해럴드 라스웰Harold Lasswell, 1902~1978의 주장을 입증시켜주기에 충분할 모범적인 사례로서, 그런 과거를 갖고 있는 인물이었다.[195] 한국 사회에 바로 그런 특성을 갖고 있는 지도자가 필요했다는 주장이 가능할 수도 있다. 그건 별개로 논의해볼 사안일 것이다. 여기선 사실 확인만 해보자.

박정희는 1917년 11월 14일(음력 9월 30일) 오전 11시경 경북 선산군 구미면 상모리의 금오산 자락에서 아버지 박성빈(46세)과 어머니 백남의(45세)의 5남2녀 중 막내로 태어났다. 박정희의 위로 장남 박동희(22세), 차남 박무희(19세), 장녀 박귀희(15세), 3남 박상희(11세), 4남 박한생(7세), 차녀 박재희(5세)가 있었다.

아버지 박성빈은 영락한 양반 계급으로 처가 문중의 산지기로 호구지책을 삼으며 술로 소일했다. 박정희는 어머니가 원치 않은 자식이었다. 찢어지게 가난한 살림에서 어떻게 해서건 한 입이라도 덜어야 했기 때문이다. 게다가 45세에 임신을 한데다 큰딸이 결혼해 이미 임신을 하고 있었기 때문에 부끄럽게 생각한 점도 있었을 것이다.

백남의는 태아 박정희를 낙태시키려고 온갖 민간요법을 총동원했다. 간장 한 사발 마시기, 밀기울 끓여서 마시기, 섬돌에서 뛰어내리기, 자작더미 위에서 곤두박질치기, 수양버들강아지 뿌리 달여 먹기, 디딜방아의 머리를 배에 대고 뒤로 자빠지기, 뒷동산에 올라가 밑으로 뒹굴기 등등 해보지 않은 방법이 없을 정도였다.[196]

박정희는 그런 엄청난 시련과 고난에도 굴하지 않고 결국 태어났다. 그러나 태아 시절에 겪은 시련 탓인지 아버지와 형들은 기골이 장대했지만, 박정희는 왜소하고 까만 얼굴을 갖게 되었다. 박정희는 가끔 큰누나의 젖을 먹기도 했다. 박정희의 어릴 때 별명은 '대추방망이'와 '악바리'였다. 구미공립보통학교 시절 1등을 하면 급장을 시켜주는 새로운 제도 덕분에 공부를 잘하던 박정희는 3학년 때부터 내내 급장을 맡았다. 박정희는 이때 권력의 맛을 알았다. 그는 막강한 급장 권력을 행사하면서 왜소한 체구에 대한 콤플렉스를 일시에 해소하면서 삶의 의미와 보람까지 만끽했던 건지도 모른다. 같은 반 동기생이었던 박승룡의 증언이다.

"박정희가 급장을 지냈던 3학년 때부터 6학년 때까지 급우들 가운데 그로부터 맞아 보지 않은 아이들이 드물 정도였습니다. 동급생들보다 키가 작았던 박정희는 겁도 없이 말 안 듣는 아이들이 있으면 체구나 나이가 위임에도 뺨을 후려갈겼어요. 반에서 가장 키가 컸던 권해도는 박정희보다 한 뼘 이상 키 차이가 났고 장가까지 들었는데 교실에서 뺨을 맞아야 했습니다."[197]

조갑제는 "박정희는 자신의 선천적 조건인 가난과 작은 체구의 문제를 극복하고 38명의 급우들을 통솔하는 데 상당한 능력을 발휘한 것 같다"며 "박정희 급장의 통솔 방식이 대통령 박정희의 통치술로 발전한 것"이라는 평가를 내린다.[198] 물론 긍정적인 평가다. 이에 대해 『알몸 박정희』(2001)의 저자인 최상천은 "피도 눈물도 예의도 없는 냉혈동물의 망나니짓을 지도력이라고 치켜세우는 데는 말문이 막힌다"고 개탄한다.[199]

박정희의 영웅은 나폴레옹

어린 시절 박정희의 영웅은 나폴레옹이었다. 소년 박정희는 나폴레옹 전기를 읽고 또 읽었다. 조갑제는 "박정희의 생애에 가장 큰 영향을 끼친 책은 이 나폴레옹 전기였다. 이 전기를 통해서 소년은 권력, 군대, 정복, 지배, 남자다움을 동경하게 된다"고 말한다. 대구사범학교에 진학한 청년 박정희의 영웅도 여전히 나폴레옹이었다. 박정희의 동기생들은 "박정희가 들고 있던 책은 한두 번인가 히틀러의 『나의 투쟁』인가 『플루타크 영웅전』인가를 빼고는 번번이 『나폴레옹 전기』였다"고 증언했다.

조갑제는 "박정희는 여러 사람들이 쓴 나폴레옹 전기를 죄다 읽으려고 했다. 『삼국지』에 빠진 소년들이 처음에는 되풀이하여 읽다가 나중에는 저자를 바꾸어 가면서 읽는 것과 같은 열광 상태가 박정희에게는 상당 기간 계속되었다"고 말한다. 조갑제는 박정희와 나폴레옹의 공통점이 어린 시절의 병정놀이, 작은 키(박정희는 165cm, 나폴레옹은 167cm), 사관학교 교육, 포병 출신, 이혼 경력, 쿠데타로 집권, 비극적 죽음 등등 10여 가지나 된다는 것까지 지적한다.[200]

박정희는 1936년 4월 1일 세 살 아래인 16세 처녀 김호남과 결혼했다. 앓고 있던 아버지가 죽기 전에 막내가 결혼하는 걸 보고 싶다고 해서 강제로 이루어진 결혼이었다. 1937년 3월 20일 대구사범학교를 졸업한 박정희는 4월 초 만 20세의 나이에 문경 공립보통학교 교사로 부임했다. 박정희는 이 작은 산간 학교에 1940년까지 3년간 재직했다(박정희의 아버지는 1938년 9월 4일 67세로 사망했다).

문경 공립보통학교 교사 시절 박정희의 하숙방엔 나폴레옹의 초상화 사진이 걸려 있었다. 이병주는 『대통령들의 초상: 우리의 역사를 위한 변명』(1991)에서 이렇게 말한다. "왜 하필이면 나폴레옹의 사진이었을까. 그 무렵은 영화배우의 브로마이드 대신 베토벤의 사진과 더불어 괴테, 페스탈로치 등의 사진이 흔하게 나돌고 있었을 때이다. 교사의 방엔 페스탈로치의 사진이 보다 어울리지 않았을까."[201]

이 물음에 대한 답은 박정희가 자신의 방뿐만 아니라 학교 숙직실에까지 나폴레옹 초상화를 걸어 놓았다는 것으로 대신할 수 있겠다. 박정희는 페스탈로치가 아니라 나폴레옹이 되고 싶었던 것이다. 박정희는 교사직을 싫어했으며 나중엔 저주하기까지 했다. 그는 누나 박재희에게 "죽어도 선생질 더 못 해먹겠다"고 말하기도 했다.[202]

박정희는 나폴레옹 전기를 읽고 또 읽었다. 보통학교 교사 시절 박정희의 하숙방에도 나폴레옹의 초상화가 걸려 있었다. 문경 공립보통학교 교사 시절의 박정희(앞줄 중앙).

　　박정희는 만주군관학교(만군滿軍)에 들어가고자 했다. 만주국은 일본의 관동군이 만들어낸 괴뢰국이었다. 박정희는 1937년 11월 24일 딸 박재옥을 낳긴 했지만, 아버지 박성빈의 강권에 의한 결혼이라 아내에 대한 애정이 없었다. 그래서 박정희의 만주행엔 결혼생활에 대한 불만도 작용했을 것이라고 보는 시각도 있지만,[203] 박정희가 만주행을 택한 가장 큰 동기는 "긴 칼 차고 싶어서"였다.[204]

　　실제로 그는 긴 칼이 차고 싶어 미칠 지경이었다. 나이가 많은 게 약점이라 호적을 고쳐 나이를 한 살 낮추기까지 했다. 그걸로도 모자라 박정희는 만주군관학교에 "진충보국 멸사봉공盡忠報國 滅私奉公"이라는 혈서를 써서 보냈고, 이 혈서는 만주의 신문에 보도되기까지 했다.[205] 이 '혈서 작전'이 성공해 박정희는 1939년 10월 만주군관학교 입학시험을 치르고 1940년 3월에 만주로 떠났다. 박정희는 만주로 떠나면서 제자들에게 "내가 칼 차고 돌아올 땐 군수나 서장보다 높은 사람이 되어 있을 거다"라고 말했다.[206]

다카키 마사오에서 오카모토 미노루로

박정희는 1940년 4월에 만주군관학교 2기생으로 입교했다. 1기생 한국인은 이주일, 김동하, 윤태일, 박임항, 방원철 등 13명이었고, 2기생은 박정희를 포함해 11명이었다. 만주라는 혼란 상황에 익숙했던 탓인지 만군 출신 장교들은 훗날 창군創軍 과정에 잘 적응한다. 이들은 요령과 임기응변에 뛰어나 미군들과도 잘 사귀었으며, 그래서 초창기 한국군의 헤게모니를 잡게 된다.[207]

조갑제는 "만군 인맥은 끈끈한 인간관계에 바탕을 둔 강력한 결속력으로 유명했다"고 말한다. "만군 인맥의 공통점은 결속력, 친화력, 행동력, 그리고 정치 지향으로 상징된다. 이종찬, 이형근으로 대표되는 일본 육사 출신들은 엘리트 의식이 강하고 깔끔하며 비교적 정치에 중립적인 성향을 보였다. 일본 육사에서도 2년을 보낸 박정희는 만군과 일군 日軍 인맥의 성격을 공유하게 된 면이 있다. 단정하고 사색적인 면은 일군 인맥을 닮았고 정치 지향과 행동력은 만군적인 것이다."[208] 훗날 박정희는 만군 인맥의 덕으로 고속 승진도 하게 되고, 죽음의 나락에서 회생하기도 하고, 결국엔 쿠데타까지 성공하게 된다.

1942년 만주군관학교를 졸업한 박정희는 1944년 4월 일본 육사까지 졸업했다. 박정희는 일본 육사 시절 이름을 다카키 마사오高木正雄에서 오카모토 미노루岡本實로 바꾸었다. 다카키 마사오는 창씨개명에 의한 이름으로 조선 이름 박정희의 흔적이 남아 있었기 때문이다. 다카키高木는 고령 박씨가 모두 사용하는 성이었고, 마사오正雄는 정희正熙를 변용한 것이었다. 웬만한 사람은 창씨개명한 일본식 이름과 진짜 일본 이름을 금방 구분할 수 있었기 때문에 진짜 일본 이름인 오카모토 미노루를 씀으로써 '조선 민족의 흔적 지우기'를 시도했던 것이다.[209]

또한 박정희는 일본 육사 시절 1936년에 일어났던 일본의 2·26 쿠데타 사건에 심취했다. 그 쿠데타 주동자들을 '정신적 선배'로까지 생각할 정도였다. 그는 훗날(1950년대 초반) 초급 영관장교 시절부터 가까운 동료들과의 대화에서 2·26 사건을 언급하면서 그게 한국에도 가능하지 않겠느냐는 식의 발언을 하기도 했다. 2·26 쿠데타는 농촌 출신의 극우 소장파 장교들이 주동이 되어 정경유착과 파벌주의에 오염되어 있던 기성 정치인들을 처단하고자 한 사건이었다.[210]

"박정희의 친일 경력은 경미한 수준"

1944년 7월 일본 만주군 소위로 부임한 박정희가 긴 칼 차는 기쁨을 누린 건 1년여에 지나지 않았다. 해방이 되어버렸기 때문이다. 그는 해방을 맞아 졸지에 패잔병의 신세로 전락했다. 박정희를 포함한 일부 한국인 출신 만주군 패잔병들은 광복군에 합류해 새로운 기회를 얻어볼까 하는 생각으로 중국으로 갔다.

1945년 9월 초순 박정희는 중국 서안에서 광복군 장교인 장준하를 만났다. 장준하의 측근인 이철우의 증언에 따르면, "장준하는 이때 일본 장교라는 과거를 별로 참회하지 않고 행동하는 박정희에게 일본이 패망하기까지 자진해서 일군을 탈출하지 않은 점, 일본이 패전하지 않았다면 일군 장교로서 여전히 한국 독립투사를 학살했을 것이라는 점, 유난스럽게 기회주의적인 자세 등을 들어 크게 면박을 주었다고 한다".[211]

이와 같은 주장은 사실이 아니며 이때에 장준하와 박정희는 만난 적이 없다는 반론도 있다.[212] 박정희가 관동군 정보장교로 독립군 토벌에 앞장섰다는 주장도 쟁점이다. 박정희가 110회에 걸쳐 항일무장세력에 대한 토벌작전에 참가했다는 주장이 있다.[213] 문명자는 『내가 본 박정희와 김대중』(1999)에서 1972년 도쿄에서 박정희의 만주군관학교 동창생 두 명에게서 다음과 같은 증언을 들었다고 말했다.

"박정희는 하루 종일 같이 있어도 말 한마디 없는 음침한 성격이었다. 그런데 '내일 조센징 토벌 나간다' 하는 명령만 떨어지면 그렇게 말이 없던 자가 갑자기 '요오시(좋다)! 토벌이다!' 하고 벽력같이 고함을 치곤 했다. 그래서 우리 일본생도들은 '저거 좀 돈 놈 아닌가' 하고 쑥덕거렸던 기억이 난다."[214]

그러나 한홍구는 『대한민국사 2: 아리랑 김산에서 월남 김상사까지』(2003)에서 그런 주장은 당시 만주에서 활동한 조선인 독립군 부대나 공산유격대가 없었다는 점에서 신빙성이 없다고 말한다. 한홍구는 박정희의 친일 경력은 해방 직후 반민특위를 결성할 때나 각 정치단체에서 내건 악질 친일파의 처단 기준에 포함되지 않는 '경미'한 것이라며 다음과 같이 말했다.

"그럼에도 박정희가 한국 현대사의 대표적 친일파로 꼽히는 까닭은 그가 가장 철저한 일본식 황국신민화 교육과 군국주의 교육을 받았고, 대통령이 된 뒤에도 일본 군국주의의 발전 모델, 특히 만주국에서의 경험에 따라 한국을 병영국가로 만들었기 때문일 것이다."[215]

황군으로 개조된 인간

박정희가 들어간 광복군 제3지대는 정체가 묘한 집단이었다. 최상천의 『알몸 박정희』(2001)에 따르면, "광복군 제3지대는 임시정부와 일본군 패잔병의 합작품이었다. 다시 말해서 임시정부와 일본군 패잔병 집단이 야합해서 만든 부대다. 왜 그랬을까? 임시정부는 정치적 목적을 이루기 위해 강력한 군대가 필요했고, 일본군 패잔병들은 경력을 변조하기 위해 광복군 복장과 계급장이 필요했다. 원칙을 잃어버린 역사적 야합과 사생아가 바로 광복군 제3지대다."[216]

이때의 광복군 시절에 박정희가 조선인의 민족성에 대해 절망했다는 이야기가 많다. 한국인들은 단결하지 못하고 분열만 한다는 비판이었다.[217] 이런 비판은 박정희가 한국에 돌아와서도 계속되었다. 그는 어느덧 일본인의 관점에서 한국인을 보고 있었던 것이다. 그는 확실한 황군皇軍으로 개조된 인간이었다고 보는 게 옳을지도 모른다.

박정희는 1946년 5월 10일 부산항에 상륙해 서울로 올라가면서 조국의 모습에 또다시 절망했다고 한다. 박정희는 신징新京에 있었던 만주군관학교 전신인 펑톈奉天군관학교(중앙육군훈련처)에서 1년 과정의 교육을 받고 만군 장교가 된 2년 연상의 선배 신현준(정일권과 동기로 초대 해병대 사령관)에게 이렇게 말했다는 것이다.

"조선 사람은 풀어 놓으면 모두기 지 잘났다는 것뿐이고, 지 멋대로가 아닙니까. 와, 그 왜놈들이 잘 카던, 조센진도 멘타이(조선인과 명태는)……카는 말이 있지 않습니까. 나는 그 소리를 들을 때마다 왜놈들을 패주고 싶었습니다. 그런데 오늘 이 꼬라지를 보니 그런 히니쿠(비아냥)를 들어도 싸다 싶습니다. 누군가 매를 들고 두들겨 주기 전에는 이런 무질서는 백년하청百年河淸일 낍니다. 형님, 지 말이 틀립니까?"[218]

황병주는 「민중, 희생자인가 공범자인가: 박정희 시대의 국가와 '민중'」(2000)이라는 글에서 "박정희는 '국민 대부분은 강력한 타율에 지배당하는 습성을 제2의 천성으로 한다'는 파시스트다운 인식을 갖고 있었"다고 했는데,[219] 그런 인식은 이미 그때에 뿌리를 내렸던 걸까? 박정희의 그런 생각에 대해 최상천은 다음과 같은 질문을 던졌다.

"이들의 무질서 비판은 옳은가? 당신은 35년의 주권 상실과 정치적 공백을 뛰어넘어 해방되자마자 아무 혼란도 없이 '새 나라'를 세울 수 있다고 생각하는가? 35년 동안 식민지 노예로 살던 사람들이 하루아침에 성숙한 시민이 될 수 있다고 생각하는가?"[220]

『중앙일보』특별취재팀의 『실록 박정희』(1998)에 따르면, 한국에 돌아오기 전까지 박정희의 활동에 대해 훗날 미화된 이야기들이 양산되는데, 이는 모두 쿠데타 직후 그의 측근들이 조작한 것이었다. 완전 조작은 아니고 이런 식이었다. 박정희의 만주군관학교 중국인 동기생 가오칭인高慶印이 썼다는 「16년 전의 박정희 학우」라는 글이 1962년 11월 말 한 유력 일간지에 4회 연속 게재되었다. 이 글을 보면 박정희 같은 애국지사가 없다. 그 어떤 독립투사보다 더 멋있게 보인다. 그러나 가오칭인은 그런 글을 쓴 적이 없다. 박정희에 대해 아는 대로 이야기해달라는 군사정권의 요청을 받고 간단한 메모로 몇 자 적어 보내준 게 전부였다. 박정희의 측근들은 그런 식으로 나중에 발뺌할 구멍을 만들어놓고 처음부터 끝까지 창작을 한 것이다. 이런 식으로 만들어진 글과 책이 하나둘이 아니었다. 이게 계속 인용되고 또 인용되면서 나중엔 출처조차 사라진 채 진짜 사실인 것처럼 둔갑한 것이다.[221]

"세상은 썩었어. 더러워"

박정희는 1946년 5월 중순 '거지꼴'로 고향인 경북 선산군 구미면으로 돌아왔다. 그의 삶은 비참했다. 일제 치하에서 혈서를 써가면서 목숨 걸고 쟁취했던 자신의 빛나는 경력이 이제 해방된 나라에선 장애가 되었다. 그는 4개월여 아무것도 하지 않은 채 놀았다. 아니 아무 일도 할 수가 없었다. 그는 초라한 행색으로 가끔 아는 사람들을 만나고 다녔다. 그의 대구사범학교 동기로 『대구일보』 사회부 기자였던 권상하에 따르면, 자신을 찾아온 박정희는 "위로의 말부터 꺼내게 만드는 옷차림이었다". 이즈음 박정희의 유일한 자기 정당화 논리이자 사람들에게 발설한 주장은 "세상은 썩었어. 더러워"였다.[222]

그랬다. 그 야심만만했던 박정희를 이토록 비참하게 만들다니! 그 세상은 썩을 대로 썩은 더러운 세상이었다. 아니 그래야만 했다. 그래야 다시 박정희의 야심에 불이 붙을 수 있었을 것이다. 박정희가 세상을 긍정하는 한 그가 설 땅은 없었다. 반드시 부정하고 개조해야만 박정희의 과거가 온전히 축복으로 되살아날 수 있는 일이었다. 그런 이치를 알 리 없는 박정희의 형들은 박정희를 박대했다. 특히 박정희의 셋째 형 박상희는 좌익 성향의 운동가로서 동생 박정희의 친일, 우경적 기회주의를 용납할 수 없었다. 박정희보다 네 살 위인 둘째 누나 박재희는 다음과 같이 말했다.

"오빠들은 동생에게 그냥 교사 자리를 지키고 있었으면 좋았을 텐데 고집대로 했다가 거지가 되지 않았느냐고 면박을 주기도 했습니다. 동생은 제 집에는 가지 않고 우리 집에서 먹고 자는 일이 많았어요.…… 그때가 여름이었는데 동생은 우리 집을 근거지로 삼아 별 하는 일 없이 소일했습니다. 마을에 나갔다가 돌아와 보면 동생이 읽던 신문으로 얼굴을 덮고 자고 있는 모습을 자주 보게 되었습니다. 그런 꼴을 보니 눈물이 나더군요. 누구보다도 동생을 아껴주던 상희 오빠는 바로 옆집인데도 식사하자고 부르지도 않았습니다."[223]

박정희는 그렇게 4개월여 무위도식하다가 1946년 9월 24일 조선경비사관학교 제2기생으로 입학했다. 만주군관학교와 일본 육사의 동기생인 이한림은 조선경비사관학교의 행정부장(중위)으로 있었다. 두 사람은 이때 잘 어울렸는데, 하루는 남산으로 산책을 가서 중앙청이 내려다보이는 곳에 이르자 박정희가 이런 말을 던졌다. "한림이. 이곳에 포를 설치하고 저 경무대 쪽을 포격하면 나폴레옹이 소요 진압 사령관으로서 파리를 제압했던 것과 같이 경무대 장악은 문제 없겠지?" "정희야, 그런 농담하지 마. 너는 농담이 지나칠 때가 있어."[224] 그러나 그건 농담이 아니었다. 박정희의 진심이었고 오랜 '나폴레옹 꿈'이었다.

박정희는 1946년 12월 14일 조선경비사관학교 2기를 졸업한 후 춘천에 있는 8연대에 근무하다가 소위에서 중위를 거치지 않고 대위로 진급한 뒤 1947년 9월 27일 조선경비사관학교 중대장으로 옮겼다. 최상천은 "말이 좋아 조선국방경비대였지 앞에서 끌어주고 뒤에서 밀어주는 '일본군 장교 동지회'나 다름없었다. 이러니 민주군관학교와 일본 육사를 두루 거친 박정희의 군대생활은 땅 짚고 헤엄치기였다"고 말한다.[225]

박정희는 10월 23일에 입교한 5기생부터 가르쳤다. 5기생부터는 교육 기간도 3개월에서 6개월로 늘었다. 5기생의 약 3분의 2가 월남한 북한 출신 청년들이었다. 여기서 나중에 쿠데타 주체 인맥의 한가닥이 만들어졌다. 김재춘, 채명신, 박치옥, 문재준 등이 바로 그들이다. 이때 행정처장은 중령 장도영이었다.[226]

남로당 우두머리가 된 박정희

박정희는 1947년 가을 춘천에서 8연대 경리장교 박경원 대위의 결혼식에 참석했다가 신부 들러리에 홀딱 반했다. 이화여대 아동교육학과 1학년생 이현란이었다. 이북에서 단신 월남한 22세 처녀로 박정희보다는 8세 연하였다. 그녀는 키 큰 미인으로 박정희가 좋아하는 스타일이었다. 조갑제에 따르면, "술을 마시면 꼭 여자를 불렀다. 박정희는 여자를 고르는 심미안審美眼이 높고 까다로웠다. 그의 옆자리에 앉은 여자들은 키가 크고 얼굴이 긴 특징이 있었다. 대체로 육영수형型의 외모를 좋아했다".[227]

집념의 사나이 박정희는 이현란을 집중 공략해 얼마 후부터 동거에 들어가 약혼까지 올렸다. 박정희에겐 10세가 넘은 딸도 있고 본처와 이혼도 하지 않은 상태인데도 이현란에겐 그 사실을 숨긴 채로 벌인 일이었다. 박정희는 본처에게 이혼을 요구했지만, 본처인 김호남은 "절대로

내 손으로는 이혼을 안 해줄 거야. 내가 이렇게 속이 썩었으니 자기도 당해봐야 돼"라며 거부했다.[228]

1948년 8월 1일 소령으로 승진한 박정희는 1948년 10월 여순사건이 터지자 우습게도 토벌사령부에 작전장교로 차출되었다. 우습다는 건 그가 군부 내 남로당 우두머리였기 때문이다. 소령 박정희는 숙군肅軍 작업의 와중인 1948년 11월 11일 바로 그 혐의로 체포되었다. 해방정국에선 한동안 공산주의가 우세였다는 걸 상기할 필요가 있다. 적어도 '올인' 승부를 걸어볼 만한 가능성은 있었다. 박정희의 남로당 입당은 그런 관점에서 이해할 수 있는 것이었다. 최상천은 "박정희는 절대 대세를 놓치지 않는 사람이다"며 다음과 같이 주장했다.

"그는 일생을 통해 단 한 번도 '정의로운 소수'에 참여하거나 동조한 적이 없었다. 사회적 약자의 편을 든 적도 없다. 대세에 편승하더라도 그냥 끼어드는 정도가 아니다. 수단방법을 가리지 않고 그 핵심부에 들어갔다.……얼마 후 그는 좌익의 사회적 주도권을 정확하게 읽어냈다. 조선국방경비대까지 좌익이 주도권을 장악하고 있었다. 박정희의 눈에는 사회주의 승리가 요지부동의 대세로 보였다."[229]

만주군에서 광복군으로 변신했던 박정희는 좌익으로 변신했다가 이제 사형을 당할 비참한 운명에 처하게 되었다. 이대로 죽을 것인가? 박정희는 고뇌했을 것이다. 박정희는 또 한 번의 변신을 감행했다. 박정희는 군부 안의 좌익을 색출하는 숙군 수사에 적극 협력했다. 자신이 알고 있는 군부 내 남로당원의 명단을 모두 털어놓은 것이다. 3,000여 명에 달하는 군내 남로당 명단을 군 수사기관에 넘겨주었다. 군내 남로당의 조직표까지 그려서 제출했다. 박정희는 일단 기소되어 사형을 구형받았지만, 남로당원 색출의 공로를 인정받은 데다 그의 만주군 선배들이 적극 구명운동에 나서 기사회생하게 되었다.

박정희가 풀려나온 건 1949년 1월 말이었다. 1949년 2월 8일 불구속상태에서 무기징역을 선고받은 박정희는 관할관 확인 과정에서 10년으로 감형됨과 동시에 형 집행을 면제받는 파격적 대우를 받았다. 박정희는 1949년 봄 백선엽 등의 배려로 숙군을 지휘한 육군본부 정보국에 직제에도 없는 비공식 문관으로 복직해 기밀비에서 월급을 받았다. 여순사건 당시의 문서들은 대부분 행방불명이다. 훗날 박정희가 대통령으로 집권한 뒤 자신의 좌익 전력을 감추기 위해 모두 소각했다는 이야기도 있다.[230]

'이념'보다 더 진하고 질긴 '줄'

박정희의 배신으로 그의 사관학교 중대장 시절의 동료들과 생도들이 집중적인 희생자가 되었다. 만군 2기 동기 4명은 처형되었다. 박정희의 특성은 기회주의를 발휘하는 고비 때마다 최선을 다한다는 것이었다. 그가 매우 비범한 인물이었던 건 틀림없었지만, 숙군 수사를 전담한 김창룡이 제시한 박정희 구명 조건은 "인간이란 무엇인가?"라는 근본적인 의문을 던지기에 족한 것이었다.

"박정희가 남로당 세포가 아니면 아무 거리낌 없이 여기에 협력하여 누명을 벗을 것이요. 그가 공산주의자라 하더라도 열 번을 배신하게 만들면 그 세계에서 영원히 추방되어 전향轉向하지 않을 수 없을 것이다."[231]

박정희를 살리려고 애쓴 사람들은 박정희가 그 조건을 받아들이지 않을지도 모른다고 생각했다. 그건 차마 인간으로서 하기 어려운 일이었기 때문이다. 그러나 박정희는 그 조건을 받아들였다. 김영수는 「박정희의 정치 리더십」(2001)이라는 글에서 다음과 같이 말했다.

"만약 어떤 인간으로 하여금 단순히 생존을 위해 열 번씩 자신의 신념을 버리도록 한다면, 그것은 인간의 영혼을 파괴할 것이다. 특히 김창룡의 조건은 박정희가 어떤 인물을 목전에서 지목해야 한다는 것이었다. 그것은 한때 동지거나 친구였던 누군가에게 죽음을 선고하라는 의미였다.……그것은 이념과 친구를 함께 포기하는 것이었다. 그에게 더 큰 대의가 있었던 것도 아니었다. 그런 의미에서 그는 어떤 상황에서는 최악의 생존도 받아들일 수 있는 인물이었다."[232]

박정희의 목숨을 살려준 건 이념보다 더 진한 '줄'이었는데, 그 '줄'은 만주군관학교 출신인 정일권·백선엽·김안일과 육군본부 정보국장 장도영이었다. (대한민국역사박물관 소장)

한국 사회에서 '이념'보다 더 진하고 질긴 건 '줄'이었다. 박정희의 목숨을 살려준 건 같은 만주군관학교 출신인 정일권·백선엽·김안일 등이었지만, 군에서 파면당한 박정희를 직제에도 없는 육군본부 문관을 만들어준 건 정보국장인 대령 장도영이었다. 물론 박정희가 장도영을 찾아가 군에서 맺은 옛 인연을 이야기하며 간곡히 부탁해서 이루어진 것이었다.[233]

박정희 문관이 보고서를 잘 쓴다는 소문이 나 박정희는 여러 장교가 부탁하는 문건을 대필代筆해주는 일종의 아르바이트도 해가면서 간신히 연명했다. 박정희가 일하는 육군본부 정보국 전투정보과에 1949년 5월 육사 8기로 졸업한 15명의 신임 소위가 배속되었다. 그 신임 소위들 중 한 명이 바로 김종필이었다. 김종필의 인생 역정은 복잡했다. 그는 서울사대 3학년 재학 중 이화여대생과 사귀다가 실연失戀하여 그 충격을 잊기 위해 사병으로 지원 입대했다가, 구타를 견디지 못해 탈영하고 탈영 생활 몇 개월 후 육사 교도대에 졸병으로 다시 들어갔고, 또 그러다가 육사 8기로 들어간 별난 경우였다.

별난 이력을 가진 사람들끼리 뜻이 통했던 걸까? 김종필은 8기생 중심으로 '대한음주당大韓飮酒黨'을 만들고 박정희를 당수로 삼아 거의 매일 막걸리를 마셨다.[234] 여기서 훗날의 쿠데타 인맥 중 브레인에 해당하는 핵심 인맥이 만들어진다. 미리 말해두자면, 김종필은 박정희와 혈연으로도 얽히게 된다. 박정희의 셋째 형인 박상희의 큰딸 영옥은 아버지가 사망할 당시 구미초등학교 교사였다. 박영옥은 박정희를 잘 따라 박정희가 근무하던 육군본부에 왕래하면서 박정희 밑에서 일하고 있던 김종필과 눈이 맞아 1951년 봄 대구에서 결혼했다. 박정희에게 김종필은 조카사위, 김종필에게 박정희는 처삼촌이 되었다.

"기회주의 청년 박정희!"

박정희가 간신히 목숨을 부지하고 직제에도 없는 문관 노릇을 하게 된 것만 해도 엄청난 행운이었지만, 그의 삶은 천길 낭떠러지 밑에 처박혀 있었다. 충격을 받은 그의 어머니는 1949년 여름에 사망했다. 그러나 박정희에게 더욱 중요한 건 애인 이현란이었다. 이현란은 절망 상태에 빠져 있었다. 이현란은 박정희가 자신을 속였다는 배신감으로 몸을 떨었다. 빨갱이가 싫어 월남했는데 자신이 빨갱이와 살림을 차렸다니 그것도 싫었고, 미래도 없었으니 절망할 만도 했다. 게다가 박정희는 늘 과음이었다. 몇 푼 안 되는 월급봉투째 단골 술집 여주인에게 갖다 바쳐야 할 정도였다. 그러면서도 박정희의 이현란에 대한 집착은 병적이었다. 이현란의 증언이다.

"미스터 박은 방에 누워 책으로 얼굴을 덮고 연설을 하곤 했습니다. 독일의 히틀러가 독재자이긴 하지만 영웅은 영웅이라고 하더군요. 나긴 난 사람이라고.……그는 요만큼을 가도 나를 데리고 가려고 해요. 화장실에 오래 있어도 들여다봐요. 내가 달아날까봐. 미스터 박은 땅을 치고 울기도 많이 했습니다. 날 놔 달라고 자꾸 그러니까 울더군요."[235]

박정희의 집착은 손찌검으로까지 발전했다. 견디다 못한 이현란은 1950년 2월 6일 가출했다. 박정희는 미친 듯이 그녀를 찾아 헤맸지만, 그게 두 사람의 마지막이 되었다. 박정희가 목숨을 걸고 사랑했던 이현란의 가출은 박정희의 삶을 암흑으로 몰고 갔다. 게다가, "박정희가 친구들을 배신하여 살아났다고 생각하는 이들은 그의 근처에 가지도 않으려 했다."²³⁶ 그래도 박정희를 상대해주었던 육사 2기 동기생인 한웅진(당시 이름은 한충렬)의 증언이다.

"박정희는 비참한 모습이었습니다. 술에 취해서 내 방에 기어 들어와서는 울기도 하고 잠을 못 이루면서 고민도 많이 했습니다. 나한테 하소연을 하다가 흐느끼고, 그러다가 밤이 늦어 취한 몸으로 아무도 없는 관사를 향해서 돌아가는 뒷모습을 잊을 수 없습니다. 생활은 어렵고, 아내는 가출하고, 어머니는 충격으로 죽고, 친구들은 외면하고, 장래의 희망은 사라지고……."²³⁷

한홍구는 「기회주의 청년 박정희!」(2003)라는 글에서 젊은 시절 박정희의 삶에는 네 번의 결정적 변신이 있었다고 말한다. "첫 번째는 초등학교 선생님을 하다가 만주군관학교에 입학한 것이고, 두 번째는 해방 직후 광복군에 가담한 것, 세 번째는 남로당에 가담한 것, 마지막으로는 여순사건 이후 단행된 숙군 과정에서 다시 한번 극적인 변신을 해 살아남은 것이다. 우리 현대사에 곡절이 많다지만 박정희만큼 변신을 자주 한 이도 찾아보기 힘들다. 세상이 급히 변하다 보니 그 속에 살고 있는 사람들도 시류에 휩싸여 변할 수 있다. 세상이 변하는 데 옛 방식만을 고집하는 것은 미덕이 아니다. 그러나 박정희의 변신은 횟수도 그렇지만 남다른 데가 있었다. 앞의 세 번의 변신은 불행한 기회주의자의 막차를 탄 변신이었다는 점이다."²³⁸

그 이후에도 박정희의 변신은 계속되지만, 매번 변신의 동력은 '야심'이었다. 박정희의 야심은 컸지만 그에겐 그걸 받쳐줄 배경이 없었다. 스스로 만들어내야 했다. 그래서 그가 택한 방식은 '목숨을 걸고' 크게 먹는 '올인' 방식이었다. 한국이라는 나라가 워낙 소용돌이처럼 요동치는 역사를 가진 나라인지라 박정희에게 여러 번의 기회가 주어졌을 것이다.

박정희를 살린 6·25 전쟁

소용돌이처럼 요동치는 역사의 압권은 바로 6·25 전쟁이었다. 6·25가 터지자 박정희에게 현역으로 복귀할 수 있는 절호의 기회가 왔다. 파면된 지 2년이 지나면 복직할 수 없기 때문에 꼭 이 기회를 살려야 했다. 전쟁이 터져 군인이 모자라는 상황인지라 기대를 걸 만한 일이었다. 이영신의 『격동 30년: 제1부 쿠데타의 새벽』(1992)에 따르면, "박정희는 육군본부 정보국장인 장도영에게 또다시 매달렸다. 장도영이 정에 무르다는 것을 익히 꿰뚫어보고 있었기 때문이었다".[239] 그렇게 매달린 덕분에 박정희는 1950년 7월 31일자로 파면 때의 계급인 육군 소령으로 복직했다. 박정희는 장도영에게 눈물을 흘리며 "이 은혜 죽을 때까지 잊지 않겠습니다"고 맹세했다.[240]

1950년 8월 어느 날 대구사범학교 한 해 후배로 박정희가 전투정보과에서 포로 신문관으로 일하게끔 배려해준 송재천이 외가 쪽 동생뻘 되는 육영수를 소개해주었다. 육영수는 1925년생으로 박정희보다 8세 연하였다. 충북 옥천 부자 육종관과 그의 부인 이경령의 딸인 육영수는 아버지가 5명의 소실에게서 22명의 자녀를 둔 것에 크게 실망하여 바람피우지 않을 남자를 원하고 있었다. 겉 인상만 보자면 박정희는 결코 바람피울 스타일은 아니었다. 물론 훗날 육영수는 박정희의 여자 문제로 수없는 '육박전'을 벌이게 되지만 말이다.

당시 전쟁 중이라 육영수 집안은 부산 영도에서 셋방 피난살이를 하고 있었다. 박정희는 8월 하순 그 셋방에서 맞선을 보았다. 박정희는 육영수가 키 큰 미인형이라는 데에 호감을 느꼈다. 육영수도 박정희의 다부짐과 바람피우지 않을 것 같은 인상에 높은 점수를 주었다.

박정희는 9월 15일 중령으로 진급하고, 얼마 후 육영수와 약혼식을 올렸다. 그러나 육종관은 1965년 72세로 사망할 때까지 박정희를 사위

박정희는 키 큰 미인형이라는 데에 호감을 느꼈으며, 육영수는 바람피우지 않을 것 같은 인상에 호감을 느꼈다. 1964년 1월 10일 촬영된 박정희 대통령 가족 사진으로 왼쪽부터 박정희, 박근혜, 박지만, 박근령, 육영수. (대한민국역사박물관 소장)

로 인정하지 않았다. 박정희가 간신히 1950년 11월 1일자로 호적을 정리하고 나서 12월 12일 두 사람은 대구에서 결혼식을 올렸다. 이 결혼 때문에 장인 장모는 별거 상태에 들어갔다.[241] (두 사람 사이엔 1952년에 박근혜, 1954년 박근령, 1958년 박지만이 태어난다.)

1951년 4월 15일 대령으로 승진한 박정희는 1952년 육군본부 작전교육국 차장으로 있으면서 구체적인 쿠데타 모의에 참여했다. 아이로니컬하게도 이때의 쿠데타는 "장면 박사를 추대, 무력혁명을 하자"는 것이었지만, 장면의 반대로 불발로 끝나고 말았다.[242] 박정희는 1953년 11월 25일 준장으로 진급하고, 1954년 6월 17일 6개월 간의 미국 유학에서 돌아와, 1955년 강원도 인제에 있던 5사단장으로 발령을 받았다. 이때의 직속상관은 3군단장인 송요찬이었다.

박정희의 반미 민족주의?

박정희는 쿠데타의 꿈을 버리지 않았다. 그는 '인맥 만들기'를 하면서 차분하게 쿠데타를 준비했다. 놀라운 현실 적응력이었다. 놀라운 기회주의만큼 탁월한 적응력임이 틀림없었지만, 그 상당 부분은 한국의 인맥 문화 덕분이었다. 그의 일제 경력은 결국 그를 배신하지 않은 것이다. 그의 만군 인맥인 장도영, 송요찬, 백선엽 등이 계속 그에게 도움을 주었다. 그래서 박정희는 1958년 3월 육사 2기생 중 가장 먼저 소장으로 진급했다.[243] 소장 진급시 경무대 경무관 곽영주가 육군참모총장 백선엽에게 전화를 걸어 "박정희 장군의 신원 조회에 좌익 활동 경력이 나타났습니다"고 문제를 제기하자, 백선엽이 책임을 지겠다며 보증을 서주었다.[244]

박정희 개인이 여러 면에서 탁월한 점도 있었을 것이다. 사람을 끄는 묘한 매력을 가진 인물이었다는 점도 무시할 수 없었을 것이다. 그러나 육군 소장에서 그 이상 올라갈 수 있을까? 이게 문제의 핵심이었다. 만군 인맥을 제외하고 박정희의 배경은 너무 약했다. 게다가 박정희는 한국군 장성들의 승진엔 절대적으로 중요한 미군과의 관계도 엉망이었다. 이상우는 『박정권 18년: 그 권력의 내막』(1986)에서 한국군 장성치고는 이상스럽게도 박정희만큼은 미국인과 어울리기를 싫어했다고 말한다.

"그 당시 대부분의 국군 장성들이 주한유엔군이나 대사관 사람들과 어울려 골프를 치고 파티도 곧잘 즐겼으나 박정희 소장은 이런 자리에 끼기를 싫어했다. 5·16이 일어났을 때 그가 골프 못 치는 유일한 장군이며, 미국식 애칭의 이름을 갖고 있지 않았다는 점이 뉴스가 될 정도였다. 어쩌다가 마지못하여 파티에 참석했을 때도 박정희는 홀로 한쪽 구석에서 술만 마시다가, 시시덕거리는 다른 한국 장성들을 경멸에 찬 눈으로 바라보고는 먼저 자리를 빠져나오곤 했다."[245]

미국 CIA 서울지부장 피어 드 실바Peer de Silva, 1917~1978는 훗날 회고록에서 미국이 5·16 주체세력에 대해 무지했다고 썼다. 액면 그대로 믿긴 어려운 말이지만, 비교적 그랬다는 뜻으로 받아들이면 될 것이다. "미국은 한국 장성들을 부패시켰다. 골프, 테니스, 포커, 칵테일 파티를 통해서 미국은 한국 장성들이 한국의 전통과 문화, 그리고 한국인들의 소망에서 멀어지게 만들었다. 한국군에선 미국 고위층이 주최하는 사교 모임에 전혀 참석하지 않는, 소외되고 알려지지 않은 일단의 장교들이 있었다."[246]

미군과의 소원한 관계는 훗날 박정희의 민족주의가 투철했다는 증거로 거론되기도 하지만, 그걸 민족주의 감정으로 보기엔 그렇지 않은 증거가 훗날 많이 쏟아져 나온다. 박정희가 '일본식'에 길들여진 수준을 넘어 중독된 탓에 '미국식'에 적응을 하지 못한 탓이 컸다고 보아야 할 것이다. 또 미국식 사고는 박정희의 '비교우위'를 자랑할 수 없는 영역이기도 했다. 이는 훗날 한국의 유럽 유학파 지식인들이 반미反美 정서 하나는 확실하면서도 독일이나 프랑스를 선진사회로 우러러보거나 숭배하는 것과 비슷한 이치였다.

'나폴레옹 콤플렉스'를 가진 박정희로서는 무슨 일에서건 뒤에 선다는 건 용납할 수 없는 일이었을 것이다. 엄청난 야심을 가진 사나이로서 박정희는 끝이 빤히 보이는 미래를 그대로 감당하고 살 뜻은 없었다. 그는 적어도 1959년부터 거사할 날만 기다렸다. 그는 1959년 11월 20일 쿠데타를 기도했지만 여의치 않아 다음 기회를 노리기로 했다.[247] 그는 1960년 초 신당동 자택에서 포항 주둔 해병 제1상륙 사단장인 소장 김동하와 쿠데타를 하기로 결의했다.[248]

박정희와 황용주의 동상이몽

박정희는 1960년 1월 21일 제6관구 사령관(서울 지역을 관할하는 오늘날의 수도방위사령관)에서 부산 군수기지사령부 초대 사령관으로 부임했다. 박정희는 1960년 초부터 4월까지 20여 회에 걸쳐 쿠데타를 위한 모임을 가졌다.[249] 쿠데타를 꿈꾸는 그에게 기관장회의 말석은 결코 용납할 수 없는 모욕이었을까? 박정희는 언젠가 경남 도지사 신도성이 주재하는 기관장회의에 참석하기 위해 색안경을 쓴 채로 회의장 안에 들어왔다가 회의장을 둘러보는 듯하더니 후다닥 일어서서 휙 나가 버렸다. 그리고 다신 돌아오지 않았다. 자기 자리가 도지사석과 시장석과는 거리가 먼 말석인 것이 불만이었기 때문이다.[250]

박정희는 부산에서 대구사범학교 동창인 『부산일보』 주필 황용주와 자주 술자리를 가졌다. 이 자리에 부산『국제신보』 주필 이병주도 끼기도 했다. 이병주가 박정희와 교류하면서 눈치 챈 박정희의 특성은 이런 것이었다. "음식점이건, 이발소이건, 여관이건 그가 들어섰다고 하면 그를 중심으로 움직여야 하고 주변의 사람들은 그에게 최대의 성의를 다해야 하는 것이다."[251]

황용주는 기회 있을 때마다 쿠데타를 해야 한다고 주장했지만, 무엇을 위한 쿠데타인지에 대해선 두 사람의 생각은 크게 달랐다.[252] 완전히 동상이몽同床異夢이었다. 두 사람은 어떻게 달랐을까? 일본의 극우 국수주의 장교들에게 심취해 있던 박정희는 늘 그들을 찬양했다. 비위가 상한 황용주가 반론을 폈다. "너 무슨 소리 하노. 놈들은 천황절대주의자들이고 따라서 일본중심주의자들이고 케케묵은 국수주의자들이다. 그놈들이 일본을 망쳤다는 걸 모르고 하는 소린가, 알고 하는 소린가!"

박정희는 "일본의 군인이 천황절대주의 하는 게 왜 나쁜가. 그리고 국수주의가 어째서 나쁜가!"라고 항변했다. 황용주가 알아듣게 설명했지만, 박정희의 결론은 이랬다. "그런 잠꼬대 같은 소릴 하고 있으니까 글 쓰는 놈들은 믿을 수가 없다."[253]

4·19 이후 이런 일도 있었다. 어느 날 황용주가 술이 만취한 상태에서 군인들이 궐기해 정권을 잡고 즉시 북쪽의 김일성을 판문점으로 불러

당장 휴전선을 틔워 한 나라를 만들어버려야 한다고 역설했다. 박정희는 "너 무슨 말을 해. 위험천만한 놈이로구나. 너 같은 놈하곤 술자리를 같이 못 하겠어"라는 말을 내뱉고 방문을 걷어차 열고 나가버렸다.[254]

이 에피소드는 훗날 5·16 군사쿠데타에 대한 일부 혁신계의 착각을 시사해준다. 보수적인 민주당 정권에 염증을 느낀 혁신계는 황용주처럼 쿠데타에 희망을 걸었고, 5·16 주체세력은 그런 희망을 이용했다. 그러나 5·16 주체세력은 결국엔 혁신계를 '위험천만한 놈들'로 간주해 때려잡게 된다.

4·19가 만든 정군 운동 카드

박정희는 3·15 부정선거 직후인 1960년 3월 20일 육군대학 총장 이종찬에게 밀사를 파견해 민주주의를 실현하기 위해 군사쿠데타가 요청되니 협조 언질을 달라고 요구했다가 거절당했다. 그러나 이미 거사 예정일은 육군참모총장 송요찬이 도미渡美하는 5월 8일로 잡혀 있었다. 박정희의 주장에 따르면, 이때에 2군 사령관 장도영은 박정희에게서 쿠데타 계획을 전해 듣고 쿠데타엔 찬성하지만 그 시기와 방법에 대해서는 좀더 두고 연구하자고 답했다.[255]

그런데 그만 4·19 혁명이 일어남으로써 이 계획도 유예되었다. 박정희는 정군 운동 카드를 활용하기로 했다. 정군 운동을 통해 쿠데타 동조세력을 확대시켜나갈 생각으로 정군 운동으로 선회한 것이다.[256]

박정희는 4월 24일 부산 교외 범어사에서 열린 4·19 시위 희생자 13명에 대한 합동 위령제에서 부산계엄사무소장의 자격으로 조사弔辭를 하면서 "여러분들이 못다 이룬 소원은 기필코 우리들이 성취하겠습니다"는 놀라운 발언을 했다. 이 연설을 녹음해간 부산 MBC 보도과장 전응덕은 방송하기 전에 군수기지사령관실로 전화를 걸어 "이 연설을 내보내도 좋으냐"고 물었다. 박정희의 답은 "알아서 하라"였다.[257]

놀라운 정치적 제스처였다. 박정희의 진심을 말하자면, 그는 쿠데타를 좌절시킨 4·19에 대해 화를 내고 있었다. 박정희는 황용주와의 대화에서 4·19 직전 학생시위 때엔 "에이, 술맛 안 안다"고 짜증을 냈고, 이승만 하야 후엔 "아이고, 학생놈들 때문에 다 글렀다"고 분개했던 것이다.[258]

이후 5·19 군사쿠데타에 완전 성공할 때까지 박정희가 가장 많이 쓴 말은 아마도 '목숨을 걸고'였을 것이다. 그는 목숨을 거는 걸 좋아했다. 그래서 대담했다. 사적 의리건 공적 신의건, 그것도 거추장스러운 것이었다. 그래서 그는 자신의 오랜 후원자를 제물로 삼는 것도 주저하지 않았다.

1960년 5월 2일 군수기지사령관 박정희는 육사 11기인 작전장교 손영길(대위)을 시켜 자신의 오랜 후원자였던 육군참모총장 송요찬에게 "군의 최고 명령자로서 3·15 부정선거에 책임을 지고 용퇴하라"고 권유하는 내용의 편지를 보냈다(송요찬은 그간 언급되었던 것 이외에도 여러 면에서 박정희의 은인이었다. 박정희가 5사단장 시절 폭설로 수십 명의 부하를 잃은 사고를 당했을 때에도 문책 대신 표창을 주었고, 1949년 박정희의 구명 운동에도 적극 나섰다).[259]

바로 그날 허정 과도내각은 국방부 장관에 이종찬을 임명했다. 이종찬은 송요찬을 못마땅하게 생각하고 있었으며, 박정희에 대해 호의적인 인물이었다. 박정희가 이종찬의 국방부 장관 임명을 미리 알고 그런 편지를 보낸 건지는 알 수 없으나, 이종찬이 버티고 있는 만큼 박정희에겐 해볼 만한 싸움이었다.

박정희와 김종필의 로비

박정희가 치고 나가자 8기생들이 뒤를 따랐다. 아니 겉보기엔 그랬지만, 실은 8기생들이 쿠데타의 주체이고 박정희가 그들의 등에 업힌 꼴이었다. 하지만 박정희는 나중에 그들을 제압할 만큼 권모술수에 능한 인물이었다. 1960년 5월 8일 중령 김종필 등 육사 8기생 중령 8명은 김종필의 집에 모여 정군 운동을 벌이기로 뜻을 모았다. 그들은 3·15 부정선거를 방조한 군 장성들의 책임 추궁, 부정축재한 장성 처단, 무능·파렴치한 지휘관 제거와 군의 정치적 중립 보장, 군 처우 개선 등을 목표로 정했다. 이들은 연판장을 돌려 군내 여론을 불러일으키려고 했지만 즉시 발각되어 김종필, 최준명, 김형욱, 옥창호, 석창희 등 5명이 5월 17일과 18일에 구속되었다.

그러나 송요찬은 이들을 바로 석방하고 5월 19일 스스로 육군참모총장직에서 물러났다. 여론 악화를 우려한 것인지 대세의 흐름을 따라 대국적인 판단을 내린 것인지 그건 확실치 않다. 이때에 백선엽, 유재흥도 예편되었다. 송요찬의 후임으로는 중장 최영희가 임명되었고, 신임 육군참모차장엔 최경록이 임명되었다. 내각수반 허정은 "3·15 부정선거에 대한 문책은 육군참모총장과 차장의 경질로 마무리한다"고 말했다.[260]

7월 28일 박정희는 광주에 있는 제1관구 사령관으로 부임하라는 명령을 받았다. 명백한 좌천이어서 박정희는 그날 인사불성人事不省일 정도로 술을 마셔 부하들에게 업혀 나갔다. 최영희는 훗날 "군 수뇌부와 미군에서 박 장군에 대한 말들이 많아 내가 그를 전보시켰다"고 말했다.[261]

7·29 총선의 결과 민주당 정권이 들어서게 되었다. 국무총리 선출이 있기 직전의 8월 어느 날 박정희는 발이 넓은 대령 유원식(임시정부 요인 유림의 아들)을 통해 국무총리 가능성이 높은 구파 지도자 김도연을 방문했다. 이 만남에 대해 이상우는 다음과 같이 말했다.

"이 자리에서 박정희는 자기의 정군 플랜에 관해서 설명했다고 한다. 박정희는 김도연이 총리 지명을 받아 정권을 맡을 것으로 내다보고, 미리 자기 구상과 당시 군부의 사정에 관해 브리핑했던 것이다. 박정희의 이야기를 듣고 김도연이 어떤 반응을 보였는지는 알려지지 않았으나 일설에는 소개한 사람이 박정희를 참모총장감으로 추천했으며 김도연도 상당한 호감을 갖고 박정희를 평가했다 한다. 이것이 사실이라면 또 하나의 가상으로서, 김도연이 불과 3표 차로 총리지명전에 패배하지 않고 총리가 되어 박정희를 참모총장에 앉혔다면 이 나라의 역사는 전혀 다른 방향으로 진로를 잡았을 것이라고 상상해볼 수 있다."[262]

8월 19일 김종필은 육군 중령 군복 차림으로, 국회에서 인준을 받고 내각 구성을 위한 준비에 착수한 장면을 면담하기 위해 중앙청에 있던 국무총리실을 방문했다. 아무 소개도 없이 무작정 방문을 한 것이라, 공보비서관 송원영에게서 다음 날 아침 사복으로 갈아입고 장면의 명륜동 자택으로 찾아오라는 말을 들었다. 그러나 20일 아침에도 장면의 집은 수십 명의 방문객으로 들끓고 있어 장면이 일개 육군 중령에게 할애할 시간은 없었다. 김종필은 송원영에게 군을 정화할 수 있는 육군참모총장과 국방부 장관을 임명해달라는 메시지를 남기고 떠났다. 다음 날

송원영은 김종필에게 전화를 걸어 장면이 그 메시지에 긍정적인 반응을 보였다고 말했다.[263] 박정희와 김종필은 쿠데타 후엔 구舊정치인을 뺨치는 정치적 술수의 도사들이 되지만, 이때 이들이 보여준 로비술은 기성 정치인들의 비웃음을 사기에 족할 정도로 '순진한' 것이었다.

장면 정부의 어설픈 군 정책

10만 감군 정책의 폐기

　1960년 8월 19일에 국무총리 인준을 받고 23일에 내각을 출범시킨 장면은 육군참모총장에 최경록을 임명하고 육군참모총장이었던 최영희는 합참의장으로 승진시켰다. 최경록은 이승만 정권에서 정치에 물들지 않은, 몇 안 되는 고위 장성 가운데 한 명이었다.

　장면은 8월 27일 국무총리 취임 후 가진 첫 시정연설에서 긴급과제 6가지에 관한 정부 방침을 밝혔다. 장면은 마지막 항목에서 "경제건설과의 균형상 과중한 국방비를 줄이고자 감군減軍을 하겠으며 이에 대비해 중장비를 도입하는 계획을 이미 수립했다"고 밝혔다. 그는 이어 "국군의 군기를 확립하고 일부에서 있었던 부패를 숙청하는 동시에 군의 정치적 중립을 확보하고 군내 파벌 조성을 방지하기에 특별한 노력을 기울이겠다"고 다짐했다.[264]

장면 정부의 감군 정책은 국방비를 줄여 '경제제일주의'를 실현하려는 것이었다. 당시 국방비 규모는 국가예산의 40%를 넘고 있었다. 장면 정부는 국방비가 예산의 20% 수준으로 줄 때까지 지속적으로 병력을 감축할 계획이었는데, 그 계획으로 나온 것이 바로 '10만 감군'이었다. 그러나 장면은 그 중요한 발표를 하면서도 사전에 한국군이나 미국 측과 사전 논의나 내부 조율을 거치지 않았다. 자신의 희망사항을 일방적으로 발표해버린 것이다.[265] 그러니 이 계획에 대해 한국군은 말할 것도 없고 미국 측이 강하게 반발하고 나선 건 놀랄 일은 아니었다.

유엔군 사령관 카터 매그루터Carter Magruder, 1900~1988, 미국 국방성

장면 정부는 취임 후 첫 연설에서 감군을 발표했지만, 한국군과 미국의 강한 반발에 부딪혀 결국 감군 정책은 폐지되었다. 장면이 민의원 본회의에서 국무총리 인준을 받은 걸 보도한 『동아일보』(1960년 8월 20일) 기사.

군사지원 담당관 윌리스턴 파머Williston Palmer, 1899~1973는 공식적으로 반대 견해를 표명했다. 정군을 외치는 소장파 장교들도 반대했다. 장면이 임명한 육군참모총장 최경록도 민의원에서 취임 인사를 하면서 "감군은 전투 능력을 심각하게 떨어뜨릴 것"이라면서 정부의 계획에 "원칙적으로 반대한다"고 밝혔다.

1960년 9월 14일에 열린 군 수뇌회의가 감군 규모를 5만 명으로 줄여달라고 건의하자 장면 정부는 이를 받아들였다. 11월 초 국방부 장관 권중돈이 "일부 감군이 있지만 한국군 병력은 60만 명을 유지한다"고 발표함으로써 감군 정책은 사실상 폐기되었다.[266]

군부를 소외시킨 군의 문민화

이승만 정권에서는 군 출신을 각료의 10%쯤 배정했다. 그러나 장면 내각은 군 출신을 하나도 받아들이지 않았으며 심지어 국방부의 장·차관 자리마저 배려하지 않았다. '문민화'라는 미명하에 한국 실정에 전혀 어울리지 않게 지나칠 정도로 군부를 소외시켰던 것이다.[267] 제2공화국에선 차관을 국회 쪽 업무를 맡는 정무차관과 행정 업무를 맡는 사무차관으로 나눴는데, 당시 국방부 사무차관이었던 김업은 "장 총리는 국방장관을 꼭 민간인에게 시켜야 한다고 작정했다. 군 출신을 기용하면 정권을 빼앗길지도 모른다고 생각하는 듯했다"고 말했다.

군부와의 기본적인 의사소통도 없었다. 김업은 "이승만 전 대통령은 장군들을 자주 불러 술도 먹이고 등도 두드려 주었으며 미 장성들에게도 파티를 가끔 열어주곤 했"지만, 장면은 물론 국방부 장관 현석호는 국군 장성은 물론 미군 장성들과도 소원한 사이였다고 말했다. 철저한 친미주의자인 장면도 대사관 사람들하고만 어울렸지 미군 쪽은 전혀 신경 쓰지 않았다는 것이다. 김업은 "장면 정부의 군 통제는 한마디로 엉망이었다"며 다음과 같이 말했다.

"병력을 10만 명 줄이겠다고 하니까 각군 참모총장이 펄펄 뛰며 반대합니다. 하지만 '10만 감군'은 민주당의 오랜 공약인데다 허정 과도 정부 때 이종찬 국방장관이 정책으로 발표한 사항이거든요. 그런데도 현 장관은 제대로 설득조차 하지 못하더군요."[268]

장면 정부에서 국방부 장관이 신·구파 싸움 때문에 현석호, 권중돈, 현석호로 왔다 갔다한 것도 문제였다. 윤보선의 비서관 김준하는 군의 통수권 문제를 논의하기 위해 국방부를 찾았을 때 권중돈은 자기 소관의 국이 몇이나 되는지, 법률 문제는 어디서 관장하는지도 전혀 모르고 있을 정도였다고 말했다.[269] (현석호가 국방부 장관으로 재직한 것은 1960년 8월 23일에서 9월 12일까지 20일에 불과했지만, 그는 1961년 1월 30일 다시 국방부 장관에 임명되어 5월 18일까지 일했다. 결국 폐기되긴 했지만, 10만 감군 정책은 전체 장교의 17%가 연금 보장도 없이 생계를 위협받게 된다는 걸 의미했기에 영관급 장교들의 강한 불만을 샀다.)[270]

현석호도 국방부 장관 자리엔 어울리지 않는 인물이었다. 동생 현석주가 박정희와 동기인 육사 2기 출신으로 현역 장성이라는 걸 빼놓고 군과는 아무런 관계가 없었다. 김업은 현석호를 "국방장관을 하기에는 너무 대가 약한, 순진한 서생 같은 사람"이었으며 "안정된 사회에서는 능력을 발휘할지 몰라도 그때 같은 난세에는 어울리지 않는 사람"이었다고 했다. 그는 장면이 굳이 그를 국방부 장관에 앉힌 까닭을 "인품이 뛰어나다고 해서 장 총리가 가장 신임했기 때문"이라고 해석했다. 현석호는 훗날 회고록에 자신의 동생이 육군 장성이라는 것이 인사에 크게 작용했을 것이라고 썼다.[271]

국군통수권은 누구에게 있는가?

심지어 국군통수권 문제마저도 신·구파 간 정쟁의 대상이 되었다. 일반적으로 내각책임제 국가에서 행정권의 수반은 국무총리이므로 행정권에 속하는 국군통수권 역시 국무총리에 귀속되는 것이 상식이었다. 그러나 헌법 제61조는 1항 대통령은 헌법과 법률이 정하는 바에 의하여 국군을 통수한다, 2항 국군의 조직과 편성은 법률로서 정한다는 내용으로 되어 있었다. 국군통수권 행사권자는 대통령으로 규정했지만, 국군통수권을 행사하는 절차만은 '법률이 정하는 바에 의하여'라는 꼬리를 달아놓았던 것이다.

왜 그랬을까? 원래 국군통수권 조항은 국무총리에게 귀속되는 것으로 초안이 되어 있었는데 자유당 측에서 문제를 제기해 바꾸었다. 이승만 정권의 경험으로 미루어 국무총리에게 모든 권력이 집중되었을 경우 독재화될 우려가 있다는 이유에서였다. 또 내각책임제는 빈번한 정권 교체가 예상되는 만큼 한국의 분단 현실에 비추어 군의 통솔을 안정되게 하기 위해서라도 임기가 보장되고 정치적 중립이 헌법상 요건으로 되어 있는 대통령에게 국군통수권을 부여하는 것이 필요하다는 논리도 가세했다. 이승만 독재에 염증을 내던 당시 분위기상 이게 먹혀 들어갔던 것이다.[272]

그러나 헌법 제61조의 해석은 신·구파 간 의견이 달랐다. 장면 측은 "아직 법률이 정해진 바가 없으니 통수권이 대통령에 있다고 볼 수 없으며 따라서 통수권의 행사는 총리가 할 수밖에 없다"고 주장했으며, 장면은 기자회견을 통해 이 주장을 발표하기도 했다.[273] 윤보선은 구파 출신 국방부 장관인 권중돈에게 이 문제를 명확히 할 것을 요청했다. 권중돈은 극비리에 장관실에서 6명의 헌법학자를 초청해 헌법 제61조에 대한 그들의 해석을 녹음했다. 이들은 모두 국군통수권이 대통령에게 귀속된다고 판정했다. 이에 권중돈은 장면에게 국군통수권에 대한 헌법학자들의 견해를 보고하고 절차법의 제정을 서둘 것을 건의했다.[274]

물론 장면은 그 건의를 받아들이지 않았다. 김준하는 권중돈이 "그로 인해서 총리와의 사이가 벌어져 장관 취임 4개월 만에 사임하는 단명 장관의 신세가 됐다"고 주장한다. 그러나 나중에 보게 되겠지만 국방부 장관의 두 번째 교체는 구파의 소환에 따른 것으로 보는 게 옳을 것이다. 어찌되었건 이 문제는 5·16 군사쿠데타가 발발할 때까지 해결되지 않은 채 장면과 윤보선 간의 갈등만 키우고 군 통제에 막대한 지장을 초래했다.[275]

육사 8기 11명의 9·10 '충무장 결의'

9월 10일 김종필과 김형욱 등 육사 8기생 중령 11명은 전군을 상대로 정군을 단행할 것을 청원하기 위해 국방부 장관 현석호를 방문했지만 뜻을 이루지 못했다. 현석호가 그들을 만나지 못한 것은 신·구파 간 싸움 때문이었다. 현석호는 구파에서 5부 장관을 영입해 연립내각을 수립하려는 장면 정부의 뜻에 따라 이미 7일에 사표를 낸 상태였다. 그러니까 12일 구파의 권중돈이 신임 국방부 장관으로 임명될 때까지 5일간은 국방부 장관직은 사실상 공백 상태였던 것이다. 그런 이유로 면담 자체가 이루어지지 못했던 것이다.[276]

국방부 장관 현석호와의 면담이 실패로 돌아간 9월 10일 저녁 육사 8기 동기생 11명은 충무장이라는 일식 음식점에서 쿠데타를 결의했다. 이게 바로 5·16 군사쿠데타의 역사에서 중요한 의미를 갖는 이른바 '충무장 결의'였다. 이들은 총무 김종필, 정보 김형욱, 인사 오치성, 작전 옥창호, 경제 김동환, 사법 길재호 등으로 업무 분담까지 했다.[277]

장면 내각의 출범은 8월 23일이었는데, 이 '충무장 결의'는 그로부터 18일 만에 나온 것이다. 그렇다면 이들이 5·16 군사쿠데타를 일으킨 후에 거사 이유로 제시한 '장면 정권의 부패와 무능'은 겨우 18일 만에 내린 결론이었단 말일까? 장면도 그 점에 대해 분통이 터졌는지 훗날 회고록에서 이렇게 말했다.

"『군사혁명비사』라는 책을 보면 우리가 집권한 지 18일 만에 정권 전복의 모의가 시작되고 있다. 집권 18일 만에 대체 무엇을 어쩌자는 셈이었을까. 그동안에 부패와 무능이 나타나고 있었던가? 아니면, 부패와 무능을 미리부터 예언할 수 있었다는 얘기인가? 세상에 이러한 모순이 없다. 전부터 정권을 쥐고야 말겠다는 야심을 지닌 증거는 되어도 우리가 잘못한 때문에 쿠데타를 시작했다는 논리적 귀결은 성립되지 않는다. 하여튼 장 정권이 무능 부패했기 때문에 쿠데타를 일으켰다는 공언은 앞뒤가 맞지 않는다."[278]

미국의 정군 반대

장면은 "국군의 군기를 확립하고 일부에서 있었던 부패를 숙청하는 동시에 군의 정치적 중립을 확보하고 군내 파벌 조성을 방지하기에 특별한 노력을 기울이겠다"고 했지만, 젊은 장교들이 요구하는 정군에도 적절한 대응을 전혀 하지 못했다.

장면 정부는 이른바 '파머 사건'에도 적절히 대응하지 못했다. 9월 20일, 합참의장 최영희의 초청으로 방한한 미 국방부 군원국장인 대장 윌리스턴 파머는 한국을 떠나면서 정군에 반대하는 성명을 발표했다. 그 성명은 "한국군 고위 장성들이 최근의 사태에 큰 불안과 초조를 느끼니 더이상 조직을 흔들어 군사력을 약화시키지 마라"는 내용이었다.

이 발언은 큰 반발을 불러일으켰다. 즉각 국방부 장관 현석호는 파머의 발언을 '내정간섭'이라고 비판하고, 육군참모총장 최경록은 "명백한 주권 침해"라고 반박했다. 최경록은 이틀 뒤 이런 말도 했다. "사대사상에 젖은 일부 몰지각한 고급 장성들이 자신의 연명책에 급급한 나머지 왜곡된 정보를 외국 장성에게 제공한 것은 용납될 수 없다. 그들은 군대에서 추방되어야 한다."

최경록은 수천 통의 격려 편지를 받았다. 대한민국 역사상 미국에 대해 당당히 할 말은 하는, 그런 장군은 없었기 때문이다. 그러나 최경록의 발언은 미국에 충격을 주었다.[279] 매그루더는 미국의 군사원조를 내세워 파머의 발언을 옹호하고 나섰다. 그는 파머의 발언이 "물질적 지원을 계획하고 수행하는 책임자로서의 의무에 해당"하기 때문에 "내정간섭으로서가 아니라 혈맹인 미국의 건설적인 충고로 받아들여야 한다"고

주장했다.[280]

최경록의 비판은 사실상 합참의장 최영희를 겨냥한 것이었다. 9월 24일 육사 7, 9, 10기 대표 16명은 최영희를 찾아가 "파머를 불러들여 자리를 보존하려고 했다"면서 사임을 요구했다. 이른바 '16인 하극상 사건'으로 불린 이 사건의 결과로 이들 16명은 군법회의로 넘겨졌다.[281]

그런 가운데 10월 15일 최영희도 예편했지만, 최영희의 전역식에서 매그루더는 또다시 정군에 대해 강력히 경고했다. "한국은 군부 내에서의 불화 때문에 내부적 붕괴의 위험에 직면해 있다. 한국의 우방과 자체 세력의 신뢰를 유지하기 위해 한국은 군부 내에서의 논쟁을 종결해야 한다."[282]

10월 3일 매그루더와 마셜 그린은 장면을 방문했다. 이들의 압력에 굴복한 장면은 11월 중순 각 군 주요지휘관회의에서 정군 완료를 선언했다. 이는 민주당의 선거공약을 내팽개친 것이었다. 이에 대해 정대철은 이렇게 말했다. "이로써 반년 여를 끌어온 '정군' 슬로건은 빛바랜 채 창고 구석으로 내동댕이쳐졌다. 동시에 가위눌려 지내던 정군 대상자들은 별자리 계급장을 광채 나도록 다시 닦아대기 시작했다. 미군 장성들은 흐뭇한 미소를 지으며 자신들이 구해준 한국군 고위 장성들을 가든 파티에 불러내기 시작했다."[283]

누가 쿠데타의 '진짜 주체'인가?

9·10 '충무장 결의'가 있던 바로 그날 박정희는 제1관구 사령관에서 육군본부 작전참모부장으로 발령을 받았다. 미국은 이 점에 주목했

9월 10일 육사 8기 동기생들은 충무장이라는 음식점에서 쿠데타를 결의했고, 2개월 후인 11월 9일에는 박정희의 신당동 자택에 모여 쿠데타를 위한 조직 확장 문제를 검토했다. 현재 국가등록문화재 제412호로 지정된 박정희 신당동 자택.

다. 1960년 10월 초 미 국방부의 한 고위관리는 재무부 장관 김영선을 만나 "한국군의 작전참모부장은 공산주의자다. 체코슬로바키아도 공산화되기 전에 육군의 작전국장이 빨갱이였는데 그 사람이 주동이 되어 국가 전체를 공산화시켰다"고 경고했다. 엉뚱한 재무부 장관에게 경고만 하고 그냥 넘어갈 미국은 아니었다. 이때부터 매그루더는 박정희를 예편시키라고 장면에게 압력을 넣기 시작했다.[284]

그로부터 2개월 후인 1960년 11월 9일, '충무장 결의'를 했던 육사 8기 장교 9명은 박정희의 신당동 자택에 모여 쿠데타를 위한 조직 확장 문제를 검토했다는 주장이 있다. 많은 자료가 이렇게 기록하고 있는데, 김종필과 오치성 등 일부 육사 8기 출신은 그런 모임은 없었다고 말한다. 여기서 5·16 군사쿠데타의 모든 과정이 최종 승자인 박정희 위주로 기록되었을 가능성에 주목할 필요가 있겠다. 오치성의 증언이다.

"우리 아홉 명이 처음부터 박정희 장군을 지도자로 모시기로 작정하고 혁명을 계획한 것은 아닙니다. 영관 장교들의 힘만으로는 혁명이 성사될 수 없다는 현실적 판단을 한 뒤 누구를 지도자로 모실 것이냐로 토론이 시작되었습니다. 그때 거명된 인물이 박정희, 박병권, 그리고 한신 장군이었습니다."[285]

박정희는 좌익 경력 때문에 기피하는 사람이 많았으나 박정희의 조카사위인 김종필이 교묘한 방법으로 박정희 쪽으로 몰아갔다는 것이다. 나중에 박정희와 김종필 사이에 벌어진 갈등의 상당 부분은 누가 쿠데타 계획의 '진짜 주체'였으며 '원조'였느냐 하는 걸 따지는 것과 무관하지 않았다.

눈에 핏발이 선 박정희

11월 18일 매그루더는 육군참모총장 최경록 앞으로 편지를 보내 "현재 군법회의에 넘어가 있는 16인 항명 사건을 엄격히 다루고 그 선동자들을 조종한 장군 두 명을 군에서 제거한다면 미 국방부의 태도는 한국 측에 유리하게 바뀌어질 것이다"고 말했다. 그 두 명은 박정희와 인사참모부장 박병권(소장)이었다.[286]

최경록은 그 요구를 거부하고 사태를 수습하는 차원에서 12월 8일 박정희를 육군본부 작전참모부장에서 대구에 있는 2군 부사령관으로 좌천시키는 조치를 취했다. 누구의 부탁이 없었더라도 민족주의 성향이 강한 최경록이 매그루더의 요구를 뿌리쳤겠지만, 이때에도 2군 사령관인 장도영이 박정희를 위해 거들었다는 설도 있다. 장도영은 정에 약한 사람이었다. 자신의 예편설이 떠돌 때 박정희는 장도영을 찾아가 구원을 요청했고, 장도영은 최경록에게 부탁을 했다는 것이다.[287]

그런가 하면 당시 국회 국방위원장이었던 이철승은 자신이 장면과 싸운 덕분에 박정희가 살아남았다고 주장한다. "박정희가 남로당 군사 조직 책임자였지만 그걸 시인하고 전향했다. 그 조직을 다 공개하고 군복을 벗었던 것이다. 문관을 하다가 6·25 때 군에 복귀하며 공을 세웠고 그래서 작전참모부장까지 왔는데 지금 와서 느닷없이 몰아낸다는 것은 말이 됩니까? 박정희는 우리 국방위원회에서 보장하겠다. 이렇게 장 총리와 서너 시간 다투어 그래서 박정희가 예편만을 모면하고 2군 부사령관이 되어 대구로 내려갔고……."[288]

이철승 스스로 박정희의 구명에 나선 건 아니었고 여기에도 정실관계가 작용했다. 박정희와 이철승은 이전부터 상호 호감을 갖고 있었으며, 박정희의 육사 2기 동기인 한웅진이 이철승과 친구였다. 처음엔 한웅진이 이철승에게 부탁을 했고, 나중엔 박정희가 이철승을 찾아가 자신을 살려 달라고 호소했다.[289]

박정희는 간신히 살아난 것에 대해 감사하게 생각하기보다는 4·19 이후 또 한 번 좌절을 맛본 것으로 인해 점점 더 독毒이 올라 사나운 맹수처럼 변해가고 있었다. 이즈음 대구에서 박정희를 만난 시인 구상은 "박정희는 이미 눈에 핏발이 서 있었다"고 썼다.[290]

박정희는 대구에서 눈에 핏발을 선 채로 쿠데타 모의에 몰두했다. 대구 2군 참모장은 만주군 시절부터의 친구인 이주일(소장)이었고, 대구

옆의 영천에 있는 정보학교장은 육사 2기 동기인 한웅진(준장)이었다. 박정희의 쿠데타 음모에 가담한 이주일과 한웅진은 포섭 대상자들을 놓고 토론을 벌이는 과정에서 박정희가 장교들의 특성과 자질을 줄줄 꿰고 있는 것에 놀랐다.[291] 박정희의 최대 자산은 인간학人間學, 그것도 마키아벨리적인 인간학에 정통해 있다는 것이었다. 정 많고 여린 사람들의 특성을 포착해 그걸 최대한 활용한 뒤에 내칠 수 있는 능력과 심성은 범인凡人으로선 도저히 따라갈 수 없는 박정희만의 것이었다.

국회의사당 난입 사건과 소급입법

"둔한 재판관이 내린 의외의 가벼운 선고"

1960년 10월 8일 서울지법 형사1부는 4·19 때의 발포자, 3·15 부정선거 관련자, 정치깡패 등 4월 혁명을 불러일으킨 피고인들에게 1심 형량을 선고했다. 발포건과 관련해서는 서울시경국장이었던 유충렬에게만 검찰 구형대로 사형을 언도했을 뿐 사형이 구형된 내무부 장관 홍진기에게는 징역 9월, 대통령 경호관 곽영주에게는 징역 3년이 선고되었다. 나머지 피고인들에게도 무죄 또는 징역 8월에서 5년이 선고되었다.

법원 판결이 너무 미약하다는 불만이 일면서 전국 각지에서 재판부를 규탄하는 데모가 일어났다. 데모는 신문지상에서도 일어나고 있었다. 재판 결과에 대한 각 신문의 사설 제목들은 비판 일색이었다. 『한국일보』는 「법관만의 만족을 위한 재판인가?」, 『동아일보』는 「공정하지도 않은 재판」, 『경향신문』은 「둔한 재판관이 내린 의외의 가벼운 선고」, 『서울신문』은 「우리는 범죄자의 처벌을 위해서 신속한 입법을 다시 촉구한다」 등과 같은 사설을 통해 재판부를 비판했다.[292]

이런 여론에 부응해 대통령 윤보선은 10월 10일 민의원과 참의원 양 의장들에게 공한을 보내 특별법 제정을 촉구했다. "현재의 위기에 대처할 유일한 방법은 가능한 한 조속히 국회를 소집하여 과거 정부와 자유당의 각료들에 대해 준열한 처벌을 줄 수 있는 법률을 제정하는 것이다."[293]

그러나 그런 법률 제정을 위해선 소급법을 금지하는 헌법 제23조 개정이 필수적이었다. "모든 국민은 행위시의 법률에 의하여 범죄를 구성하지 아니하는 행위에 대하여 소추를 받지 아니하며 또 동일한 범죄에 대하여 두 번 처벌되지 아니한다."

4월 혁명은 그런 법치의 틀마저 뛰어넘을 걸 요구했던 것인가? 4월 혁명 주체들이 내놓은 답은 '그렇다'였다. 10월 11일 민의원 앞에선 '4월 혁명유족회' 회원을 비롯한 시민, 학생 수천 명이 "살인 원흉이 무죄라면 차라리 우리를 투옥하고 사형시켜라!", "특별법을 제정하여 원흉을 처단하라!"는 내용의 플래카드를 들고 시위를 했다.

"우리가 정치를 하겠다!"

시위의 격렬함은 급기야 시위대가 민의원에 난입하는 사태마저 초래했다. 혁신계 인사 고정훈이 장애자들을 시켜 국회의사당을 점령하도록 일을 꾸몄다는 주장도 있다.[294] 환자복에 목발을 짚은 4·19 부상자 50여 명이 앞장선 가운데 국회의사당에 난입한 시위대는 의원들을 향해 "하루빨리 혁명입법을 완성하라"고 요구했다. 그건 매우 온건한 요구였

4·19 발포자, 3·15 부정선거 관련자, 정치깡패 등에 대한 법원 판결이 너무 미약하자, 4·19 부상자 50여 명이 국회의사당에 난입해 시위를 벌였다.

다. "너희들은 다 나가라! 우리가 정치를 하겠다!", "정쟁 국회는 해산하라!" 등과 같은 구호도 외쳐졌다. 시위대는 민주당 의원들에게는 "신구파가 싸우지 말고 화합하라"는 요구도 했다. 이에 구파의 김도연과 신파의 임문석, 구파의 서범석과 신파의 이철승이 억지로 악수를 나누는 해프닝이 벌어지기도 했다.[295] 민의원 의장 곽상훈의 회고다.

"당시 부상 학생의 위세가 당당하여 마치 부상 학생들의 천하와 같은 감이 들었고 아무도 감히 이를 제지하지 못했다.…… '정권을 우리가 주었는데' 하는 생각은 '부상 학생 천하제일'이라는 생각 때문이었다.……국회에 경호권을 발동하여 한 번 크게 호령을 해줄 생각도 없지

않았으나……그들의 항의 방법이 너무도 졸렬하여 그만 자신을 잃어버렸다."²⁹⁶

그들의 항의 방법은 졸렬했을망정 전반적인 사회 분위기는 '개헌'으로 치닫고 있었다. 헌법을 개정하고 그에 따른 특별법을 제정하기까진 시간이 필요했다. 그래서 8일에 석방된 사람들을 다시 체포했으며, 다른 피고들에 대한 재판을 무기 연기하는 등 잠정적인 변칙 수단이 강구되었다.

장면도 10월 8일의 재판 결과에 대해 "그것이 법조문에 의한 공정한 판결이었는지는 모르나 국민 감정에 미치는 영향도 참작했어야" 했다면서 형량이 너무 가볍다고 크게 화를 냈다. 그러나 그는 소급입법에는 단호히 반대했다. 장면은 "끝내 보복을 위한 소급입법을 고집한다면, 스스로 당을 떠날지도 모르겠다"고까지 말했다.²⁹⁷

응징을 위한 소급입법 개헌

장면은 국회의사당 난입 사건에 대해서도 개탄은 했겠지만 특별 대응을 하는 걸 한사코 거부했다. 이 사건 직후 국무총리 의전비서관 이홍렬은 비서진을 대표해 "비상대책기구를 구성하는 게 어떻겠느냐"고 조심스럽게 건의했지만, 장면은 "홍렬 군, 무슨 소리야. 민주적인 행정을 하자고 투쟁을 해서 총리가 된 것 아닌가. 비상수단을 꼭 써야 한다면 내가 이 자리에서 물러날 거야"라고 안색을 바꾸며 꾸짖었다.²⁹⁸ 장면의 단호한 반대에도 대세는 개헌에 의한 특별법 제정이었다. 장면 정부는 수동적인 입장에서, 장면 개인은 '견딜 수 없는 고역'을 겪는 사이에 소급

입법을 위한 절차가 진행되었다.[299]

혁명입법을 위해 헌법 제23조에 규정된 형벌불소급원칙에 예외규정을 두는 제4차 개헌안은 민의원(11월 23일)과 참의원(11월 28일)에서 거의 압도적 다수의 찬성으로 통과되었다(기명표결 결과, 개헌안은 민의원에서 재석 233명 가운데 203명이 투표에 참가해 찬성 191표, 반대 1표, 기권 2표, 무효 9표, 참의원에선 찬성 44표, 반대 3표, 무효 3표, 불참 6명으로 통과되었다). 11월 29일 개정된 헌법이 공포되고 이에 근거해 민의원 주도로 특별재판부와 특별검찰부 설치법, 부정선거 관련자 처벌법, 반민주행위자 공민권 제한법, 부정축재자 특별처리법 등 4개의 특별법이 연이어 통과되었다.[300]

4대 특별법 가운데 가장 문제가 된 건 공민권 제한법이었다. 공민권 제한 자동 케이스는 666명, 심사 케이스 해당자는 1만 4,000여 명에 이르렀다. 부작용이 클 것으로 예상되었고, 미국도 소급입법에 반대했다. 이에 장면 정부는 자동 케이스를 폐지하고 심사 케이스의 범위도 줄이는 수정안을 제안했지만, 신민당이 강력 반대했다. 연시중은 "이들은 민주당의 수정안이 지방관리들의 환심을 살까 염려했고, 또한 강경한 혁명의지를 보임으로써 대중의 비위를 맞추기 위해서였다"고 말했다.[301]

정부에 '기적'을 요구한 국민

국회의사당 난입 사건은 제2공화국의 '혼란과 무질서'의 대표적 사건으로 거론되었다. '4·19 시기 과연 혼란기였나?'라는 질문을 던진 김동춘은 "이 사건 역시 궁극적으로는 민주당의 '반혁명적' 태도에 기인한다"며 다음과 같이 말했다.

"민주당은 발포 책임자, 부정선거 관련자, 부정축재자들을 처벌하기는커녕 그들의 도피를 방조하고, 그들을 처벌하기 위한 특별법안의 제정을 고의적으로 지연·회피하였기 때문에 이에 격분한 4월혁명불구자학생동지회, 4월혁명상이학생동지회 등 1만여 명 이상의 학생들이 장면의 퇴진을 요구하며 의사당으로 진입하는 사건이 발생했던 것이다. 7·29 총선과 그것으로 결성된 국회는 학생들의 피의 대가로 성립된 것이었고 민주당 정권의 존립 근거 역시 이승만 독재의 철저한 청산에 있었으므로 학생들의 이러한 요구는 지극히 당연한 것이었다."[302]

그러나 문제는 장면 정부에 그런 요구를 수용할 뜻이 있었다 하더라도 그렇게 할 만한 능력이 없었다는 데에 있었다. 게다가 문제는 과거 청산만이 아니었다. 먹고사는 문제도 심각했다. 당시의 상황을 몹시 괴롭게 생각했던 리영희는 『역정: 나의 청년시대』(1988)에서 "민주당 정권은 내부 분열로 날을 보내고, 처음으로 자유를 맛본 각계 대중은 조급한 개혁을 요구하여 밤낮으로 데모를 벌였다. 막강한 독재정권을 쓰러뜨린 데모의 힘을 알게 된 학생들과 각 이익집단은 모든 문제를 직접 국회의사당으로 들고 갔다"며 다음과 같이 말했다.

"개인 연간 평균소득 93달러(9만 3,000환) 한 달 평균 7,700환, 그나마 극심한 소득 편중으로 실제 소득은 그보다 훨씬 적었다. 대중의 생활은 말이 아니었다. 정치 혁명과 함께 경제적 개혁을 기대했던 대중은 배신감에 사로잡혔다. 대중의 생활은 문자 그대로 '도탄塗炭'이었으니 그 심정은 이해하고도 남음이 있다. 국민은 즉각적인 경제 향상을 허약한 정부에 요구하고 나섰다. 민주주의적 절차를 거치는 정치를 요구해서 혁명한 국민이 이제는 독재적 수법에 의한 '기적奇蹟'을 민주당 정부에게

요구하게 되었다. 민주당 정부는 궁지에 몰렸다."³⁰³

정권 안보에 대한 두 극단주의

그러나 궁지에 몰린 장면 정부는 최소한의 '정권 안보'마저 '민주화'의 이름으로 외면함으로써 자신을 더욱 궁지로 내몰았다. 장면 정부가 출범하자마자 가장 신속하게 해치운 것이 바로 경찰 숙청이었다. 정권 인수 3개월 안에 부정선거에서 자유당 정권에 협조했거나 다른 문제가 있는 경찰 4,500명을 해고했다. 또 전체 경찰관의 80%를 다른 지위, 주로 다른 지방으로 전임시켰다. 이승만 정권 때의 고급 관리 5,000명도 해직했다. 빈자리는 민주당 당원 중심의 정실인사로 채워졌으며, 이런 정실인사는 국영기업체에까지 파급되었다.³⁰⁴

이승만 정권 때와는 정반대의 상황이 벌어졌다. 이승만은 정권 안보에 집착한 나머지 친일 경찰과 관료들을 대거 중용했다. 반면 장면 정부는 정권 안보를 완전히 무시했다. 둘다 양 극단을 택했다는 점에선 똑같았다.

경찰의 대량 해직과 이동으로 정보기능에 막대한 타격이 왔다. 공공질서 유지와 수사 분야도 타격을 입고 휘청거렸다. 한승주는『현대한국정치론』(1998)에서 이렇게 말한다. "만일 장면 정부가 경찰을 포함한 이승만 정권의 관리들을 보호하려는 성의와 능력을 보일 수 있었더라면 그들은 쉽사리 새 정부에 충성을 기울였을지도 모른다. 이 점에서 장 정부는 실패했기 때문에 사기가 저하되고 직무에 열의가 없었다. 심지어 경찰서 건물이 파괴되고 상관이 공격을 받을 때조차 경찰관들이 시위대원들과 직접적인 충돌을 회피하는 경우도 많아졌다."305

장면 내각은 처음에는 권유, 그다음엔 독촉으로 대응했다. 경찰의 근무 태만에 대한 경고가 반복되었다. 토요일과 일요에도 평일처럼 근무하게 했고, 데모나 유언비어를 제대로 처리하지 못하면 해고하겠다는 경고 공문도 반복되었다. 그러나 이런 대응은 경각심을 주는 게 아니라 사기 저하로 이어졌고 적개심까지 불러일으켰다. 기회주의만 만연했다.

"시위대원을 진압하는 도중 군중들에게 '악질'로 지목을 당하게 될 가능성과 '법과 질서'를 위해 열심히 일하지 않는다는 이유로 해고당할 가능성 사이에 놓인 대부분의 경찰관들은 뚜렷한 압력이 있을 때만, 그것도 상관을 만족시킬 수 있는 정도로만 행동하여 기회주의적인 입장을 취했다."306

경찰을 관장하는 내무부 장관 자리도 오락가락했다. 게다가 장면 정부 출범 이후 첫 3개월 만에 내무부 장관이 세 번이나 바뀌었으니 업무 파악인들 제대로 했을 리 만무했다.307 경찰이 그 지경이면 군 정보기관은 움직였는가? 그것도 아니었다. 그것마저 '민주화'의 이름으로 다 정리되었다.308 정보력 부재에 견디다 못한 측근들이 정권 안정을 위해 군검경 세 기관 합동의 특별기구를 만들자고 건의했지만, 장면은 "자유당 때의 김창룡 특무대장이나 김종원이를 닮을 수 없다"며 한사코 반대했다.309

학원민주화운동·국민계몽운동· 교원노조운동

연세대의 학원민주화운동

4·19 이전에 "명망이 높았던 대학총장과 교육계 지도층은 3·15 부정선거에 가담한 어용지식인이었고, 대학교수 등 지식인은 현실에 타협하고 맹종하는 '피에로 인형'이었"다.[310] 이들 중 상당수는 언제 그런 일이 있었느냐는 듯 새롭게 변신해 민주화를 외쳐댔지만, 학생층에선 '어용교수 퇴진'을 외치는 학원민주화운동 바람이 불었다.

4월 29일 서울대, 고려대, 성균관대에 이어 4월 30일 경희대에서 어용교수 퇴진 시위가 벌어졌다. 5월 3일 어용학생 단체였던 학도호국단이 해체되는 대신 자율적인 학생회 조직이 들어서면서 '어용교수 퇴진운동'과 '학원행정 민주화운동'이 탄력을 받기 시작했다. 서울의 거의 모든 대학에선 5월 한 달 내내 이 두 가지 운동 바람이 불었다.[311]

연세대의 학원민주화운동은 다른 대학들의 그것과는 좀 성격이 달랐으며, 가장 치열한 갈등 양상을 보여주었다. 5월부터 시작된 연세대의 학원민주화운동은 미국인 선교사 중심의 재단 횡포와 비리를 규탄하면서 자주성 문제를 제기했다. 연세대 학생들은 미국인인 이사장과 총장 서리의 본국 소환을 외치며 미 대사관 앞에서 데모를 벌였다. 학생들은 "달러가 가져오는 노예근성"부터 막아야 하며 "나라와 학원의 민주화는 달러가 보증해주지 않는다"고 외쳤다.[312] 학생들은 11월 3일에 발표한 성명서에서 세 가지를 지적했다

첫째, 미국인 선교사 찰스 사우어Charles A. Sauer, 1891~1972 이사장과 원일한 총장 서리는 현직을 사임하라. 외국인에 의하여 한국 대학의 참다운 민족 교육이 성취될 수 없다. 둘째, 일제시 민족적 양심을 수치로 여기고 일본인의 식민지 정책에 앞장섰던 이사와 교수는 학원에서 떠나라. 셋째, 달러와 권력에 아부하는 비학자적 양심을 가진 교수와 독재에 아부해 성직을 저버렸던 종교인은 침묵으로 자숙하라. 이 나라와 학원의 민주화는 달러가 보증해주지 않는다. 민족적 양심과 바른 인격으로 달러가 가져오는 노예근성과 부패와 부정을 먼저 막아야 한다.[313]

찰스 사우어는 『성조』에 학생들의 운동에 "공산주의적인 요소가 스며 있을지도 모른다"고 투고했으며, 미국 정부 등도 학생들의 반재단 투쟁을 반공이데올로기로 협박했다. 연세대 학생들은 선교사들이 "한국을 아프리카 원시 밀림지대의 선교 대상지처럼 왜곡 이해하고 망동"한다고 비판했지만, 친미적인 장면 정부의 생각은 달랐다. 학생들은 국무총리가 연세대의 외국인 이사 집에 학생들의 '난동'을 사과하러 가고 정부 12장관실에 미국 고문관이 앉아 있는 것에서 민족적 굴욕감을 느꼈다.[314] 연세대 사태는 12월 9일 한국인 총장이 임명됨으로써 일단락되었지만, 이

후 자주성 문제는 사회적 논점으로 부각되었다.

'국민계몽운동'과 '신생활운동'

6월 이후 학생운동은 '국민계몽운동'과 '신생활운동'으로 발전해 나갔다. 6월 10일 서울대 학생회는 전국적인 국민계몽 활동을 전개할 것을 원칙적으로 합의했으며, 6월 20일 "이제부터는 절대로 대중과 유리된 존재의 상아탑에만 칩거하지 않고 직접 나서서 명실상부 국가의 간성干城으로, 민족의 선봉으로 궐기할 것"을 천명했다. 학생들은 농촌계몽운동, 국민신생활운동, 외래상품 배격운동, 선거계몽운동 등을 실시할

서울대 국민계몽대 여성신생활 운동반에서 국산품을 애용해 자립경제를 확립하자는 내용으로 제작한 전단지. (대한민국역사박물관 소장)

것을 결의했다. 여학생회도 여성 신생활운동을 전개할 것을 결의하면서 사치, 허영, 불의, 낭비의 배격을 운동의 목표로 삼았다.

7월 6일 서울대에선 국민계몽대 결대식이 개최된 데 이어, 7일에는 새생활운동반이 결성되었다. 7,000여 명의 국민계몽대는 8일부터 적국 각지로 흩어져 농촌계몽운동과 다가올 선거를 염두에 둔 선거계몽운동에 참여하고, 서울에 잔류하는 학생들은 국민신생활운동을 전개했다.

신생활운동은 7월에 '양담배 회수운동', '커피 안 마시기 운동', '불건전한 유흥업소 퇴치운동' 등을 거쳐 8~9월에는 '관용차 부정사용 적발운동', '가넘버 차량 적발운동' 등으로 발전했다. 그러나 이상과 현실의 괴리는 컸다. 학생들이 양담배를 불사르는 '애국적 행위'는 판매상인들의 사유재산권 침해를 초래했으며, 관용차 승차 단속은 공무집행 방해가 되었다.[315] (역사 산책 4: 실업자와 사기꾼이 들끓는 다방 참고)

선거계몽운동은 "전국 인구의 대다수를 차지하는 농민들의 정치적 후진성, 정객의 옥석을 구별할 수 있는 비판력의 결여, 민주주의란 국가 구성원의 극소수인 지식인만으로는 불가능하다는 인식"에 근거했지만,[316] 그런 교과서적 엘리트주의가 유권자들에게 먹혀들긴 어려운 일이었다.

교원노조의 '속죄와 책임의식'

4·19 이후 노동운동이 크게 활성화되었다. 4·19 직전 전국의 노동조합은 621곳으로 조합원은 30만 7,000여 명이었지만, 5개월이 지나지 않은 1960년 9월 1일 현재 조합 수는 821군데로 32.2%, 조합원 수

는 33만 3,000여 명으로 8.6% 증가했다. 노동쟁의도 1958년에 50건, 1959년에 109건이던 것이 1960년에는 218건으로 급증했다.³¹⁷ 1959년 10월 26일 어용 대한노총에 맞서 결성된 전국노동조합협의회는 1960년 11월 25일 대한노총과 발전적으로 해소·통합해 한국노동조합연맹이 결성되었다.

4·19 직후 가장 활발한 노동운동은 전국에서 동시다발적으로 전개된 교원노조운동이었다. 이 운동은 4월 29일 대구 경북여고에서 중고교 교사 60여 명이 모여 학원 자유화와 교사의 권익 옹호를 위해 교원조합을 결성하기로 합의한 걸 시작으로 하여 전국으로 번져 나갔다. 교원노조운동은 이승만 정권 시절 어용 노릇에 앞장섰던 대한교육연합회(대한교련)의 해체를 주장했다. 이용원은 교원노조운동이 활성화된 이유는 '속죄와 책임의식'이었다고 말한다. 이승만 정권 시절 "가르침을 받은 제자들은 독재 권력에 항거하여 용감하게 싸우는데 그들을 가르친 교사들은 아무 일도 하지 못했다"는 자기반성과 "역사의 비극을 또다시 저지를지도 모르는 권력 앞에 무방비로 있을 수는 없다"는 의무감이 교사들을 자극했다는 것이다.

이어 이용원은 "사실 '3·15 부정선거'를 앞두고 자유당 정권이 교육계에 저지른 만행은 지금으로선 상상할 수도 없을 정도였다. 교육감·교장들이 나서 교사들을 자유당 비밀당원으로 입당시킨 일은 기본이었다"며 다음과 같이 말했다.

"환경미화를 핑계로 이승만·이기붕의 사진, 업적을 교실에 장식토록 해 그 결과로 교사의 근무성적을 평가하거나, 교장·교감이 가정방문에 나서 자유당 후보 지지를 직접 호소하고, 학생들에게 글짓기를 시켜 이승만을 찬양토록 하는 일들이 예사로 벌어졌다. 교육계 지도자들도 총동원되다시피 했다. 1960년 1월 26일자 『서울신문』 1면에 난 자유당의 '정·부통령선거 중앙대책위원회' 공고를 보면 지도위원에 백낙준, 김활란, 임영신, 김연준, 유석창 등 사학의 거물들이 대부분 포함돼 있을 정도였다."[318]

대한교련이 주도해 저지르는 부정부패도 교사들을 자극했다. 대한교련은 대한교련이 발행하는 여름·겨울 방학책과 학습장을 비롯한 10여 종의 부교재를 강제 구입하게 했고 그것도 국정교과서 가격의 2~3배 가격으로 폭리를 취했다. 사학의 정원제 위반, 기부금 징수 등 각종 비리가 만연했다. 이런 비리에 이의를 제기하는 교사는 해직 또는 좌천되었기 때문에 교사들은 단체행동을 취해야 할 필요성을 절감하고 있었던 것이다.[319]

문교부도 '속죄와 책임의식'에서 자유로울 수는 없었다. 아니 가장 큰 책임을 져야 했다. 그런 이유 때문이었는지는 몰라도 처음엔 문교부 차관 이항녕, 보사차관 김학묵 등이 교원노조운동에 대해 아무 하자가 없다고 밝혔다. 그러나 유명 사학 재단들이 거부감을 표시하자 이항녕은 그런 입장 표명을 한 지 며칠 만에 현직에서 쫓겨났으며, 새 문교부 장관 이병도는 5월 19일 "교원노조를 불허한다"고 발표했다.

경북교원노조의 단식투쟁

그러나 문교부가 시대의 대세를 막을 수는 없었다. 교원노조운동은 1960년 7월 17일 '한국교원노동조합총연합회'를 결성함으로써 전국적으로 통일된 체제를 갖추었다. 이때 노조에 참여한 교사는 1만 9,883명이었다. 이후 2만 명을 비공개로 받아들여 전체 교사 10만 명 가운데 4만 명가량이 노조에 가입했다.

교원노조와 정부의 정면충돌은 1960년 8월 대구에서 발생했다. 경북지사 조준영이 대구·경북의 노조 간부 25명을 산간벽지로 전근시킨 사건 때문이었다. 대구·경북노조는 "사태가 해결되지 않으면 8월 25일 오후 6시 조합원 8,000명 전원이 퇴직한다"고 밝히고 8월 11일부터 연좌농성에 들어갔다. 16일에는 '행정처분 집행정지명령 가처분신청'을 대구고법에 냈다. 8월 23일 장면 내각이 정식 출범하고, 8월 25일 대구고법은 경북지사의 인사가 잘못되었다는 판정을 내려줌으로써 사태의 해결을 보게 되었다.[320]

이 사태 후 장면 정부는 노동조합법 개정을 통해 교원노조를 원천적으로 불법화하려고 시도했지만, 교원노조는 9월 하순 단식투쟁에 돌입해 결속을 과시하는 등 적극 대응했다. 9월 26일 경북교원노조 1,500여 명의 교원이 대구역 광장에서 '집단단식농성결행 선언대회'를 개최하고 우선 5일간 시한부 단식농성투쟁에 돌입했다.

"이 단식투쟁은 사회에 커다란 충격을 주었으며, 단식과 정상수업의 강행으로 교사들이 창백한 얼굴로 교단에서 쓰러져가자 마침내 학생들도 집단농성에 합류하기 시작했다. 단식농성 3일째인 28일 오후 일단 귀가한 경북고 전교생 1,800여 명은 침구를 가지고 학교에 나와 교원들의 농성에 합류하였다. 교문 안팎에는 수많은 학생들이 줄을 이어 침구와 옷가지를 나르기도 하였다. 단식농성 수업 4일째가 되자 극한투쟁의 범위를 넘어 결사투쟁의 단계에 이르자 조합원들은 거의 쓰러지고, 대구

조준영이 대구·경북의 노조 간부 25명을 산간벽지로 전근시키자 대구·경북노조는 연좌농성에 들어갔다. 교원노조가 노조의 합법화를 주장하며 대구에서 전국대회를 하고 있다.

시내 1만 4,000여 중고등학생들이 궐기하여 시가행진 후 경북도청 광장 앞에서 연좌농성을 벌이는 등 대구시는 발칵 뒤집힌 상태가 되었다."[321]

서울에서도 국회의사당, 중앙청, 문교부 앞에서 농성시위가 잇따르자, 29일 '민의원 노동조합법 특별심의위원회'는 노동조합법 개정안을 철회했다. 문교부는 별도로 교원노조를 인정하지 않는 교직단체법을 입안했지만, 이 또한 강력한 반발로 1961년 2월 12일에 폐지되었다.

교원노조운동이 '속죄와 책임의식'을 넘어서 지나친 정치성을 보였다는 주장도 있다. 정윤재의 「장면 총리의 정치 리더십과 제2공화국의 붕괴」(2001)라는 글에 따르면, "이들이 데모하면서 '김일성 만세'를 외치고 '적기가'를 불렀다는 소문이 계속 퍼지고 있었다. 교원들의 사회경제적 지위 향상을 내세우면서도 학생들의 판문점 회담을 강력하게 지지함으로써 교원노조도 '정치적' 목적을 지닌 조직임이 드러났다".[322] 교원노조운동은 나중에 5·16 군사쿠데타로 완전히 파괴되었다. 5·16 주체세력은 교원노조를 혁신계 단체로 간주해 5월 17일부터 1,500여 명에 이르는 교원을 체포했다. 교원노조는 이후 28년간 교육계의 금기가 된다.

| 역사 산책 4 |

실업자와 사기꾼이 들끓는 다방

　신생활운동의 와중에서도 많은 실업자가 다방에 나와 죽치고 있는 모습은 여전했다. 아니 실업자가 늘면서 다방의 수도 늘어가는 기형적인 현상이 심화되었다. 윤영춘은 『현대문학』 1960년 12월호에 쓴 「실직과 다방」이라는 글에서 "미국에서 몇 해 공부하고 고국에 돌아와서 처음으로 눈에 번쩍 뜨인 것이 학교 건물이요, 둘째로 내 눈을 놀라게 한 것은 다방"이라면서 "우리나라에서 세계 수준에 오를 만한 것을 뽑는다면 두말할 것도 없이 다방이 으뜸일 것이다"고 말했다.[323]

　물론 다방엔 실업자들만 몰려든 건 아니었다. 다방은 사기꾼들의 아지트이기도 했다. 『조선일보』 1961년 4월 9일자는 "다방에 한참 앉아 있어 보면 무슨 사장 무슨 전무라고 불리우는 족속들이 왜 그렇게 많은지? 흔히 인사 소개를 하는 것을 보면 다섯 사람 앉아 있는 자리에 의례히 세 사람은 사장 아니면 중역인 사장족이다"고 말했다.

이 기사는 "웬 사장전무들을 찾는 전화가 그렇게도 많이 걸려오는지 다방은 온통 사장족뿐인 대합실에 앉아 있는 것 같다. 이제 겨우 25~26세 밖에 안 보이는 얼굴에 안경점 진열장의 표본 같은 굵은 테의 안경으로 외모를 갖춘 능글맞은 애송이로부터 때가 주루루 몸에 배인 50~60대까지인 이들 사장족은 '마담' 같은 중년 유한부인들과 마주 앉아서 뭣인가 진지한 표정으로 흥정하고 있으나 실상 그 뱃속은 엉뚱한 거래를 하고 있는 것이다"며 다음과 같이 말했다.

  "일정한 회사 사무실도 없는 이들이 늘어놓은 일확천금의 비결론에는 황홀해지기 마련이다. 여기에 걸려든 전주錢主에는 남자보다도 부녀자가 많아 돈을 대준 후의 환멸과 비애! 그 양상은 파산, 이혼, 자살 등으로 청산된다. 겉으로는 반질하고 호주머니에서 몇백만 환이라 적힌 수표 쪽지가 오고가는 척하며 행세하고 있으나 그것은 하나의 계략일 뿐 막상 집에서는 쌀을 됫박질로 팔아먹고 구공탄을 한두 개씩 외상으로 때는 신세지만 이들은 애당초부터 해먹고 꼬리를 감추자는 배짱이 대부분이다. 설사 법망에 걸리더라도 삼킨 돈을 게워낼 생각은 아예 없고 형무소에서 콩밥으로 때우자는 심산이다. 그중에서 좀 지능적인 사기꾼 사장족은 해 먹어도 사기나 횡령이 되지 않게 법률조문을 따져서 교묘한 방법을 쓰고 있다. 그러니 돈을 주었다가 떼인 사람들은 법에 호소하자니 비용도 들고 설사 징역을 지운다 해도 돈은 뜨고 마니 이 핑계 저 핑계 늘어놓는 사장족의 달콤한 말에 그저 허송세월할 뿐이다."[324]

제12장

10배 가까이 늘어난 신문: 무엇을 먹고사는가?

억눌렸던 한의 폭발

이승만 정권은 포악하긴 했지만, 훗날의 군사독재 정권들처럼 영악하진 못했다. "검열이라 해도 정세의 대세를 반영한 탓인지 웬만한 사태 보도 기사는 그대로 통과되었다"는 리영희의 증언이 그걸 잘 말해주고 있다.[325] 당시의 언론이 이후 탄생한 군사독재 정권들의 치하에서처럼 엄격한 통제하에 놓여 있었다면 4·19 혁명은 불가능했을지도 모른다.

4·19 이후 나타난 신문의 가장 큰 변화는 잽싼 기회주의였다. 리영희에 따르면, "4·19 학생혁명의 기운이 수평선 위에 그 심상치 않은 모습을 드러내기가 무섭게, 여태까지 '국부國父 이승만 대통령', '세계적 반공주의 지도자'를 외쳐댔던 이 나라의 신문(기자)들은 언제 그랬느냐는 듯이 이승만 대통령 자유당 정부의 부정·부패·타락의 폭로에 앞장섰다."[326]

자유는 한껏 보장되었기 때문에 과거와는 달리 아무런 위험 부담도 없었다. 허정 과도내각은 5월 30일 국가보안법을 개정해 언론제한조항을 삭제했다. 또 새 헌법 제13조는 "모든 국민은 언론 출판의 자유와 집회 결사의 자유를 제한받지 않는다"고 규정했는데, 이는 "법률에 의하지 아니하고는"이라는 종래의 유보 조항을 삭제한 것으로서 헌법에 의해 조건 없이 언론의 자유가 보장되었다는 것을 의미하는 것이었다.[327]

허정 과도내각은 6월 23일 국회의원 선거법을 개정해 선거법에 삽입했던 언론단속조항을 삭제했으며, 6월 24일 미군정 법령 제88호를 폐지한 대신 '신문 및 정당의 등록에 관한 법률'을 제정하고 7월 1일에 공포함으로써(7월 30일 시행령을 공포) 신문 발행의 허가제를 없애고 등록제를 실시했다. 7월 29일 총선에서 민주당은 압도적인 다수를 차지하고, 8월 23일 장면 내각이 출범했다. 허정 과도내각의 자유주의적 언론정책은 그대로 민주당 정권에 승계되었다.

그런 변화에 따라 수많은 언론매체가 창간되었다. 등록제가 실시된 지 불과 5개월 만인 12월 30일 현재 일간지는 41개에서 389개로 10배 가까이 늘어났고, 주간지는 136개에서 476개로, 월간지는 400개에서 470개로, 통신사는 14개사에서 274개사로 늘어났다.[328]

억눌렸던 한(恨)이 폭발한 것이었을까? 할 말이 많은 사람이 너무 많았다. 각종 매체의 급증과 더불어 출판물 광고란은 유사 이래 최고의 전성시대를 맞았다. 송건호는 『민주언론 민족언론』(1987)에서 "1960년 8~9월이 되면서 나온 여러 출판물 광고란은 볼 만하다. 잡지사는 지난날의 자유당 정권의 흑막을 파헤치는 일에 열을 올렸다. 여러 잡지의 목차를 보면 그때의 잡지가 거의 폭로물로 재미를 보고 있었음을 알 수 있다"며 다음과 같이 말했다.

신문 발행을 허가제에서 등록제로 하자 일간지는 10배, 주간지는 3배 가까이 늘어났다. 전파계 유일의 주간신문인 『전파시보』의 창간을 알리는 『동아일보』 1960년 6월 17일 광고.

"광고란에 새로운 활기를 띠고 나타나는 것은 4·19 후에 새로 생겨난 신문과 주간지와 통신사가 지사와 지국을 모집하거나 기자를 새로 채용하는 광고이다. 신문의 창간과 통신사의 창설이 자유로웠던 그때의 한국 언론계는 마음껏 황금기를 누리고 있었다. 4·19 후부터 5·16까지의 일 년 동안 신문광고란은 온갖 사회단체와 정당들의 정치선전의 무대 구실을 했다. 창당과 결성의 광고가 나오는가 하면 서로 헐뜯고 비방하는 적대 단체들의 성명전 같은 것이 벌어지고 있어 광고란은 정치선전장으로 요란스러웠다. 각계각층의 사회단체와 문화단체도 저마다 제

세상을 만난 듯 광고란을 통해 성명전을 벌였다."[329]

언론민주화를 위한 언론출판노조운동

언론계에서는 이승만 정권 시절에 권력과 야합해서 언론을 권력의 시녀로 타락시킨 언론사와 언론인들에 대한 정화 문제가 거론되었다. 그러나 권력과의 야합을 명확하게 선을 그어 규명하는 것이 어렵고 언론계에서도 비협조적인 태도를 보여 언론계 정화는 이루어지지 못했다.[330]

다소의 변화가 있었다면 그건 언론민주화를 위한 언론출판노조운동의 대두였다. 이는 4·19 후 기성 노조의 개편운동이나 새로 교원노조가 결성된 데에서 자극을 받아 이루어진 것인데, 신문노조가 처음으로 결성된 부산에서는 1960년 5월 중에 모든 신문사에서 노조가 결성되었으며 이런 움직임은 대구와 서울로 이어졌다.[331] 그러나 열악한 경제 사정으로 신문의 정상적인 생존 자체가 어려운 상황에서 노조가 할 수 있는 일은 거의 없었다.

자유당 말기 국회의원은 정부의 손드는 거수기擧手機, KBS는 개구기開口機라는 지탄을 받았다. '개구기'답게 KBS는 4월 26일 오전 11시 이승만이 하야 성명을 발표하기 전까지 정부의 나팔수 역할만 하다가 그때부터 그걸 뉴스로 알리는 정상적인 보도 기능을 수행했다. 이런 기회주의에 대해 시민들의 항의 전화가 빗발치자 KBS 아나운서 일동 28명은 4월 26일 방송의 중립성을 요구하는 '아나운서 중립화 선언'을 발표했다. '아나운서 중립화 선언'은 '방송 중립화 운동'으로 이어지기도 했지만 별 성과를 거두진 못했다. 이승만을 찬양하던 '우남 송가'와 같은

'어용 음악'이 사라진 것만 해도 큰 진보였다.[332]

사이비 기자의 전국적 발호

등록제 실시 이후 5개월 만에 일간지가 10배 가까이 늘어난 데엔 그간 억눌렸던 정치 욕구를 풀어보려는 선의의 '표현 욕구'도 어느 정도 작용했겠지만, 그것보다는 자유당 시절에도 신문이 권력이나 '백'으로 통했던 뒤틀린 권력문화의 유산이 더 큰 영향을 미쳤다. 일부 사람들은 당시 철도 무임 승차권과 군대 차량의 운용 특권을 누리고 있던 신문을 일종의 '이권'으로 인식했으며, 또 일부 사람은 신문을 정치적 도구로 간주했다.[333]

그런가 하면 신문을 아예 노골적으로 돈을 뜯어내려는 '면허장'으로 이용하려는 사람들도 있었다. 이는 4·19 이전부터 성행하던 '관행'이었다. 3·15 부정선거 이후 청원 지역의 5사단장으로 간 채명신은 『사선을 넘고 넘어: 채명신 회고록』(1994)에서 당시 사이비 기자들의 횡포에 대해 "우리 부대가 있던 연천 지역에만 신문·잡지사 등의 기자라는 자들이 40여 명이나 있었다. 아무튼 얼마나 기자들이 많았던지 수첩과 연필을 갖고 다니는 사람들은 모두 기자라 해도 과언이 아니었다"며 다음과 같이 말했다.

"'정말 귀찮아 죽겠습니다. 입막음 하려면 점심도 사줘야죠. 용돈도 줘야죠.'……예하부대 부대장들은 회의 때마다 투덜댄다. 물론 난 새로 부임했기에 5사단의 부정선거와는 관련이 없었다. 그러나 3·15 부정선거는 전군에 걸쳐 자행되었기에 만일 예하부대 부대장이 기자들에게 꼬

투리를 잡혀 한마디 잘못하면 전임 사단장에게 피해가 돌아간다. 때문에 전임 사단장은 안절부절 날마다 전화를 걸어 내게 당부했고, 난 걱정 말라고 단단히 일러두어야 했다."

사이비 기자들의 횡포 때문에 사단 기능이 마비될 지경이었다. 참다못한 채명신은 중대장급 이상 장교들을 모아 놓고 이렇게 선언했다. "앞으로 우리 5사단에서 어떤 부대든지 부정선거를 했다는 보도가 있으면 전적으로 내가 책임지고 그 누구에게도 책임을 추궁치 않겠다. 대신 만일 그 사이비 기자들에게 금품이나 식사 등을 제공했다는 말이 내 귀에 들리면 모조리 처벌해 버리겠다."

채명신의 명령에 따라 지휘관들은 사이비 기자들이 협박하면 오히려 빨리 신문에 내라고 큰소리쳤다. 기자들의 공갈과 협박이 통하지 않자 상황이 반전되었다. 기자단 대표 3~4명이 채명신을 찾아와 이렇게 하소연했다. "솔직히 저희들 중에 월급 받는 기자는 한 명도 없습니다. 그저 지사에서 기자증을 줘서 그런 짓을 했는데……. 앞으론 그러지 않겠습니다. 대신 사단에서 저희들에게도 어떤 대책을 강구해주셨으면 합니다."[334]

전선戰線을 지켜야 할 사단장에게 기자들이 자신들의 생계 유지를 위해 대책을 강구해달라니 그게 말이 되는가? 그러나 그땐 그게 말이 되는 시절이었다.

독자들의 과도한 '실력 행사'

지금 기준으로 도무지 말이 되지 않는 일을 벌이는 건 국민들도 마찬가지였다. 신문 보도가 마음에 안 들면 관련 집단은 걸핏하면 과도한 '실력 행사'를 벌이기 일쑤였다. 1960년 5월 21일 연세대생 400여 명은 『한국일보』에 실린 정비석의 소설 「혁명 전야」가 연세대생에 대한 묘사를 그릇되게 했다 하여 한국일보사 앞에서 3시간 연좌데모를 했으며 그 결과 『한국일보』는 사고社告를 게재하고 소설의 연재를 사흘 만에 중단했다. 『한국일보』 5월 19일자 4면에 실렸던 '혁명 전야' 첫 회 분에서 문제가 된 부분은 다음과 같은 내용이었다.

"연세대학교에 다니는 한상준은 언제나 모양으로 곤색 양복을 말쑥하게 차렸고 서울대에 다니는 김진호는 회색 양복바지에 나일론 점퍼를 입고 있다. 그리고 지금 방 안에서 친구들을 내다보고 있는 고려대 학생 신명철은 철 늦은 골덴바지에 낡아빠진 와이셔츠를 입고 있다. 그들의 옷차림은 우연하게도 그들이 속해 있는 대학교의 특징을 제각기 대변하고 있는 듯도 싶었다. 항간에는 돈 오십 환을 가지고 그네들이 다니는 세 대학교의 특징을 단적으로 표현한 재미나는 말이 떠돌고 있다. 돈 오십 환이 생기면 고려대 학생은 막걸리를 마시고, 연세대 학생은 구두를 닦고, 서울대 학생은 노트를 산다는 것이다. 따라서 여자 대학생들로 보면 연세대 학생은 연애의 대상이요, 고려대 학생은 결혼의 대상이요, 서울대 학생은 동경의 대상이라는 것이다."[335]

또 6월 1일엔 동아대생 1,000여 명이 '총장 배척 운동'에 관한 1단 기사를 문제 삼아 부산일보사를 습격했으며, 12월 10일엔 신앙촌 신도 600여 명이 '성화 조작' 보도에 불만을 품고 동아일보사를 습격한 일이 있었다. 조금만 건드리면 폭발할 듯한 전투적 태세, 그건 거리의 모습이기도 했다. 김세영은 『사상계』 1960년 9월호에 기고한 글에 다음과 같이 썼다.

"광화문 근처에 있는 극장엘 가보았다. 거리마다 골목마다 사람천지다. 전차 탄 사람이나 극장표 파는 여자들이나 한결같이 목숨을 내건 병정들 같은 비장한 표정들이다. 인생항로에 지칠 대로 지쳐 기진맥진한 얼굴들, 그 어떤 친구나 가족이나 또는 사회의 물결에 끝없는 분노를 억누를 수 없어 일그러진 얼굴들, 이미 최악은 겪었으니 이제는 될 대로 되어보라는 무관심한 얼굴들, 손톱 끝만 한 여유도 찾아볼 수 없는 얼굴의 나열, 너그러운 표정, 활기찬 표정, 여유 있는 표정은 하나도 없다."[336]

그러나 그런 표정은 이후 수십 년간 계속되며, 한국인의 그런 비장한 임전臨戰 태세는 한국의 국가경쟁력을 높이는 데에 기여하게 된다.

"누가 더 비판을 잘하나" 경쟁

신문들도 장면 정부에 대해 과도한 '실력 행사'를 했으니 피장파장이었다. 이승만 정권 시절에 한恨이 맺힌 탓이었는지 언론의 사명은 권력을 무조건 두들겨 패기만 하면 완성된다고 생각하는 것처럼 보일 정도로 과도한 비판이 난무했다. 장면은 기자회견을 주 1회로 정례화했다. 공보비서관 송원영에 따르면, 장면의 주례 기자회견은 20여 평 되는 작은 방에서 열렸기 때문에 기자들이 내뿜는 담배연기가 장면의 얼굴에 '사정없이' 밀려오기도 했다.[337]

그건 방이 좁은 탓에 벌어진 일이었지만, 장면과 신문의 관계를 상징하는 에피소드이기도 했다. 장면 내각의 제1차 국무회의에서 내무부 장관 홍익표는 "기자단에서 총회를 한다면서 협조를 요청하는데 얼마나

'3·15 부정선거'의 주범인 장경근이 일본으로 밀항해 도피했다는 보도가 나가자, 신문들은 일제히 '장씨 종친회'라며 장면과 한데 엮어 비난했다. (『경향신문』, 1960년 11월 19일)

내면 좋겠는가" 하는 문제를 제기했다. 1년에 5~6번씩 열리는 총회도 있는가? 그건 돈 뜯어먹기 위한 핑계였을 뿐이다. 돈을 얼마나 뜯기면 좋겠느냐는 게 국무회의 의제였던 것이다.[338]

신문들은 너무도 무례한 비판을 남발했다. 『국제신보』 1960년 11월 18일자 특종 보도로 알려진 장경근 일본 밀항 도피 사건도 그런 경우였다. 자유당 말기 내무부 장관을 지냈고 '3·15 부정선거'의 주범 가운데 한 명인 자유당 간부 장경근이 검찰 구속 중 병보석으로 서울대부속병원에 입원해 있다가 자신의 애첩 강만순과 함께 11월 13일에 사라졌는

데, 얼마 후 그는 일본에 밀항한 것으로 밝혀졌다(장경근은 후에 브라질로 갔다가 지병이 악화되어 1978년 사망하기 1년 전에야 한국으로 귀국했다).[339] 신문들이 분노해 떠들썩하게 보도할 만한 사안이긴 했지만, 장면에 대한 인신공격까지 나아간 건 아무리 보아도 지나쳤다.

『서울일일신문』은 '면이와 경근이 때문에 창피해서'라는 설명과 함께 두 손으로 얼굴을 가린 만평을 실었다. '장씨 종친회'라는 제목의 이 만평은 장면과 장경근을 한데 엮어 비난한 것이었다. 『경향신문』 정치부장 출신으로 장면의 공보비서관이 된 송원영이 『서울일일신문』 사장 이관구를 찾아가 항의하자 이관구도 "이건 너무했다"면서 윤전기를 멈추고 만평을 뺀 일이 있었다. 송원영은 "모든 매스컴이 장면 정권을 두들겨 팼다. 마치 언론 자유는 장 정권을 타도함으로써 완성되는 것처럼"이라고 회고했다.[340]

지나친 보도에 대해 매번 찾아가서 항의하거나 부탁할 수는 없는 일이었다. 사이비신문들은 돈 뜯어먹는 걸로 사는 반면, 유력지들은 "누가 더 비판을 잘하나" 경쟁으로 먹고살았다. 그런 상황에서 장면 정권은 무능한 건 둘째치고 내분(內紛)으로 날을 지새워 늘 신문들에 풍부한 먹잇감을 제공하고 있었다.

약장수가 '엔터테이너'이던 시절의 영화

"2013년에는 한국영상자료원이 선정한 한국 영화 100선 중 영광의 공동 1위를 차지하였다(나머지 두 작품은 〈오발탄〉, 〈바보들의 행진〉). 60년이 지난 지금 봐도 영화 속 연출은 감각적이고 섬세하며 세트나 의상 등의 디자인도 60년이 넘은 영화라곤 상상하기 힘들 정도로 세련미가 넘친다. 음악 또한 적재적소에 사용되어 영화를 보는 내내 긴장감을 고조시켜준다."[341]

도대체 어떤 영화이길래 이런 호평을 얻었을까? 개봉 당시 10만 명의 관객을 동원해 1960년 국산 1위 흥행 영화를 기록한 김기영 감독의 〈하녀〉다. 그가 활발하게 활동했던 1960년대 한국 영화계는 어떤 곳이었을까? 이효인은 『김기영: 하녀들 봉기하다』(2002)에서 "얼치기 장사치들이 도박하는 심정으로, 또 여배우를 직접 만날 수 있다는 재미로 돈보따리를 싸들고 활개를 치던 시절이었다"며 다음과 같이 말했다.

"영화 기자재나 시설에 투자하는 제작자는 거의 없었고, 대부분이 일확천금을 노리는 투기꾼들로, '예술 같은 소리하네' 하며 아무런 부끄러움도 없이 대중의 속류 취미에 영합하는 영화를 만들던 시절이었다. 스타 배우들이 서너 편에 동시에 출연하는 것은 예사였고, 서로 자신의 촬영장에 스타를 데려가기 위해 영화사들끼리 무지막지한 폭력을 일삼던 시절이기도 했다. 당시 인기 배우였던 신성일은 하도 잠이 부족해 화장실에 숨어서 몰래 눈을 붙이곤 했다고 말할 정도였다."[342]

그렇긴 하지만 당시의 영화계를 오늘의 기준으로 평가하는 게 무의미할지도 모르겠다. 동네 공터를 찾아와 북 치고 노래하며 주민들을 모으기도 했던 약장수가 제법 인기 있는 엔터테이너였을 정도로 엔터테인먼트가 귀했던 시절이라는 걸 감안할 필요가 있겠다. 1960년 7월 대전에선 이런 일이 있었다. 할아버지·할머니 30여 명이 경찰서장에게 몰려가 "이보시오! 노인들 대접을 그렇게 하는 게 아냐!"라면서 집단 항의를 했다. 공터에 자리 잡은 약장수를 경찰이 쫓아내자 '우리 구경거리를 없애면 어떻게 하느냐'고 따진 것이다. 결국 경찰이 굴복해 약장수가 다시 북을 울렸다. 3개월 뒤인 10월 18일엔 대구에서 똑같은 소동이 벌어졌다. 노인 50여 명은 약장수를 단속하지 말라며 대구시청과 경북경찰국에 몰려갔다. 김명환은 이런 항의 소동을 언급하면서 다음과 같이 말했다.

"4·19 직후 '데모 만능 시대'의 단면이기는 하지만, 길거리 약장수가 '무허가 장사꾼'이자 '엔터테이너'라는 두 얼굴을 가졌음을 보여준다. '만병통치약', '회충약'을 파는 약장수는 1960년대 초부터 신문에 등장한다. 행인들 발걸음을 붙들기 위해서는 수단과 방법을 가리지 않았다. 북 치고 유행가 부르는 정도는 기본이고, 마술·재담도 끼워넣었다. 제법 규모가 되는 패거리는 〈춘향전〉, 〈심청전〉 등 단막극도 했다. 도시에선 최단 시간 내에 구경꾼을 모으려고 충격적 '차력술借力術'을 동원했다. 배 위에 올려놓은 돌을 쇠망치로 깨는 식의 묘기다."[343]

김기영의 〈하녀〉와 '식모'라는 직업

〈하녀〉는 어떤 영화였던가? 이효인은 "〈하녀〉(1960)에서는 주인공 남자가 음악을 가르치기 위해 나가는 어느 공장의 식당에서 일하는 약간 지능이 떨어진 여자가 주인공 남자의 집에 식모로 고용된다"며 다음과 같이 말한다. "그녀는 가정부가 아니라 식모였다. 가정부가 지금의 파출부에 가깝다면 식모는 하녀에 가깝다. 가정부에게 고용자는 노동력의 장악이라는 권리밖에 없지만, 하녀에게 고용자는 노동력을 포함한 신체적, 인격적 점유라는 권리를 갖는다. 1960년대라는 시기는 표면적으로 분명히 개인의 자유와 인격적 권리가 보장된 근대사회였다. 하지만 고용자와 피고용자의 전근대적인 관계와 성관계를 통한 남녀의 억압적 관계가 뼛속 깊숙이 스며 있던 시기였다."[344]

영화 〈하녀〉 중심으로 쓰여진 글이라는 걸 감안하는 게 좋겠다. 1961년 조사에서 식모食母는 10대 후반에서 20대에 이르는 어리거나 젊은 여성으로 오전 5시 30분에 일어나 오후 11시에 잠자리에 드는 경우가 가장 많은 것으로 밝혀졌다.[345] 이런 '혹사 노동'이라는 의미에서 고용자가 '신체적 점유라는 권리'를 갖고 있었다고 말하면 모를까 '성관계를 통한 남녀의 억압적 관계'는 예외적인 경우였지 일반화하긴 어렵기 때문이다.

『경향신문』 기자 홍진수는 「그때 그 시절 우리 자화상, 시대의 산물 '삼순이들'」이라는 기사에서 "식모가 여성의 주된 '직업'이 된 것은 일제강점기까지 거슬러 올라간다. 이전에도 비슷한 일을 하는 '하녀'와 '노비'가 있었지만 직업은 아니었다. 농촌 경제가 파탄나면서 가난한 집들은 '숟가락 하나 줄이는 것'이 과제였다. 입을 덜기 위해 집에서 나가야 했던 여성들이 할 수 있었던 일은 '남의 집'으로 들어가 '하녀'가 되는 것뿐이었다"며 다음과 같이 말했다.

"식모를 부리는 '전통'은 해방 이후에도 이어졌다. 특히 서울에서는 '셋방살이하면서도 식모를 둔다'고 할 만큼 숫자가 많았다. 상류층 가정에 대부분 식모가 있었고, 중류층의 식모 고용률도 85%를 넘었다. 1970년대 초에는 서울 전체 가구의 31.4%가 식모를 두고 있다는 조사 결과가 나오기도 했다. 서울이라고 하지만 당시 세계 최빈국인 한국에서 어떻게 이런 일이 가능했을까. 답은 간단하다. 식모들의 인건비가 매우 낮았기 때문이다. 여전히 식구 중 한 입이라도 덜고, 한 푼이라도 더 벌어야 하는 구직자들이 너무 많았다."

그는 "식모는 한 집에서 먹고 잤지만 '식구'는 아니었다"며 이렇게 말했다. "예전 한국의 아파트 구조에서는 '식모 배제'의 흔적을 쉽게 찾을 수 있다. 1962년 대한주택공사(현재 한국토지주택공사) 개량주택 평면도를 보면 식모방은 크기가 제일 작으며 1~2평 정도로 오늘날 고시원보다 약간 크다. 위치가 현관문 앞이든, 제일 안쪽이든 부엌과 맞닿았다. 가급적 주인 가족과 마주치지 않고, 부르기 좋은 위치에 있었다."[346]

제2부 1961년 ①

'역사의 지체'에 대한 분노

- 장면 정부의 '경제 제일주의'
- 장면 정부 장관들의 평균 재임 기간은 2개월
- '부정축재 처벌'과 민주당의 부패
- '한미경제협정 파동'과 '2대 악법 반대 투쟁'
- 육군참모총장 장도영: 최악의 인사였는가?
- 4·19 1주년: '통분·치욕·울분'
- 신문망국론: 3신의 으뜸
- 5월 16일: 장면의 잠적, 윤보선의 협조
- 5월 17일: 장면의 '미국 숭배증'의 비극
- 5월 18일: 국가재건최고회의의 탄생
- 장면은 '선진적인 정치가'였는가?
- 미국의 인정을 받기 위한 '빨갱이 만들기'

장면 정부의 '경제제일주의'

『사상계』가 맡은 국토건설사업

장면 정부는 출발과 함께 '경제제일주의'를 부르짖었다. 경제 제일주의의 일환으로 장면 정부는 1960년 11월 28일 '국토건설사업'이라 이름 붙인 대규모 공공사업 계획을 발표했다. 댐, 발전소, 도로 건설 등을 목표로 하는 연 예산 400억 환 규모의 프로젝트였다(당시 쌀 한 가마 가격은 1만 4,000환이었다).

이 프로젝트를 추진하는 국토건설사업본부는 국무총리 직속이었지만, 실제로는 관민이 함께 운영하는 반관반민半官半民 성격의 독립기구였다. 이 일을 위해 장면은 1960년 8월 말 장준하와 그의 국제연구소 멤버들에게 도움을 요청했다. 장준하는 장면의 요청을 받아들였다. 국토건설사업본부의 본부장은 장면이 겸임했고, 장준하는 수석부장으로 본부장 대리 구실을 하는 기획부장을 맡았다.[1] 함석헌, 박종홍, 유달영 등과 같은 지식인들도 적극 참여했다. 장준하는 나중에 "완전히 『사상계』팀이 그 사업을 맡게 된 셈이었다"고 썼다.[2]

『사상계』 편집위원이던 서울대 교수 이만갑은 조사연구부장을 맡았다. 그의 증언에 따르면, 이 사업은 장면 정부가 출범하게 될 무렵, 김영선·태완선·장준하 세 사람이 도봉산에서 시냇물에 발을 담그고 이야기를 나누면서 국민에게 희망을 안겨줄 길이 무엇일까 하는 문제를 논의하면서 시작되었다고 한다.[3]

장준하의 참여가 말해주듯이, 4·19혁명 이후 일부 지식인들은 이승만 정권 시절과는 달리 '어용'의 혐의 없이 당당하게 정·관계에 진출

장면 정부는 '경제제일주의'를 부르짖으며 '국토건설사업'이라는 대규모 공공사업 계획을 발표했다. 1960년대 국토건설청에서 발행한 '솟는 힘 한데 뭉쳐 건설하고 멸공하자' 포스터. (대한민국역사박물관 소장)

했다. 허정 과도정부에선 이병도가 문교부 장관, 고려대 교수이며 4·25 교수단 시위에서 시국 선언문을 낭독했던 이항녕은 문교부 차관, 서울대 교수로 시국 선언문의 기초위원이었던 김증한은 문교부 고등교육국장을 지냈다. 연세대 교수 서석순(야당 정치인 서민호의 동생)은 정부 대변인격인 공보실장을 맡았다.

7·29 총선에선 둘 다 낙선하긴 했지만 『사상계』 편집위원이자 대구대 교수인 양호민, 언론인 최석채가 사회대중당 후보로 대구에서 출마했다. 이화여대 교수 김동명은 민주당 후보로 서울에서 참의원에 당선되었다(최석채는 1971년 12월 국가보위법이 통과되자 "신문은 편집인의 손에서 떠났다"며 『조선일보』 주필직을 사임했지만 몇 달 뒤인 1972년 4월 MBC 사장직에 오르는 등 이후 박정희와 긴밀한 관계를 유지했다. 김동명은 5·16 이후 남긴 글들에서 자신이 몸담았던 민주당 정권을 비난하고 "5·16 혁명이야말로 바로 이러한 민족적 국가적 요청과 기대에 보답하기 위한 의거가 아니겠는가"라는 식으로 5·16 군사쿠데타에 대한 기대를 표명했다). 7·29 총선 후 대통령 윤보선의 자문회의엔 김상협(정치·고려대), 윤세창(법·고려대), 신태환(경제·연세대), 백광하(언론·『동아일보』 편집국장) 등이 참여했다.[4]

면 작업복과 청조운동

국토건설사업 요원들은 모두 공채로 뽑았는데, 이들이 한국의 공무원 공채 1기가 되었다. 2,000여 명의 청년이 1961년 1월 9일부터 교육을 받아 2월 27일 수료식을 가졌다. 수료식을 마친 국토건설사업 요원들은 3·1절을 맞아 작업복에 삽 한 자루씩을 멘 채 서울 시가행진을 벌였다. 재무부 장관 김영선, 국무원 사무처장 정헌주, 소장파 국회의원들, 장준하와 함석헌 등 지식인이 대열의 앞에 섰다. 이 시가행진은 장면 정부가 내건 '경제제일주의'를 상징하는 사건이었다.[5]

당시 부흥부 기획국장 이기홍의 『경제근대화의 숨은 이야기: 국가 장기 경제개발 입안자의 회고록』(1999)에 따르면, "건설을 하자고 행진하는 것으로 삼일절을 기념했다는 것은 믿어지지 않을 정도로 순진하고 낭만적인 얘기다. 아마도 일을 하자고 중앙청 앞을 시위행진 한 것은 이것이 처음이자 마지막일 것이다".[6]

국토건설사업은 국토개발이라는 고유 목적 외에도 공공사업을 통한 고용 증대와 산업 활성화를 기하기 위한 것이었다. 건설 현장에는 배고픈 사람들이 새벽 5시부터 몰려왔다. 이들은 하루 일을 끝내면 품삯으로 돈과 쌀, 보리, 비누, 광목 등과 같은 물건을 섞어 받았다. 품삯에 현물이 포함된 이유는 미국의 잉여농산물이 이 사업의 주요 재원이었기 때문이다.[7]

국토건설사업의 상징은 면綿 작업복이었다. 특히 부흥부는 장관 이하 모든 직원이 면 작업복 차림이었다. 이에 개혁을 외치는 소장파 국회의원들도 호응했다. 그럴 만한 이유가 있었다. 당시 한국의 연간 총수출액은 2,000만 달러선이었는데, 면직물 원료인 원면을 수입하는 데만 연간 3,600만 달러가 소요되었다. 이 운동에 앞장섰던 이기홍은 다음과 같이 말했다.

"말하자면 우리 자체 힘으로 양복은 고사하고 면 작업복도 입을 수 없는 형편인데 모직물 원료인 양모 수입에만 600만 불을 쓰고 있었다. 이 모두를 미국 원조에 의존하고 있으니 나라의 자존심을 위해서도 우리 자체의 힘으로 수입할 수 있을 때까지는 면 작업복으로 참아야 하고 국민에게 지도자들이 솔선수범해야 한다고 역설했다."⁸

민주당 소장파의 모임인 신풍회新風會에 자극받아 1961년 1월 26일에 발족된 신민당 소장파 의원의 모임인 청조회淸潮會는 '청조운동'을 전개했다. 이들은 갈색의 코르덴 제복을 입고 등원했으며, 자가용차 폐지·요정 출입 금지·이권운동 금지 등과 같은 실천사항도 발표했다.⁹『동아일보』2월 5일자는「번져가는 청조운동」이라는 기사에서 이 운동의 리더인 김영삼이 아내인 손명순과 구두를 닦으면서 나눈 대화를 사진과 함께 소개했다.

"또 구두를 안 닦아놨군."
"당신이 닦는다더니 자꾸 나만 시키면 무슨 청조운동예요.……구두닦이에게 내는 돈, 나에게라도 내놔야 할 꺼 아뇨?"
"시간 없는데 빨리 좀……. 버스에선 신이 금방 더러워지는 바람에……. 빨리빨리."
"그럼 한 짝씩 닦읍시다."¹⁰

장면 정부의 경제개발계획

장면 정부가 내세운 '경제제일주의'는 경제개발계획의 작성으로도 나타났다. 이승만 정권하에서 경제개발계획은 가능하지 않았다. 무엇보다도 '계획'에 대한 이승만의 반감 때문이었다. 1957년 11월 경제 4부 장관들이 함께 경무대로 가서 경제개발 5개년계획의 필요성을 설명하자 이승만은 "그것은 스탈린 사고방식 같은데……불구대천의 원수인 공산주의자 방식을 따르자는 것이냐"며 한마디로 거절했다.[11]

이용원은 '경제개발 5개년계획'이라면 흔히 박정희 정권의 전유물처럼 여기고, 그전에는 한국 사회에 경제개발이란 개념조차 없었다거나 있다손치더라도 경제 관료들이 이를 구상하고 기획할 만한 능력이 없었다고들 믿는 경향이 있지만, 그건 사실과 다르다며 다음과 같이 말했다.

"이는 쿠데타 세력이 5·16 직후 일관되게 이 같은 주장을 편 데다 박정희 시대 18년 동안 모든 공식적인 문서를 저들 뜻대로 조작했기 때문이다. 그러나 경제개발계획을 박정희 때 처음 만들었다는 주장은 새빨간 거짓말이다. 장면 정부는 '완성된' 경제개발 5개년계획을 갖고 있었다. 다만 발표 직전 쿠데타를 당해 국민에게 알릴 기회를 놓쳤을 따름이다. 장면 정부의 경제개발 5개년계획은 일부 수치만 바뀐 채 골격이 쿠데타 세력에게 넘어갔고, 군사정권은 이를 자신의 작품인 양 발표한 뒤 그대로 실천했다. 따라서 60년대 경제성장의 밑그림은 장면 정부가 만들었다고 할 수 있다."[12]

여러 사람이 장면 정부의 경제개발 5개년계획을 군사정권이 그대로 베꼈다고 말한다.[13] 장면 정부의 경제개발 5개년계획은 참고할 내용이 별로 없었다는 군사정권 측의 주장도 있긴 하지만, 장면 정부가 경제개발을 해보려고 무진 애를 썼다는 건 분명한 사실이었다.

미국 워싱턴대학에서 경제학 박사학위를 받고 군사정권에 참여했던 정소영(당시 29세, 훗날 경제수석·농수산부 장관 역임)은 이렇게 주장했다. "흔히 혁명정부가 제2공화국의 경제개발 5개년계획을 모방했다고 하는데 사실이 아닙니다. 우리는 이들 계획을 검토는 했지만 이용 가치

장면 정부가 야심차게 기획한 경제개발 5개년계획은 5·16 군사쿠데타 세력에 넘어가 박정희 정권의 작품으로 발표되었다. 경제개발 5개년계획에 따라 창단된 국토건설단.

가 없어 새 계획을 짰던 겁니다."[14] 도중에 굴복하긴 했지만 심지어 감군 정책까지 마다하지 않을 정도였다. 또 장면 정부는 상공부 장관 주요한, 부흥부 장관 태완선, 재무부 장관 김영선 등 능력 있는 경제통을 갖추고 있었다.[15]

한일 국교 정상화 시도

당시 한국 실정에서 경제개발은 내부적인 노력만으론 이루기 어려운 것이었다. 한국 경제가 워낙 가난했던 탓이다. 그래서 일본에서 자금

조달을 주장하는 목소리도 나오고 있었다. 예컨대, 『사상계』 편집위원이자 『동아일보』 논설위원을 지낸 이동욱은 『사상계』 1960년 11월호에 쓴 「한일韓日 악수의 필요성」이라는 글에서 "한국과 일본의 경제성장은 일본과의 경제 제휴 여하에 달려 있다"고 주장했다. 미국의 원조가 감소하고 있는 실정에서 경제발전을 위해 일본의 차관借款이 경제개발에 가장 현실적인 대안이라는 것이었다.[16]

그건 미국이 간절히 바라는 것이기도 했다. 1961년 4월 한국을 떠난 미 대사 매카너기는 이임 성명에서 한일관계 개선을 요구했으며, 무슨 이유에선지 5·16 군사쿠데타가 끝나고 나서야 부임한 신임 대사 윈스럽 브라운Winthrop Brown, 1907~1987은 부임 일성으로 "자신의 임무는 한일간의 우호관계 수립"이라고 공언하기까지 했다.[17]

미국이 한일 국교 정상화를 간절히 바랐기 때문에 5·16 군사쿠데타에 대한 미국의 대응에서도 바로 그 점이 적잖은 영향을 미쳤을 것이라고 보는 시각도 있다. 장면 정부는 한일 국교 정상화라는 외교 원칙을 세우긴 했지만 그걸 추진할 만한 강력한 리더십은 없었기 때문에 미국으로선 그 점이 불만이었다는 것이다.[18]

반면 이상우는 장면 정권하에서도 한일협상은 사실상 타결 단계에 이르렀다고 말한다. "만약 5·16이 약 2개월만 늦게 일어났다 해도 한일 국교 정상화는 민주당 정부의 손으로 이루어졌을는지 모른다. 5·16이 일어났을 때 워싱턴 당국이 장면 정부의 붕괴를 그토록 아쉬워했던 까닭의 한 가지는 바로 타결 직전에 이른 한일 교섭이 원점으로 되돌아가 버린 데 대한 아쉬움에 있었다."[19]

장면 정권하에서 한일협상이 사실상 타결 단계에 이르렀다 해도 엄청난 반대를 억누를 수 있었을까 하는 건 별개의 문제였다. 미국은 그 점에 주목했던 건 아니었을까? 미국과 일본 모두 한일 국교 정상화에 몸이 달아 있었다. 5·16 군사쿠데타가 일어나고 나서 채 한 달도 안 된 1961년 6월 10일 일본 수상 이케다 하야토池田勇人, 1899~1965는 워싱턴에서 대통령 존 F. 케네디John F. Kennedy, 1917~1963를 만나 다음과 같이 말했다.

"일본으로서는 중국 문제보다도 한국이 더욱 중요한 문제이다.……만일 부산에 붉은 기가 나부끼게 된다면 일본의 안보는 중대한 위협을 받게 될 것이며 따라서 남한의 반공체제 강화에 대해서는 깊은 관심을 기울이지 않을 수 없다.……또 쿠데타로 성립된 남한의 군사정권은 비록 민주적 정권은 아닐망정 적어도 형식상으로는 합법정권이며 반공체제를 견지시키기 위해서도 일본은 경제원조를 하지 않을 수 없으므로 하루속히 국교 정상화를 실현시켜야만 된다고 믿는다."[20]

장면 정부에 대한 미국의 냉소

장면 정부나 이후의 군사정권이나 모두 '경제제일주의'를 내걸었지만 그 방식엔 차이가 있었다. 군사정권은 미국의 승인과 더불어 쿠데타의 정당화를 위해서라도 '민족적 자존심'에 잠시 눈을 감고 어떻게 해서건 일본의 돈을 가져다 쓰려고 했다. 적극성 또는 공격성의 차이였다. 당시 국제 분업 질서상 후진국이 경제발전을 하는 데 가장 유리한 건 '노동통제'였다. 1960년대 초반 한국으로 이전하는 미국 기업은 25배의 노동 비용 절감을 누릴 수 있었다. 한국 노동자들은 미국 임금의 10분의 1을 받았지만 생산성은 2.5배 높았기 때문이다.[21] 바로 이 점에 착안하는 것이 후진국 발전의 기본 패러다임이었다. 누가 더 확실하게 노동을 통제해주느냐 하는 문제였던 것이다.

또 하나의 차이가 있었다. 그건 바로 누가 더 미국의 간지러운 곳을 더 긁어줄 수 있느냐 하는 능력의 차이였다. 장면 정부가 '경제 제일주의'를 해보겠다고 몸부림치고 있을 때인 1961년 2월 유솜USOM의 부처장이었던 휴 팔리Hugh D. Farley는 미 대통령 안보담당 특별보좌관 월트 로스토Walt W. Rostow, 1916~2003에게 '1961년 2월 현재 한국의 상황'이란 보고서를 올렸다(USOM은 United States Operation Mission-Korea의 약자로 미 국무부 산하 외청인 국제개발처US Agency for International Development, AID의 현지 행정기관으로 '주한미국경제협조처'로 번역되었다).

휴 팔리는 이 보고서에서 "장면 정부의 독직, 부패, 무능이 한국을 위기로 몰고 가고 있다"고 평가하면서, 장면 정부가 이대로 4월을 넘기기는 어려울 것이며 공산혁명 혹은 이와 비슷한 극단적 사태가 일어날지 모른다고 경고했다. 이 보고서의 서두는 이런 내용이었다. "1961년 2월 대한민국은 그 국민들의 현재와 미래의 희망을 잃고 있으며 그의 친구이자 보증인인 미국에게도 희망을 잃기 시작한 병든 사회이다."[22]

이 보고서가 이제 곧 일어날 5·16 군사쿠데타에 대한 미국의 태도에 어떤 영향을 미쳤는지는 알 수 없다. 또 장면 정부의 실망스러운 면모에 대한 지적을 부인하기도 어렵다. 그러나 이 보고서는 아무리 좋게 해석해도 '오리엔탈리즘'의 편견에 오염된 것임을 부인하긴 어려울 것이다. 이 보고서는 미국 정부로 하여금 장면 정부는 미국이 원하는 것도 해낼 수 없는 무능한 정부라는 인식을 갖게 만드는 효과를 내는 데에 기여했을 것이라고 추정하는 건 무리는 아닐 것이다.

장면 정부 장관들의 평균 재임 기간은 2개월

장면과 윤보선의 불신과 불화

장면 정부가 안정된 내각을 갖고 국정운영을 해나간다 해도 돌파해야 할 난관은 만만치 않은 것이었다. 이승만 정권에서 물려받은 경제난이 워낙 심각한데다 4·19 혁명으로 인해 새 정부에 대한 국민들의 기대가 '과잉'이었기 때문이다. 그런데 거기다가 내각마저 불안정한 정도를 넘어서 휘청대고 비틀거림으로써 사태를 더욱 악화시켰다. 장면 정부는 1960년 8월 23일 첫 조각 이후 1960년 9월 12일, 1961년 1월 20일, 1961년 5월 3일에 걸쳐 모두 3차례의 개각을 했다. 이승만 정권 각료들의 평균 재임 기간이 9개월이었던 반면 장면 정권 각료들의 평균 재임 기간은 2개월이었다.[23]

왜 이런 일이 벌어졌던 걸까? 그건 이미 1960년 7·29 총선을 전후로 해서 나타난 민주당 신·구파의 이전투구泥田鬪狗 때문이었다. 장면은 자신의 파벌인 신파조차 전혀 장악하지 못한 채 어찌 보면 '얼굴 마담' 가까운 노릇만 하고 있었으니 그 이전투구의 소용돌이에 휘말려들지 않을 수 없었다.

대통령 윤보선도 마찬가지였다. 그의 장면 정부 비판은 타당했을망정 그에겐 장면의 그런 한계까지 껴안으면서 국정운영의 안정을 기할 생각은 없었다. 그는 비공개로 협상과 타협을 모색해야 할 사안도 공개적인 발표로 대신함으로써 갈등을 더욱 악화시켰다. 상호 인간적 신뢰가 사라지고 불신과 경멸만 남은 탓도 있었을 것이다.

장면의 측근으로 한국조폐공사 사장이었던 선우종원이 1961년 신정을 맞아 윤보선에게 세배하러 갔을 때 일어난 에피소드는 이 당시 신·구파 간 갈등과 투쟁이 '어린애 싸움'의 수준에도 미치지 못하는 치졸함을 보여주고 있었다는 걸 시사해준다.

선우종원의 『격랑 80년: 선우종원 회고록』(1998)에 따르면, 윤보선은 세배를 마치고 나가려는 선우종원을 부르더니 딴 방에서 잠시 기다리라고 했다. 선우종원은 "기다리고 있던 얼마 뒤 해위(윤보선)가 우표를 두 장 가지고 들어와 웃지 못할 항의를 하였다. 그것은 소의 머리를 살려 우람한 반신半身이 인쇄된 우표와 색실로 수놓은 꽃버선이 곱게 인쇄된 우표였다"며 다음과 같이 말했다.

"'조폐공사에서 이런 식으로 나를 우롱해도 되는가요?' 실로 어처구니없는 생트집이었다. 1961년은 신축년辛丑年으로 소의 해였고, 마침 새해를 맞아 꽃버선으로 민속의 뜻을 기념하는 우표였다. 다른 뜻이 있을 리 없었다. 그런데 '소丑'을 내세워 '윤尹씨'인 자기를 모독하고, '버선'을 인쇄해 '보선潽善'을 놀리는 저의가 어디 있느냐는 식의 상식 밖의

윤보선은 소의 머리를 살려 우람한 반신半身이 인쇄된 우표와 색실로 수놓은 꽃버선이 곱게 인쇄된 우표를 자신에 대한 비난으로 여길 정도로 생트집을 잡았다. 1960년 12월 15일에 발행된 1961년 우표.

항의였다. '각하, 체신부에서 디자인한 우표 샘플을 올리면 우리는 다만 인쇄할 뿐입니다'라면서 우표 인쇄의 절차와 과정까지 일일이 설명하며……."24

장면과 윤보선, 두 사람의 관계는 앙숙怏宿이라는 말 이외에 달리 표현할 길이 없었다. 이런 일도 있었다. 윤보선의 비서관 김남은 인촌 김성수의 7남이었다. 김남의 밑에 김상겸이라는 동생이 있었는데, 선우종원이 한국조폐공사에 특채해 데리고 있었다. 1961년 봄 김상겸의 결혼식을 맞아 선우종원은 하객으로 장면과 윤보선이 만나 부드러운 대화를 나누게 하려고 두 사람에게 참석해줄 걸 직접 요청했다고 한다.

선우종원은 회고록에서 "먼저 청와대로 간 내가 윤 대통령에게 김남 비서의 친동생 결혼식에 참석해 달라고 부탁하자 첫마디 말이 '국무총리 참석하나요?'였다. '나오실 겁니다.' 내 답변에 '그럼 나는 안 가겠소'라는 말이 해위로부터 서슴지 않고 나왔다. '저와 한 직장에 근무하는

데다 인촌 선생 자제분의 혼사인데 어떻게 그럴 수 있습니까?' 가까스로 달래 참석하기로 수락을 받아낼 수 있었다"며 다음과 같이 말했다.

"이번에는 결혼식 바로 전날 내가 장 총리한테 가서 하객으로 참석해줄 것을 졸랐다. '대통령 나온대?' '네. 나오시기로 했습니다.' 운석(장면)은 그리 좋은 표정이 아니었다. 그래도 아니 간다고 할 수는 없었다. 막상 아스토리아호텔 결혼식에 대통령과 총리가 마지못해 참석을 했지만, 악수만 나누고 나서 맨 앞줄 중간 복도 옆에 따로따로 앉아 서로 다른 방향을 보며 시종 서먹서먹한 분위기를 감추지 못하였다. 이처럼 갈수록 불신의 벽이 높아가고, 뿌리 깊은 불화로 갈등이 증폭된 것은 제2공화국이 단명으로 쿠데타를 맞게 되는 치명적인 불운의 불씨가 되었다."[25]

1·20 개각과 신풍회

1961년 1월 12일 윤보선은 민·참의원 합동회의 치사를 통해 시국을 '국가적 위기'로 규정하고 "정쟁의 휴전을 (당파간에) 협정하라"고 촉구했다. 그는 "한 개인, 한 당파가 당면한 난국을 타개할 수 없는 것은 공지의 사실"이라며 "당파 이익을 위해 이를 부정한다면 우리는 역사의 죄인이 될 것"이라고 주장했다. 장면 내각을 겨냥해 거국내각을 구성하라는 요구였다.[26]

윤보선의 요구에 발끈한 장면 내각과 민주당 신파는 정반대로 나아갔다. 장면 측은 구파가 신민당이라는 딴살림을 차렸다는 이유로 구파 측 5부 장관에게 민주당 입당을 요구했다. 여기에 맞서 신민당 측은 구파 5부 장관을 소환했다. 구파 출신 교통부 장관 박해정은 당시 구파 부

총무였던 김영삼에게 구파 교섭단체에서 제명해줄 것을 간청해 다투기까지 했다. 결국 박해정만 소환에 불응하고 내각에 남았다.[27]

그래서 이루어진 게 1·20 개각이었다. 그런데 1·20 개각으로 민주당 내엔 새로운 전운이 감돌았다. 아니 이미 그 이전부터 신파는 내부적으로 노장파 대 소장파의 갈등으로 몸살을 앓고 있었다. 민주당 정권의 주류를 형성한 노장파는 김영선, 오위영, 조재천, 이상철 등으로 대다수가 영남 출신, 일제하 관료 출신, 원내 자유당파 출신이라는 특성을 갖고 있었다. 반면 소장파는 이철승, 김재순, 김준태 등으로 주로 해방 후 반공학생과 청년운동 출신이었다. 반공학생운동의 성격이 그러했듯이, 소장파는 매우 권력지향적이었다.[28]

1,2차 내각에서 자리를 얻는 데 실패한 소장파는 당의 지배권 장악을 위한 투쟁을 벌여왔고, 전당대회 조기 개최를 요구하기도 했다. 1961년 1월 초 소장파는 당 지도부의 조기 전당대회 소집이 없는 한 장면 내각의 입법부 활동에 협력할 수 없다고 선언했다. 이들은 자신들의 요구를 관철시키기 위해 25명을 규합해 신풍회를 조직했다.

소장파는 장면 정부 초기부터 그들의 리더인 이철승을 국방부나 내무부 장관직에 지명하라고 요구해왔다. 장면 측은 1·20 개각, 즉 3차 내각에서 이철승에게 보사부 장관인 무임소 장관직을 제의했으나, 이철승은 이 제의를 거절했다. 소장파는 3차 내각에서 2개의 차관직만을 얻게 되자 계속 투쟁에 임했다.[29]

1개의 각료 자리를 배정받은 합작파(전 구파의 협력자들)도 보사부 장관직이 이철승에 의해 거부된 뒤에야 제공된 것이라는 사실을 알고 분개했다. 그래서 장면 정부는 소장파 25명, 전 구파 협력자 15명의 지지

를 상실함으로써 큰 타격을 입게 되었다.[30]

신민당 창당과 중석불 사건

1961년 2월 20일, 민주당에서 떨어져 나온 민주당 구파들의 정당인 신민당은 창당식을 갖고 정식 출범했다. 당수격인 위원장엔 김도연, 부위원장엔 신각휴와 안동원, 전당대회 의장엔 백남훈, 간사장엔 유진산이 뽑혔다. 이들은 창당대회 선언문을 통해 이렇게 주장했다.

"4·19의 감격은 실로 순간적이었을 뿐, 장면 정권은 본연의 임무를 자각하지 못하고 부패독소를 과감히 제거하지 못한 채, 탁수에 휩쓸려 정권 유지에만 급급하고 있으니 민족 역사의 내일을 위하여 이에 더한 통탄스러운 일이 어디 있겠는가. 정부 또는 정당과 국민 대중과의 사이가 이렇듯 불신이란 장벽이 가로막고 있는 한, 국가 민족의 운명은 암담하기 실로 저 국토 양단의 비극으로도 견줄 바 못 된다."[31]

그러나 누가 누구를 향해 손가락질할 수 없을 정도로 다 똑같은 수준이었다. 민주당의 틀 안에서 신·구파가 이전투구를 벌일 때엔 그 싸움의 격렬함 때문에 잠시 가려져 있던 신파 내의 '노장파 대 소장파'의 싸움이 신민당의 공식 창당 이후 전면에 불거짐으로써 민주당은 다시 예전처럼 내분이나 일삼는 '도로 민주당'이 되고 말았다.

1961년 2월 27일 신풍회 소속 의원 함종찬은 국회 발언에서 중석 비리 의혹을 제기했다. 중석(텅스텐) 판매가 부진해지자 정부투자기관인 대한중석주식회사는 일본 상사와 1년간의 위탁판매 계약을 맺었는데, 함종찬은 "계약 사례로 일본 상사로부터 100만 달러를 한국 측이 받은

1961년 2월 20일, 신민당은 창당식을 갖고 출범했는데, 이는 신·구파의 이전투구를 보여주는 사건이었다. (대한민국역사박물관 소장)

일이 있"으며, 여기엔 노장파의 영수 오위영이 관련되어 있다고 주장한 것이다. 이른바 '중석불重石弗 사건'이었다(중석불은 중석을 외국에 수출해 획득한 달러라는 뜻이다).

국회는 신민당 의원 김영삼 등 10명에 결의안을 제출해 특별위원회를 설치하고 조사에 착수했다. 40여 일에 걸쳐 42차례의 위원회가 개최되었다. 특별위원회는 부정이 있다는 보고서를 냈고, 민주당은 사실무근이라는 별도의 보고서를 국회에 제출했다. 국회에서 난투극이 벌어지기

도 했다.³²

이 사건은 대한중석주식회사 사장 문창준을 파면시키고 함종찬의 공개사과로 일단락되었지만, "제2공화국 의회 정치의 비효율성을 가장 상징적으로 보여주는 이 사건을 두고 많은 이들은 '태산명동서일필泰山鳴動鼠一匹' 격도 못 되는 희화적인 에피소드라고 평가하였다".³³ ('태산명동서일필'은 태산이 떠나갈 듯 떠들썩했는데, 막상 나타난 것은 고작 쥐 한 마리뿐이었다는 뜻으로 요란한 소문에 비해 그 결과는 보잘것없이 변변치 못했다는 걸 의미한다.)

그러나 민주당이 입은 상처는 치명적인 것이었다. 이 사건으로 골머리를 앓던 장면은 1961년 3월 3일 당과 국회에서의 말썽 때문에 못 견디겠다며 내적 분규가 멈추지 않으면 민주당을 떠나겠노라고 선언하기까지 했다. 이 사건의 여파로 5월 3일 또 한 번의 개각이 이루어졌다. 5·16 군사쿠데타 2주 전이었다.³⁴

'3신론' 또는 '4신론'

5·16 주체세력은 장면 정부의 그런 혼란을 즐기면서 내심 자기들의 거사를 정당화하는 논리로 삼았을 것이다. 5·16 직후 주체세력 가운데 한 사람은 이렇게 말했다. "민주당 정권은 우리들의 궐기로 무너졌지만 그 이전에 이미 내부 붕괴의 요인들이 있었다. 그것은 신문과 신풍회 그리고 혁신당의 세 가지 요인인 이른바 '3신新'이라는 것이었다."³⁵

원래 이 '3신론'은 정치학 교수 출신으로 민주당 신파 소속 정치인 신상초가 내세운 것으로, 신상초는 신민당·신풍회·신문을 묶어 '3신'이라 했다. 이 '3신'이 제2공화국을 붕괴시켰다는 것이다.[36] 민주당 대변인으로서 신파 주류파의 한 사람이었던 김대중의 '3신론'은 또 다르다. 37년 후 대통령이 된 김대중은 1998년 4월 말경 청와대 수석비서관회의에서 한국 근현대사를 이야기하면서 다음과 같이 말했다.

"위로부터의 개혁인 갑오경장도, 아래로부터의 혁명인 동학농민혁명도 실패했다. 결국 나라를 빼앗겼고 해방 후엔 독재에 시달렸다. 4·19를 통해 정통성을 갖춘 민주당 정권이 들어섰지만 그 또한 '3신新'에 흔들리다 망했다. 신문新聞은 사사건건 정부를 물고 늘어졌고, 혁신革新계 정당을 허용한 게 구세력에게 빌미를 줬으며, 여당에서 갈라져 나간 신민당新民黨은 혼란을 부채질했다. 이런 상황에서 정부마저 중심을 잡지 못해 무너진 것이다."[37]

김대중은 신풍회 대신 신민당을 넣어 '3신'이라고 했지만, 그가 신풍회를 긍정 평가한 건 아니었다. 그는 '3신'에 신풍회를 포함해 '4신'이라고 주장했다. 김대중의 『역사와 함께 시대와 함께: 김대중 자서전 1』(1999)은 "중석 사건뿐 아니라 그 외에도 여러 가지 의혹 사건이 날조되어 정부를 뒤흔들었다. 여당의 일원이라는 자각조차 없이 이런 일만 되풀이했다"며 다음과 같이 말했다.

"상식을 넘는 정부 비판과 비난을 계속하여 장면 내각을 부정부패의 산실로 단정 짓게 만든 것이다. 그런 움직임을 신문이 과장해서 보도하고 그것이 국민들의 정치 불신과 불안을 한층 깊게 만들었다. 신문은 매일 탄생한 지 얼마 안 되는 민주정부를 마치 독재정권인양 치부하였고, 그 같은 태도로 장면 정권을 비난하고 있었다. 아울러 정부 입장을 공식적으로 보도하는 신문은 하나도 없는 상태였다."[38]

억눌린 굶주림이 키운 분열

그러나 김대중은 민주당 노장파의 문제는 지적하지 않았다. 국방부 장관직을 이철승에게 주었더라면 적어도 쿠데타는 일어나지 않았거나 막을 수 있었을 것이다. 왜 노장파는 한사코 소장파의 요구를 거절해 분란을 키웠던 건가? 장면과 민주당 노장파가 소장파의 요구를 외면한 이유는 소장파들이 정부나 당의 요직을 차지할 경우 그것은 중진들의 권력에 대한 직접적이고 심각한 도전이 되리라 여겼기 때문이다.[39] 민주당은 내부 헤게모니 투쟁에 몰두하다가 민주당 정권을 통째로 날린 것이다.

한승주는 『현대한국정치론』(1998)에서 장면이 안정되고 믿을 만한 의회의 다수를 형성할 수 없었던 1차적인 원인은 그 자신의 파벌을 포함해 모든 정치집단이 응집력과 조직력을 갖지 못했다는 것이라고 진단했다. 그는 "장 총리의 지지세력이 배타적·관료적인 성향을 갖고 있었고, 그가 지지를 구하려는 그룹들 자체가 통일성을 결여하고 있었기 때문에 그는 다른 정치집단들과 연립 형태의 정부를 구성하지 못했다"며 다음과 같이 말했다.

"그는 자신에게 가까운 동료들만으로 구성된 배타적 내각과 '외부 인사'들이 포함되는 연립내각 중 어느 것을 택할 것인가에 대하여 용단을 내리지 못했다. 이러한 우유부단이야말로 장면이 구파나 신파 자체 내의 이탈집단으로부터 지지를 얻지 못했던 주된 요인이 되었던 것이다. 장면 정부는 국회 내 안정 지지세력 확보에 실패함으로써 정당정치 내지는 민주정치의 확립에 결정적인 지장을 초래하고 말았다."[40]

동시에 주목해야 할 것은 5·16 주체세력들도 정권 장악 후 군사적 위계질서라고 하는 이점에도 민주당 못지않은 내부 헤게모니 투쟁으로 몸살을 앓았다는 사실이다. 즉, 엘리트 집단의 내분은 정치 엘리트와 군 엘리트 모두 억눌리고 허기진 게 많은데다 '권력 잉여'가 너무 컸던 당시의 시대적 상황에서 어느 정도 당연한 결과이기도 했다는 것이다.

'부정축재 처벌'과 민주당의 부패

장면은 측근들의 꼭두각시였는가?

4·19 혁명의 동력 가운데 하나는 부정부패에 대한 염증과 분노였다. 그래서 이승만이 하야한 지 10여 일 만인 1960년 5월 10일 서울 파고다공원에선 "부정축재자의 재산을 환수하라"는 데모가 일어날 정도였다. 그러나 장면 정부는 애초부터 국민의 가려운 곳을 긁어주려 하기보다는 자유민주주의의 교과서적 원칙에 충실하려고만 했다. 비판자들은 장면 정부의 그런 '조심성' 또는 '소심성'을 구린 구석이 있어서 그렇거나 "다 똑같은 놈들"이라는 식으로 바라보았기 때문에 장면 정부에 대한 불만이 매우 높았다.

정략적으로 과장된 것도 있었을망정 민주당 내분의 결과 쏟아져 나온 민주당 내부의 부패상에 대한 폭로 공방은 그러한 불만이 타당한 것임을 입증해주고 있었다. 예컨대, 새 국회가 열린 지 얼마 되지 않아 구파 의원들은 7~8월간 서울의 주요 은행이 부정축재 혐의를 받고 있는 사람들에게 20억 환을 대출했으며, 그 돈이 민주당 신파에 들어갔다고 주장했다. 그 결과 참의원 내에서 이 문제를 조사하기 위해 결성된 특별위원회는 7월 1일부터 8월 10일까지 총 20억 277만 환의 돈이 8개 주요 업체에 대출되었는데, 이들은 모두 탈세 혐의로 고소된 업체라는 것과 이 대출액의 행방이 확실치 않다는 것을 밝혀냈다. 장면은 후에 회고록에서 신파가 실제로 기업가들에게서 '좌파와 혁신집단을 견제하기 위해서' 상당한 금액을 받았으며 그중에는 약 2억 환을 기부한 섬유기업단체도 있었다고 말했다.[41]

민주당 각료들 사이의 내부 갈등도 심했고, 이 갈등마저 비리 폭로전으로 비화되기도 했다. 심지어 여당지인 『경향신문』까지 동원될 정도로 그 싸움은 치열했다. 민주당 각료진에서 소외되었던 외무부 장관 정일형이 그 싸움의 희생자가 된 적이 있었다. 장면의 비서실장 김홍한은 "그때 정 장관에 대한 압력이 어느 정도였냐 하면, 이런 일화가 있어요. '그만두고 나서 내자동 집이나 수리해서 살아야겠다'며 집수리를 했는데 『경향신문』이 대서특필한 겁니다"라면서 다음과 같이 말했다.

"큰 집을 짓고 있다면서 마치 부정이 있는 것처럼 떠들어댔어요. 그것이 5·16 뒤에 화근이 되었지요. 군인들이 민주당 각료들의 부정축재를 조사한다고 모조리 뒤지고 그럴 적에, 그 집수리 건이 부정축재 혐의로 표적이 되어 조사를 받았습니다. 그런데 조사를 해보니 정 장관이 미국 출장 갔다가 남은 여비를 반납한 사실까지 나오는 등 오히려 청렴결백한 것으로 입증되었지요. 정 장관이 나중에 '민주당 정부가 해명했으면 국민들이 안 믿었을 텐데 박정희가 날 해명해준 셈이군' 하며 웃으시

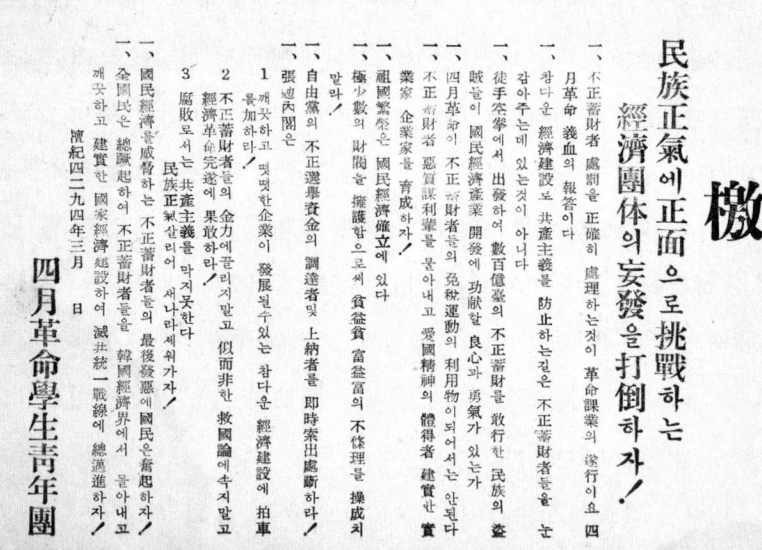

이승만 정권하에 기생한 부정축재자를 처벌해 국민경제를 확립하고 자유당 부정선거자금 조달자와 상납자를 색출해서 참다운 국가 경제를 건설하자는 4월혁명학생청년단의 전단. (대한민국역사박물관 소장)

더군요."[42]

'정일형 선물사건'도 있었다. 정일형과 이태영 부부가 1960년 11월 하순께 유엔총회에 참석하고 돌아온 직후 『경향신문』 정치면 가십난에 정일형 부부가 귀국하면서 선물 보따리를 한 자동차 싣고 왔다는 것과 정일형이 미국에 체류하면서 1만 달러의 공금을 남용했다는 내용이 실렸다. 이 기사로 신민당의 정치 공세가 시작되었고, 장면 정부는 큰 타격을 받았다.

이태영은 그 기사 내용이 모두 사실무근이라고 했다. 공금 남용설은 완전 조작이었고, 선물 보따리 건은 비행장으로 가는 길에 만난 민간사절단장 최두선 일행의 짐들을 실어준 것을 오해했다는 것이다. 어느 미국 교포가 악의적인 편지를 경향신문사에 보낸 것이었는데, 그걸 확인도 없이 기사화하라고 기자에게 시킨 사람은 사장인 한창우였다는 것이다. 장면의 최측근인 한창우와 김철규는 그 기사가 장면에게도 큰 정치적 타격을 주리라는 걸 알면서도 '정일형 죽이기'를 위해 그런 일을 벌였다는 것이다.[43] 이 두 가지 에피소드가 사실이라면 그건 참으로 놀라운 일이었다. 장면은 그 최측근들의 꼭두각시에 지나지 않았다는 추론도 가능해지기 때문이다.

경제계의 매카시즘 수법

다른 건 제쳐 놓더라도 내부 이전투구泥田鬪狗만으로도 이미 국민의 신뢰를 잃은 장면 정부는 결국 여론에 떠밀려 부정축재 처벌의 길로 나아가게 되었다. 민의원에 상정된 부정축재 처벌법안은 이승만이 하야한 1960년 4월 26일을 기준으로 그 5~8년 전까지를 조사대상 기간으로 정하고, 지위 또는 권력을 이용해 부정한 방법으로 축재한 자, 3·15 부정선거에 1,000만 환 이상 정치자금을 제공한 자, 지난 5년간 연 1,000만 환 이상 탈세한 자 등을 처벌 대상으로 삼았다. 경쟁 입찰에서 담합했거나 재산을 해외로 도피한 자, 뇌물수수로 연 600만 환 이상 이득을 취한 공무원도 부정축재자에 포함시켰다.

경제계는 법안대로라면 5만 7,000여 명이 처벌받을 것으로 추산하고, 이를 저지하기로 뜻을 모았다. 1961년 1월 10일 78명의 기업인이 모여 결성한 한국경제협의회는 대한상의, 무역협회, 방직협회, 건설협회

등과 뜻을 모아 법안에 반대하기로 결의했다.⁴⁴

삼양사 회장 김연수가 초대 회장으로 추대된 한국경제협의회는 2월 9일 민의원을 통과해 참의원에 상정된 부정축재자 처리법안을 정면으로 공격하는 성명서를 2월 15일에 발표했다. 성명서의 제목은 '북한 괴뢰에 이익을 주는 부정축재 처리가 되지 않도록'이었다. "이 법안이 그대로 참의원을 통과하면 사회에 일대 혼란을 불러들여 기업인의 손발을 묶을 것이다. 기업 활동을 가로막고 민족자본을 흐트러뜨리며 나아가 분열을 조장하는 이 법안을 제정하지 않기를 충심으로 진언한다."

이 성명서는 이런 매카시즘 수법까지 동원했다. "북괴가 가장 싫어하는 것이 남한의 경제 번영이라면, 이 법안은 북괴에게 일석이조의 효과를 약속하는 것이라고 아니할 수 없다.……그러기에 민의원에서 이번에 통과된 부정축재 처리법안이 노리고 있는 것은 사회주의 혁명이라고 규정하더라도 변명할 여지는 없을 것이며, 공산화에의 길을 닦아주는 길이라고 하여도 과언은 아닐 것 같다."⁴⁵

민의원은 재계가 자기들을 빨갱이로 몬다고 항의를 하고 특별조사위원회까지 구성했지만, 서재진은 『한국의 자본가 계급』(1991)에서 이것은 일종의 '쇼'였다고 말했다. "재계와 국회 그리고 정부 사이에 겉으로 보기에는 심한 갈등이 있는 것처럼 보였지만, 이것은 부정축재자들의 엄벌을 요구하는 국민들 앞에서 벌이는 한 판의 쇼에 불과했던 것이다. 민주당 정부는 이미 비밀리에 정치자금을 건네받고 형식적 처리를 하기로 재계와 약속을 해놓고 있던 터였고, 기업인에 대한 엄벌이 경제를 혼란시킬 것이라는 것을 알고 있었다."⁴⁶

3월 24일 재계 대표들은 장면과 7명의 각료와 관계 의원들과 회동

민의원이 통과시킨 부정축재 처벌법안을 참의원의 공청회에서 다루고 있다. 이 법안은 경제계의 거센 반발로 대폭 완화된 채 발표되었다.

했다. 결국 이 '쇼'는 경제 5단체가 신문에 해명서를 싣는 것으로 결말이 났지만 그 과정에서 정치권은 "중소상공인 5만여 명이 피의자로 묶인다면 경제 진흥에 결정적인 악영향을 줄 것"이라는 경제계 주장을 받아들였다.

부정축재자 처벌법은 만들었건만

경제계는 참의원에서 부정축재 처리법안 제2조 '부정축재의 정의'를 수정하는 데 성공했다. 이들은 부정축재의 정의에서 '자진(하여)'이라는 문구를 삽입해 부정축재자의 정의가 근본적으로 달라지게 했고, 부정축재자의 범위를 축소하는 데에 성공을 거두었다. 참의원의 수정안은 3·15 선거에서 자유당에 자진해서 3,000만 환 이상을 제공한 자, 공무원과 정당인으로서 부정하게 재산상 이득을 취한 자로 제한했다. 이로써 피의자는 5만 7,000여 명에서 600여 명으로 크게 줄었다.

장면은 부정축재자 처벌법이 소급입법으로 위헌이라는 걱정을 했다지만,[47] 각료를 모두 대동하고 표결 현장에 참석해 재계를 지원했다. 참의원의 수정안은 4월 12일 민의원에서 재석 163석 가운데 찬성 138표, 반대 25표로 통과되었다. 법에 따른 부정축재처리위원회는 5월 4일부터 가동되었고, 처벌 대상자는 5월 16일까지 자진 신고하라고 공표했다.[48] 크게 미흡할망정 부정축재 처벌 대상자의 자진 신고 마감기한인 5월 16일 그날 쿠데타가 일어남으로써 민심에 크게 어필할 수 있는 부정축재 처벌이라고 하는 그 좋은 카드는 군사정권의 몫으로 넘어가고 말았다.

5·16 주체세력은 부정축재 처벌을 민심을 얻는 최대의 카드로 활용하면서 장면 정부가 무능했을 뿐만 아니라 부패했다고 대대적으로 선전하게 된다. 이에 대해 장면 정부의 사람들은 군사정권이 몇 개월 후 장면 정권의 비리라고 내놓은 건 재무부 장관 김영선이 냉장고 한 대를 뇌물로 받았다는 것뿐이었으며, 그것도 냉장고가 아니라 아이스박스였고, 오랜 친구가 선물로 준 것이었다고 항변했다.[49]

장면이 두 손 든 정치자금 문제

그러나 군사정권의 선전이 크게 과장된 것이었을망정, 적어도 민주당이 과거에서 물려받은 정치의 부패 관행에 찌들어 있었다는 건 분명한 것 같다. 그레고리 헨더슨Gregory Henderson, 1922~1988의 『소용돌이의 한국정치』(1968)에 따르면, 장면 자신은 개인적으로 청렴했지만 부패가 극성을 부렸다. 그는 "선거와, 그리고 국회에 의해 국무총리와 대통령이 선출되거나 인준됨으로써 부패의 골이 더욱 깊어졌다.……1960년도가 끝날 즈음엔 정부 예산을 가결하기 위해 의원들을 매수해야 할 정도였다"며 다음과 같이 말했다.

"그와 같은 음성적인 재정상의 필요는 군부에 특히 영향을 미쳤다. 국가예산법안을 가결하기 위한 의원 매수용 자금이 주로 국방 예산에서 염출돼야 했기 때문이다. 군사쿠데타로 체포되어 그 후 재판에 회부된 민주당 각료들은 비교적 정직했던 것으로 확인됐는데, 어떤 사람은 개인적으로, '수년간 권력에 굶주려오던 끝에 잡은 것이기 때문에 많은 민주당 정치가들이 축재하기 위해 동분서주한 것은 당연히 예상했던 일'이라고 술회했다."[50]

국방예산은 국가예산의 40%를 사용했기 때문에 특히 돈이 흥청거리는 군 관계 부패가 심했다. 육군참모총장이었던 최경록의 증언을 들어보자. 그는 "군 고위층 사무실과 자택에는 항상 군납업체 인사들의 발길이 끊이지 않았어요. 군 고위층은 그들에게 일정한 군납 관계를 성사시켜주는 대신 거액의 커미션을 받았고 그 자금 중 상당수가 정치자금으로 권력 고위층에 헌납되었지요"라면서 다음과 같이 말했다.

"특히 이승만 독재정권 아래에서 파벌 싸움에 몰두하던 군 고위층은 요직 기용과 인맥 배치를 둘러싸고 권력과 밀접한 관계를 맺어야 했어요. 그 주요 수단이 군납업체로부터 챙긴 정치자금이 된 것은 물론이에요. 그래서 부패하게 된 거죠. 민주당 정권의 핵심 실세들도 이러한 필요성을 느꼈던 겁니다. 그들도 정치자금 조성원으로 군납업체를 활용할 수밖에 없었을 거예요."[51]

그래서 개인적으론 청렴했던 장면은 정치자금 문제로 큰 고통을 받았다. 전 의원 김응주는 "장 총리와 나는 독실한 가톨릭 신자이고, 또 내가 사심이 별로 없는 처지라 편하게 얘기하기가 쉬웠지. 총리 집무실 들어가는 것이 지금처럼 엄하지도 않았기 때문에 자주 찾아갔어"라면서 다음과 같이 말했다.

"그럴 때마다 장 총리는 골치 아픈 듯이 이야기하곤 했어. '김 의원 나 죽겠소. 여당 의원들이 자기 선거 빚 좀 갚아달라 하고, 정치자금 좀 달라 하며 자꾸 우는 소리를 해대니 내가 이를 어찌 할 수 있겠소.' 그래도 모른 척 할 수는 없으니 기업체에 할당해서 정치자금을 받아 그걸 나누어줬지. 당시 여당 의원 중에는 별로 질이 안 좋은 사람들도 있었어. 온갖 청탁과 돈 요구가 난무했지."[52]

사정이 이와 같았으니, 장면과 정부 각료들이 아무리 청렴했다 하더라도 제대로 된 부정축재 처벌은 원초적으로 기대하기 어려운 것이 아니었을까?

제4장 '한미경제협정 파동'과 '2대 악법 반대 투쟁'

한미경제협정 반대운동

1961년 2월 8일에 이루어진 한미경제협정 체결은 큰 사회적 반발을 불러일으켰다. 이 협정은 주권국가 간의 협정이라기보다는 미국 측의 일방적인 통고通告에 가까운 것으로 시종일관 한국 측이 이행해야 할 의무만 나열했다. 이 협정은 이승만 정권도 끝까지 저항했던 환율 인상 등 미국의 요구를 전적으로 수용했다. 이 협정으로 한국 경제에 대한 미국의 감독권이 강화되었으며, 미국의 원조사업에 고용된 자들에 대한 특혜 조치가 확대되었다. 이 협정은 한국어로 된 것이 없었다. 그래서 외무부에서도 영어로 된 것을 번역해서 돌렸는데, 오역이 많았다.[53]

2월 12일 서울 시내 7개 대학의 민족통일연맹이 국민계몽대 등과 제휴해 '전국학생 한미경제협정 반대투쟁위원회'를 결성했다. 이 위원회는 2월 14일 '대정부 및 국회 건의문'에서 "현 시대는 민족해방의 시기요 식민주의의 완전 철폐시대"라고 선언하고 한미경제협정의 폐기를 주장했다. 이들은 또 '호소문'에서 이 협정이 구세기의 침략적 제 조약이나 을사조약보다도 더 가혹한 편무적片務的 불평등조약으로서 경제적 예속과 내정간섭을 강요하고, 무제한한 치외법권과 조차지租借地 인정으로 통치권을 유린하고, 재정주권을 침해하며, 한국을 철저히 미국의 시장화하려는 것이라고 비판했다.[54]

2월 15일 국무총리 장면은 주례 기자회견에서 "한미경제협정 반대운동이 북한 괴뢰의 지령에 의한 것이며 그 구체적 증거를 잡았다"고 말

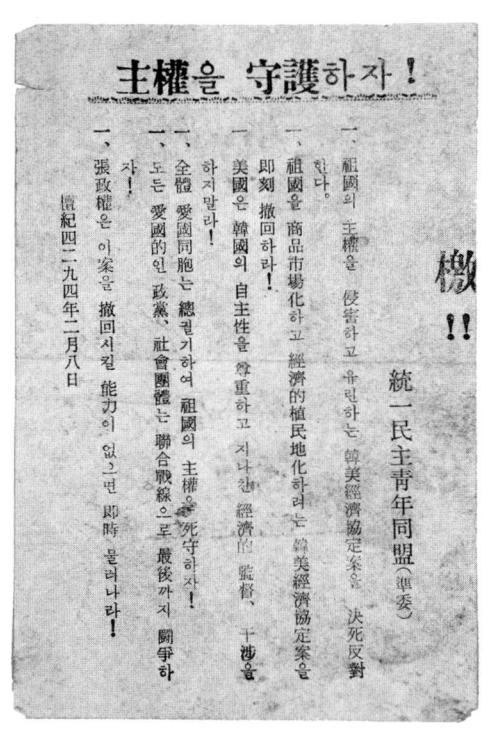

'주권을 수호하자'는 제목의 소형 전단지로, 1961년 2월 체결된 한미경제협정을 반대하는 내용이 담겨 있다.
(대한민국역사박물관 소장)

했다. 그는 그 구체적 증거로 지령문을 입수했다는 말까지 했다. 그러나 나중에 장면이 내놓은 증거는 북한의 평양방송에서 한미경제협정을 반대한다는 것뿐이었다. 북한의 지령이 한미경제협정을 반대하는 사람들에게 어떻게 전달되었느냐는 질문에 대해 장면은 "상상에 맡기겠다"는 말만 했다. 이에 『민족일보』 2월 16일자 사설은 '망언', '노망', '무지'라는 단어까지 써가면서 "장 총리의 망언은 묵과할 수 없다"고 주장했다.[55]

2월 18일 16개의 정당·사회단체로 구성된 '2·8 한미경제협정 반대 공동투쟁위원회'는 공동투쟁 선언문을 발표했다. 반대 투쟁은 2월 22일 대구와 부산에서도 일어났다. 한미경제협정은 '제2의 태프트-가즈라 협정'으로까지 불렸으며, 국회에서까지도 민주당 정권이 미 대사관을 '제2의 조선총독부'화했다는 비난이 공식 제기될 정도였다.[56] 그런 비난에도 이 협정은 2월 28일 민의원에서 133대 1, 참의원에서 32대 1의 찬성으로 통과되었다.

데모규제법과 반공특별법

장면 정권은 한미경제협정 반대투쟁을 보고 대중의 정치세력화와 연대투쟁에 대처하기 위한 수단으로 '집회와 시위에 관한 법'과 '반공을 위한 특별법'을 적극 추진하게 되었다. 장면은 이미 1960년 12월 13일 4·19 직후(5월 30일) 반민주적인 독소조항이 제거된 개정 국가보안법의 재개정 필요성을 역설한 바 있었다. 1960년 12월 16일 여수·순천 지역의 교사와 학생들이 중심이 된 남녀 53명이 목포-제주 간의 여객선을 납치해 군인 등 6명을 살상하면서 집단 월북을 기도했다가 실패한 사건 등은 장면 정부의 보수 선회를 강요하고 있었다.[57] 여기에 한미경제협정 반대투쟁이 터지면서 장면 정부는 이제 기다릴 수 없다고 판단했던 것 같다. 3월 8일 데모규제법안이 성안成案되어 곧 각의閣議(내각 회의)에 상정되고, '반공에 관한 특별법안'이 민주당 정책위원회에 회부될 것으로 보도되었다.

3월 10일 민주당이 발표한 반공임시특별법 시안에는 "반국가단체의 이익이 된다는 점을 알면서 그 구성원을 찬양·고무 또는 이에 동조했거나 기타의 방법으로 반국가단체의 목적 수행을 위한 행위를 한 때는" 엄벌에 처한다는 조항이 들어 있었다. 이는 전국적으로 격렬한 찬반 시위를 불러일으켰으며, 여기엔 민주당·신민당 싸움도 가세했다. 신민당 의원 김영삼이 가장 먼저 비판의 포문을 열었다. 그는 "반공법을 만들려는 것은 의식적으로 국민들에게 공포 분위기를 조성시키려는 것이다"며 다음과 같이 말했다.

"반국가란 용어가 결과에 있어서 반정부적인 것을 탄압하려는 것으로 본다. 즉 건전한 정당 운동과 야당 활동을 방해하고 민주주의의 기본 원칙인 정부 비판의 자유를 억압할 우려가 많다. 장 정권이 선정善政할 생각은 않고 국민의 기본권을 억압하려는 악의에 찬 짓을 하고 있으므로 국민의 지탄을 받을 것이다."

민주당 내 신풍회 총무 이철승까지 가세해 "이 법안의 필요성을 조금도 못 느끼겠다. 이 법의 제정에 반대할 생각이다"고 말했다. 신민당의 비난, 신풍회의 반대와 더불어 언론의 비난이 집중되자 민주당 대변인 김대중은 "이 반공임시특별법의 입법 취지가 언론 탄압이나 혁신세력의 탄압에 있는 것이 아니다"고 주장했지만, 사태는 정치권과 학생운동이 손을 잡는 반대투쟁으로 발전되어가고 있었다. 김영삼은 "학생과 연계해서 저지투쟁에 나설 것"을 선언했다.[58]

다시 격화된 좌우 대결 구도

곳곳에서 반대 시위와 찬성 시위가 경쟁하듯이 개최되었다. 이와 같은 이념적 시위는 이미 1960년부터 성황을 이루어 11월 초에는 대한학도의용군동지회, 12월 초에는 1만여 학생이 반공궐기대회를 열었고, 1961년 2월 중순에는 상이병사들이, 2월 하순에는 반공애국동지회에서 중립화 통일론을 반대하는 시위를 벌였다. 또 대한군인유족회, 대한경찰관유족회, 대한애국투사유족회 등 15개 단체로 구성된 민주수호사회단체연합기구에서는 반공산 공동선언을 발표하기도 했다. 3월 하순에는 재향군인 3,000명이 반공법 통과를 촉구하는 데모를 벌인 바 있었다.[59]

이런 우익의 반대편에는 혁신계가 있었다. 3월 14일 통일사회당 등 10개 정당·사회단체는 반민주악법공동투쟁위원회를 결성했다. 악법반대전국청년단체공동투쟁위원회, 악법반대전국학생투쟁위원회도 결성되었다. 악법반대전국학생투쟁위원회는 3월 17일에 발표한 성명에서, 과거에 올바른 민족세력들이 반공의 미명하에 파쇼도당의 희생물이 되었다고 주장하고, 악법이 '영구 민족분할'과 '영구 파쇼집단'의 기도라고 주장했다. 3월 17일 장면은 "이 두 개 법안을 기필코 입법할 것"을 다짐하면서 특별법을 반대하는 학생들을 내사하겠다고 공표했다.

3월 18일 대구에선 혁신계 세력이 주도한 대구역 광장 시위가 벌어졌다. 학생 15명이 궐기사蹶起辭를 하는 가운데 "2대 악법 통과되면 4월 민주당이 발표한 반공법으로 반대 시위와 찬성 시위가 경쟁하듯이 개최되었다. 대한반공학생연합회는 반공법을 반대하는 측을 비난하며 공산분자들의 준동에 대한 위험성을 전단을 통해 국민들에게 알리기도 했다. (대한민국역사박물관 소장)

혁명 허탕이다", "악법 만드는 반역들을 처단하라", "자유당의 최후 발악 민주당이 벌써 한다", "피 흘려 지킨 권리 피 흘려 찾자"는 등의 구호가 외쳐졌다. 이 시위엔 1만여 명이 참여하고 대회가 끝난 후엔 횃불 시가행진이 벌어졌다. 이날 같은 장소에서는 민주수호사회단체연합기구 주최의 반공통일대회가 5,000여 명의 군중이 모인 가운데 열려 해방정국의 좌우 대결을 연상케 했다.[60]

3월 19일 신민당 의원 김영삼은 기자회견을 열고 장면 정권이 3·15 기념식을 전후해 터질 것으로 예상되었던 마산 지역 반정부 데모를 무마하기 위해 1억 환을 뿌렸다고 주장했다.[61]

3·22 서울시청 앞 횃불데모

3월 21일 대구역 광장에서 1만 5,000여 명의 시민이 참여한 가운데 2대 악법 반대 시민궐기대회가 개최되었다. 3월 22일 혁신계 30여 단체가 서울시청 앞 광장에서 같은 궐기대회를 열었다. 이 서울시청 앞 시위는 정당, 사회단체, 청년학생단체 공동 성토대회였는데, 3만여 명이 참가했다. 트럭 두 대를 이어서 만든 연단 앞엔 사람들이 "피로써 찾은 민권 악법으로 뺏을 쏘냐", "반공이란 이름 밑에 생사람 잡지 마라", "4월의 피는 통곡한다" 등 수십 개의 플래카드를 들고 있었다.

이날 시위에서는 "장면 정권 타도하자"는 수준을 넘어서 "외세에 의존하는 장 정권 물러나라", "미국놈들 물러가라" 등의 반미구호가 공개적으로 표출되었다. "반공보다 빵을 달라", "반공보다 직장을 달라"는 구호도 등장했다.[62] 오후 2시에 시작된 시위는 날이 어두워지면서 난동으로 변했고 횃불을 든 시위행렬이 중앙청에서 장면의 사저가 있는 혜화동으로 향했다. 그 과정에서 경찰 백차가 파괴되었고 돌팔매와 최루탄이 난무했다.[63]

이 시위에서도 대구에서처럼 좌우 대결이 벌어졌다. 낮부터 마이크를 단 지프차들이 "반공법 없는 나라로 가라"는 등 방해 구호를 외쳤으며, 멸공의거단·멸공애국동지회 등의 단체가 반공법 지지 전단을 살포했다. 이런 전단의 하나는 이렇게 주장했다. "반공 진영이 일어날 때가 왔다. 공산분자들이 날뛰는 이 땅은 누구의 땅인가? 지금은 위기의 순간이다. 모두 뭉쳐서 공산주의자들을 파멸시키자. 혁신계로 가장한 용공분자들을 때려잡자!"[64]

3월 22일 서울시청 앞 광장에서 열린 궐기대회에서는 "반공이란 이름 밑에 생사람 잡지 마라", "4월의 피는 통곡한다" 등 수십 개의 플래카드가 등장했다.

3·22 횃불데모 음모론도 있었다. 극우집단의 자극이 있었고, 언론이 이를 대대적으로 보도했으며, 장면 정부가 곧바로 김달호·고정훈·선우정 등 주요 혁신계 인사들을 체포했다는 점에 비추어볼 때에 이 '난동'은 고의적으로 만들어낸 공작이었을 가능성이 높다는 것이었다.[65] 별로 믿기지 않는 이야기지만, 3·22 횃불데모가 많은 사람에게 큰 충격을 준 건 분명했다. 윤보선을 수행해 데모 현장에 나갔던 비서관 김준하는 횃불데모는 사실상 데모가 아니라 일종의 광란狂亂이었다고 했다. 그는 『대통령과 장군: 윤보선 대 박정희』(2002)에서 "데모를 구경하는 시민도 데모를 말리는 경찰관의 모습도 눈에 띄지 않았다"며 다음과 같이 말했다.

"'미군 철수', '김일성 만세'를 목이 터지도록 외치면서 간간이 '2대 악법 철폐'를 외치는 데모대의 광경은 여기가 서울인지 의심스러울 정도였다. 대통령은 끝까지 지프 속에서 눈앞에 벌어지고 있는 미친 듯한 광란의 현장을 말없이 지켜보고 있었다. 나는 시시각각으로 다가오는 위기감을 느낀 나머지 대통령의 지시도 받지 않고 운전사를 보고 그만 가자고 다그쳤다. 만일 그 현장에서 대통령이 발각되면 살아남을 수 없을 것 같은 공포감마저 느꼈다."[66]

과연 '김일성 만세'를 부른 사람이 있었는지는 의문이지만, 일부 보수 신문엔 출처가 불분명한 채로 시위 도중 "인민공화국 만세"를 불렀다는 내용이 보도되기도 했다.[67] 그 현장을 목격한 윤보선은 김준하에게 "내일 아침 장 총리와 민·참 양원 의장, 그리고 각 당 대표를 청와대로 부르도록 하게"라는 지시를 내렸다.

싸움으로 끝난 청와대 4자 회담

3월 23일 오후 8시 청와대에선 장면, 윤보선, 민의원 의장 곽상훈, 참의원 의장 백낙준 등이 참석한 '청와대 요인 회담(일명 청와대 4자 회담)'이 열렸다. 장면 내각의 국방부 장관인 현석호, 이미 신민당으로 분당한 구파의 김도연, 유진산, 양일동, 조한백, 서범석도 참석했다. 참석자들의 증언이 각기 달랐지만, 이 자리에서 윤보선은 "혼란한 정국을 극복할 자신이 있느냐"며 은근히 장면의 사임을 종용했다는 주장도 있다. 원래는 이날의 회담 내용을 비밀로 하기로 해놓고 다음 날 백낙준이 회담 내용을 공표하는 바람에 신문들은 "윤 대통령이 장 총리에게 정권을 내

놓으라고 했다"고 대서특필했다는 것이다. 이 사건으로 양쪽 관계는 더욱 악화되었다.[68]

김준하의 증언에 따르면, 윤보선은 거국내각 구성과 긴급조치권 발동을 제안했다고 한다. 장면은 "좀더 시간을 달라"고 답했고, 나중에는 설전 끝에 "내가 만일 그만두면 나보다 더 잘할 사람이 당장 어디에 있겠는가?"라고 화를 냈으며, 윤보선은 "민심의 80%가 현 정부를 지지하고 있지 않으므로 장면 정권이 물러나는 것도 한 방법이 될 것이다"고 말했다는 것이다.[69]

3월 24일 대구에서는 3만여 명이 모인 악법 규탄대회가 열렸으며, 대회가 끝난 후엔 또다시 횃불데모가 벌어졌다. 동시에 시내 각 대학 민주수호학생회 등에 의한 불순분자 규탄대회와 시가행진이 1만여 관중이 지켜보는 가운데 열렸다. 3월 25일 부산(7,000명), 마산(3,000명), 광주(5,000명), 전주(3,000명)에서도 악법 성토대회가 열렸다. 3월 27일 서울에선 대한재향군인회 등 보수우익 단체의 반공법 지지 데모가 일어났으며, 3월 28일엔 61개 단체의 연합으로 전 우익단체 용공세력규탄 총궐기대회가 개최되었다. 대회 책임자는 장군 김홍일이었으며, 이 대회엔 4~5대의 지프차까지 동원되었다.[70]

이런 갈등은 4월에도 계속되었다. 4월 1일 대구에선 노조원 5,000여 명이 궐기대회를 열었다. 4월 2일 대구역 광장에서 개최될 예정이었던 집회는 1,000여 명의 경찰이 동원되어 좌절되었지만, 5만여 군중은 "반공이란 구실보다 배고프다 통일하여 살아보자. 노동자 농민이여 일어서라. 학생들이여! 시민들이여! 총궐기하라!"는 슬로건과 "국회는 해산하라"는 구호를 외쳤다.[71]

4월 1일 서울 파고다공원에선 용공세력규탄 시민궐기대회, 4월 5일 대구에서는 반공구국 총궐기대회가 열렸다. 데모규제법과 반공특별법은 끝내 통과되지 못했는데, 그러다가 5·16 군사쿠데타가 일어나면서 한국 사회는 두 법보다 훨씬 더 강압적인 통제 체제 속으로 들어가게 된다. 물론 군사정권하에선 그 어떤 반대 시위도 가능하지 않았다.

육군참모총장 장도영: 최악의 인사였는가?

김종필의 강제 예편이 쿠데타에 미친 영향

이른바 '16인 하극상 사건'은 어떻게 되었던가? 1960년 12월 12일, 한 달간의 재판 끝에 16인 중 최고위자인 대령 김동복만 징역 3개월, 집행유예 1년의 형을 받았고 나머지는 모두 훈계 방면되었다. "분에 넘치는 행동을 했다"는 것만으로는 '부대 내에서 무질서 행위'라는 범죄 구성 요건에 해당되지 않는다는 이유 때문이었다. 다만 김동복은 합참의장 최영희에게 "각하는 행운아십니다. 외국 대사로 영전해 후진에게 길을 열어주십시오"라고 말한 게 '상관 불경죄'에 해당된다는 이유로 유죄판결을 받았다.

김동복은 혼자 파면당한 게 억울하다며 1961년 1월 재심 탄원서를 제출했다. "주동 인물은 김종필·석정선 중령이다. 그 배후엔 고위 장성이 있다"는 내용이었다. 이에 따라 김종필은 2월 4일 육사 동기생 석정선과 함께 구속되었다. 헌병대 감방에 갇혀 있던 김종필은 약 열흘 후인 2월 15일 헌병감 조흥만과의 '타협'으로 석방되었다.

어떤 타협이었던가? 옷을 벗고 나가면 하극상 사건을 불문에 부쳐주겠다는 제안이었다. 김종필이 군법회의에 넘겨달라며 그 제안을 단호히 거절하자, 이틀 뒤 조흥만이 다시 찾아왔다. "정 그렇다면 자네 처삼촌(박정희 소장)을 가만 두지 않겠다. 자네들이 박 장군을 업고 혁명을 한다면서? CID(범죄수사대) 포함해 헌병대 인원 700명을 모두 투입해 박 소장을 빨갱이로 만들어 결딴내겠다."[72]

김종필이 "도대체 그게 누구의 뜻이냐"고 묻자, 조흥만은 주저 없이 "참모총장님의 뜻"이라고 답했다고 한다. 결국 김종필은 이 협박에 굴복해 석방된 날로 옷을 벗었다. 그날 그는 집에 돌아가 엉엉 소리를 내면서 울었으며, "이제 정군이 아니다. 혁명을 해야 할 때다"는 결심을 했다. 그는 '혁명을 이끌 리더'로 박정희를 떠올리고 2군 부사령관으로 있던 박정희를 만나기 위해 2월 19일 대구로 갔다. 김종필이 "이제는 혁명을 해야겠습니다"고 제안하자, 박정희는 "그동안 나도 이런 때가 오리라 생각하고 나름대로 준비를 해왔다"고 답했다.[73]

1개월여 전인 1월 12일 박정희는 군 수뇌부가 5월 말 전역시킬 예정인 153명의 장교 명단에 자신이 포함되어 있다는 걸 알았기에 망서릴 이유가 없었던 건지도 모르겠다.[74] 이후 쿠데타의 세부 계획이 이루어지기 시작했는데, 이에 대해 김종필은 훗날 다음과 같이 회고했다. "군에서 쫓겨날 땐 엉엉 울었지만 그때 안 나왔다면 거사를 하지 못했을지 모른다. 강제 예편됨으로써 나는 시간의 여유가 생겼고 누구와도 만날 자유를 얻었다. 이 여유와 자유가 혁명을 설계하고 조직하고 일으키게 한

자원이었다. 군에서 나올 때 받은 퇴직금은 90만 환. 지금으로 치면 한 1,000만 원쯤 될까. 이 돈도 모두 거사를 준비하는 데 썼다. 아내의 곗돈도 타서 보탰다."[75]

왜 하필 장도영이었을까?

김종필이 대구에서 박정희를 만나기 이틀 전인 2월 17일 장면은 최경록을 육군참모총장직에서 물러나게 하고 후임에 38세의 젊은 장도영을 임명했다(최경록은 당시 40세). 미8군 수뇌부가 박정희를 예편시키라는 자신들의 요구를 거부한 최경록의 옷을 벗길 걸 요구한 탓에 이루어진 인사였다. 국회가 총장 경질을 둘러싼 상황을 전면조사하겠다고 나서자 장면은 "최 총장을 바꾼 이유는 공공연하게 반미감정을 내세웠기 때문"이라고 해명했다.[76]

장면 정권의 실세였던 신부 김철규의 증언이다. "원래 최경록 총장을 1년 반 정도 시킨 후 이한림 중장을 후임으로 임명할 계획이었어요. 그런데 최경록 참모총장을 경질하라는 미국의 압력이 조기에 가시화되었지요. 최 장군은 (윌리스턴) 파머 발언을 거치면서 미국으로부터 민족주의자라는 낙인이 찍혔어요. 원래 미국은 민족주의자를 싫어합니다. 자신들의 영향력이 잘 먹혀들지 않기 때문이지요. 그 결과 일정에 차질이 생겼어요."[77]

장도영은 육군참모총장에 취임하자마자 최경록이 시작한 20명의 장성에 대한 부정행위 조사 중단을 지시했다. 그는 군대에서 더는 심각한 인사 이동은 없을 것이며 하급 장교들에 의한 불복종 행위는 엄중히

처벌될 것이라고 선언했다.[78]

장도영을 육군참모총장으로 기용한 것이 '최악의 인사'였을 수도 있다는 건 3개월 뒤 5·16 군사쿠데타 때 드러나게 된다. 그런데 왜 하필 장도영이었을까? 장도영은 대표적인 정치군인으로서 자유당 정권의 2인자인 이기붕의 집을 수시로 드나들며 그를 '아버지'로 모신데다가 3·15 부정선거 때는 2군 사령관으로 후방 군부대의 부정선거에 큰 책임이 있는 인물이었으니 도무지 이해하기 어려운 인사였다.[79]

장면은 장도영을 싫어했을 뿐만 아니라 미워하기까지 했다. 자신의 정적政敵이었던 이기붕을 아버지로 모신 사람을 좋아할 수는 없었을 것이다. 그럼에도 장면은 장도영을 택했다. 왜 그랬을까?[80]

장면 정부의 작동 방식

이 인사는 장면 정부의 작동 방식을 단적으로 드라마틱하게 보여주는 사건이었다. 그건 민주당 내부의 이전투구 원리와 똑같은 것이었다. 연줄과 정실이라고 하는 패거리 논리였다. 허정은 장면 내각 출범 시 장면에게 육군참모총장으로 군의 정치적 중립을 몸소 실천했던 이종찬을 강력 권고했지만 장면은 그것을 외면했다. 훗날 박정희는 5·16 주체세력들과 사담을 나누는 자리에서 "존경하는 선배인 이종찬 장군이 만일 장면 정권의 국방장관으로 계속 앉아 있었더라면, 우리가 과연 5·16 궐기를 감행할 수 있었을까?"라고 말한 적이 있었다.[81]

비단 장면만 그런 건 아니었지만, 또 그게 이 시절만의 관행은 아니었지만, 한국의 정권들은 인사에서 자기 패거리가 아니면 거들떠 보지도 않았다. 반드시 자기 패거리와 줄이 있어야만 했다. 그 점에서 이종찬은 애초부터 고려의 대상이 아니었다.

물론 외무부 장관 정일형 등의 후원을 업은 최경록도 괜찮은 선택이었다. 그러나 이제 그를 미국의 뜻에 따라 물러나게 하는 이상 발상의 전환을 해볼 법한 일이었건만 장면 정부는 다시 연줄과 정실이라고 하는 패거리 논리에 따라 움직였다. 그런 상황을 이용하는 데 장도영에겐 탁월한 능력이 있었다. 자유당 시절 『동아일보』 기자였던 김준하의 취재 목격담은 장도영의 그런 능력이 출중했음을 잘 말해준다.

'수복지구에 관한 임시조치법'에 의해 수복지구에서는 북한에서 내려온 피난민에 대한 특별배려로 어떠한 명목의 세금도 부과할 수 없도록 되어 있었다. 그런데 수복지구 사령관이었던 장도영이 피난민들에게서 세금을 거둬들여 그걸 군대 후생비로 사용한 게 말썽이 되어 국정감사가 실시되었다. 직접 현장 취재를 나갔던 김준하는 장도영이 국정감사반을 '회유'하기 위해 기상천외한 '호화판 선상 주연'을 벌였다며 다음과 같이 말했다.

"장소는 화천댐. 국회의원들은 압록강에서나 볼 수 있음직한 급조된 뗏목에 안내되었다. 화천댐 강물에 띄워진 뗏목 위에는 호화판 술상이 차려졌고 어느새 서울에서 불러온 기생들로 하여금 노래를 부르고 술잔을 따르게 했다. 뗏목이 유유히 화천댐을 흘러내려가는 사이에 장도영 장군은 불법으로 세금을 걷은 것은 피난민에게 '애국심을 심어주기 위한 애국적 행동'이라고 열변을 토했다. 피난민들이 나라에 세금을 내지 않으니까 국가에 대한 충성심이 전혀 생길 수 없다는 것이 장 장군 나름의 이론이었다. 나는 장도영 장군의 기발한 수완(?)에 놀라지 않을 수

없었다."⁸²

장도영은 자신의 과거를 알고 스스로 예편원을 냈지만 반려되었으며, 육군참모총장을 하라는 말에 대해서도 자신의 과거를 거론하면서 육군참모총장직을 사양했지만 강권에 의해 맡게 되었다.⁸³ 이는 장도영이 자신의 회고록에서 밝힌 내용이지만, 다른 증언들에 의해서도 확인되는 바 그건 사실인 것 같다.

어찌된 일이었을까? 장도영은 자유당 시절의 행각으로 인해 숙군 대상 명단에 올라 있었으며 자신도 그걸 각오하고 있었다. 그래서 예편원을 냈던 것이다. 그러자 미8군사령관 카터 매그루더Carter Magruder, 1900~1988가 장도영을 살려주라는 편지를 장면에게 보냈다. 이런 요지의 편지였다.

"당신들이 장도영 장군을 내보내려고 하는데, 그 사람이 그만큼 무슨 잘못이 있는지 이해할 수 없다. 군인을 중장으로 키우는 데 20년 이상이 걸리는데, 당신들은 사람을 아낄 줄 모르고, 이런 사람을 내보내려고 하느냐, 우리는 절대 반대다."⁸⁴

장면은 미국의 말이라면 따르는 성향이 강한 사람이었다. 비서실장 김홍한이 이의를 제기하자 장면의 답은 이랬다. "미국 사람들이 이러는데 어떻게 내보내나."⁸⁵ 다음으로, 육군참모총장직을 사양한 건 어떻게 보아야 할까? 이에 대해 정대철은 이런 추론이 유력하다고 말했다. "장도영의 '사양'은 계산된 '연출'이었다. 그는 뒤로는 맹렬히 운동을 하고 다녔으면서 정작 앞에서는 겸손하게 사양하는 정치적 제스처를 취한 것이다. 그의 성향이나 이전 행태에 비춰볼 때 충분히 그랬을 법하다."⁸⁶

'미국 지원설'과 '장도영 장인 로비설'

장도영이 육군참모총장 임명을 받기 위해 구체적으로 어떤 연줄을 이용했으며 어떤 수완을 발휘했는지에 대해선 여러 설이 있다. 첫째, 미국 지원설이다. 육군참모총장 인사에 대해선 이승만 정부 이래로 미8군 사령관과 사전에 협의를 하는 것이 관례였던바, 매그루더가 장도영을 추천했다는 것이다.[87] 장면은 국방부 정무차관 우회창으로 하여금 매그루더의 의중을 살피라고 은밀하게 지시를 내렸다는 증언이 있거니와,[88] 영어에 능통한 장도영 부부가 평소 미8군 장성들과 아주 가깝게 지냈으므로 미군 쪽 추천이 강력하지 않았나 하는 설이다.[89] 이영신은 장도영의 둘째 부인인 백현숙의 영어·사교 실력에 무게를 둔다.

"그것은 전적으로 그의 아내의 눈부신 활약 덕분이었다. 미국 유학 출신인 그의 아내는 영어가 능통했다. 그로 인해서 한미 고급 장성들이 부부 동반으로 파티를 가질 때는 장도영의 아내는 단연 으뜸가는 스타였다. 그랬기 때문에 한국군 장성들 가운데서는 장도영만큼 미8군 장성들과 친숙한 장군도 없었다.……대학 시절 영문학을 전공했던 장도영 또한 영어가 능통했다. 한국 장성들 가운데에는 장도영만큼 영어에 능통했던 장군도 없었다. 그 영어 하나 잘하고 있던 덕분에 장도영은 미8군 장성들로부터 '유능한 한국군 장성'으로 인정을 받고 있기까지 했었다."[90]

둘째, 장도영의 장인과 민주당 실세의 관계에 주목하는 장도영 장인 로비설이다. 정대철에 따르면, "장도영의 장인은 당시 백내과병원으로 유명했던 백호기 박사로 현석호 국방장관, 김영선 재무장관 등과 경성제대 동창이다. 그들을 통해 유리한 입지를 확보했다는 증언이 많다. 또 그

'최악의 인사'라고까지 하는 장도영의 육군참모총장 임명과 관련해 평소 장도영과 친밀했던 미군의 입김이 작용했다는 주장이 제기되었다.

는 이태희 당시 검찰총장과도 먼 사돈뻘이 된다".[91] 이태희의 증언이다.

"현석호 장관을 통해 장도영 장인인 백 박사가 강력하게 총장 운동을 했어요. 당시 이한림 장군이 유력한 총장 후보로 거론되었는데, 장도영 장인의 강청에 넘어간 현석호가 뒤집어놓은 것이지요. 이한림 장군이 총장이 되었다면, 박정희가 5·16을 일으키지 못했을 거고, 일으켰더라도 성공하지 못했을 거예요. 아니 장도영을 제외하고 다른 어느 누가 육참총장이 되었어도 쿠데타는 성공하질 못했을 겁니다. 현석호는 사람은 더할 나위 없이 좋은데, 사실 국방장관에는 적임자가 아니었습니다."[92]

'정치자금설'·'뇌물설'·'어머니설'

셋째, 정치자금 관련설이다. 정치자금을 마련해주는 데 최경록은 '무능'한 반면, 장도영은 '유능'했을 것이라는 추론이다. 김세진은 『한국군사혁명의 정치학The Politics of Military Revolution in Korea』(1971)에서 1964년 최경록과 가진 인터뷰를 근거로 다음과 같이 말했다.

"육참총장을 사임한 지 수년 후 최경록 장군이 털어놓은 사임 이유는 장면 정부가 이승만이 즐겨 사용하던 정치술수인 군부로부터의 정치자금 헌납을 요구해왔기 때문이라 한다. 그는 군사자금에서 17억 환(약 250만 달러)을 헌납할 것을 장면 정부로부터 강요받았다고 주장하였다. 그는 자기가 이 요구를 거절한 까닭에 물러나게 되었다고 말했다. 최 총장의 경질이 발표되었을 때 국회가 보인 날카로운 반응으로 미루어보아 최경록 장군이 필자에게 말한 진실성을 의심할 여지는 없다."[93]

넷째, 인사 뇌물설이다. 원래 인사는 이한림으로 결정되어 있었다. 그래서 장면의 섭외비서인 박종률은 장면의 지시에 따라 민주당 정권의 실세인 신부 김철규와 이한림에게까지 인사 내용을 미리 통보했다. 그런데 이게 그만 밤 사이에 뒤집어지고 말았다. 선우종원의 증언이다.

"장도영은 부산 출신 오위영 의원에게 접근해 총장을 따냈다. 내가 반혁명으로 몰려 갇혀 있을 때 장도영도 갇혀 있으면서 내 증인을 선 일이 있었다. 옥중에서 내가 장도영으로부터 '오위영에게 2천만 환을 주고 총장을 했다'고 들은 얘기가 지금도 생생하다."[94]

정일형의 아내 이태영은 선우종원의 증언에 신뢰를 보내면서, "참모총장 자리가 수천만 원에 거래된 사실을 국무총리는 꿈에도 알지 못

하고 있었다"고 말했다.[95]

다섯째, 장도영이 육군참모총장 운동을 위해 민주당 의원 박순천을 '어머니'라고 부르며 찾아다닌 것이 도움이 되었을 것이라는 설도 있다.[96]

'박정희 로비설'과 '지연설'

여섯째, 박정희의 로비설이다. 박정희는 자신에 대해 깊은 동정심을 갖고 잘 대해주는 2군 사령관 장도영이 육군참모총장을 하는 것이 쿠데타에 유리할 것이라는 판단을 내리고 김재춘에게 힘 좀 써보라는 지시를 내렸다. 서울지구를 관할하는 제6관구 참모장으로 오랫동안 근무한 탓에 발이 넓은 김재춘은 민주당 실력자 오위영을 만나 장도영을 천거했다. 김재춘의 소개로 장도영은 1961년 1월 오위영을 만나 큰 절을 했다. 며칠 뒤 오위영은 김재춘을 불러 장면이 여러 사람 눈치를 봐야 할 것이니 장도영과 같이 박순천을 찾아가 인사를 드리라고 말했다. 장도영은 박순천을 찾아가 인사를 드렸는데, 여기서 '어머니설'이 나온 건지도 모르겠다.[97]

일곱째, 지연설地緣說이다. 이 인사에 이해할 수 없었던 김대중은 『역사와 함께 시대와 함께: 김대중 자서전』(1999)에서 어이가 없다는 듯 장면과 장도영의 "고향(평안도)이 같다는 영향도 있었을까?"라고 묻는다. 실제로 두 사람이 같은 평안도 출신의 '장씨 일족'이라는 지벌주의地閥主義로 장도영이 발탁되었다는 주장도 있다.[99]

지연설 중에서도 김세진의 지연설은 군부 내 지연地緣 투쟁은 물론 물론 대對의회 관계까지 포함하고 있다. 김세진은 「한국 군부의 성장 과정과 5·16」(1984)이라는 글에서 장도영이 "참모총장에 임명된 유일한 근거는 서북 출신이라는 점이라고 생각할 수밖에 없다"고 했다. 그는 "서북(평안도) 출신이 다수였던 장면 내각의 구성원들은 그들과 장도영 장군과의 지연地緣이 그의 확고한 충성심을 보장해주리라 기대했음에 틀림없다. 바로 이러한 이유 때문에 장 총장의 임명은 또 하나의 군민유착이라 풀이되었고 국회에서는 이에 대한 분노가 폭발하였다. 장도영의 육군참모총장 임명은 서북 출신에 의해서 군부와 민간 정치 양쪽이 모두 장악되는 전주곡으로 여겨졌다"며 다음과 같이 말했다.

"권력의 핵심원 바깥에 있던 군부 인사나 국회의원들은 아무도 새로운 긴장의 원천을 달가워하지 않았다. 서북파에 의한 군부의 독점적 지배는 훗날 5·16의 실행에 결정적 역할을 하는 관북파(함경도)의 저항을 초래하였다. 이북 출신이 많은 민주당 노장파에 대항하여 신풍회라는 새로운 파벌을 형성한 민주당 소장파 의원들에게 장 총장은 좋은 표적이 되었다.……한 신문기자(봉두완)에 의하면 군부와 입법부 간의 이러한 적대관계가 5·16 당시 장 총장이 민간 정치인의 공격으로부터 한 번도 자신을 감싸주지 못한 장면 정부를 배신한 필연적인 이유였다고 한다. 군부를 괴롭히던 이철승 의원은 5·16 당시 미국 여행 중이었는데 그는 군사정부의 보복을 두려워하여 귀국하지 못하였다. 그는 미국에서 2년간 망명생활을 하면서 1963년 '군정종식'까지 귀국하지 못하였다."[100]

'미국 지원설', '장도영 장인 로비설', '정치자금설', '뇌물설', '어머니설', '박정희 로비설', '지연설' 등 7개의 설 가운데 어떤 게 진실이건, 한 가지 분명한 사실은 장면 정부의 작동 방식이 너무도 전근대적인 것이었다는 점이다.

제6장

4·19 1주년:
'통분·치욕·울분'

"꽃다운 젊음 헛되이 갔는가"

4·19 1주년이 돌아왔다. 4월 19일은 조용했다. 서울대생의 침묵 시위가 있었지만 말 그대로 '침묵' 시위였을 뿐이다. 이날 아침 한 신문은 사회면 톱 제목으로 "꽃다운 젊음 헛되이 갔는가"로 국민의 불만을 대변했다.[101] 장면 정권은 국민의 신뢰를 얻지 못했다. 장면 정권이 아무리 잘했다 하더라도 기대 수준이 워낙 높아 신뢰를 얻기도 어려웠겠지만 환멸을 안겨주는 쪽으로만 질주했으니 국민의 성급함만 나무라기도 어려운 일이었다.

4·19 1주년 며칠 전 장면은 국회에서 유엔에서 논의된 한국의 통일에 관련해 "용공통일보다는 분단 지속이 낫고, 유엔 결의라고 할지라도 우리에게 불리하다면 받아들일 수 없다"고 발언해 정국을 소용돌이로 몰고 갔다. 신민당이 집중 성토를 가하는 가운데 신민당 의원 김영삼

은 이렇게 비판했다.

"이승만 독재도 통일을 하지 않겠다는 말은 하지 않았다. 분단 상황 지속 운운은 용서 못할 망언이다. 국내외 정세를 거역하지 말고 공산당을 이겨내는 자체 역량을 강화하는 데 주력해야 한다."[102]

이승만처럼 북진통일론을 주장했어야 한다는 말일까? 뭐 그렇게 흥분할 만한 발언이 아닌데도 극우 성향의 신민당 의원들조차 일제히 '망언' 공세를 폈다. 장면이 어떤 식으로 이야기하건, 시비는 붙게 되어 있었다고 보아야 할 것이다. 특히 4·19의 주역이었던 학생들은 '통분·치욕·울분'을 토로했다. 4·19 혁명 1주년을 맞이했을 때 서울대 학생들이 발표한 다음과 같은 선언문은 당시 4·19 주도 세력의 불만이 어떠했는지를 잘 보여주었다.

"우리는 그 싸움으로써 특권과 단독정부 사욕 위에 세워진 이승만 체제가 무너지라고 육박했다. 그러나 안팎으로 뿌리 깊게 박혀진 이승만적 반민족적 체제는 모습을 달리했을 뿐 본질에 있어서는 그대로 지속되고 또는 더욱더 나빠지기만 할 뿐이다.……뿐만 아니라 특권의식에 찬 그들에게 정권을 되돌려주는 실패를 가져왔다. 하나에도 열에도 통분이 아닐 수 없으며 거기서 지내온 이 1년간의 정치 기간은 치욕과 울분밖에 갖다준 것이 없다."[103]

그러나 이들이 느끼는 '통분·치욕·울분'은 장면 정권으로선 원초적으로 해소해주기 불가능한 것이었다. 이 '4월 혁명 제2선언문'은 "지금 이 땅의 역사 사실을 전진적으로 변혁시키기 위해서는 반봉건, 반외압 세력, 반매판자본 위에 세워지는 민족혁명을 이룩하는 길뿐"이라고 선언했기 때문이다. 이는 부르주아적 자유를 주장했던 1년 전 서울대의

'4·19 선언문'과는 크게 다른 것이었다.[104]

반면 고려대의 '4·19 시국 선언문'은 "통일을 기피하고 민족분열을 연장하는 집권자나 집정욕執政欲에만 급급하여 무모한 통일론으로 사회의 혼란만을 자초하는 혁신세력"을 동시에 비판하면서 북한 공산당의 간계奸計를 경계해야 한다고 주장했다.[105]

"가자 북으로 오라 남으로"

그런 '통분·치욕·울분'의 와중에서도 1961년 봄은 '통일논쟁'으로 뜨겁게 달아올랐다. 문자 그대로 '백화제방 백가쟁명百花齊放 百家爭鳴'의 시대였다.[106] 통일 열기가 뜨거웠다. 아니 광기라고 해도 좋을 정도였다.[107] 통일논쟁을 이끈 혁신계 내부의 분열도 극을 치닫고 있었다. 1961년 들어와 혁신계는 장건상의 혁신당, 김달호의 사회대중당, 최근우 중심의 사회당, 통일사회당의 4개 정파로 나뉘어 있었다. 남북교류운동과 중립화통일운동을 전개하기 위한 혁신계의 연합 조직으로 1960년 9월 15일에 발족된 '민족자주통일중앙협의회(민자통)' 준비위원회는 정파 싸움으로 몸살을 앓았다. 급기야 1961년 2월 21일 민자통에 참여하고 있던 인사 270명이 민자통의 통일방안에 구체성이 없다고 비판하면서 탈퇴해 '중립화 조국통일운동총연맹'을 발기했다.

'중립화 조국통일운동총연맹'은 "민자통은 단순히 민주, 자주, 평화적으로 통일을 하자는 것인데, 구체적으로 연방제를 내세우고 있는 이북의 안에 비해 너무 막연하다. 현재의 국제 상황으로 볼 때 우리는 미소의 군사적 완충지로 영세중립국으로 통일하는 것이 가장 이상적이다"고 주장했다. '중립화 조국통일운동총연맹'파인 고정훈은 민자통은 "좌익들의 모임이다"며 노골적인 불만을 터뜨리기도 했다.

이에 대해 민자통은 "상습적 분파주의자의 행동에 실망한다. 민자통은 중립화 통일을 배격 부정하는 것이 아니다. 민자통은 극악한 민족반역자를 제외한 모든 인사가 가담할 수 있는 조직체이며 나간 사람에 대해 문을 열어놓고 기다릴 것"이라는 성명을 발표했다. 2월 25일, 민자통은 예정대로 결성되긴 했지만, 혁신계의 반쪽짜리 조직이 되고 말았다.[108]

5월 3일 서울대 민족통일학생연맹(민통련) 대의원대회는 남북학생회담을 제의하는 결의문을 채택했으며, 5월 5일 민족통일전국학생연맹 준비회의가 개최된 자리에서 재차 결의문과 공동선언문이 채택되었다.

민족통일연맹 대의원대회는 남북학생회담을 제의하는 결의문을 채택했으며, 5월 13일 서울운동장에서 '남북학생회담 환영 통일촉진궐기대회'를 열었다.

북한은 즉시 민통련의 제의에 환영을 표하면서 회담을 서울과 평양에서 개최하자는 공식 성명을 발표했다.

5월 9일 학생들은 이북 학생들과 만날 것을 다짐하는 '정부와 기성세대에게 준다'는 성명을 발표하면서 정부는 학생회담을 방해하지 말라고 경고했다. 장면은 긴급 기자회견을 통해 "남북교류와 학생회담은 위험하고 비정상"이라면서 허가할 수 없다고 밝혔다. 5월 13일 민자통은 서울운동장에서 '남북학생회담 환영 통일촉진궐기대회'를 열었다. 이때 등장한 구호가 "가자 북으로 오라 남으로 판문점에서"였다.[109]

혁신계의 무책임성 비판

그러나 모든 사람이 이런 움직임에 다 동의한 건 아니었다. 아니 걱정하는 사람이 많았다. 『사상계』의 고정 필자였던 서울대 교수 김붕구는 이렇게 개탄했다. "남북중립통일을 부르짖는 학생들, 그것도 판문점에서 북한 학생들과 얼싸안고 함께 아리랑을 부르고 함께 울겠노라는, 철부지랄까, 천진난만하다고 할까, 참으로 어처구니없이 순진한 주장을 내걸고는 많은 동조 학생을 유인하고, 지프차를 몰고 다니면서 스피커를 교문에 들이대고는 자기네의 중립통일을 따르지 않는 자는 반동분자이며 민족반역자라는 무시무시한 협박까지 퍼붓는 판국이었다."[110]

김대중은 판문점에서 남북학생회담 개최, 한반도의 영구중립화를 위한 국민투표 제안 등은 모두 그 당시로서는 이해할 수 없는 무책임한 남북통일정책이었다고 비판했다. 그래서 1961년 4월경 혁신계 사람들에게 다음과 같이 주장했다는 것이다.

"이승만 정권기에 혁신세력의 중심이었던 진보당의 조봉암 씨는 아시는 바와 같이 공산당과 내통했다는 이유로 사형당했다. 여러분 중 다수도 공산당과 밀접하다는 이유로 교도소에 들어가지 않았는가? 그 세력에게 지금의 자유를 주었다. 하지만 그 자유를 지탱하고 있는 정권을 쓰러뜨리면 그 뒤에 등장하는 것은 군사정권 외에는 없다고 생각한다. 그렇게 되면, 또 혁신세력 사람들은 교도소에 들어가거나 목숨을 잃게 되든지 그 둘 중 하나가 될 것이다. '입술이 없으면 이가 시려진다脣亡齒寒'는 교훈을 떠올려야 한다."[111]

혁신계와 그들의 영향을 받았던 학생들이 순망치한을 떠올리기엔 민주당 정부에 대한 염증이 너무 컸겠지만 4·19 이후에 대한 과잉 기대의 문제도 있었을 것이다. 4·19 1주년을 맞아 쓴 글에서 정치학자 서석순은 이렇게 말했다.

"자유? 그렇다. 이 땅에 자유가 범람하고 있다. 그러나 그 자유는 국민들이 기대하였던 어떤 질서 내에서의 자유가 아니다. 오늘날 이 땅에서 횡행하는 자유는 '배고픈 자유', '실업의 자유', '생명과 재산에 대한 위협을 받는 자유', 그리고 '데모하는 자유'이다. 이러한 자유는 국민들이 기대했던 자유가 아니다."[112]

"데모로 해가 뜨고 데모로 해가 진다"

그러나 장면은 인내로 무질서와 혼란을 극복해나가는 것이 가장 바람직하다고 믿었다. 그는 1967년에 낸 회고록에서 "'국민이 열망하던 자유를 한 번 주어보자'는 것이 민주당 정부의 이념이었다"고 주장했다.

"귀와 입으로 배운 자유를 몸으로 배우게 하려는 의도였다. 이론과 학설로 배운 자유는 혼란을 일으키지만 경험으로 체득한 자유는 진정한 민주주의의 단단한 초석이 되는 것이다. 자유가 베푼 혼란과 부작용에 스스로 혐오를 느낄 때 진실한 자유를 얻는 것이다."[113]

장면의 그런 판단이 옳건 그르건 그것마저 무능으로 간주되었던 게 당시의 현실이었다. 대학생들마저 스스로 "민주주의는 한국에 적합하지 않다"고 자조自嘲할 정도였다. 그건 자조가 아니라 냉정한 판단인지도 모를 일이었다. 1961년 고려대생 377명을 상대로 여론조사를 실시한 결과, 86%는 서구민주주의를 한국에 적용할 수 없는 것으로 느끼고 있었다. 이들 가운데 40%는 "우리는 준비가 되어 있지 않다"고 응답했다. 30%는 "한국과 서구 간의 사회·문화적인 격차 때문에 민주주의 원칙들이 한국에서 아직은 실현될 수 없다"고 대답했다.[114]

그런 느낌이나 판단이 옳건 그르건 일단 한국에서 서구민주주의는 '시위의 자율'로 폭발되었던 건 분명했다. 민주당 정권 10개월 동안에 일어난 가두데모 건수는 총 2,000건이었으며, 데모에 참가한 연인원은 약 100만 명이었다. 제2공화국 시절 매일 평균 7.3건의 데모가 일어났으며, 매일 평균 3,867명의 국민이 서울 거리에서 가두데모에 참가했다.[115]

이 통계는 5·16 직후 5·16 주체세력이 쿠데타를 정당화하기 위해 발표한 것이긴 하지만, 데모가 너무 많았다는 데에 이의를 제기하는 사람은 없었다. 오죽하면 "데모로 해가 뜨고 데모로 해가 진다"는 말까지 나왔을까? 초등학생들이 "교사 전근 반대"를 내세워 데모를 했던가 하면 "어른들은 이제 데모를 그만 하라"고 요구하며 데모를 하기도 했다. 경찰관들은 국회의원이 경찰관의 따귀를 때렸다고 시위를 했으며, 논산

민주당 정권 10개월 동안 "데모로 해가 뜨고 데모로 해가 진다"는 말까지 나올 정도로 데모는 서울 거리에서 자주 일어났다. 급기야 초등학생들이 "어른들은 이제 데모를 그만 하라"고 요구하며 데모를 하기도 했다.

훈련소에서는 정훈부 사병들이 "송모 중령이 우리를 머슴처럼 부려먹는다"고 항의데모를 벌이려고 해 장교들이 가까스로 저지한 일도 있었다.[116]

그러나 그런 시위들로 인해 자유당 독재정권의 유산을 청산하는 일과 관련된 시위들, 예컨대, 6·25 때의 민간인 학살사건 진상규명 요구와 같은 것이 폄하될 수는 없는 일이었다. 문제는 '속도 조절'이었을 텐데, 장면 정부엔 국민적 신뢰를 바탕으로 그런 조절을 해나갈 능력이 결여되어 있었다.

"낭만적이며 관념적인 통일지상주의"

김동춘은 「민족민주혁명, 4·19」(1992)라는 글에서 장면 정부하에서 벌어진 혁신계의 통일운동이 "낭만적이었고, 철없는 짓이었다"는 비판에 강한 이의를 제기한다. 그런 비판은 5·16 군사쿠데타를 정당화하기 위한 보수 기득권 세력의 주장에 불과하다는 것이다. 그러나 김동춘은 동시에, 당시의 강고한 이데올로기 지형에서 이들의 요구가 다소 "민중적 감각과 호흡을 맞추지 못한 채 관념적으로 질주했다"는 한상진의 평가는 어느 정도 타당성이 있다고 인정한다.[117] 그러나 따지고 보면 그게 그거 아닌가? 말을 좀 거칠게 하면 "낭만적이었고, 철없는 짓"이 되는 것이고, 말을 좀 부드럽게 하면 "민중적 감각과 호흡을 맞추지 못한 채 관념적으로 질주했다"는 게 되지 않겠는가 말이다.

최장집이 「제2공화국하에서의 민주주의 등장과 실패」(1996)라는 글에서 잘 지적했듯이, 혁신계와 그 추동을 받은 학생들이 "제어되지 않은 열정으로 낭만주의적 급진주의에 빠져들었다"고 보는 것이 옳을 것이다. 최장집은 1960년은 세계적 수준에서의 냉전이 최고조에 달했던 시점이었으며, 60년을 전후로 한 시기에 북한의 김일성 체제가 주체노선과 유일체제를 강화하기 시작했다는 점에 주목한다. 그 두 가지 사실에 비추어볼 때에, "현실적 대안을 결여한 그들의 낭만적이며 관념적인 통일지상주의는 상황 인식에서부터 비현실적이었다"는 것이다.[118]

이처럼 장면 정부와 당시의 사회를 평가하는 데 늘 장애가 되는 것은 "5·6 주체세력의 역사적 왜곡과 전유專有"다. 즉, 그걸 염두에 두다 보면 그에 대한 반작용이 평가에 영향을 미치기 쉽다는 것이다.

김종필, "나는 혁명의 아버지였다"

4·19 1주년을 맞아 무슨 일이 일어날까 하고 거의 충혈된 눈으로 그날을 지켜본 사람이 있었으니 그가 바로 박정희였다. 그는 일부 사람들이 장면 정부에 대해 느끼는 '통분·치욕·울분'이 난폭한 행동으로 표출되기를 간절히 바랐다. 그걸 기화로 쿠데타를 일으키려는 속셈을 갖고 있었기 때문이다.

박정희는 이미 1961년 1월에 예편 명단에 올랐기 때문에 몸이 뜨겁게 달아 있는 상태였다. 예편 명단에 오른 장교는 모두 153명이었지만, 그중 1순위가 바로 박정희였다. 이즈음 육군 방첩대는 박정희의 집 앞에 군고구마 장수로 위장한 요원들을 상주시켜 감시체제를 가동하고 있었다. 박정희의 항의로 군고구마 장수는 철수했지만, 이 사건은 이미 달아오른 박정희의 체온을 더 높여주었을 것이다.

김종필과 그 일행도 몸이 후끈 달아 있었다. 1960년 말에 일단락된 16인 항명 사건이 재조사되면서 김종필과 석정선은 1961년 2월 15일 자진 예편 형식으로 군복을 벗었기 때문이다. 16인 항명 사건의 표면상 지휘자인 육사 7기생 김동복(대령)이 혼자만 파면당한 게 억울했던지 "우리의 배후엔 박정희와 김종필이 있다"는 요지의 폭로 문건을 군 당국과 총리실에까지 돌렸기 때문에 벌어진 일이다.[119]

졸지에 실업자가 된 사람들이 무엇을 하겠는가? 김종필은 훗날 5·16 군사쿠데타에 대해 "그전에는 구상 단계였고 사실상의 준비는 내가 군복을 벗고 뛴 석 달 동안에 이루어진 것이다"고 말했다.[120] 김세진은 「한국 군부의 성장 과정과 5·16」(1984)이라는 글에서 김종필의 실업자

생활이 5·16 군사쿠데타에 미친 영향에 대해 다음과 같이 말했다.

"이미 심각한 실업 문제로 허덕이고 있던 민간사회는 전직 정보장교에 전혀 관심을 기울이지 않았다. 또한 12년간 정보장교로 상당히 높은 생활수준을 유지해온 그가 민간생활에 적응한다는 것은 무척 어려운 일이었다. 그의 좌절이 더해 갈수록 그를 쫓아낸 군과 정부에 대한 그의 분노는 깊어만 갔다. 그와 그의 동료들은 스스로를 정당하고 정의로운 행동-정군운동-의 '희생자'라고 생각하였다. 민간인이 된 이들은 혁명에 필수적인 두 가지 요소, 즉 시간과 기동성을 마음대로 활용할 수 있게 되었다. 세 번째 요소인 자금은 김종필 중령의 집을 팔아 마련한 것이라 한다. 자신의 조직력, 재산, 동기생으로부터의 지원 등 모든 것을 바친 김종필 중령은 '나는 혁명의 아버지였다'라고 훗날 자부하였다."[121]

4·19 혁명의 한 이유가 대학생 실업 문제였듯이, 5·16 군사쿠데타의 한 이유도 주동자들의 실업이었다. 결국 5·16 군사쿠데타는 성공했고, 군사정부는 본격적인 실업자 조사에 착수했다. 완전실업자 수는 23만 명으로 발표되었지만, 믿을 건 못 되었다. '노력 동원'으로 끌려간다는 소문이 나돌면서 실업자들이 신고를 기피했기 때문이다.[122]

"5·16은 나의 것"이라고 생각하는 김종필의 강한 자부심은 억제된 형태로나마 쿠데타 성공 직후부터 조금씩 삐져 나오게 된다. 이는 훗날 박정희와 갈등을 빚게 되는 결정적인 요인이 된다(5·16 군사쿠데타 직후, 박정희가 대對미국 로비를 부탁한 매그루더의 정치 담당 보좌관인 제임스 하우스먼James Hausman, 1918~1996[중령]에게 "8기생 호랑이들이 나를 밀어내려 한다"고 불평을 했다는 주장도 있다).[123]

4·19 데모 유발 공작

16인 항명 사건의 후유증까지 겹치는 바람에 1961년 4월 초순, 박정희의 예편은 기정사실화되었으며, 예편 일자는 5월 하순경으로 되어 있었다. 박정희가 5·16 거사계획이 사전에 누설된 것을 무릅쓰고 마구잡이로 일을 벌이지 않을 수 없었던 이유도 바로 그런 절박한 사정 때문이었다.[124]

누구나 다 동의하지만 5·16 군사쿠데타는 사실상 드러내놓고 한 엉터리 쿠데타였다. 그렇지만 그것이 성공할 수 있었던 이유는 이제 곧 살펴보겠지만 '신기하다'고밖에 달리 표현할 길이 없었다. 박정희 지지자들은 '드러내놓고 한 쿠데타'를 박정희의 대담무쌍, 확고한 소신, 웅대한 비전 등으로 미화하지만, 그건 엄밀히 따지고 보면 '조폭 논리'와 유사한 것이었다. 박정희가 즐겨 쓰는 표현을 빌리자면, 무슨 일이건 '목숨을 걸고' 하면 목숨을 걸지 않은 사람들은 믿기지 않을 정도로 소심하거나 기회주의적으로 행동할 수밖에 없는 이치였다.

앞서 살펴보았듯이, 박정희가 1960년 5월 8일에 추진하려 했던 쿠데타는 4·19로 좌절되었다. 박정희는 이젠 4·19를 역이용하자는 발상으로 4·19 1주년을 학수고대했다. 대규모 시위가 일어나면 폭동 진압 작전을 내세워 쿠데타를 자연스럽게 해낼 수 있다는 계산이었다.

그냥 앉아서 기다릴 것인가? 아니었다. 어떻게 해서건 대규모 시위를 만들어내야만 했다. 김종필은 박종규(소령)에게 '4·19 데모 유발 공작'의 총책을 맡겼다. 3월 초순 박종규는 서울대, 고려대, 건국대 학생들을 포섭해 의식화 작업을 시작했다. 박종규는 자신의 신분을 위장하기 위해 기자를 사칭했다. 공작금은 300만 환. 학생들이 데모를 할 때 뿌릴 전단 2만 장도 준비했다. "학생이여 궐기하자! 4·19의 피가 헛되었다. 이런 사회를 만들기 위하여 피를 흘렸던가!"라는 선동 구호가 담긴 전단이었다.[125]

날이 갈수록 불만이 고조되고 있던 실업자들에게도 큰 기대를 걸었을 게다.(역사 산책 5: "우리에게 일터 주면 무력없이 멸공된다" 참고) 다른 준비 작업도 동시에 진행되었다. 이미 1년 전에 박정희와 같이 쿠데타를 모의했던 해병대의 김동하는 해병대 창설 기념일인 1961년 4월 15일을 거사일로 잡아 쿠데타 계획을 독자적으로 추진하다가 박정희 쪽의 계획을 다시 받아들여 육군과 손잡기로 했다.

1920년 함경북도 북단에서 태어난 김동하는 '퉁명스럽고 완고'한 성격 때문에 동기들 중 진급이 가장 늦었지만, '군사적 자질과 상대적으로 청렴결백한 생활' 때문에 '동료 장교들의 존경을 받았고 독선적 태도를 띠게' 된 인물이었다.[126] 이상우는 『박정권 18년: 그 권력의 내막』(1986)에서 "해병대 거사계획의 리더였던 김동하도 박정희와 마찬가지로 정치와 군의 질서를 자주 거론하여 불만을 토로했던 인물이었다"며 다음과 같이 말했다.

"이런 것이 이유가 되어 그는 허정 과도내각 때에 예편되고 말았다. 민주당 정권이 들어섰을 때 김동하는 여러 루트를 통하여 새로운 전신轉身을 청탁했다. 그 가운데 하나가 군수공장인 대전 피혁공장의 사장 자리였다. 그 가능성은 꽤 높았으나 끝내는 민주당 내의 자리 싸움에 밀려 허사로 돌아가고 말았다. 예편 후 취직도 못하고 할 일 없게 된 김동하 예비역 소장은 자연히 현실에 불만을 품게 되었고 그 돌파구를 쿠데타에

4·19는 일찍이 쿠데타를 계획했던 박정희에게도 큰 전환점이 된 사건이다. 1960년 5월 모의되었던 쿠데타가 4·19로 무산되자 박정희는 4·19 1주년 기념식의 대규모 시위를 예상하고 이를 역이용할 계획까지 세웠다.

서 찾게 된 것이다."[127]

김세진은 "김종필 중령과 같은 상황에 처한 김동하 소장은 해병대 지도부와 정부에 대하여 깊은 분노를 품었다"며 이렇게 말했다. "게다가 그는 대부분의 관북 출신 장교들처럼 장면 정부와 장도영 육군참모총장의 서북 편애에 분개하였다. 그리고 만주에서 얻은 혁명적 본능은 그가 5·16 참여를 결정하는 데 최종적인 원동력이 되었다. 김종필 중령, 박정희 소장, 김동하 소장, 이들 세 사람을 엔진, 선체, 연료로 하여 5·16은 출범하였다."[128]

창녀들과 포주들의 데모만 일어났다

육군참모총장 장도영은 반쯤 포섭해놓은 상태였다. 물론 양쪽의 주장이 각기 다르긴 하다. 박정희 쪽 주장에 따르면, 박정희는 1961년 4월 10일 육군본부로 장도영을 찾아가 쿠데타 계획을 밝혔다. "우리 혁명동지들은 이미 각하를 혁명의 최고 영도자로 모시기로 합의를 해놓았습니다." 장도영은 소극적인 반대 의사를 표명했다. 그러자 박정희는 묵인이라도 해달라고 요청한다. 장도영은 "글쎄요, 딱한 주문이오. 어쨌거나 나로서는 밀고 따위의 그런 비겁한 짓은 하지 않겠소. 그 점만은 안심하시오"라고 답했다. 박정희는 떠나면서 이렇게 말했다. "그럼, 우리들의 지도자가 돼 주시겠다고 약속하신 걸로 이해를 하고 돌아가겠습니다."[129]

반면 장도영은 박정희가 4·19 1주년을 4~5일 앞둔 일요일 아침에 육군참모총장 공관으로 찾아와 "4·19에는 꼭 무엇이 일어날 것입니다. 지금 2군 사령관도 부재중이고 해서 제가 대략 계엄시행 계획을 작성하여 보았습니다"라면서 접은 원고지 몇 장을 내놓고 간 게 전부였다고 말한다. 육군참모총장직에서 밀려나 2군 사령관으로 내려간 최경록은 미국 시찰 여행 중이었으므로 부사령관인 박정희가 그 역할을 대행하는 건 당연한 일이므로 장도영 자신은 별 의심을 하지 않았다는 것이다.[130]

5·16을 채 한 달을 남기지 않은 4월 어느 날 박정희는 영국 옥스퍼드대학에서 정치학 박사학위를 받고 귀국한 35세의 젊은 학자인 이동원

을 만난 자리에서 대뜸 이런 질문을 던졌다. "이 박사, 내 이 박사한테 물어 볼 말이 있소. 대답해 주시오. 나 쿠데타 할거요. 그런데 그러면 미국이 어떻게 나올 것 같소?"

훗날 외무부 장관을 맡은 이동원은 『대통령을 그리며』(1992)에서 "순간 난 쇠망치로 얻어맞은 느낌이었다"며 이렇게 말했다. "도대체 저 양반이 지금 제정신인가 싶었다. 초면初面에 하는 얘기치곤 너무 허황됐기 때문이었다. 조금 지나 가까스로 정신을 수습한 난 자세히 그를 살펴보았다. 그런데 그는 여전히 태연했다. 진짜 쿠데타를 하려면 이렇게 함부로 발설해도 되는가 하는 생각에 그를 살펴보았지만 분명 농담은 아니었다. 어느새 빈틈없는 그의 눈에서는 불이 나오고 있었다."[131]

이동원이 잘 보았다. 그즈음 박정희는 제정신이 아니었다. 이제 한 달 후면 자신은 군복을 벗어야 한다. 눈에서 불이 나오지 않을 리 없었다. 박정희는 눈에 불을 켜고 4월 19일 대구에서 새벽부터 하루 종일 서울의 학생들이 들고 일어났다는 연락이 오기를 기다렸다. 오전 10시부터 3만 인파가 참여한 가운데 서울운동장 야구장에서 열린 4·19 기념 행사 후 이어질 시가행진을 이용해 데모를 벌이게끔 공작을 했으니, 박정희는 아마도 점심도 거른 채 목을 빼고 기다렸을 것이다. 그러나 오후 내내 아무런 소식이 없었다. 저녁 8시 드디어 데모가 일어났다는 보고가 왔지만, 그건 박정희의 분통을 터지게 만들었다.

"그러나 각하! 창녀들과 포주들의 데모입니다. 약 30여 명의 창녀와 포주들이 매춘을 합법화하라고 서울역 앞에서 데모를 벌였습니다. 그 외로는 별일 없이 서울 거리는 평온하게 저물어가고 있습니다."[132]

왜 '데모 유발 공작'은 실패로 돌아갔던 걸까? 왜 2만 장의 삐라까지 미리 준비해놓고서도 한 장도 뿌리지 못했던 걸까? 공작은 박정희 일행만 할 수 있는 게 아니었다. 장면 정권도 세간에 떠도는 '4월 위기설'을 염두에 두고 단단히 준비를 했다. 군중 속에 약 2,000명의 사복 경찰관이 박혀 있었으며, 장면 정부는 학생들을 매수하기 위해 2억 환의 돈을 뿌렸다는 주장이 있다.[133]

| 역사 산책 5 |

"우리에게 일터 주면 무력 없이 멸공된다"

　1960년 11월 29일 낮 12시 30분 서울 사직공원에선 한국실업자협회가 주최한 전국실업자대책궐기대회가 열렸다. 『조선일보』는 "눈 자리가 채 녹지 않은 사직단에는 이날 대부분 허름한 잠바를 입은 서울 내 각 구별 실업자 대표들이 '플래카드'를 앞세우고 트럭 위에 마련된 본부석 앞에 줄지어 그들의 일자리 없는 설움을 대변하는 한마디 한마디에 묵묵히 귀를 기울였다"며 다음과 같이 말했다.

　"전국의 300만(협회 추산) 실업자가 있다는데 이날 궐기대회에는 약 1만 명이 모일 예정이었으나 날씨 탓인지 300여 명 밖에 모이지 않았다는 것이다. 대회장 주변을 경비하는 정사복 경관과 사직공원으로 들어가는 어귀에 있는 경찰피복창에는 기동경찰대가 400~500명 대기하고 있어 오히려 비실업자가 더 많다는 '아이러니'를 보여주었다. 대회는 국민의례로 시작되어 건의문을 채택하고 고문 선생들의 격려사가 있은 후

하오 2시경 시가행진으로 들어갔다."[134]

매번 규모는 작았을망정 한국실업자협회의 시위는 이후로도 계속되었다. 1961년 1월 6일 상오 11시 10분부터 약 30분 동안 서울 인사동에 있는 한국실업자협회 사무실에서는 실업자 약 30명이 모여 "정부는 우리 실업자들을 구제해달라"는 요지의 선언문을 낭독했다. 이들은 속옷 바람으로 시가행진을 할 예정이었으나 모인 회원 수가 적어 선언문 낭독으로만 끝냈다.[135]

1961년 2월 21일 상오 11시 반 서울시청 앞 광장에서 각 구별로 모인 한국실업자협회 회원 500여 명은 "정상배는 실업자를 이용 말라"는 등의 플래카드를 앞세우고 궐기대회를 열었다. 부녀자들이 많았던 이날의 대회에서는 "직업을 달라"는 외침과 함께 모 정당에서 실업자협회를 산하단체처럼 명의를 도용한 것에 대해서도 성토했다.[136]

1961년 3월 5일 『조선일보』에 게재된 「좁은 '사회의 문': 올해 실업고교·대학졸업생 취업 전망」이라는 기사에 따르면, 극도의 취업난 속에서 취업엔 이른바 '빽'이 필요했다.[137] 이는 실업자들의 불만을 가중시키는 추가 요인이 되었다.

1961년 3월 23일 상오 10시 반부터 한국실업자협회는 서울역 광장에서 "우리에게 일터를 달라"는 궐기대회를 개최했다. 2,000여 명의 회원은 "국토개발사업 서둘러서 우리들을 연명케 하라", "우리에게 일터 주면 무력 없이 멸공滅共된다"는 등의 플래카드를 내걸고 대회가 끝나자 시가행진에 들어갔다.[138]

1961년 4월 1일 밤 10시쯤 남산 약수터에서 안동훈이란 22세 청년이 전깃줄로 목을 매어 죽으려다가 순찰 경찰관에게 발견되어 살아났다. 세 번째 자살 미수였다. 그는 "실업 구제 없이 난국 타개 없다"는 유서와 "영화배우 김진규 씨에게 보내어 영화화해달라"는 유서 등 두 통의 유서를 갖고 있었다.[139]

신문망국론: 3신의 으뜸

신문, "때려야 잘 팔린다"

3신新이 민주당 정권의 파국을 초래했다는 주장이 얼마나 타당한지는 몰라도 그 가운데 으뜸으로 신문新聞을 꼽는 사람들도 있었다.[140] 민심과 여론은 당시 가장 영향력 있는 매체인 신문에 의해 형성되었다는 점에서 그렇게 보는 것도 무리는 아니다.

장면은 1961년 2월 4일 반도호텔에서 열린 관훈클럽 창립 4주년 기념 모임에 초청받아 '언론의 자유와 그 책임'이라는 강연을 했다. 그는 이 자리에서 "약간 과장해서 말하면"이라고 전제한 뒤 "북한 괴뢰의 앞잡이들이 『조선인민보』나 『해방일보』를 발행하겠다고 등록신청을 해도 막을 도리가 없을 만큼 완전한 언론출판의 자유가 허용되고 있다"고 말했다. 그러나 그는 "무책임하고" "사실을 의도적으로 왜곡하며" "독선적인"언론에 대해 우려를 표명하고 "자유를 수호하기 위해 모든 압제에 반대해야 하는 것과 같이, 자유가 자유 그 자체를 파괴하도록 방임해서도 안 된다"고 역설했다.[141]

그러나 당시 신문들의 장면 정부 비판은 "때려야 잘 팔린다"는 '시장 논리'에 따른 것이었기에 그런 주문으로 신문들의 정부에 대한 적대적 태도가 달라질 걸 기대하긴 어려운 일이었다. 수십 년간 권력에 일방적으로 당하고만 살아온 한국 민중에게 신문의 1차적 사명은 권력을 때리는 것이라는 정서가 강하게 배어 있었고, 신문들은 새롭게 얻은 무제한의 자유를 그런 민심에 영합하는 데에 바쳤던 것이다.『동아일보』기자였던 이웅희의 증언이다.

"저 자신도 후회하고 있는 것이 하나 있습니다. 어떤 문제인가 장 총리에게 질문하고 본사에 송고하였는데 석간을 펴보니 '장 총리 또 식언食言'이라는 표제가 톱으로 다뤄졌더군요. 제 생각에도 기사의 성질상 그런 표제가 붙여질 수 없는데도 그렇게 됐어요. 그러니까 장 총리로서도 정치인의 의무로 기자를 만나야 한다는 생각을 하면서도 괴로워했던 것은 틀림이 없는 것 같아요."[142]

정치적 비판은 부당한 것일망정, 장면 혼자 괴로워하면서 인내하는 게 바람직한 것이었을망정, 부정부패의 온상이었던 사이비 언론에 대해서만큼은 적극 대응했어야 했다. 그러나 장면 정권은 사이비 언론을 그대로 방치했다. 감히 그걸 건드릴 만한 역량이 없었다고 보는 게 옳을 것이다.

김정원은「제2공화국의 수립과 몰락」(1984)이라는 글에서 신문 권력의 남용을 포함한 사회적 혼란에 대한 장면 정권의 무력한 대응을 '자유 지상주의 이데올로기'라고 불렀다. 그는 "혼란을 야기토록 한 사태 중의 하나는 사이비 언론의 방종이었다"며 다음과 같이 말했다.

"시가지의 교통을 마비시키는 시위대가 '집회의 자유'를 구실로 하듯, 이들 사이비 언론들의 방종도 '언론의 자유'라는 기치 아래 보호되고 있었다.……이승만 정권을 뒤이은 민주당의 무능은 4월 혁명의 성공으로 의기양양해진 지식인들로 하여금 그들이 무엇을 지향해야 할 것인가를 깨닫지 못하게 하는 불안을 조성했다. 그로 인해 '민주주의는 한국에 적합하지 않다'는 말이 상투어가 되기에 이르렀다."[143]

사이비 언론의 '뜯어먹기 경쟁'

사이비 언론의 발호는 '신문망국론'을 낳게 했다. 장면 정권하에서 '신문망국론'은 유력지들의 일방적인 '장면 정권 때리기'를 더 문제 삼아야 할 일이었지만, 이 당시에 제기된 '신문망국론'은 사이비 언론을 대상으로 한 것이었다.

1961년 2월 11일 충남 논산에서는 400여 명의 시민이 '악덕 기자 물러가라'는 플래카드를 들고 시위를 벌였다. 논산훈련소 주변에 들끓는 400여 명이나 되는 기자의 각종 비리에 들고 일어선 것이다. 『한국일보』1961년 2월 22일자 사설은 "제1공화국은 경찰로 해서 망했고 제2공화국은 기자로 해서 망하리라는 소리까지 들린다"고 우려했다.[144] (물론 모든 신문에 다 문제가 있는 건 아니었다. 제2공화국 기간 중 나온 신문들 가운데 특기할 만한 것은 『한국일보』가 1960년 8월 1일 자매지로 창간한 『서울경제신문』과 1961년 2월 1일에 새롭게 출발한 『대한일보』이다. 『대한일보』는 한양대학

사이비 기자들은 광범위하게 포진해 있었다. 특히 '공갈 기자', '진드기 기자'들이 있었으며, 이들은 신분 위장을 위해 기자증을 판매했다. 그래서 사이비 언론을 방지하는 신문 등록 법안이 마련되었다.
(『경향신문』, 1961년 7월 28일)

교 총장인 김연준이 1960년 10월 19일에 인수해 경영해오던 『평화신문』을 개제 개제改題한 것으로서 사시社是로 '사랑의 실천'을 내세웠다.)[145]

『한국일보』가 1961년 2월 말 연재한 「기자가 취재한 기자군記者群: 공갈 기자」 시리즈는 다음과 같이 보도했다. "'공갈 기자'와 '진드기 기자'들에게는 전직이 있다. 연무대 주변에서 진을 친 이들의 대부분은 전직이 헌병대 문관 아니면 형사, 또는 CIC(방첩대) 군관, 이밖에 퇴역 군인이다. 그래서인지 '진드기' 기자들의 취재 태도는 이미 일어난 사건을 그대로 보고 듣는 것이 아니고 드러나지 않은 범죄를 탐색하고 사람을 취조하는-말하자면 '범죄수사'를 방불케 하는 것이었다."[146]

그런 사이비 기자들은 극소수가 아니라 광범위하게 포진해 있었다. 『신문편집인협회보』1961년 4월 5일자는 "일간신문보다 주간신문, 주간신문보다 일간통신이 이처럼 많은 신규 등록을 하게 된 대부분의 이면에는 미처 언론인으로서의 자세나 양식이 없이, 또는 기업 체제나 인적 구성조차 제대로 갖추지 못하면서 명예욕이나 악질적인 기업 의도에서 신문·통신을 발행코자 한 동기가 숨어 있다고 간파하지 않을 수 없다"며 다음과 같이 말했다.

"이들 악질 기업인은 재정 기반이 빈약하여 정기간행물을 부정기적으로 간행할뿐더러 그들이 스스로 채용한 사원들에게 적당한 보수를 지불하지 않는 경향이 많으므로 결과적으로 언론의 본래 사명에 배치되는 사이비 언론인, 공갈 기자를 낳게 하여 일종 사회문제가 되도록 하고 있는 실정이다."[147]

기자증을 판매하는 건 신문계에 널리 퍼져 있는 관행이었다. 그래서 5·16 주체인 소령 박종규도 쿠데타 음모를 추진하면서 신분 위장을 위해 한 통신사에서 가짜 사진기자증을 받아 활용했다.[148]

사이비 언론의 주요 목표는 군

사이비 언론이 주로 뜯어먹는 대상은 군軍이었다. 나라 살림이 워낙 가난한 가운데 그래도 각종 물자가 좀 쌓여 있는 곳은 군부대였기 때문이다. 게다가 군은 정치화되어 있어 장성급은 정치인과 다를 바 없었으며, 군을 마음대로 비판할 수 있는 언론 자유도 보장되어 있었다. 국방부 보도과장이었던 대령 이용상의 증언이다.

"일부 고위 장교들은 부정 때문에 기자들에게 약점이 잡혀 있었고 또 언론을 통해서 경무대에 잘 보이려고 기자들을 매수하기도 했습니다. 군의 문제점을 보도하는 데는 거의 자유롭던 시대이니 장성들은 기자들을 두려워하기도 하고 출세에 이용하려고도 했지요."[149]

5·16 중심세력이었던 영관급 장교들은 당시 사이비 기자들에게서 가장 많이 시달림을 받았던 대대장급 지휘관들이었다.[150] 한국 사회의 부패 수준에 대한 이들의 인식은 사이비 언론에서 많은 영향을 받았을 것이다. 그래서 이들은 쿠데타 후에 강력한 신문 통제를 하게 되지만, 쿠데타를 일으킬 결심을 하는 데에도 사이비 언론이 기여(?)했다고 볼 수 있다.

특히 박정희는 신문에 대해 강한 경멸감을 갖고 있었다. 박정희는 기자들을 호칭할 때 '그 자식들'이라는 식으로 안 좋은 감정을 드러내기도 했다.[151] 나중에 박정희 정권에서 공보부 차관과 KBS 사장을 지낸 최세경은 박정희의 신문 기피 이유를 "여순반란사건 때 적색분자로 낙인 찍혀 군사재판에서 무기징역을 선고받고 난 다음 특사로 풀려났으나 그후 늘 기자의 취재 대상이 되어 곤욕을 치렀기 때문"이라고 말하지만,[152] 사이비 언론이 미친 영향도 컸을 것이다. 5·16 직후 '악질 기자' 제1호로 지목되어 쫓겨났던 『조선일보』 국방부 출입기자 방낙영의 증언이다.

"자유당 시절 품귀 상태인 지프차 타이어를 구하기 위해 기자들이 동해에 있는 송요찬 1군 사령관을 찾아가 부탁하곤 했다. 그럴 때마다 사령관은 참모장인 박정희 소장에게 지시했는데 현장에 입회한 그는 멸시에 찬 눈초리로 '다음부터는 다른 데 가서 구걸하시오'라고 빈정대는 바람에 씁쓸했었다."[153]

『민족일보』의 창간

1961년 2월 13일에 창간된 혁신계 신문 『민족일보』는 장면 정권과 군사정권의 대對언론 대응 방식의 차이를 극명하게 보여주는 사례를 제공했다. 『민족일보』는 '민족의 진로를 가리키는 신문', '부정부패를 고발하는 신문', '근로 대중의 권익을 옹호하는 신문', '양단된 조국의 비애를 호소하는 신문'이란 슬로건을 내걸었다. 31세의 젊은 나이에 사장에 취임한 조용수는 창간호에 게재한 취임사에서 이렇게 말했다.

"인위적인 장벽에 의하여 분절된 우리 민족은 상호 간의 적시와 골육상쟁에 뒤이어 심각한 빈곤만을 경험해왔습니다. 또한 민족의 긍지를 저버리고 외세에 의존하여 15년간의 세월을 헛되게 흘려보내고 말았습니다. 우리 『민족일보』는 이러한 민족의 분열과 비애를 영속화시키는 일부의 작용에 대하여 온갖 정력을 기울여 싸울 것이며, 특히 적극적으로 남북간의 민족의식의 촉진과 생활공동체적 연대를 촉구하는 데 있는 지면을 과감하게 제공하는 것을 주요 임무라고 생각합니다."[154]

이 취임사가 시사해주듯이, 『민족일보』는 통일문제에 가장 큰 신경을 썼다. 폐간될 때까지 전체 사설의 32%인 43편의 사설이 통일문제를 다루었다.[155] 당시 언론계 동향을 알리는 『신문평론』 1961년 3월 6일자는 창간 3주일이 된 『민족일보』에 대해 "『민족일보』가 펜대만 들고 나섰다고 할 수 있을 정도로 허술한 차림으로 발족했지만 5만 부를 발행하게

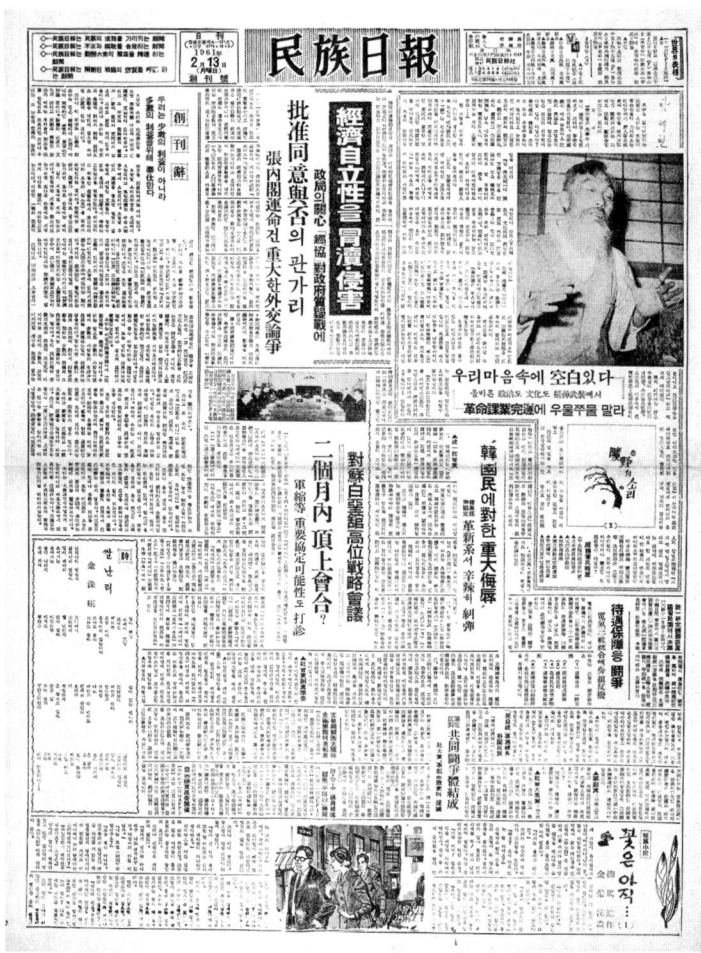

1961년 2월 13일에 창간된 『민족일보』는 '민족의 진로를 가리키는 신문', '근로 대중의 권익을 옹호하는 신문'이라는 슬로건을 내걸었다. 특히 통일문제에 가장 큰 신경을 썼다. (국립한글박물관 소장)

된 것은 어용지, 보수지의 장난에 증오감을 느끼기 시작한 국민들의 감정을 반영한 것이다"며 다음과 같이 말했다.

"그러므로 혁신계 신문의 발간을 기성 신문도 집권당이나 보수정파와 똑같은 이해타산으로 백안시하고 있다. 민주당 정부가 자기 무능과 부패성으로부터 탈출하려는 결의가 없고, 기성 언론계가 낡고 썩은 보수에 도취하여 장단을 맞추고 있는 한 혁신계 신문은 국민의 편에서 비약적인 발전을 해나갈 것이다. 『민족일보』는 그 첫걸음을 걷고 있는 것이다."[156]

『민족일보』의 편집 갈등

그러나 『민족일보』는 출발 때부터 사장 조용수와 주간 이종률 사이에 편집 방향으로 인한 갈등을 겪었다. 조용수는 '정치'에, 이종률은 '신문'에 무게를 둔 차이였다. 이종률은 창간호를 내자마자 신문사를 그만두겠다고 했다. 이종률은 조용수에게 "내가 이 신문사를 그만두겠다고 한 것은, 이 신문이 민족을 위하는 방법이 나의 평소 생각과 달라서 하는 것이네. 나는 이 신문은 대중적인 민족을 위한 신문이 되길 원했네. 그러나 지금 이 신문은 전체 민족, 아니 최소한 혁신계를 생각하는 신문이 아니라 혁신 정치인 쪽으로 기울어져 가는 신문이 되려고 하는 거라고 생각하네. 난 지금 날뛰는 일부 혁신 정치인들은 혁신의 혁자도 모르는 사람들이라고 보네, 그런 정치인과 가까워선 이 신문이 안 되네"라면서 다음과 같이 말했다.

"민족, 좋은 말이네. 내가 관심을 두고 있는 가장 큰 주제이지. 그러나 그것은 반제국, 반봉건, 반매판이라는 민족혁명을 통해 이루어져야 한다고 보네. 왜냐하면 후진성을 면치 못하고 있는 우리나라는 사유재산을 민주민족적으로 육성하는 것이 필요한 것이지, 자본주의의 수정, 또는 사회주의로의 전환이 필요하다고 하는 지금 사회주의 운운의 혁신계와는 차원을 달리하는 것이야. 그러나 『민족일보』는 지금 민주사회적 혁신 정치인들의 대변지가 되어가고 있는 것 같네."[157]

이종률은 『민족일보』의 제작에서 더 진보적 논조를 주장하며, 조용수에게 '보수반동'이라고 말할 정도였다고 한다. 조용수의 정치적 성향은 통일사회당계로 혁신계 우파에 가까웠다. 조용수는 1960년 7·29 총선시 사회대중당 후보로 공천을 받아 경북 청송군에 출마했다가 낙선하기도 했다.[158]

이종률이 그날로 신문사를 그만두었는지 아니면 계속 일을 했는지에 대해선 증언이 엇갈리지만, 이후에도 『민족일보』 내부에선 거의 매일 신문 제작자들과 경영진을 비롯한 혁신계 인사들 사이의 갈등이 끊이지 않았다. 3월 17일 취재담당 부국장 오소백은 회의석상에서 사의를 표명하면서 다음과 같이 말했다.

"혁신관계의 신문이 필요하다는 소신에서 『민족일보』로 왔소. 그러나 신문에는 전혀 문외한인 사람들, 특히 정당 관계자들이 신문의 편집을 좌지우지한다는 것은 있을 수 없는 일이오. 내가 이렇게 해서는 안 된다는 것을 누차 강조했고, 또 일부 인사들의 글에도 문제가 있다고 계속 지적하지 않았소. 이런 분위기에서는 나도 일할 수 없소.……조 사장은 일본에서 생활해서 국내 실정을 잘 모르는 것 같은데, 이렇게 나가다가는 분명 좌절할 수밖에 없어요. 또 내가 지적하는 것은 경영과 편집의 구분이라는 신문의 근본 문제이기도 하지만 실제 매일 벌어지고 있는 현실에 대한 우려요."[159]

『민족일보』와 장면 정부의 충돌

『민족일보』는 2월 8일에 체결된 한미경제협정이 2월 28일 국회에서 통과되기까지 7회에 걸쳐 사설을 통해 집중타를 가했다. 어찌나 비판이 격렬했던지 장면은 『민족일보』가 정권을 무너뜨린다고 생각했다. 장면의 공보비서관 송원영은 회고록에서 "『민족일보』는 창간 직후부터 계속 도각倒閣 공세를 폈다"고 썼다. 김철의 증언에 따르면, "하도 장면 정부를 비난하는 논설을 써대니까 장면 총리의 공보비서 송원영 씨가 『민족일보』 사무실로 달려와 기사를 빼달라고 사정을 하는 것도 여러 번이었다".160

장면 정부는 최후의 수단을 쓰기로 했던 걸까? 『민족일보』는 당시 국무원 사무처의 정부관리업체였던 서울신문사와 인쇄 계약을 맺고 신문을 발행했는데, 2월 28일 국무원 사무처는 서울신문에 『민족일보』의 인쇄 중단을 지시했다. 이 때문에 『민족일보』는 3월 3~5일 동안 휴간할 수밖에 없었다.

『민족일보』는 3월 6일자로 발행한 속간호에서 '제2공화국 언론자유탄압 제1호!'라는 대형 컷을 사용해 이 사건을 보도하고 1면 전체를 당국의 언론탄압이라는 주장으로 채웠다. '절대 자유 보장하겠다던 장 내각 집권 반 년 만에 국민기본권 유린'이란 부제가 붙은 이 머리기사는 인쇄 중단 경위를 밝히면서 다음과 같이 주장했다.

"4월의 언덕에서 피로 쟁취했던 우리의 언론 자유는 4·19 혁명의 그날을 무색게 하는 악랄하고 교활한 정부 탄압으로 무참히 짓밟히고 말았다. 혁명 후 만 1년이 채 되기도 전에 '자유와 정의'를 지켜나가야 할 제2공화국의 초대 장면 내각은 '언론 자유 보장과 창달'을 그렇게도 자랑하고 호언하였음에도 불구하고 집권 반 년 만에 '제2공화국 자유언론탄압 제1호'의 철퇴를 창간 후 겨우 18호를 발행한 본지에 내리고 말았다.……본지는 전근대적 보수정당으로서 4월 혁명의 찬란한 전리품을 공짜로 불로소득한 장 내각에 의해 첫 희생자가 되었다. 그러나 '민중의 공기'로서 '피해 대중의 전위'로서 만난에 굴치 않고 빛나는 민주주의와 민족 주체세력의 승리를 위하여 투쟁하려는 본지가 결코 이러한 탄압에 구애될 수는 없다."[161]

민주당 이상으로 보수적이면서도 민주당과 사사건건 충돌하고 있던 신민당은 "정부가『민족일보』에 대해 인쇄 중지 조치를 위한 것은 음성적인 언론탄압"이라고 비난했다. 신민당 의원 김영삼은 "그 신문이 장 총리의 마음에 안 맞는다는 이유로 탄압했다면 장 총리는 과거 이승 정권에 의해서『경향신문』이 폐간당하던 때를 상기하라"고 비판했다.

이에 대해 장면은 "언론탄압을 한 적은 없으며,『민족일보』는 정부관리기업체인『서울신문』외의 곳에서 인쇄하면 된다"고 응수했다. 민주당 대변인 김대중은 "우리 당으로서는 그 해약 지시에 대해 전혀 아는 바 없으며 또한 정부와 민주당 사이에는 아무런 연락도 없었다"고 주장했다.[162] 인쇄 중지 사태로 신문이 못 나온 날, '『민족일보』사태'의 구체적인 내용을 보고받지 못하고 있던 대통령 윤보선은 "왜『민족일보』는 안 가져왔느냐"며 비서진을 독촉해 당혹스럽게 만들었다.[163]

『민족일보』의 쿠데타 지지

"『민족일보』는 이데올로기 채택에는 신중하고도 합리적이었지만, 그런 신중성이나 합리성이 사건 보도나 논설에 세심하게 반영되었다고 평가하기는 어렵다.……저항집단의 장외투쟁을 부추기고 그들의 폭력성까지 선동한다는 오해를 받을 소지가 있는 태도를 여러 차례 드러낸 것이 그 예이다. 기사 제목에 주관적이거나 자극적인 용어를 많이 쓴 것도 정부 당국자에게는 대중적 저항의 선동으로 비쳤을 개연성을 부정할 수 없다."[164]

김민환이 『민족일보 연구』(2006)에서 내린 평가다. 그런데 흥미롭고도 놀라운 건 장면 정권의 "악랄하고 교활한 탄압"을 맹비난하던 『민족일보』가 5·16 군사쿠데타를 지지했다는 점이다. 조용수는 쿠데타의 주동자인 박정희에게 좌익 경력이 있다는 말을 듣고 박정희가 '혁신적 사고'를 갖고 있을 것으로 판단했다. 당시 조용수는 희망에 넘쳐 조금 흥분한 상태였다고 한다.[165] 조용수의 흥분은 『민족일보』 5월 18일자 사설에 반영되었다.

"끝으로 우방 제국에게 일언을 부치노니, 이 군사혁명이 발생된 원인을 깊이 이해하고 진정한 우호를 베풀어주기를 진심으로 희구해 마지 않는다.……우리들은 거듭 내치 외교에 획기적인 일신이 있고 민주적인 조명이 있기를 강조함으로써 이 획기적인 군사위원회의 혁명 과업 수행에 더 많은 영광 있기를 바라는 바이다."[166]

이미 5월 16일과 17일에 걸쳐 쿠데타군이 보여준, 장면 정권을 능가하는 '탄압'을 목격했을 『민족일보』가 그런 사설을 썼다는 건 5·16

주체세력을 혁신세력으로 오판했기 때문이다. 그러나 『민족일보』는 바로 그다음 날인 5월 19일 군사정권의 '빨갱이 만들기' 작전에 따라 폐간당하는데다, 간부 8명이 구속되고 발행인 조용수는 사형에 처해지는 참담한 비극의 수렁으로 내몰리게 된다.

 제8장

5월 16일: 장면의 잠적, 윤보선의 협조

"혁명은 숫자로 하는 게 아니다"

　박정희의 쿠데타 거사는 5월 12일로 연기되었다. 그러나 거사 정보 누설로 거사일은 다시 5월 16일로 연기되었다. 5월 14일 일요일 오전, 김종필의 셋째 형인 김종락의 서울 약수동 집에서 열린 마지막 회의에서 쿠데타 주체인 25명이 모인 가운데 박정희는 D데이 H아워가 5월 16일 새벽 3시임을 선언했다. 그전에 잡았던 거사일 4월 19일과 5월 12일이 두 번이나 연기되었기에 선언의 무게감은 더했다.

　박정희는 엄숙한 표정으로 "이제 어떤 일이 있더라도 D데이 H아워의 변동은 없다. 최후의 1인까지 싸워서 혁명을 성공으로 이끌어야 한다"고 말했다. 참석자 중 누군가 "출동 병력이 한곳으로만 몰리는 것 아닌가. 대구나 부산, 인천, 수원 등 지방 주요 도시는 어떻게 할 것인가"라고 걱정했다. 그러자 박정희는 "서울이 중요하다. 서울만 장악하면 나머지는 다 따라 나온다"고 안심시켰다.

사실상의 최고 주동자인 김종필은 이런 말을 했다. "혁명은 숫자로 하는 게 아닙니다. 의지로 합니다. 의지는 자기 몸을 집어던지는 겁니다. 이순신 장군이 사즉생 생즉사死卽生 生卽死의 결의로 부하들을 독려했습니다. 죽기를 각오하는 의지가 우리를 살릴 것이라고 생각합니다." 김종필은 마지막 장면을 다음과 같이 회고했다.

"마지막 분위기는 비장했다. 지금 우리가 헤어지면 다음에 만날 곳은 육군본부이거나 하늘나라가 될 것이다. 이승의 끝이 될지 모르는 동지들을 그냥 돌려보낼 수 없었다. 나는 신문지에 싸서 미리 준비한 100만 환(지금 1,000만 원 정도)을 그들에게 쪼개서 나눠줬다. 한 사람당 쌀 한 가마는 살 수 있는 돈이다. '오늘 집에 돌아가서 가족에게 양식이라도 사주시라'고 말했다."[167]

이처럼 박정희와 김종필이 쿠데타 음모를 꾸미고 있을 때 장면 정권을 무엇을 하고 있었던가? 장면은 그의 국무총리 재임 기간 동안 10여 차례나 쿠데타 정보를 보고받거나 입수했다. 근거 없는 설이 아니라 매우 구체적인 정보였다. 장면은 그때마다 미국 타령을 했다. 그는 매번 "미군이 있는데 어떻게 쿠데타를 하겠소"라는 말로 대응했다.[168]

거사 기밀 누설에도 김종필이 당황하지 않은 이유

장면의 못 말리는 미국 의존증, 그건 중증重症이었다. 1961년 초 이런 일도 있었다. 장면 정권은 국무총리실 직속의 중앙정보기관인 중앙정보연구위원회를 만들었는데, 미국 CIA 서울지부장 피어 드 실바Peer de

Silva, 1917~1978는 주미대사관 무관 출신인 이후락을 강력하게 밀었다. 장면의 부탁으로 이후락이 어떤 인물인지 알아보기 위해 나선 선우종원은 김정렬에게서 이후락이 "힘센 곳에 붙는 형편없는 군인"이라는 평가를 들었다.[169]

장면은 이 보고를 받고도 중앙정보연구위원회 실장(차관급)으로 이후락을 임명하려고 했다. 비서실장 김홍한이 이후락에 대해 아는 게 전혀 없지 않느냐며 이의를 제기했지만 장면의 대답은 간단했다. "미국이 좋다고 해서 시켰어." 그러나 5·16 군사쿠데타가 일어나자 가장 먼저 배신한 건 바로 이후락이었다. 그는 그쪽에 붙자마자 장면 내각을 격렬히 비난하는 성명을 발표했던 것이다.[170](그런가 하면 전 국회의원 박종률은 "이후락이 부산 출신 금권金權 정객 오위영에게 기대어 장면 총리를 움직였다"고 주장했다.)[171]

4월 초, 선우종원이 박정희와 장도영을 포함한 쿠데타 주동자 명단을 입수해 장면에게 전달하면서 장도영부터 인사 조치할 걸 요청했다. 그러나 장면에겐 마이동풍馬耳東風이었다. 오히려 선우종원에게 "아니, 참 이상하네. 선우 실장은 그(장도영)와 사이가 좋은 걸로 알고 있는데……"라며 딴전을 피웠다.

쿠데타가 일어나지 않고 '4월 위기설'이 지나가자 장면은 선우종원에게 오히려 "쿠데타는 무슨 쿠데타요" 하고 큰소리를 쳤다. 그 말을 들으면서 선우종원은 마음속으로 "이제 민주당 정권은 끝이다"는 생각을 하고 있었다. 그는 그 이유를 '정치 감각의 부재'에서 찾았다.

"정권을 잡은 민주당 신파들 중에는 안타깝게도 정치가 출신이 아닌 관료 출신이 많았다. 다시 말하면 정치 감각이 있는 사람이 드물었다는 이야기다. 정치는 강약 조절이 필수다. 때로는 혁명가처럼 강하다가도, 때로는 학자처럼 유약할 때도 있어야 한다. 그러나 장면 정부는 그걸 잘 조절치 못하고 유약한 것처럼만 비쳐졌다. 때문에 나는 '끝장'이라는 예견을 한 것이다."[172]

참으로 이상한 일이었다. 앞서 언급한 '거사 정보 누설' 사건을 보자. 두 번째 거사일은 5월 12일이었는데 주체세력 중 한 명인 육군본부의 이종태 대령이 경인 통근버스 안에서 옆자리에 앉은 동료를 포섭하기 위해 혁명 준비 상황을 발설했다. 이 동료는 방첩대에 밀고했다. 거사 계획은 서울지구 방첩대장(이희영 대령)→육군본부 방첩대장(이철희 준장)→장도영 육군참모총장(중장) 순으로 보고되었지만 방첩대의 손길은 쿠데타 주동자들에게 미치지 않았다.

이에 대한 김종필의 회고를 들어보자. 그는 "이 대령 한 명만 구속시키고 수사를 확대하지 않은 것이다. 다만 쿠데타 소문이 날짜까지 박아 군내에 널리 퍼지게 돼 부득이 그날 궐기를 중단했다. 우리들의 거사 계획은 여러 쪽에서 올라갔다. 그럼에도 보고를 받은 장도영의 군 수뇌부는 '그럴 리가 없다'고 신빙성을 두지 않든가 '대단치 않은 일'이라며 안이하게 대처했다. 거사 기밀이 누설됐다는 소식들이 들려왔다. 그러나 나는 위기감을 느끼지 않았다. 두렵거나 당황하지 않았다"며 다음과 같이 말했다.

"군과 정부의 무관심과 나태함이 어느 정도인지 잘 알고 있었기 때문이다. 거사가 성공하리라는 자신감이 은근히 생겼다. 기묘한 상념이 일었다. 1950년 6·25 남침 때다. 정보국의 박정희 작전정보실장(무관)과 북한 반장(중위)인 나는 1949년 12월에 전쟁 발발 시점과 징후를 정확하게 분석해냈다. 군 수뇌부에 보고하고 대비할 것을 건의했다. 하지만 군과 정부의 어느 누구도 우리의 보고에 귀를 기울이지 않았다. 대책 없는 안일함, 근거 없는 자신감이 그들을 지배했다. 그때 군 수뇌부는 알면서도 남침을 당했다. 그 11년 뒤 군 지휘부는 군사혁명을 눈치챘으면서도 당할 운명에 처해 있다."[173]

이범석과 김윤옥의 말싸움

장면 정부는 유약한 것처럼 비쳐진 정도가 아니었다. 유약했다. 몹시 유약했다. 그러나 문제의 핵심은 그게 아니었다. 매사에 유약했더라면 서로 양보도 해가면서 정치를 할 일이지 신·구파 간 이전투구는 왜 했겠는가? 장면은 장도영을 불러 선우종원의 쿠데타 정보를 확인하면서 선우종원의 이름을 댔다. 이 일 때문에 선우종원은 장도영의 미움을 사 나중에 이른바 '조폐공사 사장 반혁명 사건'으로 호되게 당하게 된다. 쿠데타 주동자 명단에 장도영이 올라가 있는데 장도영에게 대놓고 제보자의 이름을 밝히면서 쿠데타를 할 거냐고 묻는 장면의 행태, 한마디로 이야기해서 지도자로서의 자질 미달이었다.

5월 6일 민주당 의원 윤병한, 며칠 뒤 피어 드 실바가 쿠데타가 일어난다고 장면에게 또 경고했다. 박정희의 이름까지 알려주었다. 그러나 이때에도 장면은 "미국이 있는데 설마"라는 '주기도문'을 외워댔다.[174]

5·16 혁명 일주일 전 장면은 또 한 번 너무도 구체적인 쿠데타 정보를 입수하자, 이번엔 장도영을 불러 단단히 따졌다. "장 총장, 이것이 내가 당신에게 네 번째로 말하는 군부에 관한 정보야. 어떻게 된 일인

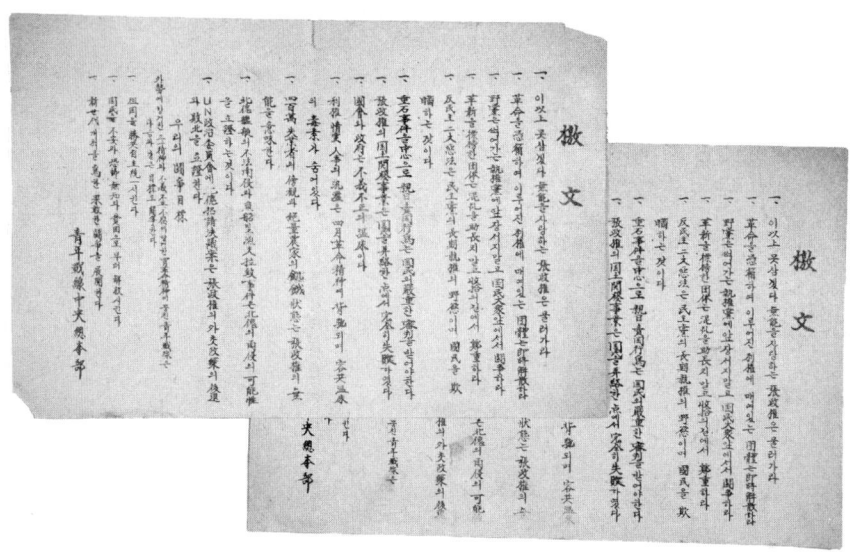

장면 정부는 몹시 유약했는데, 특히 장면은 지도자로서 자질 미달이었다. 청년전선중앙총본부가 장면 정부의 무능을 비판하면서 퇴진을 주장하는 전단지. (대한민국역사박물관 소장)

가?", "천만의 말씀입니다. 그런 일이 있겠습니까. 제가 있는 동안은 그런 일이 있을 수 없습니다." 5월 10일 장도영은 매그루더에게도 비슷한 대답을 한다.[175]

장면은 훗날 장도영에게 쓰라린 배신감을 토로하지만, 장면이 정작 믿은 건 장도영이 아니라 그 순간에도 미국이었다. 장면은 장도영도 미국의 뜻에 따라 살려주었고 미국의 뜻을 감안해 육군참모총장 자리에 앉히지 않았던가 말이다.

쿠데타에 신경을 쓴 건 장면보다는 오히려 그의 아내 김윤옥이었다. 쿠데타 주체세력은 영악하게도 수개월간 '역정보 공작'을 펼쳤다. 자신들의 쿠데타 음모에 대한 관심을 돌리는 동시에 쿠데타 정보의 가치 자체를 희석화하기 위해 다른 쿠데타설을 열심히 퍼뜨리고 다닌 것이다. 그래서 세간엔 족청계 쿠데타설, 공군 쿠데타설, 이철승 쿠데타설 등 여러 쿠데타설이 난무하고 있었다.[176]

족청계 쿠데타설을 접한 김윤옥은 왕년의 족청계 지도자인 이범석에게 전화를 걸었다. 양 집안은 서로 잘 아는 사이였다. 김윤옥이 그 설을 듣고 소문 확인 차원에서 안부 전화 겸 해서 전화를 걸었는데 이범석은 자신을 의심하는 것에 대해 벌컥 화를 냈다. "지금 세상에 족청계가 어디 있다고 그런 소리를 하는 거요? 당신네들 이젠 정권을 잡으니 족청의 망령까지도 때려잡지 못해 안달이오?"

몇 차례 안 좋은 말이 오고가다 김윤옥은 이범석의 '인격'을 문제 삼았고 이범석은 '여편네' 운운하면서 대판 말싸움을 벌였다는 것이다.[177] 김윤옥도 장면 정부의 일원으로 간주한다면, 장면 정부가 쿠데타설에 대해 진지하고 심각하게 대응한 건 이 '전화 싸움'이 유일한 것이었다고 해도 과언이 아니다.

거사 5시간 전에 발각된 쿠데타

5월 14일 일요일 오전 10시 쿠데타 주동자 24명은 김종필의 형인 김종락의 집에 모였다. 박정희의 인사말에 이어 제6관구 사령부 작전참모인 박원빈이 각 부대의 임무와 작전계획을 발표했다. 육군 제1공수단, 해병대, 제30사단, 제33사단, 제6군단 포병단, 제6관구 사령부 등이 쿠데타군의 주력부대였다.[178] 쿠데타 지휘본부는 영등포에 있는 제6관구 사령부였다. 육사 8기생으로 제6관구 사령부 작전참모인 박원빈을 통해

5기생으로 제6관구 사령부 참모장인 대령 김재춘도 합류했다. 제6관구 사령관인 소장 서종철은 쿠데타 음모를 전혀 알지 못한 가운데 참모장과 작전참모가 제6관구를 요리하고 있었던 것이다. 5월 15일 밤 12시 8기생 주동자들이 제6관구 사령부로 집결했다.

그러나 5월 16일 거사마저도 행동 개시 5시간 전에 정보가 누설되고 말았다. 이를 알게 된 제30사단장 이상국(준장)이 방첩대장 이철희(준장)에게 알려주고, 이철희는 요정 은성에서 회식 중이던 장도영에게 보고했다. 이게 밤 10시경이었다. 장도영은 서울지구 방첩부대에 임시지휘본부를 설치했다.[179] 5월 16일 새벽 1시 45분, 해병대 1개 대대가 한강다리를 향해 진격해온다는 보고를 받은 장도영은 육군본부 헌병대에 한강다리 사수 명령을 내렸다. 그러나 장도영은 중화기 무장에 반대하면서 카빈총만 가지고 가라고 명령했다. 게다가 한강다리를 막되 차가 1대 정도 통과할 수 있도록 여유를 남겨두라는 명령도 내렸다. 쿠데타를 막겠다는 뜻이 있다는 건지 없다는 건지 모두지 이해할 수 없는 명령이었다.[180]

5월 16일 새벽 2시 직전 박정희는 한웅진과 같이 제6관구 사령부를 나와 지프차로 공수단과 해병대가 있는 곳으로 이동했다. 거사 계획의 누설로 제30사단과 제33사단의 출동이 좌절되었기 때문에 이들은 초조감을 견디지 못해 계속 담배를 피워댔다. 두 사람은 이날 차 안에서 모두 6갑의 담배를 피웠다.[181]

5월 16일 새벽 2시쯤 국무총리 숙소로 사용하는 반도호텔 809호실에서 장면은 경호대장의 다급한 목소리에 깨어 일어났다. 육군참모총장 장도영이 다급한 일로 전화를 했다는 것이다. 장도영은 "육군 30사단이 장난질 하려는 것을 막았고, 현재 해병과 공수부대 일부가 서울로 들어오려는 것을 한강다리에서 막고 있다"고 보고했다. 해병대가 술에 취해 가지고 장난을 하는 것 같다는 말도 했다. 모든 게 불확실했다. 장면은 장도영에게 직접 와서 보고하라고 지시했지만 장도영은 오랫동안 나타나지 않았다.[182]

5월 16일 새벽 3시 20분 해병대 선두부대가 한강 인도교 남쪽 입구에 도착했다. 10분 뒤 총격전이 벌어졌다. 이 총격전으로 헌병 2명이 사망하고, 10여 명이 부상을 당했다. 쿠데타에 반대했다가 나중에 미국 망명을 떠난 당시 6군단장 김웅수는 이 총격전에 대해 이렇게 말했다. "제일 먼저 복권되어야 할 사람은 5·16 쿠데타 당일 날 한강교 위에서 희생당한 병사들입니다.……비록 적은 수이지만, 그들은 장도영의 위선적 지시에 복종했다가 애꿎은 희생을 당한 자들입니다. 그들이 복권돼야 제2공화국도 복권되는 겁니다."[183]

쿠데타군의 KBS 장악

포천을 떠난 제6군단 포병단(장교 68명, 사병 1,283명)은 3시 30분에 육군본부를 점령했다. 총성이 요란하게 들려오자 장면은 3시 35분경 경호대장 조인호 등과 함께 지프차를 타고 거리가 가까운 미국 대사관과 피어 드 실바가 묵고 있는 대사관 사택을 찾았지만 문을 열지 않아 들어가지 못했다. 그는 혜화동 카르멜수녀원으로 갔다. 그는 수녀원의 한 방으로 들어서자마자 기도를 드리기 시작했다. 그는 회고록에 "잠시 몸을 피하려고 아무도 짐작하지 못할 혜화동 수녀원으로 갔다"고 썼지만, 결코 '잠시'가 아니었다. 훗날의 역사가 말해주듯이, 그건 '영원히'였다.[184](이때 장면을 카르멜수녀원으로 이동시켜준 사람이 당시 주한미군 부사령관으로 정보 계통을 맡고 있던 존 위컴John Wickham, 1928~2024이었으며, 위컴은 한국에서 활동하던 한 유명한 미국인 신부를 가톨릭 신자인 케네디에게 보내 5·16 군사쿠데타 세력을 인정해주라는 로비를 벌이기도 했다는 설도 있다.)[185]

새벽 4시 대통령 윤보선도 장도영에게서 비슷한 전화를 받았다. 장도영은 한강 저지선이 무너졌다고 보고하면서 피하라고 말했다. 그러나 윤보선은 피신하지 않고 자리를 지켰다. 쿠데타에 동원된 병력은 장교 250명, 사병 3,500여 명이었다. 현역 해병준장 김윤근과 예비역 해병소장 김동하가 지휘하는 해병 제1여단 병력 1,000여 명, 중령 이백일이 지휘하는 육군 제30사단 병력 1,000여 명, 대령 문재준과 중령 신윤창이 지휘하는 제6군단 포병단 1,000여 명, 대령 박치옥 휘하의 제1공수단 500여 명, 제6관구 통신대 40여 명 등이었다.[186]

한강을 넘어 서울로 들어온 쿠데타군 주력부대는 제일 먼저 KBS를 점령했다. 새벽 4시 15분경 공수부대원이 기관단총을 들고 KBS에 나타나자 당시 숙직을 보던 PD 박종민과 아나운서 박종세는 보도실 책상 밑에 숨었다가 다시 구석방 텔레타이프실로 들어가 숨었다. 유병은은 『초창기 방송시대의 방송야사』(1998)에서 "그런데 잠시 후 별안간 '박 아나운서 나오시오'라고 하는 정중한 목소리가 들렸다고 한다. 책상 밑에 숨어 있던 박종세 아나운서는 '이제는 별수 없구나' 하고 생각하면서 공수부대원을 따라 응접실로 들어가 보니 별을 단 장군과 몇 명의 영관급 장교들이 서 있었다고 한다"며 다음과 같이 말했다.

"철모에 별 두 개를 단 박정희와 김동하 장군과 사복을 입은 김종필 중령 등이 있다고 하는 박종민의 증언이다. '박종세 아나운서요? 나 박정희입니다' 하고 무거운 표정으로 말을 건넸다고 한다. 박 장군은 궐기하게 된 취지를 또박또박 자세히 설명한 후 방송을 부탁했다고 한다.……5·16 혁명은 제일 먼저 방송국에서 막이 오른 것이며, 박정희 장군 및 김종필 중령 등이 박종세 아나운서의 이름을 이미 알고 있었던 것으로 보아 방송국 내부에 혁명군에게 협조한 인사가 있었으리라는 추측이 무성했다. 박종세 아나운서 한 사람만 5·16 혁명 유공자로 서훈된 바 있었다."[187]

KBS의 내부를 꿰뚫고 있었던 사람은 쿠데타를 일으킨 이날부터 자기 스스로 중령 계급장을 되찾아 현역에 복귀한 김종필이었다. 그는 예습을 철저히 해두었다. 공주중학교 후배인 방송작가 김석야를 만나 방송국 내부 구조에 대해 이것저것 묻고 방송국 안을 자세히 살펴보는 등 만반의 준비를 미리 해두었다는 것이다. 행진곡이 울려 퍼지는 가운데 박종세는 다음과 같은 '혁명공약'이 적힌 전단을 읽어 내려갔다.

KBS를 통해 전국에 전파된 '혁명공약'

친애하는 애국 동포 여러분! 은인자중隱忍自重하던 군부는 드디어 금조미명今朝未明을 기해서 일제히 행동을 개시하여 국가의 행정·입법·사법의 3권을 완전히 장악하고 이어 군사혁명위원회를 조직하였습니다. 군부가 궐기한 것은, 부패하고 무능한 현 정권과 기성 정치인들에게 더이상 국가와 민족의 운명을 맡겨둘 수 없다고 단정하고 백척간두百尺竿頭에서 방황하는 조국의 위기를 극복하기 위한 것입니다.

군사혁명위원회는

첫째, 반공을 국시國是의 제일의第一義로 삼고 지금까지 형식적이고 구호에만 그친 반공체제를 재정비 강화할 것입니다.

둘째, 유엔헌장을 준수하고 국제협약을 충실히 이행할 것이며 미국을 위시한 자유우방과의 유대를 더욱 공고히 할 것입니다.

셋째, 이 나라 사회의 모든 부패와 구악舊惡을 일소하고 퇴폐한 국민도의와 민족정기를 다시 바로잡기 위하여 청신한 기풍을 진작할 것입니다.

넷째, 절망과 기아선상에서 허덕이는 민생고를 시급히 해결하고 국가 자주경제 재건에 전력을 집중할 것입니다.

다섯째, 민족적 숙원인 국토통일을 위하여 공산주의와 대결할 수 있는 실력의 배양에 전력을 집중할 것입니다.

여섯째, 이와 같은 우리의 과업이 성취되면 참신하고도 양심적인 정치인들에게 언제든지 정권을 이양하고 우리들 본연의 임무에 복귀할 준비를 갖추겠습니다.

애국 동포 여러분, 여러분은 본 군사혁명위원회를 전폭적으로 신뢰하고 동요 없이 각인各人의 직장과 생업을 평상과 다름없이 유지하시기 바랍니다. 우리들의 조국은 이 순간부터 우리들의 희망에 의한 새롭고 힘찬 역사가 창조되어가고 있습니다. 우리들의 조국은 우리들의 단결과 인내와 용기와 전진을 요구하고 있습니다. 대한민국 만세! 궐기군 만세!

군사혁명위원회 의장 육군 중장 장도영.

이 '혁명공약'은 '혁명의 설계자'인 김종필이 이틀에 걸쳐 고심하며 쓴 것이다. "반공을 국시國是의 제일의第一義"로 삼은 것은 좌익 전력이 있는 박정희를 염두에 둔 것이었다. 이 공약을 인쇄하러 가기 전 박정희

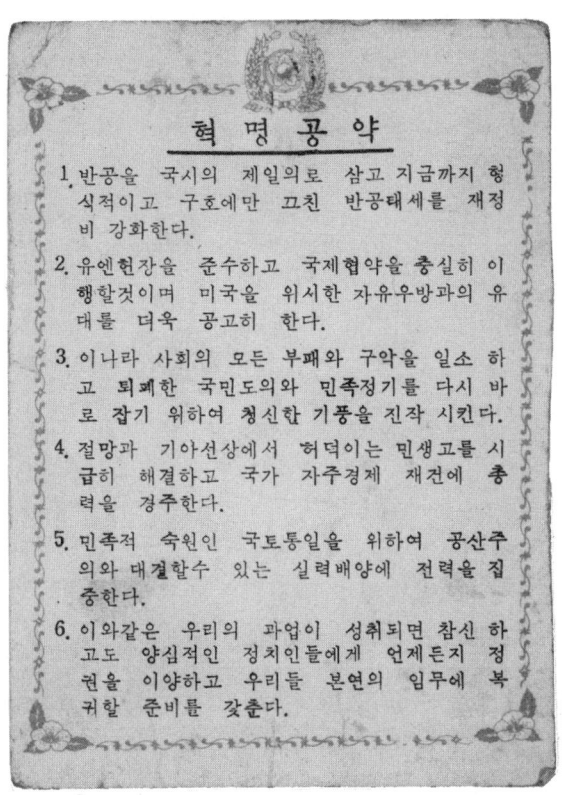

1961년 5월 16일, 박정희와 김종필을 중심으로 반란군이 선포한 6개 조항의 혁명공약이 인쇄되어 있는 카드. (국립민속박물관 소장)

가 반공 국시 조항을 읽으면서 김종필을 보고 빙그레 웃었다. 그러면서 혼잣말 비슷하게 "이거 나 때문에 썼겠구먼"이라고 말했다.[188]

목숨을 건 '사무라이 마니아'

4시 30분경 육군본부 참모총장실로 들어선 장도영은 이 방송을 들었다. 혁명공약이 자신의 이름으로 발표되었다는 사실에 대해 무슨 생각을 했을까? 장도영은 담을 하나 사이에 두고 있는 미8군 사령부로 가서 매그루더를 만났다. 왜 즉각 쿠데타 분쇄를 위한 조치를 취하지 않느냐는 매그루더의 추궁에 장도영은 동족 간에 피를 흘리는 일이 있어서는 안 된다며 방법이 없다고 대꾸했다.[189] 다시 육군본부로 돌아온 장도영에게 박정희가 인편人便으로 보낸 편지가 도달되었다.

"존경하는 참모총장 각하. 각하의 사전승인을 얻지 않고 독단 거사하게 된 것을 죄송하게 생각하옵니다. 그러나 백척간두百尺竿頭에 놓인 국가 민족을 구하고……민족적 사명감에 일철一轍하여 결사決死 감행하게 된 것입니다. 만약에 우리들이 택한 방법이 조국과 겨레에 반역이 되는 결과가 된다면……전원 자결自決하기를 맹서합니다."

장도영은 훗날 자신의 회고록에서 이 편지에 대해 이렇게 말한다.

"그 짧은 글에서 두 번이나 '결사決死', '자결自決' 운운했는데, 군인이 외적의 침략에 항전하여 목숨을 바치고 싸우는 것이지, 어찌 국가의 이념과 원칙을 배반하며 자기가 보위해야 할 정부를 전복하는 데 생명을 바친다는 것이냐. 그야말로 국가에 대한 반역이요, 국민에 대한 배신이며 군인으로서 가장 비겁한 행동이 아닌가."[190]

백번 옳은 말이었지만, 장도영은 자신이 말한 '국가의 이념과 원칙'을 지키는 데에 자신의 목숨을 걸지 않았다. 아니 자신의 야망과 저울질마저 하고 있었다. 그 차이는 매우 컸다. 왜 박정희는 '목숨을 걸고'라는 말을 좋아했던 걸까? 물론 쿠데타는 목숨을 걸고 하는 일이다. 그러나 박정희는 그 이상이었다. 그는 그 말에 심취해 있었다. 박정희는 거사 직전 자형姉兄(손위 누이의 남편)에게 보낸 시에서도 "일편단심 굳은 결의 소

원 성취 못하오면 쾌도할복 맹세하고 일거귀향 못하리라"고 썼다.[191]

박정희는 '사무라이 마니아'였다. 훗날 박정희가 죽었을 때, 한국에서 근무한 적이 있는 한 일본인 외교관이 자신의 저서에서 "대일본제국 최후의 군인이 죽었다"고 평한 건 박정희의 '사무라이 정신'을 잘 지적한 것이었다.[192] 박정희는 히틀러도 긍정적으로 보았다. 그는 어떤 점에선 사무라이와 히틀러의 결합 그 자체였다.

박정희·장도영의 '목숨 걸기' 게임

아침 7시경 육군본부에서 장도영과 박정희가 만났다. 장도영은 매그루더가 한사코 반대한다는 이유를 들어 박정희에게 "이번만은 민주당 정부에 충고하는 정도로 하고 병력을 철수시켜주시오. 거사는 불문에 붙이도록 하겠소"라고 말했다. 박정희가 "각하, 저희들의 지도자가 돼 주십시오. 저희들은 각하를 모시고 기울어져가는 이 나라를 재건하도록 하겠습니다"고 말하자, 장도영은 "나는 못합니다"고 말했다. 박정희는 또 '목숨을 걸고'를 외쳤다. "저희들은 모두 유서를 써놓고 집을 나왔습니다. 죽기 전엔 후퇴할 수 없습니다."[193]

오전 8시 30분 장도영의 제의로 육군본부 일반 참모들과 쿠데타군 측의 합동회의가 열렸다. "세계 쿠데타 사상 보기 드문 진풍경이었다. 아니 희극이라는 표현이 옳을지도 모른다. 쿠데타를 일으킨 자들과 그것을 반대하는 자들이 마주 앉아 연 회의. 여기서 어떤 결론을 도출해낼 수 있다는 것일까?"[194] 결론 도출의 방식은 단 한 가지였다. 누가 더 '목숨을 걸고'에 투철하느냐 하는 것이었다. 박정희는 먼저 이런 말을 했다. "우리는 죽음을 각오했습니다. 출동할 때는 유서를 쓰고 손톱까지 깎아 놓았습니다. 참모총장을 비롯한 여러분께서도 위기에 처한 조국을 구출하기 위한 우리들의 뜻을 받아들여 혁명 완수에 다함께 동참합시다."[195]

장도영은 앞서 했던 말을 되풀이했다. 장도영 측은 장성 10명 정도, 쿠데타군 측은 50여 명으로 영관급 중심이었다. 기가 막힌 하극상이 연출되었다. 중령들이 큰소리치고 별들은 얼어붙어 있었다. 제6군단 포병단 대대장 백태하는 "우리는 지금 혁명을 하고 있어. 말을 듣지 않으면 쏴 버릴 테야. 지금에 와서 누구와 타협한단 말인가?"라고 외쳤다. 이 고

합동회의에는 장도영 측의 장성 10명 정도와 쿠데타군 측의 영관급 50명 정도가 모였는데, 세계 쿠데타 사상 보기 드문 진풍경이었다. 『동아일보』는 1961년 5월 16일에 호외를 발행해 "오늘 미명 군부서 반공혁명"이라는 제목을 달았다.

298

함소리와 함께 뒤에 서 있던 소령 대위급 무리 쪽에서 찰칵찰칵 하고 권총의 안전장치를 푸는 소리가 들려왔다.[196]

기가 죽은 탓인지 장도영은 계엄령을 선포해달라는 박정희의 요청에 그건 자신의 권한 밖이라고 버텼다. 원대 복귀 주장에서 어느새 한 걸음 뒤로 물러선 것이다. 더 기를 죽여놓겠다는 생각에서였는지 백태하는 천장을 향해 차고 있던 권총을 꺼내 세 발을 쏘면서 "말을 듣지 않는 총장은 내가 쏴 죽여 버리고 말겠다"고 외쳤다. 신윤창과 구자춘은 육군본부를 점령한 제6군단 포병단 병사들로 하여금 공중사격을 명령했다. 1만여 발의 총알이 공중을 향해 발사되었다.[197]

길가에서 벌을 받는 국방부 장관

계엄령 선포만큼은 마지막으로 지켜야 할 선이었다고 생각했던 것이었을까? 장도영과의 담판에 실패한 박정희는 같이 대통령을 만나서 해결하자는 결론을 내렸다. 그때 해군참모총장 이성호, 공군참모총장 김신, 해병대 사령관 김성은이 육군참모총장실로 찾아오자 박정희가 이들에게 '쿠데타 브리핑'을 해주었다. 지지해달라는 박정희의 요청에 세 사람은 침묵으로 대응했다. 이들은 사실상 연금을 당한 상태에서 청와대 방문에 동행하게 되었다.

일이 여의치 않게 돌아가자 위기의식을 느낀 김종필이 곧장 KBS로 달려갔고, 일방적인 계엄령 선포는 라디오를 통해 흘러나오고 있었다. KBS는 9시 시보를 알리는 소리와 함께 아나운서 강창선이 나와 "군사혁명위원회는 오늘 오전 9시를 기하여 전국에 비상계엄령을 선포했습니다"는 글을 읽었다. 계엄령 선포자는 '군사혁명위원회 의장 육군 중장 장도영'으로 되어 있었다. 윤보선의 비서관 김준하의 증언이다. "몇 시간 전에 '쿠데타가 발생했으니 빨리 피해달라'고 대통령에게 보고했던 장 총장이 어느새 '혁명위원회 의장'으로 변신했단 말인가. 대통령도 비서 실장도 모두 아연실색했다."[198]

청와대로 가는 길에 장도영은 시청 앞 체육회 건물(지금의 플라자호텔 자리) 앞에 서 있는 국방부 장관 현석호와 체신부 장관 한통숙을 보았다. 그냥 서 있는 게 아니었다. 쿠데타군이 그들을 체포해 벌을 주고 있었던 것이다. 장도영은 차를 세우고 공수단장 박치옥에게 "시청 안으로 모셔라"고 지시를 내렸다. 박치옥은 수개월 전 장도영을 찾아가 공수단장에 임명해 달라고 부탁을 했고, 정도영은 그 부탁을 들어준 일이 있었다. 그다음 이야기는 박치옥의 증언으로 대신하자.

"장도영 총장은 '문제를 수습하기 위해 윤보선 대통령을 만나러 가야겠는데 현석호 장관을 모시고 갈 수 없겠소? 일이 끝나면 다시 보내드리겠소'라며 부탁조로 이야기했다. 혁명의 성공은 장 총장의 위세를 바닥에 떨어뜨려 놓았다. 이런 것이 혁명이기도 하다. 미안한 심정이었던 나는 선선히 응했다."[199]

오전 9시 10분 박정희 일행은 청와대에 도착했다. 박정희, 3군 참모총장과 해병대 사령관 외에 대령 유원식이 동행했다. 현석호도 체포된 상태로 끌려왔다. 박정희 일행 속엔 대령 김재춘도 있었다. 김재춘을 잘 아는 청와대 비서관 김남이 그를 본관 2층 비서실장 방으로 안내했다. 도대체 이게 어떻게 된 일이냐고 묻는 비서관들의 질문에 김재춘은 이렇게 대꾸했다. "장면 총리를 놓쳤습니다. 그들을 잡아 인천 앞바다에 있는 섬에서 재판을 해서 처단하려고 했는데 장관들이 도망가는 바람에 일을 그르쳤습니다." 김준하는 이 말을 아래층으로 내려가 윤보선에게 보고했다. 윤보선은 놀란 표정을 지었다.[200]

박정희와 장도영은 대통령이 있는 방으로 들어가기 전 입구에서 '권총 풀기' 신경전을 벌이고 있었다. 김준하의 증언이다. "두 사람은 좀처럼 권총 벨트를 풀지 않고 땅만 내려다보고 서 있는 것 아닌가. 서로 상대방이 먼저 권총 벨트 푸는 것을 기다리는 듯했다. 서로를 불신하는 기색이 역력했다. 긴장의 시간이 흘렀다. 정적을 깨고 장 장군이 먼저 권총 벨트를 풀었고, 박 장군이 그 뒤를 따랐다. 다음 순간 두 사람은 또다시 바닥만 쳐다보며 한마디 말도 없이 부동자세를 취했다. 적지 않은 시간이 또 흐른 다음 이번에도 장 장군이 점퍼 안주머니에서 소형 권총을 꺼내 경호실 경관에게 건넸고, 박 장군도 똑같은 행동을 취했다."[201]

윤보선, "올 것이 왔구나"

접견실에서 박정희 일행을 만난 윤보선은 "올 것이 왔구나"라는 말로 입을 열었다. 혼자 하는 말이었지만 소리가 워낙 커 다른 사람들도 그 말을 들었다. 현석호는 회고록에서 윤보선은 이 말에 이어 "나라를 구하는 길은 이 길밖에 없었다"면서 장면 정부에 비난을 퍼붓고 박정희의 거사에 찬사를 보냈다고 썼다.[202]

반면 윤보선은 훗날 "그들(박정희 일행)을 대하는 마음이 서글퍼 나도 모르게 이 말이 떨어졌고, 당시 사회적·정치적 혼란상을 생각할 때 당장 무슨 일이 터지고야 말 것 같아서" 한 말이었다고 해명했다. 간단히 상황 설명을 한 장도영의 말이 끝나자 박정희가 입을 열었다. 또 '목숨을 걸고'라는 말을 빠트리지 않았다.

"각하, 저희들은 각하를 절대적으로 존경하고 지지하고 있습니다. 이렇게 심려를 끼쳐드려서 죄송합니다. 저희도 처자가 있는 몸으로서 오직 우리 국가와 민족을 위하는 애국 일념에서 목숨을 걸고 이 혁명을 일으킨 것입니다. 국방부, 육본과 방송국을 위시해서 서울 전역이 지금 혁명군의 수중에 들어와 있고 계엄이 선포되었습니다. 이 결행을 지지해주시고 계엄을 추인해주시기 바랍니다."[203]

윤보선은 박정희의 요청을 거부했다. 윤보선은 "군인들끼리 피를 흘리는 일이 없도록 잘 수습하라"는 말로 발언을 끝냈다. 모두 물러갔다가 박정희와 유원식이 다시 들어왔다. 유원식은 "저희는 이 혁명을 인조반정으로 생각하고 있습니다"라면서 과거에도 대통령에게 충성을 다했고 앞으로도 변함이 없을 것이라고 다짐했다.[204]

1년 후 유원식은 윤보선과의 '사전 내통설'을 주장했다. 쿠데타 정보를 윤보선에게 미리 알려주었다는 것이다. 물론 윤보선은 그 주장을 부정했지만,[205] 그게 뭐 그리 중요할 것 같지는 않다. 윤보선의 선의가 그 무엇이었건, 결과적으로 윤보선이 쿠데타를 도운 건 분명한 사실이었기 때문이다. 박정희는 윤보선과의 만남에서도 '목숨을 걸고'라는 표현을 한 번이 아니라 여러 번 사용했던 것 같다. 그 자리에 참석했던 김준하는 "박 소장이 입버릇처럼 자주 사용하던 '목숨을 걸고……'라는 어휘가 아직도 이상하게 나의 머릿속에 인상적으로 남아 있다"고 회고했다.[206]

김준하는 현석호에 대해선 "처참한 모습이었다. 그가 입고 있던 양복 언저리에는 끈나풀로 포박을 당했던 자국이 선명하게 남아 있었다.

윤보선은 "올 것이 왔구나"라는 말로 박정희의 쿠데타에 찬성을 했다. 윤보선과의 면담 후 서울시청 앞에 서 있는 박종규, 박정희, 차지철.

어떻게 이런 일이 일어났는지 착잡한 심정이 나를 사로잡았다. 쿠데타로 짓밟힌 장면 정권의 현주소를 보는 것 같았다"며 다음과 같이 말했다.

"만감이 교차한 듯 일시에 분노가 터진 현 장관은 '이게 도대체 무슨 짓입니까? 국토방위를 해야 할 군인들이 이렇게 해도 되는 겁니까?'라며 울분에 찬 목소리로 눈앞에 있던 군인들을 꾸짖었다. 현 장관의 말이 떨어지자 유원식 대령이 벌컥 소리를 질렀다. '아니, 지금 어떠한 상황인데 그런 소리를 하는 거요?' 명색이 한 나라 국방장관 앞에서, 장관 명령에 절대 복종해야 할 장교의 불손한 언동을 나무라는 사람은 장도영 장군을 위시해서 단 한 명도 없었다. 더욱이 대통령 앞에서 말이다."[207]

박정희는 청와대를 나온 후 청와대에 들어가기 전보다 훨씬 자신감 있는 태도로 서울시청 앞에 모습을 드러냈다. 양쪽에 소령 박종규, 대위 차지철, 소령 이낙선 등을 데리고 서 있는, 그 유명한 사진은 바로 이때 『조선일보』 사진부 기자 정범태가 찍은 것이었다.

윤보선의 기회주의인가?

오전 10시, 제1군사령관 육군 중장 이한림은 고민하고 있었다. 이한림과 박정희는 만주군관학교 동기생이지만 나이는 박정희가 네 살 위였다(당시 이한림 40세, 박정희 44세). 휘하에 5개 군단(20개 사단)을 거느린 그는 쿠데타를 저지할 수 있는 가장 유력한 위치에 있었다. 그는 쿠데타에 반대했고 비판적인 자세를 취했지만, 쿠데타 진압은 망설이고 있었다. 고민하던 그는 장면의 출동 명령을 요청하는 밀서密書를 부관을 시켜 전달하도록 했다. 장면의 거처를 알 수 없으면 명동성당으로 가서 주교 노기남을 찾거나 경향신문사로 가서 사장 한창우를 만나서 전달하라는 말과 함께.[208]

오전 10시 18분 매그루더와 미 대리대사 마셜 그린Marshall Green, 1916~1998의 성명이 발표되었다. 그 요지는 쿠데타에 반대하며 "장면 총리 영도하의 합헌적인 정부를 지지한다"는 것이었다. KBS는 이미 쿠데타군에 의해 접수된 상태라 이 성명은 미8군 방송과 '미국의 소리'를 통해 전파되었다. 이 방송을 들은 윤보선은 10시 30분 매그루더와 그린을 불렀다(이 시점에서 윤보선이 매그루더와 그린의 성명을 듣지 못했다는 주장도

있다).²⁰⁹

오전 11시경 매그루더와 그린이 윤보선을 방문했다. 매그루더는 윤보선에게 "쿠데타군은 3,600명 밖에 안 된다. 충분히 무력진압을 할 수 있다. 대통령이 동의해달라"고 요청했다. 그러나 윤보선은 거듭된 요청에도 끝내 응하지 않았다. 그는 "국군끼리 전투를 벌여 서울이 불바다가 되면 북한 인민군이 기회를 노려 남침한다"는 논리로 버텼다.²¹⁰

윤보선이 "사령관 생각대로라면 차라리 미군을 동원해서 반란군을 진압하는 것이 어떻겠소?"라고 묻자, 매그루더는 이렇게 답했다. "우리 유엔군은 외적外敵이 아닌 내전에는 원칙적으로 개입할 수 없습니다. 대통령께서 국군을 동원할 수 있도록 허락해주신다면 이탈한 부대를 복귀시키겠습니다. 시가전을 염려하시지만 3~4만 대군이 서울 일원을 포위하고 공군을 동원하여 전단을 뿌리고 원대 복귀의 통로를 엄호하면 3일에서 1주일 사이에 유혈 사태 없이 진압할 수 있습니다. 각하께서 우리 요구를 들어주신다면 8군사령부의 본부중대가 청와대 경호를 맡아 각하의 안전도 보장할 것입니다."

윤보선은 더는 반박할 말이 없었던지 "내 생각으로는 대통령에게는 군통수권이 없다"고 말했다.²¹¹ 누구에게 군통수권이 있느냐 하는 문제로 장면 측과 다투던 8개월 전과는 딴판이었다. 12시에 청와대를 나온 매그루더는 "유엔군 사령부 예하 장병은 장면 총리가 영도하는 합헌 정부를 지지할 것. 한국군 지휘관들은 그들의 권한과 영향력을 구사하여 통치권이 즉각적으로 정부 당국에 돌아가도록 할 것을 기대한다"는 메시지를 띄웠다.²¹²

매그루더가 나간 뒤 윤보선과 더 대화를 나눈 그린은 "각하의 이번 결정으로 한국에서는 오랫동안 군부 통치가 계속될 것"이라는 경고를 남기고 돌아갔다.²¹³ 미 국무부 차관 체스터 볼스Chester Bowles, 1901~1986는 라오스 문제를 논의하는 국제회의에 참석차 제네바에 가 있던 국무부 장관 딘 러스크Dean Rusk, 1909~1994에게 보낸 17일자 보고서에서 이렇게 말했다.

"윤 대통령은 (청와대 요담에서) '장면 정부에 대한 국민들의 환멸과 불만족은 확산되었고 부정은 광범위하고 정부의 상층부까지 오염시키고 있으며 한국은 강력한 지도력을 필요로 하고 있었는데도 장면은 그런 지도력을 제공하는 데 무능했다'고 지적했다. 윤보선은 국회 내외의 인물을 망라하는 거국내각을 구성하면 이 문제를 해결할 수 있다고 믿는다고 했다."²¹⁴

매그루더는 윤보선과의 면담 후 미 합참의장 라이먼 렘니처Lyman Lemnitzer, 1899~1988에게 보낸 5월 17일자 전문에서 미8군 방첩대CIC가 구경꾼들을 대상으로 한 약식 여론조사에서 쿠데타 찬성이 40%, 반대가 40%, "지지는 하지만 시기가 빨랐다"는 답이 20%가 나왔다는 걸 밝히면서 윤보선에 대해 이렇게 말했다.

"윤 대통령은 헌법을 지켜야 한다고 립서비스를 하고 있지만 쿠데타가 정적政敵인 장면 총리를 제거하고 새로운 정부를 구성하는 데 있어서 받아들일 수도 있는 방법이라고 생각하는 듯하다. 그는 장면을 교체하고 싶어 하는데 이 목적을 달성하기 위해 가장 적법한 방법이 무엇인지를 찾고 있는 것 같다."²¹⁵

계속 쿠데타를 도운 윤보선

　12시 20분 이한림은 매그루더의 메시지를 받았다. 그러나 이한림은 그 메시지가 즉각적인 출동 명령은 아니라고 판단해 다시 고민하면서 파견한 밀사의 연락을 기다리기로 했다.[216] 12시 30분 이한림의 밀사가 경향신문사 사장실에 도착했다. 그러잖아도 장면의 행방을 몰라 속을 태우던 한창우 일행은 더욱 애가 탔다. 누군가가 장면의 운전기사를 잡아다 족치자는 제안을 했다.[217]

　1시 15분, 장도영은 혼자서 윤보선을 방문했다. 그는 쿠데타군이 자신에게 계엄사령관직을 맡으라는 요구에 대해 상의하러 왔다고 말했다. 그는 중령들이 육군본부를 포격해버리겠다고 협박하는 것에 시달리다 못해 찾아온 것이었다. 장도영은 매그루더와 그린의 반대 때문에 이러지도 저러지도 못하고 갈팡질팡하고 있었다. 윤보선은 계엄사령관직을 수락하는 게 좋겠다고 대답했다.[218]

　1시 40분, 윤보선이 부른 사람들이 청와대를 방문했다. 참의원 의장 백낙준, 『동아일보』 사장 최두선, 『조선일보』 주필 홍종인, 『한국일보』 사장 장기영 등이었다. 네 사람 모두 윤보선의 대응에 긍정적인 태도를 보였고, 최두선은 일선 장병들에게 동요하지 말고 주어진 임무에 충실하라는 친서를 전달하는 게 좋겠다는 제안을 했다.[219] 그러나 김준하는 그 친서가 장도영의 강력한 요구 때문이었다고 말한다.[220]

　이 청와대 방문시 장기영은 민망할 정도로 투철한 '기자 근성'을 보여주었다. 체중이 100킬로그램이 넘는 거구를 가진 장기영이 여기저기 들쑤시고 다닌 것이다. 당시 청와대의 분위기를 이해하는 차원에서라도 김준하의 증언을 들어보는 게 좋겠다.

김준하는 "이날 장기영 『한국일보』 사장이 보여줬던 직업의식에 나는 놀라지 않을 수 없었다. '대기자'라는 별명을 가졌던 장 사장은 청와대에 들어서기가 무섭게 경비하던 경찰관을 붙들고 '박 소장이 무슨 옷을 입었던가? 장도영 장군과 같은 차를 타고 왔던가? 경호원은 몇 명이나 대동했던가?', 비서를 만나서는 '두 장군이 무슨 말을 했던가? 대통령을 대하는 태도가 어떠했던가?'라며 메모지를 들고 다니면서 신문 기자 못지않게 취재를 하고 다녔다"며 다음과 같이 말했다.

"나는 장 사장의 그러한 태도가 몹시 못마땅하게 여겨졌다. 기관단총으로 무장한 군인들이 총을 예치하지도 않은 채 군화를 신고 청와대의 빨간 카펫을 짓밟고 다니고, 대통령 집무실을 무단으로 들어가기도 하고, 국방장관이 헌병들에게 끌려오기도 하는 등 이러한 비상사태를 몇 시간 동안 겪은 나로서는 직업의식에 사로잡힌 장 사장의 행동이 밉도록 원망스럽게 보였다. 나는 참다못해 '장 사장님, 지금이 어느 때인데 취재를 하려고 하십니까?'라고 정색을 하며 항의를 했다. 장 사장은 쑥스러운 표정을 지으며 대통령과 면담을 하기 위해 소회의실로 들어갔다."[221] (장기영은 『한국일보』 사옥에 불이 났을 때 갑자기 소방수 손에서 소방호스를 뺏어 쥐고는 "야, 사진 찍어! 사진 기자 없어?" 하고 소리쳤다는 전설도 있다.)[222]

수녀원에 꼭꼭 숨어 기도만 드린 장면

3시 30분, 경향신문사 사장실에서는 장면의 운전기사를 1시간 30분째 추궁하고 있었지만 운전기사는 계속 모른다고 버티고 있었다. 주먹으

로 때려 운전기사의 코피가 터지고 눈두덩이에 주먹만 한 혹이 생길 정
도로 맞았는데도 그는 끝까지 모른다고 부인했다. 함구하라는 장면의 명
령을 지키려는 그의 투철한 복종심만큼은 장면을 빼박은 것이었다.[223]

    4시 30분, 육군본부로 돌아온 장도영은 박정희를 만나 계엄사령관
직과 혁명위원회 의장직을 맡겠다고 말했다. 장도영이 정권 인수 문제를
위해 윤보선과 상의를 위해 다시 청와대를 방문하겠다고 하자, 박정희는
장도영에게 "기왕에 청와대를 방문하시려거든 대통령께서 사태 수습을
위해 대국민 방송을 해달라고 요청해 주십시오"라고 말했다.

    오후 5시 30분에서 6시 사이에 윤보선을 만난 장도영은 장면과 각
료들의 신변안전을 보장할 테니 안심하고 나오라는 담화를 발표해달라
고 요청했고, 윤보선은 이 요청을 수락했다.[224] (이에 대해 김준하의 증언은
좀 다르다. 저녁에 장도영 혼자서 청와대를 찾아와 윤보선에게 "저도 모르는 사이
에 혁명위원회 의장 감투를 쓰게 됐습니다. 수락해도 좋겠습니까?"라고 묻자, 윤보
선은 "수락할 수밖에 없지 않느냐"고 찬의贊意를 표하면서 장도영에게 "장면 총리
와 장 내각 각료들에 대해 위해를 가하지 않을 것을 보장하라"고 요구했고, 장도영
은 "책임을 지고 보장한다"고 다짐했다는 것이다.)[225]

    6시, 장면 수색작전에 나섰던 장면 측근인 총경 노영균(치안국 인사
계장)은 을지로 4가에서 우연히 장면의 경호관인 조인호와 마주쳤다. 조
인호는 혼자 집을 지키고 있는 딸이 걱정되어 장면의 허락을 받고 잠시
카르멜수녀원을 빠져나왔던 것이다. 노영균이 장면의 행방을 묻자 조인
호는 모른다고 잡아뗐다. 애가 타 거듭 물어도 계속 부인했다. 운전기사
나 경호원이나 모두 장면의 미련할 정도의 고지식함을 그대로 빼박은
인물들이었다. 이와 관련, 이영신은 『격동 30년: 제1부 쿠데타의 새벽

①』(1992)에서 다음과 같이 말했다.

"이 시간까지는 아직도 희망은 있었다. 그러므로 조인호가 장면의 은신처를 노영균에게 밝히기만 했어도 역사의 궤도를 제자리로 수정해 놓을 충분한 시간적 여유가 있었다. 그것을 조인호는 모른다고 딱 잡아뗐던 것이다. 곤두박질하려는 역사를 바로잡을 절호의 기회가 조인호의 고지식함으로 해서 또다시 그 기회가 잃어지고 말았던 것이다.……이것이 이미 정해진 '국가적 운명'이 아니고야 어찌 이다지도 자꾸 일이 꼬일 수만 있었겠는가! 인간에게 운명이 있듯이 나라에도 운명이라는 게 있는 것이 아니냐 하는 생각이 자꾸 안개 퍼지듯 일기만 한다."[226]

16일 하루에만도 카르멜수녀원엔 여러 통의 전화가 걸려왔다. 장면 측근들의 전화였다. 그러나 수녀들 역시 장면의 운전기사나 경호원과 다를 바 없었다. 그들도 장면이 없다고 딱 잡아뗀 것이다. 수녀들이 측근과의 연락은 하는 게 좋지 않느냐고 장면에게 이야기하면, "얼굴을 감싸며 나직하게 천주님을 불러 보곤" 하는 게 장면의 답이었다. 장면은 장도영에 대해서도 "그 사람이 그럴 수가……"라고 중얼거리고는 벽에 걸린 십자가 앞에서 무릎을 꿇고 기도를 하기도 했다.[227] 아마도 장도영을 용서해달라는 기도를 드렸을지도 모르겠다. 밤 10시 30분, KBS는 윤보선의 특별담화를 방송했다.

"장 총리 이하 전 국무위원은 한시바삐 나와서 이 중대한 사태를 성의 있게 합법적으로 처리하여 주시기 바랍니다. 군사혁명위원회의 말에 의하면 국무회의에 출석하는 모든 국무위원들의 신변은 보장된다고 합니다."[228]

불법 쿠데타가 일어났는데 '합법적으로 처리'한다? 윤보선은 말이 안 되는 말을 하고 있었다. 윤보선은 쿠데타에 대해 소극적 협조를 하고 있었던 것이다. 쿠데타인가, 혁명인가? 5월 16일 오전 '호외'를 낸 『조선일보』는 "오늘 새벽 군부 쿠데타", 『동아일보』는 "오늘 미명 군부서 반공혁명"이라는 제목을 뽑았다.[229] "성공하면 혁명이고 실패하면 쿠데타"라는 세간의 속설에 따라, '혁명'이 우세한 듯 보였지만, 이는 역사적으로 60여 년 후에도 하나로 통일되지 않는, 아니 통일될 수 없는 영원한 쟁점이 된다.

제9장

5월 17일: 장면의 '미국 숭배증'의 비극

쿠데타에 만세를 부른 신민당

1961년 5월 16일 밤 10시 30분 대통령의 특별담화가 나간 후 윤보선은 비서관 김준하를 불러 이한림과 각 군단장에게 보낼 친서를 준비하라고 지시했다. 5월 17일 오전 10시, 윤보선이 부른 사람들이 청와대에 모여들었다. 민의원 부의장 이영준, 신민당 당수 김도연, 서울대 법대 학생 신태환, 고려대 교수 남흥우 등이었다. 윤보선은 이들을 대상으로 약식 여론조사를 실시했다. 야전군의 출동을 저지하는 친서를 보내는 문제에 대해 의견을 물었더니 모두 찬성이었다. 야전군으로 떠날 밀사는 윤보선의 비서관 4명이었고, 이들에겐 L-19 경비행기가 제공되었다.[230]

비서관들이 작성한 친서의 원문은 "우리나라가 이 중대한 사태를 수습하는 데 불상사가 발생하거나 조금이라도 희생이 발생해서는 안 된다는 것입니다"는 것이었다. 윤보선은 손수 '불상사가 발생하거나'를

'피를 흘리는 일이 발생하거나'로 수정했다. 비서관들이 '피'라는 말이 너무 강한 이미지를 준다고 이의를 제기해 원문을 그대로 살리기로 했다. 그러나 그 자리에 여러 사람이 있었던 탓인지 청와대 밖으론 '피를 흘리는 일이 발생하거나'로 알려지기도 했다.[231]

그러나 그 어느 쪽의 표현이건 핵심적인 메시지는 군단장들에게 '가만 있으라'는 것이었다. 박정희가 '목숨을 걸고'라는 말에 집착했다면, 윤보선은 내내 '피'에 집착하고 있었다. 그러나 군인들끼리 피를 흘리고 북한이 남침할 가능성이 문제라면, 언제건 어떤 쿠데타건 진압은 불가능하다는 게 아닌가? 이 당시 윤보선의 주된 관심은 쿠데타 진압이 아니라 초당적 거국내각의 구성이었다. 매그루더가 윤보선과의 면담 후 본국 합참본부에 보낸 전문에서 "윤 대통령은 장 총리를 몰아내고 싶어 가능한 법적 절차를 찾고 있다"는 판단에 타당성이 있다는 것이다.

윤보선이 속해 있던 민주당 구파로 이루어진 신민당의 김도연은 5월 17일 긴급간부회의를 소집해 사태를 논의한 끝에 거국내각을 구성해야 한다는 것을 윤보선에게 건의하기로 하고 정식 성명을 발표했다. 여러 지방의 신민당사에서는 "이제는 우리 세상이 되었다"고 좋아했으며 만세를 부르기까지 했다.[232]

그러나 그건 엄청난 착각이었다. 당시 『조선일보』 편집국 기자였던 이순기의 증언에 따르면, 『조선일보』는 김도연의 성명을 크게 편집했는데, 밤 9시경 쿠데타군의 공보를 맡은 원충연이 기관총과 수류탄을 찬 병사 2명을 데리고 편집국에 들이닥쳐 인쇄기를 부수고 개머리판으로 구타해 결국 이 성명 기사는 삭제되고 말았다.[233]

군의 '위계질서 파탄'

오후 1시 30분, 비서관 김준하와 김남은 원주 1군사령부에 도착해 오후 2시경 이한림을 만났다. 윤보선의 친서를 읽은 이한림은 "잘 알았소. 대통령 각하의 지시에 따르겠다 전해주시오"라고 말했다.[234] 이한림이 윤보선의 친서를 확인한 직후 매그루더가 경비행기를 타고 이한림을 방문했다. 매그루더는 "박정희 소장의 쿠데타를 용납할 수 없다. 민주당 정부를 회복시키기 위한 진압 행동에 찬동한다"고 말했지만, 이한림은 그냥 "잘 알았다"고만 답했을 뿐 행동을 취할 뜻은 없었다.[235]

그러나 이한림이 행동을 취하려고 했다 하더라도 그가 과연 그 시점에서 병력을 장악하고 있는지는 의문이었다. 윤보선의 두 비서관은 이 임무를 수행하면서 군의 '위계질서 파탄'을 목격했다. 이한림은 자신이 1군을 다 장악하고 있다는 듯이 큰소리쳤지만 실은 정반대였다. 이들이 춘천으로 이동해 1군 산하의 2군단장 민기식을 만났을 때, 민기식은 "장면이는 약해서 안 됩니다"라면서 장면 정부를 비난했다. 그런데 갑자기 노크도 없이 문이 열리더니 철모를 쓰고 권총으로 무장한 '원 스타'가 들어섰다.

민기식 휘하의 사단장 박춘식이었다. 박춘식은 "나 박춘식은 누구의 명령도 안 듣습니다. 나는 혁명을 지지합니다"고 외쳤다. 그러나 민기식은 호통칠 생각은 않고 "나는 저 사람과 생각이 같습니다. 저 사람과 생각이 꼭 같다니까요"라며 두 번씩 되풀이해서 말했다. 김준하는 "나는 캄캄한 절망감을 느꼈다. '이제 우리나라 군인들이 막가는 길로 들어섰구나' 하는 생각이 들었다"고 썼다.[236]

김준하와 김남은 경기도 포천 일동으로 가서 5군단장 최석을 만났다. 최석은 군인의 본분을 강조했다. 그는 서울 지도까지 가리키면서 반란군을 진압할 계획을 이미 세워놓고 있다고 장담했다. 그는 그러면서 "빨리 서울에 가서 대통령이 군단의 출동 명령을 내리도록" 요청했다. 김준하는 저녁 8시경 청와대에 도착했는데, 도착하기가 무섭게 최석에게서 전화가 걸려왔다.

"여보세요! 여보세요! 나 최석입니다. 아까 내가 말한 것을 전부 취소하겠습니다. 비서관님, 꼭 부탁합니다. 내가 말씀드린 것을 전혀 없었던 일로 해주십시오. 나 최석이는 혁명을 전적으로 지지합니다. 꼭 그렇게 보고를 해주십시오."[237]

최석은 청와대 비서관들이 떠난 직후 쿠데타를 지지하는 부하들에 의해 구속된 상태였다. 다른 비서관들이 방문했던 3개 군단장들도 거의 쿠데타를 지지하는 쪽으로 보고가 되었다.

쿠데타 성공 후 모습을 드러낸 장면

5월 17일 오후 4시, 매를 맞던 장면의 운전기사가 드디어 입을 열었다. 한창우는 즉시 카르멜수녀원으로 달려가 장면을 만났다. "이게 무슨 꼴입니까? 숨어 계실 데가 여기밖에 없더란 말씀입니까? 숨을 수밖에 없었다 하더라도 저희들한테 연락이라도 취해주셨으면 정권이 무너지는 비극은 막을 수 있었을 게 아닙니까?"

질책을 하다가 분통이 터진 한창우가 울음을 터뜨리자 장면은 이렇게 말했다. "이게 천주님의 뜻인지도 모르지. 이게 천주님의 뜻이라면 따를 수밖에. 허나 정녕 맹세하거니와 나는 쿠데타를 당해야 할 만큼 잘못을 저지른 일이 없네. 내가 뭘 잘못했단 말인가? 내게 잘못이 있었다면 민주주의대로 하려고 한 잘못밖에 더 있겠나?"[238]

장면은 동문서답東問西答을 하고 있었다. 훗날 미 국무성 자료에 따르면, 한국인들에겐 머리카락 보일까봐 꼭꼭 숨어 있던 장면은 그 은신처에서 16일 오후부터 미 대사관 쪽에 여러 차례 전화를 걸고 인편으로 편지를 보내기도 했으며, 대리대사 그린은 장면과의 전화 내용을 수시로 본국에 보고했다고 한다.[239]

장면은 쿠데타 당일에만도 두 차례에 걸쳐 그린과의 전화통화를 통해 자신이 안전하게 있으며 매그루더와 그린의 성명에 감사를 표하고 매그루더가 상황을 맡아 처리해 달라고 말했지만 자신의 소재所在만큼은 안전상의 이유(쿠데타군에게 체포당할 위험이 있다는 이유)로 발설하지 않았다는 것이다.[240]

그러나 1980년 정치학자 한배호와의 면담에서 밝힌 그린의 증언 내용은 다르다. 그린은 "장면과 8군 영내에서 만났다"고 말했으며, 그때에 프랑스 대사관의 차로 나타났다는 것이다. 그린이 장면에게 박정희와 만나 이제라도 철수하면 문제 삼지 않는 것으로 하여 사태를 수습하는 것이 어떠냐고 말하자, 장면은 너무 늦었다고 답했다는 것이다. 장면은 그렇게 하려면 미국이 자기에 대한 지지가 확고해야 하고, 박정희가 그것에 응해야 하는데, 그것이 가능하겠느냐는 의문을 표했다. 그린이 미국의 지지에 대해 '자신이 있다'고 말했으나 장면은 그것을 믿지 않았다고 말했다는 것이다.[241] 물론 그린의 증언을 그대로 믿을 수는 없다. 그린은 쿠데타의 성공에 대해 어떻게 해서건 '미국 면책론'으로 몰고 가면서 장면이나 윤보선의 책임으로 돌리려는 '직업 근성'을 갖고 있는 사람일 것이기에 더욱 그렇다.

장면, "미국의 생각을 알고 싶다"

어찌되었건, 장면이 5월 17일 미 대사관 쪽에 보낸 편지는 끝까지 모든 걸 미국에 의탁하는 내용이었다. "미국 정부는 우리 정부를 지지하고 있습니까? 매그루더 장군이 쿠데타군을 진압할 것인지 분명히 알고 싶습니다. 이러한 점이 분명해야 현 사태에 대한 나의 입장을 결정할 수 있을 것입니다."[242]

정윤재가 「장면 총리의 정치 리더십과 제2공화국의 붕괴」(2001)라는 글에서 잘 지적했듯이, "아마도 장면에게 미국은 천주교의 교황청쯤에 해당되는 지상 최고의 권위체였던 것 같다. 믿을 만한 정보기관이 없는 국정 최고책임자였던 장면 총리는 기도할 때 으레 천주를 찾듯, 정치를 할 때는 '미국이 있는데 설마……' 하면서 습관적으로 미국과 미국인들을 찾았던 것이다."[243]

김일영은 「정계의 영원한 초대받은 손님: 장면론」(1995)이라는 글에서 쿠데타 소식을 접한 장면이 찾아간 곳인 미 대사관과 CIA 숙소, 가톨릭 수녀원은 그의 정치적 권력 기반의 소재를 상징적으로 드러내주고 있다고 했다. 그는 "가톨릭과 미국은 장면을 정치에 입문시킨 두 세력이었으며, 그가 그 세계에 몸담고 있는 동안의 세력 기반이기도 했다. 만약 해방 후의 정치적 소용돌이 속에서 가톨릭 측의 배출력과 미국 측의 적극적인 흡인력이 없었더라면 그는 아마 독실한 가톨릭 교육자로서 일생을 마쳤을지도 모른다"며 다음과 같이 말했다.

"그러나 가톨릭의 정치적 이해와 미국의 정치적 계산은 그를 그대로 내버려두지 않았다. 가톨릭은 그를 그들의 정치적 대변자로 삼고자 했으며, 미국은 그를 필요할 때 언제든 극단적인 이승만을 대체할 수 있는 반공세력 내의 온건파 대표자로 활용코자 했다. 그들로 인해 장면은 어쩌면 그와 기질적으로 맞지 않는 정치에 '초대'되었다고 할 수 있다. 따라서 정치인으로서의 그의 삶은 그 세계의 주인이라기보다는 영원한 손님으로서 지내다가 종내에는 군사쿠데타로 바깥으로 나앉는 운명에 처하게 되었다고도 볼 수 있다.……여기에 그의 비극이 있었고 한국 정치의 비극도 있었다."[244]

반면 이완범은 「장면과 정권교체: 미국의 대안 고려와 그 포기 과정을 중심으로, 1952~1961」(2003)이라는 글에서 미국 측과 장면의 전화 통화에 주목하면서 미국이 장면을 버렸다고 주장했다. "장면과의 연락이 두절되어 쿠데타를 진압할 수 없었다는 미국의 사후 변명은 사실과 다른 책임 회피였음이 판명된다. 또한 윤보선이 쿠데타를 지지해서 할 수 없었다는 미국의 사후 변명도 자신들의 고차원적 정치 개입을 호도하고 윤보선을 중심으로 한 한국 정치지도자들에게 책임을 전가하기 위한 책임 회피였을 가능성이 있다. 미국은 장면에 대한 대안을 일찍부터 고려하고 있었고 박정희가 거사하자 이 대안을 적극적으로 고려하면서 장면에 대한 고려를 끊어버린 것이라고 할 수 있다."[245]

그렇다면 장면은 미국이 자신을 버린 것에 절망해 자신을 애타게 찾는 측근들과 연락하는 것조차 포기하고 오직 천주님께 기도만 드렸던 것이었을까?

완장의 위력과 '완장 시대'의 개막

5월 17일 오후 7시, 육군 첩보부대HID 첩보과장인 중령 최영택이 쿠데타군의 사기를 염려해 김종필에게 혁명군 완장을 차게 해주자고 제안했다. "혁명군 완장을 만들어서 차게 해주면 나는 다른 병사들하고는 다르다는 긍지가 일게 될 것이 아니겠습니까? 긍지가 일게 되면 사기가 충천해질 것은 말할 것도 없을 것이고."

김종필이 무릎을 탁 치며 그거 좋은 생각이라고 호응했다. 이들은 을지로 2가의 깃발 제조업체를 찾아가 밤새워 완장 수천 개를 만들도록 했다. 다음 날 아침부터 쿠데타군 병사들은 하얀 바탕에 하늘색으로 '혁명군'이라 새겨진 글자에 '군사혁명위원회'라는 시뻘건 도장이 찍혀진 완장을 착용한 채 근엄한 표정을 짓게 되었다.[246]

쿠데타군 병사들은 하얀 바탕에 하늘색으로 '혁명군'이라 새겨진 글자에 '군사혁명위원회'라는 시뻘건 도장이 찍혀진 혁명군 완장을 착용했다.

조갑제의 『내 무덤에 침을 뱉어라 4: 국가개조』(1998)에 따르면, "혁명군이 아닌 군인들은 완장을 찬 동료들을 보고 부러워했다. 최영택은 완장의 심리적 효과에 놀랐고 이를 적절하게 이용한 김종필의 두뇌에 다시 한번 감탄했다".[247] 완장의 힘은 컸다. 쿠데타군이 차지한 국회의 사당은 기관총을 정문에 걸어놓는 등 살벌한 분위기를 연출하고 있었는데 완장을 찬 군인들은 자신들이 이 나라의 심장부를 지킨다는 긍지로 눈에 핏발을 세우고 있었다. 『조선일보』 외신부 기자 이정석은 그 앞을 지나다가 검문을 당했는데, 대답이 뻣뻣했던지 건방지다며 코뼈가 부러지도록 집단구타를 당했다.[248]

이제 새로운 '완장 시대'가 그 개막을 알리고 있었다. 그런데 완장에 대한 김종필의 회고는 내용이 좀 다르다. 그는 『김종필 증언록 1: JP가 말하는 대한민국 현대사』(2016)에서 "내 기억에 빼놓을 수 없는 건 완장 제작이다. 그날(5월 16일) 저녁 나는 명동 상패가게로 갔다. 하얀 천에 검은 글씨로 '혁명군'이라고 쓰게 했다. 밤을 새워서라도 4,500장을 제작해 달라고 부탁했다"며 다음과 같이 말했다.

"이튿날 아침 서울을 비롯한 전국의 거사 병력에게 완장을 나눠줬다. 왼쪽 팔뚝에 완장을 차고는 모두들 좋아했다. 혁명군에게 자부심과 책임감을 넣어주려 한 것이다. 궐기군 사이에 동지애도 솟아났다. 대군에 둘러싸인 소수의 혁명군에겐 이런 심리적 도구가 필요했다. 하지만 혁명군 완장은 사흘 뒤 회수했다. 그때부턴 군부의 통합이 중요했고 다른 부대에 위화감을 주지 않아야 했다."[249]

제10장

5월 18일:
국가재건최고회의의 탄생

체포·모욕당한 이한림

　5월 18일 아침 6시 40분, 제1군사령관 육군 중장 이한림은 부하들에 의해 체포되어 오전 10시 공수단이 진을 치고 있던 덕수궁에 감금되었다. 한 공수부대 대위가 이한림의 볼에다 권총을 찔러대 놓고는 이한림의 빈 권총과 혁대를 빼앗으면서 "저 계단 위로 올라가라!"고 반말로 명령했다. 대위는 "지금부터 사형을 집행하겠으니 똑바로 자세를 취하시오"라고 말하더니 사격 자세를 취했다. 이한림이 분노에 찬 목소리로 욕설을 퍼부었지만 총알은 날아오지 않았다.

　얼마 후 대위가 다가오더니 이한림의 귀에 대고 "이렇게 하라고 시켜서 하는 것입니다. 용서해 주십시오"라고 말하더니 이한림을 중화전에 가두었다. 이한림은 훗날 회고록에서 이때의 심경에 대해 "박정희, 김종필 집단은 야만인 중에서도 야만인들의 집단이구나" 하는 증오심을

억누르려고 애썼다고 썼다.[250]

김세진은 『한국 군사혁명의 정치학』(1971)에서 "이한림이 (쿠데타에 대해) 적극적 행동을 하지 않은 것은 자신의 안전과 만약의 사태시 발생할 수천 명의 인명 손실을 우려한 까닭이었다. 그는 자신의 상급자인 육군참모총장, 연합참모총장, 대통령이나 국무총리 중 아무에게서도 병력 동원의 요청을 받지 못하였다"며 다음과 같이 말했다.

"그는 5·16의 위헌적 측면을 비난하였지만, 장면 정부에 대해 자신의 목숨을 걸고 정부를 지켜줄 정도의 충성심을 갖고 있지는 않았다. 그는 최종분석 끝에 중립적 입장을 취함으로써 5·16이 성공하도록 하였다. 나중에 그는 공화당 정권하에서 요직에 등용되었다. 몇 년간 국영기업체 사장을 지낸 그는 건설부 장관이 되었다."[251]

육사생도들의 쿠데타 지지 행진

5월 18일 오전 9시, 쿠데타를 지지하는 육사생도들의 가두 행진이 시작되었다. 동대문을 거쳐 서울시청 앞 광장에 이른 가두 행진은 쿠데타의 성공에 크게 기여했는데, 이 가두 행진 자체가 한편의 작은 쿠데타였다. 16일 아침 김종필이 육군본부 정보참모부 대위 이상훈에게 빳빳한 1,000환짜리 한 다발을 내놓으면서 "육사에 가서 교수부에 있는 동기생들하고 식사하면서 혁명의 당위성을 잘 설명"하고 육사생도들의 쿠데타 지지 가두 행진을 성사시키라는 지시를 내렸다. 때마침 오전 8시경 서울대 학군단 교관으로 나가 있던 대위 전두환이 정보참모부로 달려왔다. 이상훈과 전두환은 육사 11기 동기였다. 이들을 포함해 11기 대위 5명

은 육사에 가서 설득 작업을 펼치기로 했다.[252]

육사 교장 강영훈은 쿠데타에 반대했다. 그는 오전에 육사생도들을 강당에 모아놓고 "너희 선배들이 정치에 가담하고 있는 중인데 그런 것을 쳐다보지 말고 공부에 진력해서 국가의 간성干城이 돼야 한다"고 말했다. 11기 장교들은 강영훈에게 생도들의 지지 데모가 필요하다고 주장했고, 육군본부에서도 그걸 요청하는 연락이 왔다. 강영훈은 생도 동

육사생도들의 가두 행진은 군의 쿠데타군 지지 전환에 결정적인 역할을 할 정도로 한편의 작은 쿠데타였다.

원을 막기 위해 직접 육군본부로 갔다.[253]

그러나 이미 육군본부는 쿠데타군에 의해 장악되어 있었다. 17일 다시 육군본부를 찾은 강영훈은 연금되었다. 공수단 대위 차지철 등이 강영훈을 육군본부 회의실에 감금해 권총으로 위협했다는 주장도 있다. 강영훈은 육군참모총장의 명령 없이는 육사생도들의 가두 행진을 허락할 수 없다고 버텼다.[254]

육사생도들은 이미 강영훈의 통제권하에 있지 않았다. 전두환 등 선배 장교들의 선동이 더 큰 영향을 미쳤다. 육군본부에 연금되어 있던 강영훈에게 쿠데타를 지지하는 육사 생도대장 김익권(준장)이 전화를 걸어 "빨리 결심해 주십시오"라고 말하자 체념한 강영훈은 "알아서 하시오"라고 말했다.[255]

육사생도 800여 명은 졸업생 장교 200여 명과 함께 동대문, 남대문, 반도호텔, 서울시청 앞 광장에 이르는 가두 행진을 벌인 뒤 서울시청 앞 광장에서 '혁명 축하식'을 열었다. 장도영과 박정희 일행은 사열을 받았다. 장도영은 "남북한의 동포와 자유, 평화, 평등을 사랑하는 전 인류가 우리를 지지할 것이다"고 연설했다.[256]

육사생도에 이어 이튿날 공군 사관생도들은 서울에서, 해군 사관생도들은 부산에서 각각 쿠데타를 지지하는 시가행진을 벌였다. 육사생도들의 지지 시위는 쿠데타의 성공에 큰 영향을 미쳤다. 이승만 정권 시절에 장면의 비서실장을 지낸 뒤 장면 정권에서 한국조폐공사 사장을 지낸 선우종원의 증언이다.

"18일 날 나는 출근하다가 경향신문사에 들렀다. 한창우 사장과 개인적인 친분도 있고 해서 사태가 어떻게 돌아가는지 알기 위해서였다.

그런데 상오 10시에 육사생도들이 5·16을 지지하는 시위를 한다는 말을 들었다. 우리는 '이제 다 끝났구나' 했다."257

이한림이 체포된 걸 모르고 있던 장면 측근 인사들은 한창우를 혜화동 카르멜수녀원에 보내 이한림에게 쿠데타 진압을 요청하는 장면의 명령이 담긴 쪽지를 받아오게 하자는 데 의견을 모았다. 그러나 한참 만에 나타난 한창우는 쪽지를 받아오기는커녕 육사생도까지 거리로 나오는 판이니 빨리 나와서 평화적으로 정권이나 이양하라고 장면한테 다그쳤다는 주장도 있다.258

장면 내각 사퇴, 국가재건최고회의 설치

장면의 정치고문 도널드 휘터커Donald Whitaker에게서 장면의 소재를 알게 된 장도영은 오전 11시 10분 장면을 방문했다. 장면과 장도영이 만나는 장면이 어떠했는지에 대해선 설이 분분하다. 장도영이 장면의 은신처로 떠나기 위해 권총을 차면서 "숨은 쥐를 잡으러 가야지"라고 말했으며, 이에 휘터커가 그렇게 말할 수 있느냐고 항의해 두 사람이 언쟁을 벌였다는 주장도 있다.259 또 수녀원으로 가서 장면을 만난 장도영이 울면서 "각하, 죽을 죄를 지었습니다"고 빌었으며, 장면은 말없이 분노의 시선만 던지고 있었다는 주장도 있다. 이영신은 장면의 분노 어린 시선의 의미를 이렇게 해석했다.

"야아, 이놈아, 내가 쿠데타 정보를 입수하고 너한테 박정희에 대해서 조사하라고 했더니, 그때 네놈이 뭐라고 했지? 박정희는 쿠데타 같은 것을 일으킬 만한 인물이 못 된다고? 그리고 이놈아 16일 새벽에 네놈

55시간 동안 잠적해 있던 장면은 중앙청에서 마지막 국무회의를 주재하고 내각 총사퇴를 발표했다. 그리고 나서 국가재건최고회의가 설치되었다.

은 나한테 뭐라고 했지? 해병대가 술이 취해가지고 주정을 부리고 있다고? 이 개만도 못한 놈! 네놈이 나하고 쿠데타 그룹 양쪽에 각기 한 다리씩 걸치지 않고 있었다면 그따위 식으로 쿠데타를 막으려고 했을 리가 있겠어? 이 개만도 못한 놈! 네놈을 같은 인동 장씨라고 해서 참모총장에 기용을 했으니 사람 볼 줄 모르는 내 눈을 빼서 던져버리고 싶은 심정이다. 이 고얀 놈!"[260]

18일 낮 12시 30분, 55시간 동안 잠적해 있던 장면은 드디어 모습을 드러내고 중앙청에서 국무회의를 주재해 내각 총사퇴를 발표했다.[261] 장면 내각 총사퇴와 함께 국회의사당에 국가재건최고회의가 설치되었다. 쿠데타 세력은 5월 16일 군사혁명위원회와 혁명5인위원회(박정희,

윤태일, 송찬호, 채명신, 김동하)를 구성했던바, 군사혁명위원회를 국가재건최고회의로 이름을 바꾼 것이다. 국가재건최고회의의 의장은 장도영, 부의장은 박정희가 맡았다.

국가재건최고회의의 작명 저작권자인 김종필은 개명改名에 대해 이런 이유를 내세웠다. "'위원회'는 비상 상황에서 약하다는 인상을 주었다. '최고회의'는 나라의 방향과 의사를 결정, 주도하는 최상위 수준의 지위와 권한을 함축했다. 입법·사법·행정권을 쥐고 있는 만큼 '최고'가 적합하다고 판단했다. '국가 재건'은 혁명의 미래와 비전을 압축한다."[262]

국가재건최고회의는 3권을 장악한 기구로 각군 참모총장을 비롯한 장군·장교 32명으로 구성되었다. 장도영(38세)을 비롯해 대부분 30대였으며, 장도영이 수반을 겸임한 내각도 평균 39세였다. 육사생도의 지지 시위에 공을 세운 전두환은 국가재건최고회의 비서실 요원으로, 이상훈은 경호실 요원으로 일하면서 '정치'를 배우게 되었다.

이날 오후 박정희는 예비역 중장으로 미국통인 강문봉의 소개로 매그루더의 정치 담당 보좌관인 제임스 하우스먼James Hausman, 1918~1996의 집을 방문했다. 박정희는 자신이 공산주의자가 아니라고 말하면서 "하우스먼 씨, 나를 위해 워싱턴에 좀 갔다 오지 않겠소"라고 부탁했다. 이미 휴가차 비행기표를 끊어 놓았던 하우스먼은 다음 날 미국으로 떠나 합참의장 라이먼 렘니처를 만나 박정희를 위한 옹호를 해주게 된다.[263]

장면의 어설픈 변명

장면은 훗날 회고록에서 내각 총사퇴를 결심한 이유를 "미 대사관에서 윤보선 씨의 태도를 연락받았는데 그가 쿠데타 진압을 방지하기 위해 온갖 방법을 다 쓰고 있음을 알았기 때문"이라고 주장했다.[264] 1966년 1월 간경화증으로 명동 성모병원에 입원해 임종을 앞두고 있던 장면은 문병을 온 정대철(정일형의 아들)에게 유언을 남기듯이 이런 말을 했다.

"5·16 쿠데타가 터지고 내가 수녀원에 있을 때 외부로부터 여러 곳에서 연락이 왔어. 내 행방을 수소문하는 거야. 자네 부친인 정 박사한테서도 연락이 온 것을 알고 있었지. 나를 찾는다는 거야. 나는 그 연락을 받지 않고 또 연락도 안 했어. 그 이유가……내가 고백할 게 있는데…… 당시 박정희 뒤에는 최경록 장군이 있고, 또 최 장군 뒤에는 자네 부친 정 박사가 있던 걸로 알고 있었어. 그래서 무척 당황했고, 어떻게 판단할지 잘 몰랐어. 나가봐야 소용없겠다는 생각도 들고……왜 그랬는지…… 내가 참 그런 망령이 들었었어……."[265]

장면의 그런 오해는 논평을 할 가치조차 없을 정도로 어이없는 것이었다. 최경록은 쿠데타에 반대하는 입장을 취했다가 곧 예편당했다(최경록에 대해 이런 주장도 있다. "6월 중순 허정 과도내각에서 육군참모총장을 지낸 예비역 중장 최경록은 미국 대사관을 찾아가 '박정희 소장은 확실치 않으나 쿠데타군 핵심에 적어도 7~8명의 공산주의자가 있다'고 제보했다").[266] 최경록의 쿠데타 반대는 장면이 수녀원에서 전화로도 얼마든지 알아볼 수 있는 것이었는데, 왜 그런 오해를 했다는 것일까?

장면의 내면세계로 들어가 설명을 해보자면 아마도 이런 것이었을 게다. 장면 내각의 실세 그룹과 정일형 그룹의 대립은 심각했다. 실세 그룹의 정일형 그룹에 대한 견제와 배척이 심했다. 장면은 정일형이 최경록의 후원자인 동시에 김홍한의 장인이라는 사실에도 주목했을 것이다. 평소 '외무장관 정일형, 전 육군참모총장 최경록, 비서실장 김홍한 3인'이 최고권력을 장악할 야심을 갖고 있다는 모략을 어느 정도 받아들였던 장면으로선 막상 쿠데타가 일어나자 알아볼 생각도 않고 무작정 그런 오해를 했던 건 아니었을까?[267]

그런 오해의 치졸함도 문제지만, 설사 그런 오해를 했다 하더라도 그것이 쿠데타를 그대로 방치했어야 할 이유는 되지 못한다. 개인적인 배신감이나 충격이 아무리 컸다 하더라도 장면은 '국무총리'가 아닌가. 그리고 이와 같은 고백은 임종 직전에 나온 것이기 때문에 진실성은 있겠지만, 결코 모든 걸 다 말해주는 건 아니다. 장면은 자신의 '미국 숭배증'에 대해선 아무런 말도 하지 않았다. 모든 문제는 바로 거기에 있었는데도 윤보선에서부터 정일형에 이르기까지 그들과의 인간관계 타령으로 자신의 잠적을 정당화하려는 건 전혀 온당치 못한 변명이었다.

장면을 배신한 미국의 기회주의

장면이 일방적으로 준 신뢰에 비추어 보자면, 장면에 대한 진짜 배신자는 미국이었다. 장면이 천주님처럼 믿었던 미국은 이미 쿠데타를 기정사실로 인정하고 있었으니 말이다. 한국군에 대한 작전지휘권을 가진 자신 몰래 부대가 움직였다는 사실에 자존심이 몹시 상한 매그루더는 워싱턴에도 '진압' 승인을 요청했지만 워싱턴의 생각은 달랐다.

장면 정부를 지지한다는 매그루더와 그린의 성명이 나간 지 8시간 뒤인 16일 하오 5시, 미 합참의장 리먼 렘니처는 매그루더에게 "앞으로는 더이상의 논평은 삼가고 꼭 해야 할 경우는 유엔군의 목적이 공산주의자들의 위협으로부터 한국을 지키는 것이란 사실만 강조하기 바란다"고 지시했다. 렘니처는 주한미군 사령관 시절인 1956년 당시 부통령 장면을 "허약한 보수적 기회주의자"라고 평한 보고서를 상부에 올린 바 있는 인물이었다. 국무부 차관 체스터 볼스Chester Bowles, 1901~1986도 그린에게 비슷한 지시를 내렸다.[268]

이완범은 "1960년 말 이래로 통일운동이 거세게 일어나자 CIA는 장면 정권이 한계에 도달했으며 이대로 둔다면 공산화될 가능성이 있음을 우려했다"고 말한다.[269] 실제로 1961년 4월 1일 미 국무부 장관 딘 러스크Dean Rusk, 1909~1994는 주한 미국 대사 월터 매카너기Walter McConaughy, 1907~2000에게 보낸 전문電文에서 "현 정권에 실망한 이들은 공산주의의 독재성과 인명 경시 풍조까지도 애써 무시하면서 공산주의자들의 엄격성과 집념을 높게 평가하고 그들의 유혹에 빠질 위험성이 있다"고 지적했다. 4월 11일 매카너기는 러스크에게 보낸 보고서에서 다음과 같이 말했다.

"장면 총리의 박력 없는 지도력은 그의 인간성을 반영하는 것으로서 바꾸기가 힘들다. 장면 총리와 측근들은 준準비상사태하에선 상투적인 정치로써는 문제를 해결할 수 없음을 알아야 하는데 그러지 못하고 있다. 지난 몇 달 동안 장면 총리와 장관들은 기근饑饉으로 고생하고 있는 지역을 한 번도 찾아가지 않았다. 우리는 여러 차례 장면 총리에게 충고했다. 자신의 패거리나 서울의 정치판으로부터 벗어나 국민들의 문제를 동감하고 그들의 이익을 대변하는 지도자로 바뀌어야 한다고. 장면 총리는 젊은 층을 많이 등용해야 하는데 동양적인 서열의식 때문에 이

것이 어렵다."²⁷⁰

5월 19일 아침 장도영과 박정희가 쿠데타 후 가진 첫 기자회견에서 '용공 및 혁신을 빙자하는 친용공분자' 930명을 구속했다고 발표하자, 바로 그날 미 국무성은 "한국의 사태는 고무적"이라며 쿠데타에 대한 사실상의 지지를 표명했다. 미국 조야朝野의 일각에서도 군사정부를 지지하는 목소리가 흘러나왔다. 미국 상원 외교위원회 위원장 제임스 윌리엄 풀브라이트James William Fulbright, 1905~1995는 5월 20일의 기자회견에서 한국의 신정부를 지지하고 승인해야 한다고 말했다. 전 미8군 사령관 제임스 밴 플리트James Van Fleet, 1892~1992는 "군사정권은 한국의 반만년 역사를 통해 가장 훌륭한 정부"라고 찬양하면서 "한국에는 민주정치가 시기상조"라고 주장했다.²⁷¹

미국의 쿠데타 배후조종설

미국의 이런 기회주의적 태도는 훗날 여러 설說을 낳게 만들었지만, 5·16 군사쿠데타는 그냥 겉만 살펴보아도 도무지 이해하기 어려운 쿠데타였다. 그래서 박태균은 「5·16 쿠데타와 미국: 비밀해제된 미국 문서를 중심으로」(2001)라는 논문에서 "필자에게 항상 의문으로 남는 것은 '5·16 쿠데타가 어떻게 성공할 수 있었는가?'였다. 이것은 연구자로서 떠올리는 의문이 아니라 한국에 살고 있는 일개 필부로서 제기하는 문제이기도 하다. 또 자존심의 문제이기도 했다"며 다음과 같이 말했다.

"3,400여 명의 군인을 동원하여 정권을 장악하다니! 50만 이상의 군을 거느리고 있는 정권이 전체 군인의 0.5% 정도밖에 안 되는 쿠데타군에게 자신들이 선택한 정권을 넘겨주다니! 도대체 이것을 어떻게 설명할 것인가? 게다가 쿠데타 계획은 그전에 이미 민주당 정권 수뇌부에 거의 알려진 상태였다. 총리, 육군참모총장, 유엔군 사령관은 주도자와 추종자들을 모두 알고 있었다."[272]

게다가 박정희는 5월 16일 새벽 한강다리 위에서 술에 취해 있었다는 설이 있을 정도로,[273] 잔뜩 겁을 먹고 있었다. 물론 그렇지 않다는 주장도 있지만, 박정희의 주량이 워낙 세서 그렇지 그가 그날 많은 술을 마신 건 분명했다. 박정희의 준비가 치밀했던 것도 아니었다. 앞서 살펴보았듯이, 자신의 예편 일정에 쫓겨 일단 일을 저지르고 보자는 식으로 일으킨 쿠데타였다.

그래서 나오게 된 것이 미국의 배후조종설이다. 당시 한국군의 대대급에까지 미 군사고문단이 파견되어 있었다는 점과 이른바 '크레퍼 사건'이 그 설을 키웠다. 크레퍼 사건은 미 정보기관의 대령인 리로이 플레처 프라우티Leroy Fletcher Prouty, 1917~2001가 관여된 사건으로 미국이 장면 정권을 전복하고 장도영의 집권을 위해 5·16 이전에 계획했던 쿠데타 음모다. 이는 5·16 군사쿠데타 후에 김종필의 중앙정보부가 밝혀낸 것으로, 이 일로 미국 공작원들이 추방되었다. 이 일 때문에 미국이 김종필을 불편하게 생각했다는 주장도 있다.[274]

제3세계에서 쿠데타 사주를 밥 먹듯이 저질러온 미국의 과거로 보아 미국의 배후조종설은 개연성은 있다. 당시 CIA 국장이었던 앨런 덜레스Allen Dulles, 1893~1969는 케네디에게 "CIA는 4월 26일에 쿠데타 조짐을 알고 있었다"고 보고했다.[275] 덜레스가 훗날(1964년 5월 3일) 영국 BBC-TV 방송에 출연해서 "내가 재직 중에 CIA의 대외활동으로서 가장 성공을 거둔 것은 이 혁명이었습니다"고 말한 것도 미국의 배후조종설에 무게를 더해주었다. 한 일본 주간지의 이런 보도도 있었다.

"CIA는 약하고 무능한 장면 내각을 무너뜨리고 '강력한 반공정부'로 교체하기 위하여 군부에게 쿠데타를 감행하도록 교사하였고, 그 후 그런 전략을 은폐시키기 위하여 미 국무성을 배후에서 조종하여……장면 지지 성명을 발표"했다는 것이다.[276]

"초대에 의한 쿠데타"였을까?

그러나 손호철은 「5·16 쿠데타를 어떻게 평가할 것인가」(1991)라는 글에서 "덜레스의 주장은 CIA가 5·16 쿠데타의 계획에서부터 음모적으로 가담하여 이를 성공시킨 사례라는 뜻이 아니라 그 발발과는 무관하게 쿠데타 발발 이후 직접적 개입과 압력을 통해 쿠데타 정권의 정책적 선택과 성격을 규정지음으로써 미국의 의도를 관철시킨 성공적 사례였다는 주장이라고 해석하는 것"이 올바른 해석이라고 말한다.[277]

정경모도 「박정희: 권력 부상에서 비극적 종말까지」(1991)라는 글에서 "덜레스의 발언은 자기가 쿠데타를 조종했다는 뜻이 아니라, 당시 박정희 쿠데타를 와해시키려 했던 주한미군(펜타곤)이나 미 대사관(국무성)과는 반대의 입장을 취하면서 미국은 쿠데타를 인정해야 한다는 방향으로 방침을 이끌어갔다는 뜻이었을 것"이라고 말한다.[278]

최장집은 「제2공화국하에서의 민주주의 등장과 실패」(1996)라는 글에서 미국이 쿠데타 계획을 포착했음에도 관망했다는 점에 비추어볼 때에, 이는 "무無행위의 결정non-decision을 통한 소극적 지원"으로 볼 수

있으며, 그런 점에서 5·16 쿠데타는 "초대에 의한 쿠데타"라는 성격이 짙다고 말한다.[279]

서중석은 「4월 혁명 운동기의 반미·통일운동과 민족해방론」(1991)이라는 글에서 미국의 배후조종설에 대해 의심을 완전히 거두진 않았다. 그는 "쿠데타 이후 쿠데타 세력에게 미국의 의도를 관철시키는 것은 쿠데타 세력이 너무나 자발적으로 친미반공을 행동으로 보여준 데에서 알 수 있듯 어려운 일이 아니었고, 실제로 쿠데타 이후의 과정이 소상히 말해주듯 미 대사관 등에서 할 수 있는 일로서, 구태여 미 CIA의 특별공로로 말할 수 있는 성질의 것이 될 수 없었다"며 다음과 같이 말했다.

" '공작'의 명수로 알려진 주한미국 대리대사 그린의 존재도 음미할 필요가 있다. 그는 곧 영전하여 중국 다음으로 미국의 두통거리였던 인도네시아에서 스카르노 대통령을 축출하고 강력하였던 인도네시아 공산당을 파괴하는 데 일정한 역할을 하였고, 후에 미 국무성의 특별고문으로 주로 아시아 지역을 주시하였다. 주한미국 대사가 발령받고 수개월 동안 임지에 부임하지 않은 것은 관례인지 아닌지도 살펴볼 필요가 있다."[280]

쿠데타 당시 서울의 미 대사관에는 대사가 공석이었다. 매카너기는 미 국무성 극동담당 국무차관보로 기용되어 쿠데타 직전에 한국을 떠났고, 후임인 새뮤얼 버거Samuel Berger, 1911~1980는 전임지인 그리스에 머물고 있었다. 버거는 쿠데타 발발 1개월여 후인 6월 19일경에서야 서울로 날아왔다. 훗날 미국에서 그린을 만난 문명자는 "왜 미국은 5·16을 진압하지 못했나요?"라는 질문을 던졌다. 그린은 "코리안 전체가 한물갔어요. 모두 기회주의자요"라고 답했다.[281] 물론 미국도 다를 바 없었다.

현 단계에선 미국의 배후조종설보다는 기회주의설이 더 유력한 답인 것으로 보인다. 즉, 미국은 그 어느 쪽이건 반공우익, 친미주의, 한일 국교 정상화 등 미국이 원하는 몇 가지 주요 조건을 충족시킬 수 있다면 좋다는 쪽이었기 때문에 한국 내부의 투쟁에 의해 힘이 어느 쪽으로 기우느냐에 따라 그걸 선택하는 입장에 있지 않았겠느냐는 것이다.

30~40대가 주축이 된 '세대 쿠데타'

5월 19일 윤보선은 대통령직 사퇴를 발표했다. 그의 사퇴 성명은 오후 8시 30분 방송을 통해 공표되었다. 그는 "금번 군사혁명이 발생하면서 나는 무엇보다도 귀중한 인명의 희생이 없기를 바랐으며 순조롭게 수습되기를 희망하였습니다"라면서 다음과 같이 말했다.

"다행히 하늘은 우리를 도와서 무사하게 이 나라의 일을 군사혁명위원회의 사람들이 맡아서 보게 하였으며 국민 여러분이 또한 커다란 기대를 가지고 있다는 것을 알게 된 나는 지금 안심하고 이 자리를 물러나겠습니다. 아무쪼록 군사혁명위원회의 사람들은 그 소신과 충성을 다하여 이 나라를 발전시키고 이 국민을 하루속히 궁핍에서 건져내주기를 바라며 나의 친애하는 국민 여러분이 적극적으로 이에 협조해주실 것을 간곡히 부탁하는 바입니다."[282]

그날 밤 박정희와 장도영이 청와대를 찾아와 만류했다. 그러나 그 만류는 시늉이었다. 장도영에겐 윤보선이 좀더 필요했던 것 같으나, 박정희는 윤보선의 사퇴를 속 시원하게 생각하고 있었다. 그런데 외무부 차관 김용식이 20일 상오 윤보선에게 "유일한 헌법기관인 대통령의 이

군사혁명위원회는 장면 내각을 사퇴시킨 후 국가재건최고회의로 개칭하고 '혁명내각'을 발족시켰다.

시점에서의 하야는 국제법상 새 정부의 승인 문제를 복잡하게 할 우려가 있다"고 설명했다. 김용식은 이 점을 박정희에게도 설명했다.

오후 2시 윤보선, 박정희, 장도영, 김용식 4자 회담이 열렸다. 이 자리에서 김용식은 다시 "만일 각하가 사임한 뒤 이북이 남침하면 외국과 유엔에 호소하려 해도 대한민국을 대표하여 호소할 기관이 없다"며 사임 재고를 요청했다. 재고 요청에 박정희와 장도영도 가세했고, 미국의 만류도 있었다.

결국 윤보선은 오후 6시 예정되어 있던 고별회견 대신 "국가재건최고회의에서 하야하겠다는 나의 결정이 국제적·국내적으로 영향이 크다 하므로 나랏일을 해친다는 것은 옳지 않다고 생각하여 만부득이 이 나

라 형편을 생각하여 번의해야 할 것 같다"는 번의飜意 회견을 가졌다.[283]

그날 국가재건최고회의는 '혁명내각'을 구성했다. 내각수반 겸 국방부 장관은 장도영(39), 외무부 장관은 예비역 육군 중장 김홍일(57), 내무부 장관은 육군 소장 한신(40), 재무부 장관은 육군 소장 백선진(40), 법무부 장관은 육군 준장 고원증(41), 문교부 장관은 해병대 대령 문희석(40), 부흥부를 대체한 건설부 장관은 육군 대령 박기석(34), 농림부 장관은 육군 준장 장경순(40), 상공부 장관은 육군 소장 정래혁(38), 보사부 장관은 공군 준장 장덕승(44), 교통부 장관은 해군 대령 김광옥(36), 체신부 장관은 육군 준장 배덕진(38), 국무원 사무처장은 육군 준장 김병삼(40), 공보부장은 육군 소장 심흥선(36) 등이었다. 이들 14명 중 50대는 단 한 사람뿐이었으며, 40대가 7명, 30대가 6명이었다.[284] 5·15 쿠데타는 '세대 쿠데타'이기도 했다.

박정희는 1961년 6월 『지도자도指導者道』라는 책을 출간해 자신의 '지도자 중심 사상'을 밝혔다. 그는 쿠데타의 중요한 동기와 목표가 리더십 확립 문제와도 관련이 있다며 쿠데타에 대해 다음과 같이 주장했다. "지난날의 우리나라의 지도자들이라는 자들이 확고한 지도자도를 갖지 못함으로써 국민을 도탄에 빠뜨리게 하고 국가를 누란의 위기에 몰아넣은 결과 불가피하게 취해진 조치였다."[285]

장면은 '선진적인 정치가'였는가?

'장면 다시 보기' 운동

장면은 국무총리 취임 8개월 23일 만에 좌절하고 말았다. 한 개인의 좌절인 동시에 한국 민주주의의 좌절이었다. 장면에 대한 평가와 박정희에 대한 평가는 상호 영향을 미치는 관계에 있긴 하지만, 박정희를 부정적으로 보는 사람들도 장면에 대해선 비판적인 자세를 취해온 것이 그간의 대체적인 흐름이었다. 그런데 1999년 장면 탄신 100주년을 맞아 '장면 다시 보기' 운동이 전개되었다.

우선 개인 차원에서만 보자면 장면이 훌륭한 인품을 가진 인물이었다는 건 분명한 것 같다. 그는 특유의 근면과 성실성으로 새벽 2시 전에 잠드는 날도 별로 없을 정도로 열정적으로 일했다거나 점심 도시락을 싸오는 청렴한 지도자였다는 증언들이 나왔다.[286] 친인척 비리나 요직 중용이 없었다는 점도 장면의 장점이었다. 굳이 찾아낸다면 장면의 친동생

인 장발(당시 서울대 미대 학장)이 주 이탈리아 대사로 임명된 정도였다.[287]

장면 내각의 각료들에 대한 옹호론도 있다. 예컨대, 당시 민의원이었던 장경순은 "김영선 재무장관 집으로 전화할 때는 새벽 5시 전에 해야 했다. 그 시각이 지나면 이미 출근하고 없었다. 참 부지런하고 청빈한 분들이었다"고 말한다. 그는 "장면 정부를 무능·부패하다고 하지만 그것은 악선전일 뿐"이며 "장면 정부 때 데모하다가 죽거나 다친 사람 있느냐", "그때 경제 비리가 무엇이 있었냐"고 항변한다.[288]

이런 항변이 시사하듯이, 무엇보다도 장면 정부를 무너뜨리는 데에

장면은 새벽 2시 전에 잠드는 날이 별로 없을 정도로 근면 성실했으며, 점심 도시락을 싸오는 청렴한 지도자였다고 한다. (『경향신문』, 1999년 8월 27일)

성공한 쿠데타 세력이 30년 넘게 한국 사회를 지배했기 때문에 그로 인한 역사 왜곡이 만만치 않았을 것이다. 이런 역사 왜곡에 대해 역사학자 조광은 「제2공화국과 장면: 시리즈 결산 전문가 대담」(1999)에서 다음과 같이 말했다.

"각종 한국사 개설서를 들춰보았는데 자유당에서 민주당으로 넘어가는 과정을 부정 일변도로 기술했습니다. 연구가 축적되지 않은 상황에서 잘못 평가한 것이지요. 저는 장면 정부가 부패하고 무능한 정권이 아니었다는 말에 전적으로 동감합니다. 부패, 무능은 쿠데타 이후 군사정권이 정당성을 강변하려고 조작한 것입니다. '부패할 만한 시간적인 여유가 없었다'고 이야기하는 사람들이 있지만, 그보다는 혁명적인 열정과 순수성을 갖고 정치에 임했기 때문이라고 생각합니다. 그 청렴성은 정권에서 담보됐습니다. 공채제도 하나만 예를 들어도 그렇습니다. 이는 공정성과 효율성을 전제해야 시행할 수 있는 것입니다."[289]

조광과 이덕일의 긍정적 평가

조광은 1999년 장면 탄생 100주년 기념 학술대회에서 "장면에 대한 부정적 평가는 결과론적 인식 때문"이라며 "쿠데타를 합리화하기 위해 부각시킨 무능이나 부패정권이란 비난은 재검토돼야 한다"고 주장했다. 시위도 3월부터 현저하게 줄었고, 2공화국의 부정부패도 크게 과장되었다는 것이다.[290] 그는 다음과 같이 말했다.

"장면 정부를 '데모공화국' 운운하는 것도 잘못이지요. 쿠데타 직전에는 오히려 데모가 줄고 사회가 안정돼 갔으니까요. 데모 하나 진압하지 못한 무능한 정권이라는 비난은 쿠데타를 합리화하려는 것입니다. 부패의 예라고 거론된 사건이 몇 가지 있지만, 모두 정략적 차원에서 나온 모략이라는 것이 (쿠데타 세력의) 혁명재판에서 입증됐습니다. 공판 기록에 다 나와 있거든요. 당시의 진실을 밝히는 것이 시급합니다."

조광은 한 걸음 더 나아가 장면에 대해 이런 적극적 평가를 내렸다. "장면 박사는 이 땅에 단군 이래 최초로 민주주의라는 신화를 역사적 현실로 바꿔놓은 인물이 아닌가 생각합니다. 자유당 독재체제 아래 위축됐던 각 이익집단과 사회단체들이 분출해내는 욕구를 권위주의적인 방법으로 억누르지 않았습니다. 대화라든지 협력을 통해 자율적으로 해결하려는 방법을 취했습니다."[291]

같은 맥락에서 역사학자 이덕일은 장면에 대해 이런 평가를 내렸다. "장면은 1960년대 한국 상황에서는 등장이 너무 빨랐던 미래형 정치가이다. 자유민주주의에의 신념과 종교적 경건함이 밴 구도자적 정치가인 장면은 2000년을 눈앞에 둔 현재에도 시기상조일지 모를 정도로 선진적인 정치가였다." 이덕일은 장면과 윤보선의 갈등에서도 다음과 같이 장면의 손을 들어주었다.

"5·16 후 두 사람의 행보도 차이점을 극명하게 보여준다. 장면은 쿠데타를 막지 못한 역사의 죄인이란 죄의식 속에 참회하다가 죽어간 반면, 윤보선은 '올 것이 왔다'던 쿠데타 세력의 박정희 후보와 1963년과 1967년 두 차례 대결했으나 패배했다. 현실적으로 대통령에 대한 꿈을 접었을 무렵인 1980년대에는 전두환 정권에 협력하다가 세상을 떠났다. 쿠데타 후 두 사람의 삶은 현재 우리 정치의 낙후성의 한 원인을 말없이 웅변해준다."[292]

'미국 중독증'까지 옹호할 수는 없다

이런 주장들의 선의엔 공감할 수 있지만, 앞에 그 어떤 수식을 하건 장면이 '선진적인 정치가'였다는 주장은 '선진적'이라는 말을 그런 식으로 써도 되는가 하는 의문을 갖게 만든다. 장면이 '선진적'이라는 건 아마도 장면이 자신의 회고록에서 밝힌 다음과 같은 신조에 무게를 둔 것 같다.

"연일 계속되는 데모로 인해 사회가 혼란에 빠졌지만……국민을 배신할 수 없었다. '총검에 의한 외형적 질서'보다는 '자유 바탕 위의 질서'가 진정한 민주적 질서라고 믿었기 때문에……은인자중한 것이다. 자유가 베푼 혼란과 부작용에 스스로 혐오를 느낄 때 진실한 자유를 얻는 것이다."[293]

이건 자유민주주의를 부정하는 박정희의 극단적인 태도만큼이나 자유민주주의에 대한 정반대의 극단적인 자세인 것으로 보이지만, 이런 신념 자체를 문제 삼을 건 없다. 문제는 정권을 지켜가면서 그런 신념을 실천에 옮겼어야 했던 것 아니냐는 것이다. 장면 정권에 대한 군사정권의 조작엔 어느 정도 동의할 수 있지만, 모든 것이 다 조작되었다고 말하긴 어려울 것이다. 그러나 더욱 중요한 건 장면에 대한 평가는 쿠데타 정권의 악선전에 대한 대응만으론 부족하다는 점이다. 쿠데타에 대한 경계를 제대로 하지 못했으며 쿠데타에 너무 쉽게 굴복했다는 사실 이상으로 더 큰 죄과는 없을 것이다.

이에 대해 허동현은 "쿠데타 진압 실패는 기본적으로 한국 사회 자체의 후진성에서 기인한 것"이라며 "한 사람의 정치가에게 그 책임을 묻는다는 것은 무의미한 일"이라고 주장한다.[294] 그러나 얼마든지 막을 수도 있었던 쿠데타의 책임까지도 한국 사회 자체의 후진성에 돌리는 건 무책임한 시각일 수 있다. 장면 정권이 아무리 '자유 지상주의 이데올로기'에 사로잡혀 있고 무능했다 해도 장면이 미국에 대해 제대로 된 인식만 가고 있었다 해도 쿠데타는 성공하기 어려웠을 것이다.

그러나 장면은 지독한 숭미주의자였다. "한국의 어떤 정부도 미국의 정책에 그만큼 충실한 적이 없었"으며,[295] 그는 여러 차례 쿠데타 정보를 접할 때마다 "미국이 있는데, 설마……" 하는 생각으로 안이하게 대응했던 것이다.[296] 장면은 최후의 순간에도 모든 걸 미국이 해결해줄 걸 기대하고 수녀원으로 도피했던 건지도 모르겠다. 그의 진짜 무능은 그의 맹목적인 '미국 중독증'에 있었던 건 아닐까?

직업을 잘못 찾은 사람

이완범은 「장면과 정권교체: 미국의 대안 고려와 그 포기 과정을 중심으로, 1952~1961」(2003)이라는 글에서 최근 공개된 미국 자료를 중심으로 기존의 '장면 무능론'에 강한 이의를 제기한다. 장면은 사태를 방관하지 않았으며 쿠데타군 진압을 모색하면서 적극적으로 개입하려 했지만 미국의 지원을 얻지 못했다는 사실이 확인된다는 것이다. 또 이완범은 미국이 윤보선 탓을 한 것은 자국의 한국 정권교체 추진이라는 정치적 공작과 의도를 은폐하기 위한 것이라고도 볼 수 있다고 말한다.[297]

이는 얼마든지 동의할 수 있는 발견이요 주장일 것이다. 그러나 이런 새로운 발견과 주장이 '장면 무능론'을 전적으로 반박하진 못한다. 장

"張勉박사 부정적 인식은 오해"

탄생 100주년 맞아 재평가

내각책임제하의 제2공화국 9개월을 이끈 운석(雲石) 장면(張勉·1899~1966) 박사에 대한 일반의 평가는 부정적이다. '장 박사는 우유부단했고, 제2공화국은 무능했다'는 요지다. 운석기념회(이사장 강영훈)가 27일 가톨릭대학에서 학술회의를 열고 이같은 평가에 대한 재검토를 요구하고 나섰다. 장박사가 태어난 날을 하루 앞두고 열리는 '운석 장면 선생 탄신 100주년 기념 학술회의'다.

이날 주제발표를 하는 조광(고려대), 허동현(경희대), 최운상(도쿄국제대), 정대성(경희대), 김기승(순천향대) 교수, 재불학자 유태호씨들은 장 박사에 대한 부정적 평가를 결과론에 입각한 연구 탓으로 돌린다. 조광 교수는 "민주당 정권이 몰락한 이유가 사실 이상으로 과장되게 서술됐으며, 쿠데타를 합리화하기 위해 부패정권이라는 점이 강조됐다"고 지적한다.

허동현 교수는 이같은 전제하에 1948년 정계진출 이후 장 박사가 보여준 업적들에 관한 개괄적 재평가에 나선다. 한국에 대한 유엔의 승인과 한국전쟁시 유엔군 참전을 이끌어 낸 외교적 성과, 그리고 민주당 창당 이후 야당 지도자로서 보여준 반독재 투쟁등을 다시 평가해야 한다는 것이다. 이어 유태호, 최운상, 정대성씨가 각각 'UN의 대한민국 정부승인과 장면의 역할' '장면의 외교활동에 관한 연구' '제2공화국의 대일정책' 주제의 논문 발표를 통해 장박사의 업적을 조목조목 짚어간다.

경제정책 분야에서도 부정적 인식이 그대로 나타나고 있음을 지적하는 쪽은 김기승 교수다. 김교수는 "장면 정권에서 추진했던 국토개발사업, 경제개발 5개년계획 등은 정권이 몰락한 이후에도 계승되어 시행되었다"며 "경제기획원 설치등 장면 정권기에 구상되었던 정책이 군사정권에 의해 현실화되었다"고 지적한다.

/李知炯기자 jihyung@chosun.com

장면은 종교인이 되었으면 딱 어울렸을 사람이다. 그는 최고지도자의 자리에 올라 종교인의 행태로 일관했다. (『조선일보』, 1999년 8월 27일)

면의 적극적 개입 시도는 쿠데타를 불러온 그의 맹목적인 '미국 중독증'의 범위 내에서 이루어진 것이었다. 그래서 장면은 미국의 그런 기회주의적 태도를 보고 좌절했을 것이다.

여기서 놀라운 사실은 장면은 자신의 최측근 한국인들에겐 머리카락 한 올 보이지 않게 꼭꼭 숨은 상태에서 혼자 몰래 미국과 접촉하면서 개입 시도를 하려다 혼자 좌절했다는 점이다. 이에 대해선 장면이 미국에 의해 연금을 당한 상태로 수녀원에서 나갈 수가 없었다는 주장마저 제기되고 있다.[298]

그러나 장면의 운전기사와 경호원이 보인 행태를 미루어볼 때에 그런 주장엔 이해가 되지 않는 점이 있고, 설사 그것이 사실이라 하더라도 적어도 장면이 측근들과의 연락을 위해 최선을 다하지 않았다는 점은 지적할 수 있을 것이다. 미국이 등을 돌린 이상, 그렇게 한다 해도 달라질 건 없었다 하더라도, 장면이 단지 미국의 뜻만 확인한 걸 가리켜 '적극적 개입' 시도라고 보는 건 한국의 처지에선 너무 처량하다. '무능'이라는 표현이 어울리지 않는다면 '중독'이라는 표현으로 바꾸면 될 것이다.

장면에 대해선 장면의 많은 도움을 받았던 김대중의 다음과 같은 평가가 공정할 것이다. "장 총리는 보기 드물게 선량한 사람이었지만 심약하였고, 위기 대처 능력에 있어서는 문제가 있었다. 나는 군사쿠데타가 성공한 직접적인 책임은 장면 총리와 윤보선 대통령에게 있다고 생각한다."[299]

장면은 직업을 잘못 찾은 사람이었다. 그는 종교인이 되었으면 딱 어울렸을 사람이었다. 그런 사람이 최고지도자의 자리에 올라 종교인의 행태로 일관하는 바람에 일을 그르친 책임을 한국 사회 자체의 후진성에 돌리는 건 온당치 않을 것이다. 종교마저도 정치적 요소가 다분할진대, '갈등과 투쟁'이라고 하는 정치의 속성은 아무리 역사가 진보한다 해도 영원히 바뀌지 않을 인간세계의 속성이라고 보는 게 옳지 않을까? 과연 어떤 사람이 지도자가 되어야 하는가? 성직자가 되어야 할 사람이 지도자가 되어 일을 그르쳐도 그건 세상 탓일까?

최소한의 리더십마저 없었다

리더십은 정치인만의 자질은 아니건만 장면은 그런 일반적인 의미의 리더십과도 거리가 먼 인물이었다. 그가 자발적으로 정치활동을 한

적은 거의 없었다. 정치 입문부터 천주교에 의해 끌려서 들어간 것이었고, 입문 후에도 언제나 다른 세력들이 그를 끌어당기거나 밀어젖히거나 또는 추대하는 데 따라 정치지도자의 위치에 올라서게 되었다.[300] 그러니 장면에게서 리더십에 필요한 포용력과 조직력을 기대하긴 어려운 일이었다. 아니 그렇게 어렵게 이야기할 것도 없다. 그는 한마디로 이야기해서, 사람과 어울리는 걸 좋아하지 않았다. 이게 가장 치명적인 약점이었다. 이정희는 「제2공화국의 정치 환경과 장면의 리더십」(1995)이라는 글에서 장면에 대해 다음과 같이 말했다.

"그는 행동하기보다는 사색하고 기도하는 인격적 특성을 지니게 되었고 남들과 어울리기보다는 혼자 일을 처리하는 스타일이었다. 이러한 장면의 성격으로 인하여 민주당 신파로 출발하였다가 구파로 전향한 정치인이 많았는데 윤제술, 김영삼, 김용성 등이 전향한 것은 술·담배를 하지 않고 종교서적이나 성경을 주로 읽고 원칙만을 주장하는 장면에게 실망하였기 때문이라는 주장도 있다."[301]

정윤재는 「장면 총리의 정치 리더십과 제2공화국의 붕괴」(2001)라는 글에서 장면에 대해 다음과 같이 말했다. "그는 독실한 천주교 신자로서 깊은 신앙심과 자신에 대한 엄격한 자제력을 소유했던 인물로 항상 단정한 차림으로 자세를 흐트리지 않은 신사였다. 또 선거 유세 중 여러 사람과 함께 투숙한 여관의 이불이 불결하다 해서 혼자서만 덮지 않고 잤으며, 시골 주막집에서 때가 '더러운' 표주박으로 떠 주는 막걸리를 받아 마시지 못하고 거절한 위인이었다. 그러나 이것은 한국 정치인으로는 치명적인 약점이었다."[302]

그런 거야 사소한 문제 아니냐고 하기엔 쿠데타 이후 그의 주변에 사람이 거의 없었다는 점에 주목해야 할 것이다. 겨우 천주교 인맥 정도였다. 장면과 같은 천주교인인 1군 사령관 이한림, 육사 교장 강영훈, 6군단장 김웅수, 천주교단의 신문인 『경향신문』 사장 한창우 등만 소극적 저항을 했을 뿐이다(이한림 등과 연락하며 쿠데타에 저항했던 한창우는 장면과 사돈지간[한창우의 장녀와 장면의 둘째 아들이 1960년 6월 결혼]이었다).[303]

여기서 관심을 기울이고 연구의 대상으로 삼아야 할 것은 직업을 전혀 잘못 찾은 사람이 어떻게 국무총리 자리에까지 오를 정도로 성공할 수 있었느냐는 점일 것이다. 해방 직후부터 형성된 국내 정치의 극심한 미국 의존과 민주당 내부의 극렬한 이전투구 구조와 행태에 그 답이 있을 듯하다.

곽상훈의 체념적인 냉소

장면 주변에 사람이 없었을 뿐만 아니라, 민주당 구파의 지도자급 인사들은 쿠데타에 협조하기까지 했으니 엎친 데 덮친 격이었다. 윤보선 이외에, 그 대표적 인물 중 하나가 바로 민의원 의장 곽상훈이었다. 미국 여행 중 5·16 군사쿠데타를 만난 곽상훈은 미 국무성 차관보 매카너기를 방문해 쿠데타가 공산주의와 관련이 없다고 말했다.[304] 곽상훈은 귀국 후 연금상태에 놓여 있던 6월 중 쿠데타 지지 성명을 발표했다. 곽상훈은 그 성명에서 장면을 공격하고 5·16 군사쿠데타를 적극 지지할 것을 호소했다.

그는 자신이 의장으로 있던 "해산된 국회가 무능·부패하고 정쟁으로 시종했다는 국민적 비판과 역사적 판단을 전적으로 시인한다"고 말하고, "정계의 추악한 양상은 어떤 비상수단이 아니고서는 도저히 수습할 수 없을 정도로 고질화됐다"고 주장했다. 그는 "이번 국군장병의 의거는 실로 대의를 살리기 위해 소아를 굽힌 것"이라고 격찬했다.[305]

곽상훈의 논리는 이런 것이었다. "혁명이란 두 가지가 있는데 하나는 태평성대에 정권에 탐욕을 부려 폭력으로 정권을 빼앗는 경우로 이들은 폭도요, 그런 혁명은 인정할 수 없다. 다른 하나는 위정자가 잘못해서 나라가 위기에 직면했을 때 구급救急을 위해 정권을 탈취하는 경우로, 이것은 애국적인 행위이다. 이번 혁명이 이들 중 어느 쪽에 속하느냐고 하면 나는 두 번째인 것으로 본다. 5·16 당시 공산당이 거의 문 앞에까지 들어왔었다. 그리고 민주당은 나라 망할 짓을 참으로 많이 했다. 나는 혁명이 일어난 게 다행이라고 생각한다."[306]

5·16 군사쿠데타 주체세력 중에서도 민정참여 불가론을 내세우고 있던 판에 곽상훈의 그런 적극 지지는 박정희에게 큰 원군이 되었다. 그는 이후 인물 천거에도 한몫을 담당해 나중에 최두선, 태완선, 김영선 등을 기용케 하는 데에 영향을 미쳤다. 곽상훈이 군사정권에서 한자리를 얻기 위해 그런 일들을 한 것 같지는 않다. 그는 이후 7년간 정계·관계 어느 쪽에도 기웃거리지 않았다(곽상훈은 1968년에 육영재단 이사장이 되었다가 유신 이후에는 통일주체국민회의 운영위원장을 맡는 등 말년에 가서야 체제쪽에 참여했다).[307]

게다가 곽상훈은 이미 1960년 9월에도 민주당 정권의 몰락을 경고한 바 있었다. 그래서 곽상훈의 쿠데타 지지를 긍정적으로 평가해야 할까? 그러나 그러긴 어려울 것 같다. 그는 일반론적인 개탄은 했을망정 구파의 일원으로서 사사건건 장면 정부의 발목을 잡은 구파의 행태를 비난하거나 합리적인 타협을 위해 최선을 다한 것 같진 않기 때문이다. 그는 국회의사당 난입 사건에 대해서도 체념적인 냉소를 보였다. 그의 쿠데타 지지도 체념적인 냉소였다.

곽상훈은 장면 정부나 그 시절의 정치를 비난하기에 앞서 자신의 책임을 먼저 물었어야 했다. 쿠데타 이외엔 답이 없었다고 믿었다면, 자신의 그런 심경을 밝히면서 쿠데타 이전에 정계 은퇴를 했어야 옳았을 것이다. 윤보선과 곽상훈을 비롯한 구파 지도급 인사들의 쿠데타에 대한 협조의 책임은 당연히 구파에 물어야 하겠지만, 장면도 정권 운영의 책임자로서 완전히 면책될 수는 없을 것이다.

 제12장

미국의 인정을 받기 위한 '빨갱이 만들기'

북한의 착각과 오해

5·16 군사쿠데타는 수많은 착각과 오해를 낳았다. 그중에서도 가장 대표적인 착각과 오해는 북한의 호의적 태도일 것이다. 박정희의 남로당 경력을 알고 있는 북한으로선 "이게 웬 떡이냐" 하는 생각을 했을 수도 있다. 5월 16일 오후 7시 평양방송은 조선중앙통신의 보도문을 인용해 다음과 같이 보도했다.

"16일 새벽 3시를 기해 군사정변을 단행한 남조선 군인들은 행정·입법·사법 등 정부기관들과 방송국을 완전히 장악했으며, 청년·학생들과 인민들이 장면 정권을 타도한 군사정권을 지지·환영하는 군중 시위를 진행하고 있다."308

무언가 이상하다는 생각을 한 북한은 5월 17일부터는 전날의 보도와는 정반대로 미국의 사주에 의한 음모적 행동이라고 보도했지만, 여전히 쿠데타 세력에 대한 기대는 버리지 않고 있었다. 북측의 이런 태도가 남측 혁신계와 대학생들에게 영향을 미쳤을 수도 있다.[309] 당시엔 북한 방송을 청취하는 사람이 많았기 때문이다. 1962년 10월 공보부가 대학생들을 상대로 실시한 여론조사에 따르면, 서울에서 북한에 대한 소식원의 비율은 국내 신문 43.8%, 이북 방송 15.7%, 국내 방송 12.4%, 국내 잡지 7.4%, 친구와 친지 5.6%, 외국 잡지 4.3% 등이었다. 이 여론조사 결과는 3급 비밀로 취급되어 발표되지 않았다.[310]

17개월 전엔 훨씬 더 많은 사람이 북한 방송을 청취했을 것이다. 그런데 5·16 군사쿠데타 주체세력에 문제가 된 건 북한 방송 내용이 박정희에 대한 미국의 의구심을 증폭시키는 결과를 가져왔다는 점이었다. 5·16 직후 미국 측은 중국 주재 영국 대사관을 통해 박정희의 신원과 함께 쿠데타의 성격에 관해 북측에 조회를 해보기까지 했다.[311]

박정희는 미군들과 친하게 지내지도 않았고 오히려 미군들과 친하게 지내는 장성들을 경멸하기까지 했지만, 바로 그런 이유 때문에 박정희는 더더욱 미국의 눈치를 보지 않을 수 없는 상황에 처해 있었다. '혁명공약'에서 '반공을 국시의 제일의'로 삼겠다는 것과 '미국을 위시한 자유우방과의 유대를 더욱 공고히' 한다고 내세운 것도 미국의 환심을 사기 위한 것으로 볼 수 있다. 이상우는 박정희가 "장도영 참모총장을 굳이 5·16의 '얼굴마담'격인 리더로 내세웠던 것도 당시 미국 측과 아주 가까웠던 그에게 어떤 역할을 시키려 하였던 데 큰 이유가 있었다"고 말한다.[312]

미국의 사상검증을 통과하기 위하여

쿠데타가 일어나자마자 미국이 박정희의 사상을 캐고 다닌다는 정보가 쿠데타 주체세력에 입수되었다. 미국이 의심을 풀지 않는 한 쿠데타는 성공할 수 없었다. 쿠데타의 성패는 한국의 장면 정권이나 민중보다는 미국의 손에 더 달려 있었던 것이다. 그게 한국의 현실이었다. 쿠데타와 함께 계엄이 선포되자마자 육군본부 상황실에서 '사실상의 계엄사령관'의 역할을 맡았던 이석제는 『각하, 우리 혁명합시다』(1995)에서 미국이 그런 뒷조사를 하고 있다는 정보를 접한 순간 "하늘이 무너지는 듯

쿠데타의 성패는 미국의 손에 달려 있었다. 그게 한국의 현실이었다. 공보부에서 발행한 혁명공약 6개와 화보 10장으로 구성된 '5·16 군사혁명 특집 화보'. (대한민국역사박물관 소장)

눈앞이 캄캄해졌다"고 회고했다. 그는 "혁명 지도자가 사상 문제로 구설수에 오르면 국민과 군의 지지를 얻는 데 결정적인 문제가 생길 것은 불을 보듯 뻔했다. 나는 상황실 문을 잠그고 약 30분간 깊은 고민에 빠졌다"며 다음과 같이 말했다.

"사실 나도 박정희 장군의 좌익 관련 소문은 들어서 알고 있었다.……미국의 사상 공세를 일거에 역전시키기 위해서는 비상한 조치가 필요했다. 만약 상황 대처를 잘못해서 덜미를 잡혔다간 국민의 지지는커녕 꼼짝없이 반란군으로 몰릴 위험이 있었다. 혁명군이 '강력한 반공국가 건설'을 목표로 한 만큼, 미국 측에 획기적인 프로그램을 보여줘야만 혁명의 정당성을 확보할 수 있지 않을까 하는 생각이 들었던 것이다. '그렇다, 좌익 사상범들을 체포하자.' 결심이 서자 나는 전국 각지의 군과 경찰, 헌병대에 비상을 걸어 보도연맹 관련자들을 체포할 것을 명령했다. 나중에는 보도연맹 관련자들뿐만이 아니라 소위 혁신정당 관련자, 좌파 이데올로기에 물든 지식인, 사회단체 지도자, 노조 지도자 등 4,000여 명에 이르는 사회 불만세력과 좌익 활동 경력자들을 대대적으로 색출해 체포, 수감했다. 혁명군이 강력한 반공정책을 표방하면서 좌익 활동 경력자들을 체포하자 미군 측에선 혁명지도부의 사상에 대해 안심하는 듯한 정보들이 흘러 나왔다."[313]

이게 과연 이석제 혼자만의 판단이었을까? 혹 충성심이 강한 이석제는 박정희를 옹호하는 악역을 맡고자 한 건 아닐까? 그게 아니라면, 이석제나 박정희 모두 동시에 같은 판단을 내린 것으로 볼 수도 있겠다. 『한국군사혁명사』는 16일 오전 8시 30분, 박정희가 방첩부대장인 준장 이철희를 불러 직접 다음과 같은 지시를 내린 것으로 기록하고 있기 때문이다. 즉시 용공세력 분자를 색출하라. 방법은 군 수사기관을 동원하되 경찰의 협조를 얻어서 경찰이 입수하고 있는 '리스트'에 의해서 색출하라. 체포된 용공분자는 경찰에 수용하도록 하라.[314]

혁신계의 어리석은 착각

5월 17일 오전 11시 40분(한국 시간), 매그루더는 미 합참에 보낸 전문에서 쿠데타의 목적은 장면 정부의 전복뿐이며 반미·친공의 증거는 없고 오히려 공산주의자 제거 프로그램을 가동하고 있다고 보고했다.[315] 박정희와 장도영은 5월 16일부터 시작된 혁신계 인사 체포 작전의 결과를 5월 19일 아침 쿠데타 후 가진 첫 기자회견에서 발표했다. '용공 및 혁신을 빙자하는 친용공분자' 930명을 구속했다는 이들의 발표 직후 미 국무성은 "한국의 사태는 고무적"이라며 쿠데타에 대한 사실상의 지지를 표명했다.[316]

930명 구속은 작은 시작이었을 뿐이다. 쿠데타 주체세력으로선 아직 넘어야 할 산이 많은데, '고무적'이라는 논평 정도론 만족할 수 없었을 것이다. 군사정권은 22일에는 용공분자 2,014명을 검거했다고 발표했다. 이렇게 해서 진보 인사 3,000여 명이 투옥되었다. 검거는 이후에도 계속되어 모두 4,000여 명에 이르렀다. 이들 중 진짜 '빨갱이'도 전혀 없진 않았겠지만, 대량 검거의 동기가 말해주듯이, 그야말로 마구잡이 사냥이었다. 없으면 일부러 만들어내야 했다. 평화통일운동을 전개했거나 2대 악법 반대운동을 했으면 무조건 검거 대상이었다. 정태영은 「5·16 쿠데타 이후 혁신세력은 어떻게 존재하였나」(1992)라는 글에서 다음과 같이 말했다.

"5·16 쿠데타 세력에게는 미국의 환심을 사고 지지를 얻기 위해 당장 스케이프고트scapegoat가 필요했다. 말보다 실천이었다. 공산계열과 연결이 있었던 과거와의 단절을 더욱더 분명히 하기 위해서는 법의 이름으로 '공산주의자'를 만들어 처형해야 했다. 5·16의 첫 칼질이 혁신진보세력 위에 내려졌다."[317]

'혁명공약' 제1항대로 반공이 국시라는 걸 미국에 화끈하게 보여주기 위한 용도로 기획된 이 대량 검거는 혁신세력에 파멸적인 결과를 초래했다. 탄압과 좌절도 어느 정도래야 혁신성도 제 빛을 발하는 걸까? 정태영은 "5·16 군사쿠데타로 투옥된 혁신진보정당 지도부는 서대문교도소, 마포교도소, 안양교도소로 전전하는 동안 5·16 직전 상태 이상의 분열의 골이 심화되어가고 있었다"며 다음과 같이 말했다.

"다양한 조직과 다양한 진보주의 사상의 소유자였던 그들은 투옥된 동안 이념의 수렴 대신 이념의 핵분열을 경험하게 되었다. 제각기 자기의 고정관념, 자기의 기성 작풍에서 한 치도 벗어나지 못했을 뿐만 아니라 더욱더 아집이 강한 소영웅주의자로 변하고 있었다. 교도소 안에서의 동지간의 사랑과 선후배간의 존경이나 지사적 영어 생활태도란 찾아보기 어려웠다. 이러한 교도소 생활에서 그들은 3년, 5년, 7년의 시차를 두고 석방되었다. 동지적 유대감을 상실한 상태로 석방된 그들은 모래알처럼 뿔뿔이 흩어졌다. 연령적 한계에서 온 무기력과 경제적 토대의 붕괴에서 온 좌절에서 비롯된 것이었다."[318]

놀라운 건 쿠데타 발발과 동시에 혁신계에 대한 노골적인 탄압이 이루어졌는데도 장면 정권의 보수성에 염증을 느낀 많은 진보·민족주의

세력이 여전히 박정희의 혁신성에 큰 기대를 걸었다는 사실이다. 참으로 어리석은 착각이었다. 바로 그런 기대가 오히려 쿠데타 세력이 혁신계를 더욱 가혹하게 탄압해야 할 이유가 되었다.

박정희의 빨갱이 경력 세탁을 위해

미국에 자신이 더는 빨간색이 아니라는 걸 입증하고자 하는 박정희의 강박은 계속되었다. 쿠데타의 최종적인 성공을 위해 한시라도 긴장을 낮춰선 안 될 일이었다. 미국의 뜻에 어긋나거나 미국의 의심을 받는 한 성공은 기대하기 어려웠기 때문이다. 박정희는 미국도 놀랄 수준의 '빨갱이 사냥'으로 미국의 환심을 사고자 했다. 진짜 빨갱이를 때려잡는 것도 아니었다. 미국의 승인을 받는 것이 주된 목적이었기 때문에 빨갱이가 아닌 사람들을 빨갱이로 때려잡는다면 더욱 좋은 일이었다. 순전히 박정희의 빨갱이 경력을 세탁시켜주는 용도로 수많은 사람이 억울하게 당해야만 했다. 그 어이없는 게임의 최대 희생자 중 한 사람이 바로 『민족일보』 사장 조용수였다.

5월 19일 계엄사령부는 『민족일보』의 폐간 통고와 함께 『민족일보』가 조총련계에서 들어온 약 1억 환의 불법 도입 자금으로 발간되어 괴뢰집단이 지향하는 목적 수행에 적극 활약해왔다고 발표하면서 조용수를 포함한 8명을 구속했다. 혁명재판소는 조용수를 포함한 3명에게 사형을 선고하고 나머지 5명에게 5년에서 15년에 이르는 중형을 선고했다.

재판 결과가 발표되자 국내의 문단과 언론계 인사 104명, 일본펜클

박정희는 미국의 환심을 사고 자신의 '빨갱이' 경력을 세탁하기 위해 '빨갱이 사냥'을 했다. 그중에서 최대 희생자는 『민족일보』 사장 조용수였다. 『민족일보』 사건의 재판 광경과 조용수.

럽, 국제펜클럽, 국제신문인협회 등은 관대한 처분을 요청하는 진정서를 박정희 앞으로 냈다. 그러나 미국을 방문하고 있던 박정희는 11월 16일 내셔널 프레스 클럽에서 가진 연설에서 세 언론인에 대한 사형 선고는 타당한 것이라고 주장했다. 결국 2명은 사형에서 무기로 형이 감면되었지만 조용수는 12월 22일에 사형이 집행되었다.[319]

당시 32세였던 조용수는 "민족을 위해서 할 일을 못하고 가는 게 억울하다. 정규조(친구이며 『민족일보』 상무) 동지에게 돈을 꾸어다 신문 만드는 데 썼는데, 갚아주지 못하고 가게 돼 미안하다"는 유언을 남겼다.[320]

이 혁명재판에 심판관으로 참여한 이회창은 훗날 이렇게 말했다.

"막 군 법무관에 임관된 상태에서 혁명재판소로부터 인원 차출 지시가 왔는데 아무도 가지 않으려 해 나이 어린 순으로 차출되다 보니 세 명의 심판관 중 한 명으로 참여하게 됐다. 나는 이런 재판을 할 수 없다며 사표를 내기도 했지만 역부족이었다. 조용수의 용모는 준수했으며 심문에도 똑똑히 대답해 사형을 내리기에는 아까운 젊은이였다."[321]

오직 『한국일보』(8월 28일자 조간 사설)만이 "『민족일보』 관련자들은 공산주의자들이 아니다"고 주장했을 뿐, 다른 신문들은 이 사건을 철저히 외면했다. 한국신문인협회도 입을 꼭 다물었다. 10월 21일 국제신문인협회는 사형이 선고된 사람들에게 관용을 호소하는 전문을 박정희에게 보냈지만, 1962년 5월 15일 프랑스 파리에서 열린 국제신문인협회 총회에 한국 대표로 참석한 동양통신 사장 김성곤은 조용수가 간첩이라고 주장했다.[322]

'빨갱이 만들기'의 제물로 바쳐진 조용수

계엄사령부가 주장한 혐의는 근거가 매우 박약한 것이었다. 당시 『민족일보』는 민족통일을 열렬히 염원하고 통일논의를 성원했으나 북한의 주장을 비판하는 논조도 보였던 신문이다. 앞서 지적한 바와 같이, 조용수는 쿠데타가 일어났을 때 주동자인 박정희의 혁신적 성격을 낙관해 우호적인 사설을 쓰기도 했다.

조용수는 일본 유학 시절 재일교포 북송에도 결사적으로 반대한 우익청년의 지도자였다. 그는 신문 창간 직전 가깝게 지낸 이병주에게 이런 말을 했다. "우리가 반공을 성공적으로 하려면 즉 승공을 하려면 스웨덴과 같은 민주사회주의를 배우고, 놈들보다 우리가 대중을 더 위하는 노선으로 나가야 하지 않겠습니까. 자유당식, 민주당식 반공으로선 보람이 없을 것 같습니다."[323]

조용수 사형 집행 후, 이해할 수 없는 일은 계속 일어났다. 조용수와 함께 사형을 선고받았던 송지영은 네 차례 감형을 받아 출감해『조선일보』논설위원, 문예진흥원장, 통일원 고문, 민정당 전국구 의원, 한국방송공사KBS 이사장, 광복회 부회장 등 요직을 거쳤으며 중형을 받았던 다른 인물들도 송지영과 비슷한 길을 걸었다.[324]

『민족일보』의 창간 주역 중 한 명은 이영근이었다. 자금의 일부가 이영근에게서 나왔다. 이영근은 조봉암의 비서였는데, 군사정권은 일본에서 활동하던 이영근에게서 받은 돈을 공작금으로 규정했다. 그러나 이영근은 조용수가 사형당한 뒤 박정희와 긴밀한 관계를 유지했으며 국민훈장 무궁화장을 받기도 했다.[325] 조용수와 대구 대륜고 동기동창인 전 국회의장 이만섭은 "그의 죽음은 박 장군이 본인의 사상적 문제를 의식적으로 입증하기 위한 희생양이었다"고 말한다.[326] 김삼웅도 박정희의 사상적 콤플렉스가 주요 원인이라고 말한다.

"해방 후 남로당 등 좌익에 관계한 바 있는 박정희가 쿠데타로 집권하는 과정에서 미국 측으로부터 사상적 성향에 의혹을 받게 되면서 혁신계 인사들을 자신의 면죄부의 제물로 삼았다는 것이『민족일보』사건의 정치적 배경이다.『민족일보』조용수는 박정희의 사상적 콤플렉스가 불러온 희생양이었던 셈이다."[327]

자신들의 사상적 콤플렉스를 해결하기 위한 도구로 조용수를 제물로 삼았으면 그 유족에게라도 최소한의 인간적 도리는 했어야 했던 게 아닐까? 그러나 박정희 정권은 『민족일보』의 자산은 물론 조용수 가족의 전 재산을 몰수했으며, 이후 가족들의 거듭된 탄원도 받아주지 않았다.[328](국제저널리스트협회는 이듬해인 1962년 1월 13일 조용수를 1961년도 국제기자상 수상자로 추서했다. 조용수의 유족들은 고인의 명예회복을 위해 김영삼 정권시 대통령과 검찰에 진정서를 보냈다. 이 진정서는 김영삼이 장면 정권 시절 『민족일보』를 적극 옹호했던 걸 상기시켰지만, 김영삼은 침묵으로 대응했다. 1998년 12월 20일 남한산성에 있는 조용수의 묘소에서 추도식과 『민족일보』 사건 진상규명위원회 발족식이 있었다. 2006년 '진실·화해를 위한 과거사정리위원회'는 조용수에 대한 사형 판결을 위법한 것으로 규정하고 국가에 재심 등 상응한 조치를 취할 것을 권고했다. 2008년 1월 16일 서울중앙지법은 조용수에게 무죄를 선고했다.)

미국의 '박정희 관리' 전략

미국의 사상 검증은 박정희에게만 국한된 건 아니었다. 미국은 박정희의 주변 인물들에도 주목했다. 미국은 특히 당시 강한 민족주의 성향을 갖고 있던 김종필을 문제 인물로 지목했다. 김일영은 「1960년대의 정치지형 변화: 수출지향형 지배 연합과 발전국가의 형성」(2003)이라는 글에서 박정희와 김종필에 대한 미국의 태도는 차별적이었다며 다음과 같이 말했다.

"박정희에 대해서는 균형을 유지하기 위해 노력하는 신뢰할 만한 인물로 평가했으나, 김종필에 대해서는 갖가지 추문을 일으키고 무리한 경제정책을 추구하는 급진적인 민족주의자로서 위험시했다. 따라서 미국은 온건파인 박정희를 강경파인 김종필로부터 분리시켜 경제발전에 주력토록 만들고자 애썼다."[329]

임대식은 「1960년대 초반 지식인들의 현실 인식」(2003)이라는 글에서 미국은 처음부터 민족주의적 경향이 친미반공 전선에서 이탈할 가능성을 익히 알고 경계했으며, 쿠데타 주체세력들의 민족주의적 요소를 철저하게 발본색원하려고 했다며 다음과 같이 말했다.

"우선 김종필·김용태·박희범·유원식 등 박정희 주변 인물들 중 민족주의적 성향의 인물들을 거세하여 박정희를 이들로부터 고립시켰다. 그리고 이후락·박종규·정일권·김현철 등 친미반공 인사들을 그 주변에 배치했다. 황태성 간첩 사건과 황용주 필화 사건 등은 미국을 비롯한 반공진영의 박정희 정권에 대한 견제를 단적으로 보여준다. 박정희 역시 경력상의 하자(좌익 경력) 및 쿠데타의 절차적 비정당성, 친미반공 전선의 강고함에 직면하여 민족주의적 요소를 억제 혹은 거세당하지 않을 수 없었다."[330]

나중엔 달라지지만, 김종필이 한동안 '민족주의의 화신'처럼 행동했던 건 분명하다. 김종필은 미국의 원조기관으로 한국에 주둔하고 있던 막강한 권력기관인 유솜USOM마저 건드렸다. 직원이 천수백 명이나 되는 걸 문제 삼은 것이다. 김종필의 정당한 항의에 미국 측은 유솜 직원을 반으로 줄이긴 했지만, 그만큼 김종필에 대한 경계심을 높여 나갔다. 이후 일어날 김종필의 1, 2차 외유外遊도 미국 측이 박정희에게 강한 압력을 행사해 이루어진 것이라는 주장이 나오는 것도 바로 그런 배경에서다.[331]

박정희는 반미反美 기질이 강한 장성으로서 쿠데타를 일으켰지만,

이후 쿠데타의 성공을 위해 미국에 대해 점점 더 타협적인 모습을 보이게 된다. 그래서 혹독한 비판이 나오기도 했다. 신창균은 『가시밭길에서도 느끼는 행복: 조국통일범민족연합 남측본부 의장 송암 신창균 회고록』(1997)에서 다음과 같이 말했다.

"박정희 씨는 과거 좌익계열에 있었던 일도 있고, 김종필은 서울대학교 사범대학 학생 시절에 국대안 반대로 인하여 좌경으로 지명 받은 바 있었다.……박정희 쿠데타군은 혁신계 인사들에게 가혹한 처사를 함으로써 미국의 호의를 사고자 하는 간교한 작태를 노출하게 된 것이다."[332]

신창균은 자신이 혁신계 활동을 했는데도 7개월 옥고 후 불기소된 것도 바로 그런 '간교한 작태'와 관련된 것으로 보았다. "그런데 나는 정동교회의 제일 고참 장로였으므로 그때 쿠데타 군인들이 생각하기에는 정동교회가 우리나라에서 제일 크고 제일 먼저 생긴 교회이기 때문에 미국 사람들이 관심을 가지고 있을 터인데 거기의 최고참 장로를 잡아들이면 이 역시 미국에 항거하는 것이 되지 않을까 하고 생각하고 있었다.……나중에 들으니 정동교회 장로라 해서 나를 내보냈다는 것이다."[333]

반공을 인정받기 위한 눈물겨운 노력

미국의 인정을 받기 위한 박정희의 노력은 박정희 입장에서 보자면 눈물겨울 정도였다. 박정희는 친미주의자 정일권을 주미대사로 기용하는 등 미국과 가깝고 미국을 잘 아는 사람은 어떤 식으로건 중용하려고 애를 썼다.[334] 시인 구상은 박정희를 오래전부터 알았는데, 박정희는 5·16 사흘 후인 19일에 만난 구상에게 미국에 가서 일을 좀 봐달라고 부탁했다.[335] 구상이 그 내용도 듣지 않고 거절하는 바람에 무슨 일인지는 알 수 없었지만, 아마도 미국에 가서 민간 외교 차원의 로비를 해달라는 것이었을 것이다.

실제로 미국이 알아줄 만한 국내 유명 반공주의자들은 쿠데타를 옹호하기 위한 방미訪美 로비를 벌였다. 예컨대, 목사 한경직의 활동에 대해 조성기는 『한경직 평전』(2003)에서 이렇게 말했다. "5·16 직후 박정희 장군에 대하여 의구심을 품고 있는 미국 당국자들을 만나 자초지종을 설명하기 위해, 경직은 민간사절단이라는 이름으로 정일권, 최두선, 김활란들과 함께 미국으로 건너갔다. 경직은 군인들의 약속을 강조하며 미국 정부가 한국을 외면하지 말 것을 호소하였다."[336]

박정희는 심지어 미국에 있는 자신의 좌익 전력 기록을 없애기 위해 미8군 통역 장교였던 김경업과 최고위원 유양수를 중심으로 한 특별팀을 보내기까지 했다. 물론 그 특별팀은 미국의 자료 관리 방식이 한국과는 크게 다르며, 기록을 없앤다는 건 불가능하다는 걸 알고 아무런 성과 없이 돌아왔지만 말이다.[337]

정경모는 「박정희: 권력 부상에서 비극적 종말까지」(1991)라는 글에서 군사정권이 7월 3일에 반공법을 선포한 것도 7월 4일이 미국 독립기념일이라는 걸 염두에 두고 군사정권의 확고한 반공 의지를 미국에 증명하기 위한 조치로 해석했다.[338] 정말 그랬던 건지는 알 수 없으나, 군사정권의 이런 일련의 노력은 헛되지 않아 미 국무부 장관 딘 러스크는 7월 21일 공식적으로 군사정권 지지 성명을 발표하게 된다.

그러나 그걸로 끝난 건 아니었다. 중앙일보 특별취재팀의 『실록 박정희』(1998)에 따르면, "'전향자 박정희'는 죽을 때까지 미국 측의 감시를 받으며 '창살 없는 감옥 생활'을 한 셈이다. 박정희가 재임 기간 중 좌익 사범에 대해 필요 이상으로 강경 대처를 한 점이나 철저한 반공주의자가 된 배경에는 그의 좌익 콤플렉스가 있었기 때문이다".[339] 한국 사회는 한 '전향자'의 '좌익 콤플렉스'를 해소시켜주고 미국의 인증을 획득하게끔 해주는 도구로 전락하는 비운에 처하게 된다. 박정희 개인을 위한 박정희의 나라로 변하게 되는 것이다. 그러나 그에겐 꼭 하고 싶은 일이 있었다.

주

머리말

1 김균, 「하이에크와 신자유주의」, 안병영·임혁백 편, 『세계화와 신자유주의: 이념·현실·대응』(나남, 2000), 89쪽.
2 맷 리들리(Matt Ridley), 신좌섭 옮김, 『이타적 유전자』(사이언스북스, 2001), 362쪽에서 재인용.
3 백영철, 「기회주의」, 『세계일보』, 2004년 5월 26일, 22면.
4 강준만, 「맺는말: '소용돌이 문화'의 명암」, 『한국 현대사 산책 1950년대편: 개정증보판』 제3권 참고.
5 Jon Moran, 「Patters of Corruption and Development in East Asia」, 『Theird World Quarterly』, 20:3(1999), p.571; 홍성태, 「폭압적 근대화와 위험사회」, 이병천 엮음, 『개발독재와 박정희 시대: 우리 시대의 정치경제적 기원』(창비, 2003), 333쪽에서 재인용.
6 전재호, 「군정기 쿠데타 주도집단의 담론 분석」, 『역사비평』, 제55호(2001년 여름), 109쪽.
7 임지현, 「'대중독재'의 지형도 그리기」, 임지현·김용우 엮음, 『대중독재: 강제와 동의 사이에서』(책세상, 2004), 54~55쪽.
8 정윤재, 「박정희 대통령의 근대화 리더십: 그의 "개발독재"에 대한 재검토」, 한국정치학회 편, 『한국현대정치사』(법문사, 1995), 302쪽.

제1부 1960년

1   김명환, 「[김명환의 시간여행] 89: 추석 귀성 인파를 시위 진압하듯 '정리'…경찰, 70년 대엔 "앉으라"며 5m 장대 휘둘러」, 『조선일보』, 2017년 9월 27일.
2   유승훈, 『서울시대: 청계천 판자촌에서 강남 복부인까지』(생각의힘, 2025), 226~227쪽.
3   김형국, 「나의 서울살이 30년」, 『사상』, 1995년 겨울, 91~92쪽.
4   서중석, 「4월 혁명 운동기의 반미·통일운동과 민족해방론」, 『역사비평』, 제14호(1991년 가을), 160쪽.
5   임대식, 「1960년대 초반 지식인들의 현실 인식」, 『역사비평』, 제65호(2003년 겨울), 306쪽.
6   임대식, 「1960년대 초반 지식인들의 현실 인식」, 『역사비평』, 제65호(2003년 겨울), 307쪽.
7   연시중, 『한국정당정치실록 2: 6·25 전쟁부터 장면 정권까지』(지와사랑, 2001), 238쪽에서 재인용.
8   심재택, 「4월 혁명의 전개 과정」, 한완상·이우재·심재택 외, 『4·19 혁명론 I』(일월서각, 1983), 41쪽.
9   심재택, 「4월 혁명의 전개 과정」, 한완상·이우재·심재택 외, 『4·19 혁명론 I』(일월서각, 1983), 41~43쪽; 이재오, 『해방후 한국학생운동사』(형성사, 1984), 170쪽.
10   김성진, 『한국정치 100년을 말한다』(두산동아, 1999), 179쪽.
11   심재택, 「4월 혁명의 전개 과정」, 한완상·이우재·심재택 외, 『4·19 혁명론 I』(일월서각, 1983), 44쪽.
12   류승렬, 『뿌리깊은 한국사 샘이깊은 이야기 ⑦ 현대』(솔, 2003), 370쪽.
13   고재학, 「'4·19 혁명'과 한국일보/시민·학생과 한마음 민주 함성」, 『한국일보』, 1995년 4월 20일, 9면; 이헌, 「'4·19' 35주…되새겨본 "민주 함성"」, 『동아일보』, 1995년 4월 18일, 4면.
14   심재택, 「4월 혁명의 전개 과정」, 한완상·이우재·심재택 외, 『4·19 혁명론 I』(일월서각, 1983), 49쪽.
15   심재택, 「4월 혁명의 전개 과정」, 한완상·이우재·심재택 외, 『4·19 혁명론 I』(일월서각, 1983), 50쪽.
16   리영희, 『역정: 나의 청년시대-리영희 자전적 에세이』(창작과비평사, 1988), 318~319쪽.
17   이형, 『조병옥과 이기붕: 제1공화국 정치사의 재조명』(삼일서적, 2002), 303~304쪽.

18	김성진, 『한국정치 100년을 말한다』(두산동아, 1999), 183~184쪽.
19	이형, 『조병옥과 이기붕: 제1공화국 정치사의 재조명』(삼일서적, 2002), 311쪽.
20	이형, 『조병옥과 이기붕: 제1공화국 정치사의 재조명』(삼일서적, 2002), 304쪽.
21	김성진, 『한국정치 100년을 말한다』(두산동아, 1999), 184쪽.
22	이재봉, 「4월 혁명, 제2공화국, 그리고 한미관계」, 백영철 편, 『제2공화국과 한국 민주주의』(나남, 1996), 83~85쪽.
23	이재오, 『해방후 한국학생운동사』(형성사, 1984), 175~176쪽; 이형, 『조병옥과 이기붕: 제1공화국 정치사의 재조명』(삼일서적, 2002), 305~306쪽.
24	오유석, 「4월 혁명과 피의 화요일」, 이병천·조현연 편, 『20세기 한국의 야만: 평화와 인권의 21세기를 위하여』(일빛, 2001), 379쪽.
25	동아일보사, 『민족과 더불어 80년: 동아일보 1920~2000』(동아일보사, 2000), 343~344쪽.
26	연시중, 『한국정당정치실록 2: 6·25 전쟁부터 장면 정권까지』(지와사랑, 2001), 243쪽.
27	연시중, 『한국정당정치실록 2: 6·25 전쟁부터 장면 정권까지』(지와사랑, 2001), 244쪽.
28	김형석, 「4·19 정신 오남용 말라」, 『경향신문』, 1990년 4월 18일, 1면.
29	이재오, 『해방후 한국학생운동사』(형성사, 1984), 178쪽.
30	이재봉, 「미, 민주혁명 막을 군사독재 구상: 미, CIA·국무부 4·19 관련 비밀문서 최초 공개」, 『신동아』, 1995년 9월, 574쪽; 이완범, 「장면과 정권교체: 미국의 대안 고려와 그 포기 과정을 중심으로, 1952~1961」, 한국민족운동사학회 편, 『장면과 제2공화국』(국학자료원, 2003), 41쪽.
31	김성진, 『한국정치 100년을 말한다』(두산동아, 1999), 187쪽.
32	이재봉, 「4월 혁명, 제2공화국, 그리고 한미관계」, 백영철 편, 『제2공화국과 한국 민주주의』(나남, 1996), 87~88쪽.
33	박명림, 「제2공화국 정치 균열의 구조와 변화」, 백영철 편, 『제2공화국과 한국 민주주의』(나남, 1996), 215~216쪽.
34	조갑제, 『내 무덤에 침을 뱉어라 3: 혁명 전야』(조선일보사, 1998), 177쪽.
35	이한우, 「4·19 시위대 대표 유일라 씨의 시간대별 증언」, 『월간조선』, 1995년 4월, 197~201쪽; 이재봉, 「4월 혁명, 제2공화국, 그리고 한미관계」, 백영철 편, 『제2공화국과 한국 민주주의』(나남, 1996), 90쪽.
36	이완범, 「장면과 정권교체: 미국의 대안 고려와 그 포기 과정을 중심으로, 1952~1961」, 한국민족운동사학회 편, 『장면과 제2공화국』(국학자료원, 2003), 42~43쪽.

37 심재택, 「4월 혁명의 전개 과정」, 한완상·이우재·심재택 외, 『4·19 혁명론 I』(일월서각, 1983), 60~61쪽.
38 이재오, 『해방후 한국학생운동사』(형성사, 1984), 173~175쪽; 류승렬, 『뿌리깊은 한국사 샘이깊은 이야기 ⑦ 현대』(솔, 2003), 366쪽.
39 김삼웅, 『해방후 정치사 100장면: 해방에서 김일성 죽음까지』(가람기획, 1994), 116쪽.
40 오제연, 「4·19 혁명 전후 도시 빈민」, 오제연 외, 『한국현대생활문화사 1960년대: 근대화와 군대화』(창비, 2016), 44~45쪽.
41 오제연, 「4·19 혁명 전후 도시 빈민」, 오제연 외, 『한국현대생활문화사 1960년대: 근대화와 군대화』(창비, 2016), 47쪽.
42 이재봉, 「미, 민주혁명 막을 군사독재 구상: 미, CIA·국무부 4·19 관련 비밀문서 최초 공개」, 『신동아』, 1995년 9월, 574쪽; 이종오, 「4월 혁명의 심화 발전과 학생운동의 전개」, 고성국 외, 『1950년대 한국 사회와 4·19 혁명』(태암, 1991), 212쪽.
43 정경모, 「박정희: 권력 부상에서 비극적 종말까지」, 『역사비평』, 제13호(1991년 여름), 214~215쪽.
44 조선일보사, 『조선일보 칠십년사 제1권』(조선일보사, 1990), 655쪽.
45 박명림, 「제2공화국 정치 균열의 구조와 변화」, 백영철 편, 『제2공화국과 한국 민주주의』(나남, 1996), 216쪽.
46 김성진, 『한국정치 100년을 말한다』(두산동아, 1999), 190쪽.
47 김정원, 『분단한국사』(동녘, 1985), 201~202쪽.
48 전국역사교사모임, 『심마니 한국사 II: 개항에서 현대까지』(역사넷, 2002), 299쪽.
49 김영명, 『한국현대정치사: 정치변동의 역학』(을유문화사, 1992), 215~216쪽.
50 김영명, 『한국현대정치사: 정치변동의 역학』(을유문화사, 1992), 231~232쪽.
51 김영명, 『한국현대정치사: 정치변동의 역학』(을유문화사, 1992), 218~219쪽.
52 김영명, 『한국현대정치사: 정치변동의 역학』(을유문화사, 1992), 221쪽.
53 김영명, 『한국현대정치사: 정치변동의 역학』(을유문화사, 1992), 231쪽.
54 연시중, 『한국정당정치실록 2: 6·25 전쟁부터 장면 정권까지』(지와사랑, 2001), 270~271쪽 참고.
55 박명림, 「제2공화국 정치 균열의 구조와 변화」, 백영철 편, 『제2공화국과 한국 민주주의』(나남, 1996), 237~238쪽.
56 김수진, 「한국정치 균열 구조의 전개와 담합 정당체제」, 『역사비평』, 제49호(1999년 겨울), 246~247쪽.
57 김형아, 신명주 옮김, 『박정희의 양날의 선택: 유신과 중화학공업』(일조각, 2005), 86쪽.
58 권보드래·천정환, 『1960년을 묻다: 박정희 시대의 문화정치와 지성』(천년의상상,

2012), 37쪽.
59 송복, 『한국사회의 갈등구조』(현대문학, 1994), 16쪽.
60 신형기, 「용해와 귀속의 역사를 돌아보며: '자기' 없는 '우리들'의 연대는 가능한가」, 정희진 외, 『'탈영자들'의 기념비』(생각의나무, 2003), 62~65쪽.
61 허용범, 『한국 언론 100대 특종』(나남, 2000), 78~81쪽.
62 「연단서 손가락 잘라 혈서: 이채 띤 고양군 합동 정견 발표회」, 『조선일보』, 1960년 7월 10일, 석간 3면.
63 「색연필」, 『조선일보』, 1960년 11월 7일, 석간 3면.
64 「색연필」, 『조선일보』, 1960년 11월 12일, 석간 3면.
65 「혈서 써가지고 청와대에 침입: 시골 청년 즉심에」, 『조선일보』, 1961년 1월 14일, 조간 3면.
66 「배고픈 자에 빵을 상이용사가 혈서」, 『조선일보』, 1961년 4월 7일, 조간 4면.
67 장환수, 「스포츠 카페: 풍운의 야구 인생 백인천」, 『동아일보』, 2003년 8월 18일, 51면.
68 김승옥, 『내가 만난 하나님: 김승옥 산문집』(작가, 2004), 194~195쪽.
69 김승옥, 『내가 만난 하나님: 김승옥 산문집』(작가, 2004), 194~195쪽.
70 강원용, 『빈들에서: 나의 삶, 한국 현대사의 소용돌이 2 - 혁명, 그 모순의 회오리』(열린문화, 1993), 139쪽.
71 정병준, 「박마리아: 면죄부를 줄 수 없는 친일과 권력욕의 화신」, 반민족문제연구소, 『청산하지 못한 역사 2: 한국현대사를 움직인 친일파 60』(청년사, 1994), 114~116쪽.
72 정병준, 「박마리아: 면죄부를 줄 수 없는 친일과 권력욕의 화신」, 반민족문제연구소, 『청산하지 못한 역사 2: 한국현대사를 움직인 친일파 60』(청년사, 1994), 124~125쪽.
73 정병준, 「박마리아: 면죄부를 줄 수 없는 친일과 권력욕의 화신」, 반민족문제연구소, 『청산하지 못한 역사 2: 한국현대사를 움직인 친일파 60』(청년사, 1994), 125쪽.
74 이형, 『조병옥과 이기붕: 제1공화국 정치사의 재조명』(삼일서적, 2002), 331쪽.
75 이형, 『조병옥과 이기붕: 제1공화국 정치사의 재조명』(삼일서적, 2002), 331~332쪽.
76 이형, 『조병옥과 이기붕: 제1공화국 정치사의 재조명』(삼일서적, 2002), 329쪽.
77 정병준, 「박마리아: 면죄부를 줄 수 없는 친일과 권력욕의 화신」, 반민족문제연구소, 『청산하지 못한 역사 2: 한국현대사를 움직인 친일파 60』(청년사, 1994), 125쪽.
78 이형, 『조병옥과 이기붕: 제1공화국 정치사의 재조명』(삼일서적, 2002), 236쪽; 일월서각 편집부 엮음, 『4·19 혁명론 II (자료편)』(일월서각, 1983), 151쪽.
79 이형, 『조병옥과 이기붕: 제1공화국 정치사의 재조명』(삼일서적, 2002), 236쪽.
80 조갑제, 『내 무덤에 침을 뱉어라 3: 혁명 전야』(조선일보사, 1998), 193~194쪽.
81 이형, 『조병옥과 이기붕: 제1공화국 정치사의 재조명』(삼일서적, 2002), 336쪽.

82 김교식,「한국 현대사의 미스터리-이기붕 일가 자살: 모살(謀殺)의 냄새가 난다」,『월간조선』, 1991년 8월, 444쪽; 정병준,「박마리아: 면죄부를 줄 수 없는 친일과 권력욕의 화신」, 반민족문제연구소,『청산하지 못한 역사 2: 한국현대사를 움직인 친일파 60』(청년사, 1994), 126쪽.
83 조갑제,『내 무덤에 침을 뱉어라 3: 혁명 전야』(조선일보사, 1998), 192쪽.
84 이형,『조병옥과 이기붕: 제1공화국 정치사의 재조명』(삼일서적, 2002), 338쪽.
85 윤희일,「이승만·이기붕 일가 재산 90억대」,『경향신문』, 2001년 4월 19일, 2면.
86 조갑제,『내 무덤에 침을 뱉어라 3: 혁명 전야』(조선일보사, 1998), 180~181쪽.
87 이용원,『제2공화국과 장면』(범우사, 1999), 119쪽.
88 이재봉,「4월 혁명, 제2공화국, 그리고 한미관계」, 백영철 편,『제2공화국과 한국 민주주의』(나남, 1996), 91쪽.
89 이영석,『야당 40년사』(인간사, 1987), 89쪽.
90 이용원,「제2공화국과 장면: 장면의 정치 역정·생애 하(下)」,『대한매일』, 1999년 6월 1일, 6면; 연시중,『한국정당정치실록 2: 6·25 전쟁부터 장면 정권까지』(지와사랑, 2001), 241쪽.
91 이영석,『야당 40년사』(인간사, 1987), 90~91쪽.
92 이영석,『야당 40년사』(인간사, 1987), 91쪽.
93 심지연,「민주당 결성과 윤보선의 리더십 연구: 1960년대 초를 중심으로」, 한국정신문화연구원 편,『장면·윤보선·박정희: 1960년대 초 주요 정치지도자 연구』(백산서당, 2001), 134쪽.
94 박태순·김동춘,『1960년대의 사회운동』(까치, 1991), 75쪽.
95 정윤재,「장면 총리의 정치 리더십과 제2공화국의 붕괴」, 한국정신문화연구원 편,『장면·윤보선·박정희: 1960년대 초 주요 정치지도자 연구』(백산서당, 2001), 41쪽.
96 김대중,「제2공화국과 장면: 김 대통령 특별회고 상(上)」,『대한매일』, 1999년 6월 11일, 6면.
97 정윤재,「장면 총리의 정치 리더십과 제2공화국의 붕괴」, 한국정신문화연구원 편,『장면·윤보선·박정희: 1960년대 초 주요 정치지도자 연구』(백산서당, 2001), 41쪽.
98 이갑윤,「제2공화국의 선거 정치: 7·29 총선을 중심으로」, 백영철 편,『제2공화국과 한국 민주주의』(나남, 1996), 191쪽.
99 이재봉,「4월 혁명, 제2공화국, 그리고 한미관계」, 백영철 편,『제2공화국과 한국 민주주의』(나남, 1996), 93쪽.
100 이재봉,「4월 혁명, 제2공화국, 그리고 한미관계」, 백영철 편,『제2공화국과 한국 민주주의』(나남, 1996), 94쪽.

101　허용범,『한국언론 100대 특종』(나남, 2000), 76쪽.
102　임영태,『대한민국 50년사 1: 건국에서 제3공화국까지』(들녘, 1998), 272쪽.
103　이형,『조병옥과 이기붕: 제1공화국 정치사의 재조명』(삼일서적, 2002), 342~343쪽.
104　김세중,「과도정부와 정치발전」, 한국정신문화연구원 현대사연구소 편,『한국현대사의 재인식 5: 1960년대의 전환적 상황과 장면 정권』(오름, 1998), 54쪽.
105　공제욱,「한국전쟁과 재벌의 형성」, 경상대학교 사회과학연구소 엮음,『한국전쟁과 한국 자본주의』(한울아카데미, 2000), 91~92쪽; 유병용,「장면 정권의 성립과 붕괴」, 한국정신문화연구원 현대사연구소 편,『한국현대사의 재인식 5: 1960년대의 전환적 상황과 장면 정권』(오름, 1998), 84쪽.
106　김용석,「[다시 쓰는 한반도 100년] 6: 2공화국과 박정희 시대 개막」,『경향신문』, 2001년 9월 22일.
107　김용석,「[다시 쓰는 한반도 100년] 6: 2공화국과 박정희 시대 개막」,『경향신문』, 2001년 9월 22일.
108　김명환,「[김명환의 시간여행] 94: '아이크' 방한 땐 남대문 지붕까지 人波…존슨 방한 날 거리엔 200만 명 인산인해」,『조선일보』, 2017년 11월 8일.
109　최진섭,『한국언론의 미국관』(살림터, 2000), 211~212쪽.
110　이형,『조병옥과 이기붕: 제1공화국 정치사의 재조명』(삼일서적, 2002), 344~345쪽.
111　이혜영,「1960년 7·29 총선거의 전개 과정과 성격」, 한국역사연구회 4월민중항쟁연구반,『4·19와 남북관계』(민연, 2000), 86쪽.
112　연시중,『한국정당정치실록 2: 6·25 전쟁부터 장면 정권까지』(지와사랑, 2001), 267쪽.
113　연시중,『한국정당정치실록 2: 6·25 전쟁부터 장면 정권까지』(지와사랑, 2001), 282쪽.
114　남재 김상협 선생 전기편찬위원회 엮음,『남재 김상협: 그 생애/학문/사상』(한울, 2004), 343쪽.
115　유병용,「장면 정권의 성립과 붕괴」, 한국정신문화연구원 현대사연구소 편,『한국현대사의 재인식 5: 1960년대의 전환적 상황과 장면 정권』(오름, 1998), 71쪽.
116　연시중,『한국정당정치실록 2: 6·25 전쟁부터 장면 정권까지』(지와사랑, 2001), 283쪽.
117　연시중,『한국정당정치실록 2: 6·25 전쟁부터 장면 정권까지』(지와사랑, 2001), 107쪽.
118　이용원,「제2공화국과 장면: 신구파 대립과 분당 하(下)」,『대한매일』, 1999년 4월 2일, 6면.

119 연시중,『한국정당정치실록 2: 6·25 전쟁부터 장면 정권까지』(지와사랑, 2001), 286~288쪽.
120 이영석,『야당 40년사』(인간사, 1987), 100쪽.
121 이영석,『야당 40년사』(인간사, 1987), 103쪽.
122 이영석,『야당 40년사』(인간사, 1987), 103쪽.
123 유병용,「장면 정권의 성립과 붕괴」, 한국정신문화연구원 현대사연구소 편,『한국현대사의 재인식 5: 1960년대의 전환적 상황과 장면 정권』(오름, 1998), 76쪽; 김준하,『대통령과 장군: 윤보선 대 박정희』(나남, 2002), 162~163쪽.
124 한승주,「제2공화국」, 안청시 편,『현대한국정치론』(법문사, 1998), 204쪽.
125 이영석,『야당 40년사』(인간사, 1987), 100~101쪽.
126 이형,『조병옥과 이기붕: 제1공화국 정치사의 재조명』(삼일서적, 2002), 345~346쪽.
127 심지연,「민주당 결성과 윤보선의 리더십 연구: 1960년대 초를 중심으로」, 한국정신문화연구원 편,『장면·윤보선·박정희: 1960년대 초 주요 정치지도자 연구』(백산서당, 2001), 141쪽.
128 한승주,「제2공화국」, 안청시 편,『현대한국정치론』(법문사, 1998), 205쪽.
129 이영석,『야당 40년사』(인간사, 1987), 106~107쪽.
130 이영석,『야당 40년사』(인간사, 1987), 107~115쪽.
131 김세중,「과도정부와 정치 발전」, 한국정신문화연구원 현대사연구소 편,『한국현대사의 재인식 5: 1960년대의 전환적 상황과 장면 정권』(오름, 1998), 64쪽.
132 심지연,「민주당 결성과 윤보선의 리더십 연구: 1960년대 초를 중심으로」, 한국정신문화연구원 편,『장면·윤보선·박정희: 1960년대 초 주요 정치지도자 연구』(백산서당, 2001), 106~110쪽.
133 지동욱, 박윤희 옮김,『한국 대통령 8인 비극적 말로의 비밀』(사람의향기, 2003), 74쪽; 주돈식,『우리도 좋은 대통령을 갖고 싶다: 8명의 역대 대통령과 외국 대통령의 비교 평가』(사람과책, 2004), 144쪽; 임영태,『대한민국 50년사 1: 건국에서 제3공화국까지』(들녘, 1998), 275~276쪽.
134 정윤재,「장면 총리의 정치 리더십과 제2공화국의 붕괴」, 한국정신문화연구원 편,『장면·윤보선·박정희: 1960년대 초 주요 정치지도자 연구』(백산서당, 2001), 44쪽.
135 정윤재,「장면 총리의 정치 리더십과 제2공화국의 붕괴」, 한국정신문화연구원 편,『장면·윤보선·박정희: 1960년대 초 주요 정치지도자 연구』(백산서당, 2001), 46~47쪽.
136 이종훈,「장면: 가진 자의 편에 선 구도자」, 반민족문제연구소,『청산하지 못한 역사 2: 한국현대사를 움직인 친일파 60』(청년사, 1994), 114~116쪽.
137 이정희,「제2공화국의 정치 환경과 장면의 리더십」, 한국정치학회 편,『한국현대정치

사』(법문사, 1995), 251쪽.

138　안정애,「주한미군: 대한민국을 만들고, 지키고, 유지시킨 대한민국 역사 그 자체」, 이재범 외,『한반도의 외국군 주둔사』(중심, 2001), 344쪽.

139　한승주,「제2공화국」, 안청시 편,『현대한국정치론』(법문사, 1998), 206~207쪽.

140　이용원,「제2공화국과 장면: 신구파 대립과 분당 하(下)」,『대한매일』, 1999년 4월 2일, 6면.

141　이용원,「제2공화국과 장면: 신구파 대립과 분당 하(下)」,『대한매일』, 1999년 4월 2일, 6면.

142　이영석,『야당 40년사』(인간사, 1987), 116~118쪽.

143　이용원,「제2공화국과 장면: 윤보선과의 갈등 중(中)」,『대한매일』, 1999년 3월 19일, 6면.

144　이용원,「제2공화국과 장면: 신구파 대립과 분당 하(下)」,『대한매일』, 1999년 4월 2일, 6면; 심지연,「민주당 결성과 윤보선의 리더십 연구: 1960년대 초를 중심으로」, 한국정신문화연구원 편,『장면·윤보선·박정희: 1960년대 초 주요 정치지도자 연구』(백산서당, 2001), 143쪽.

145　이국영,「제2공화국의 실패 요인과 군부 권위주의의 등장」, 백영철 편,『제2공화국과 한국 민주주의』(나남, 1996), 312쪽.

146　박명림,「제2공화국 정치 균열의 구조와 변화」, 백영철 편,『제2공화국과 한국 민주주의』(나남, 1996), 229쪽.

147　이용원,「제2공화국과 장면: 윤보선과의 갈등 중(中)」,『대한매일』, 1999년 3월 19일, 6면.

148　정윤재,「장면 총리의 정치 리더십과 제2공화국의 붕괴」, 한국정신문화연구원 편,『장면·윤보선·박정희: 1960년대 초 주요 정치지도자 연구』(백산서당, 2001), 67쪽.

149　정대철,『장면은 왜 수녀원에 숨어 있었나』(동아일보사, 1997), 52쪽.

150　한승주,「제2공화국」, 안청시 편,『현대한국정치론』(법문사, 1998), 208쪽.

151　노중선,「4월 혁명기 혁신정당, 왜 좌절하였나」,『역사비평』, 제18호(1992년 가을), 40쪽.

152　김수진,「제2공화국의 정당과 정당정치」, 백영철 편,『제2공화국과 한국 민주주의』(나남, 1996), 173쪽.

153　이용원,「제2공화국과 장면: 혁신계의 부침」,『대한매일』, 1999년 4월 20일, 6면.

154　김동춘,「4·19 혁명의 역사적 성격과 그 한계」, 고성국 외,『1950년대 한국 사회와 4·19 혁명』(태암, 1991), 247쪽.

155　서중석,「1960년 이후 학생운동의 특징과 역사적 공과」,『역사비평』, 제39호(1997년

겨울), 26쪽.
156 박명림,「제2공화국 정치 균열의 구조와 변화」, 백영철 편,『제2공화국과 한국 민주주의』(나남, 1996), 230쪽.
157 이갑윤,「제2공화국의 선거 정치: 7·29 총선을 중심으로」, 백영철 편,『제2공화국과 한국 민주주의』(나남, 1996), 199쪽.
158 심지연,「민주당 결성과 윤보선의 리더십 연구: 1960년대 초를 중심으로」, 한국정신문화연구원 편,『장면·윤보선·박정희: 1960년대 초 주요 정치지도자 연구』(백산서당, 2001), 149쪽.
159 김수진,「제2공화국의 정당과 정당정치」, 백영철 편,『제2공화국과 한국 민주주의』(나남, 1996), 174쪽.
160 심지연,「민주당 결성과 윤보선의 리더십 연구: 1960년대 초를 중심으로」, 한국정신문화연구원 편,『장면·윤보선·박정희: 1960년대 초 주요 정치지도자 연구』(백산서당, 2001), 149쪽.
161 이용원,「제2공화국과 장면: 봇물 터진 통일론 상(上)」,『대한매일』, 1999년 4월 23일, 6면.
162 이용원,「제2공화국과 장면: 봇물 터진 통일론 상(上)」,『대한매일』, 1999년 4월 23일, 6면.
163 전인영,「장면 정권기 남·북관계와 통일정책」, 한국정신문화연구원 현대사연구소 편,『한국현대사의 재인식 5: 1960년대의 전환적 상황과 장면 정권』(오름, 1998), 291~292쪽.
164 김삼웅,『해방후 정치사 100장면: 해방에서 김일성 죽음까지』(가람기획, 1994), 142쪽.
165 노중선,「4월 혁명기 혁신정당, 왜 좌절하였나」,『역사비평』, 제18호(1992년 가을), 41쪽.
166 김세중,「과도정부와 정치발전」, 한국정신문화연구원 현대사연구소 편,『한국현대사의 재인식 5: 1960년대의 전환적 상황과 장면 정권』(오름, 1998), 58~59쪽.
167 김영명,『한국현대정치사: 정치 변동의 역학』(을유문화사, 1992), 242쪽; 이용원,「제2공화국과 장면: 봇물 터진 통일론 상(上)」,『대한매일』, 1999년 4월 23일, 6면; 이재봉,「4월 혁명, 제2공화국, 그리고 한미관계」, 백영철 편,『제2공화국과 한국 민주주의』(나남, 1996), 103쪽.
168 한용원,「군부의 제도적 성장과 정치적 행동주의」, 한배호 편,『한국현대정치론 I: 제1공화국의 국가 형성, 정치 과정, 정책』(나남, 1990), 273~274쪽.
169 정윤재,「박정희 대통령의 근대화 리더십: 그의 "개발독재"에 대한 재검토」, 한국정치학회 편,『한국현대정치사』(법문사, 1995), 284쪽.

170 김경일,「1950년대 후반의 사회 이념: 민주주의와 민족주의」, 한국정신문화연구원 현대사연구소 편,『한국현대사의 재인식 4: 1950년대 후반기의 한국 사회와 이승만 정부의 붕괴』(오름, 1998), 25쪽; 박태순·김동춘,『1960년대의 사회운동』(까치, 1991), 63쪽; 심재택,「4월 혁명의 전개 과정」, 한완상 외,『4·19 혁명론 I』(일월서각, 1983), 19쪽.

171 김광덕,「미국의 동북아 정책과 한국 사회」, 박현채 엮음,『청년을 위한 한국현대사 1945~1991: 고난과 희망의 민족사』(소나무, 1992), 219쪽.

172 김광덕,「미국의 동북아 정책과 한국 사회」, 박현채 엮음,『청년을 위한 한국현대사 1945~1991: 고난과 희망의 민족사』(소나무, 1992), 219쪽.

173 한용원,「군부의 제도적 성장과 정치적 행동주의」, 한배호 편,『한국현대정치론 I: 제1공화국의 국가 형성, 정치 과정, 정책』(나남, 1990), 273~274쪽.

174 김형아, 신명주 옮김,『박정희의 양날의 선택: 유신과 중화학공업』(일조각, 2005), 82쪽.

175 전인권,『박정희 평전: 박정희의 정치사상과 행동에 관한 전기적 연구』(이학사, 2006), 185쪽.

176 정대철,『장면은 왜 수녀원에 숨어 있었나』(동아일보사, 1997), 71~72쪽.

177 데이비드 시어스(David O. Sears) 외, 홍대식 옮김,『사회심리학』(개정판, 박영사, 1986), 588쪽; 강준만,「왜 선물 하나가 사람을 바꿀 수 있을까?: 자기이행적 예언」,『감정 독재: 세상을 꿰뚫는 50가지 이론』(인물과사상사, 2013), 123~129쪽 참고.

178 조갑제,『내 무덤에 침을 뱉어라 4: 국가 개조』(조선일보사, 1998), 209쪽.

179 한용원,『한국의 군부정치』(대왕사, 1993), 210쪽.

180 한홍구,『대한민국사 1: 단군에서 김두한까지』(한겨레신문사, 2003), 273~274쪽.

181 조갑제,『내 무덤에 침을 뱉어라 3: 혁명 전야』(조선일보사, 1998), 140~141쪽.

182 한홍구,『대한민국사 1: 단군에서 김두한까지』(한겨레신문사, 2003), 274~275쪽.

183 브루스 커밍스(Bruce Cumings), 김동노 외 옮김,『브루스 커밍스의 한국현대사』(창작과비평사, 1997/2001), 424~425쪽.

184 정대철,『장면은 왜 수녀원에 숨어 있었나』(동아일보사, 1997), 75~76쪽.

185 김정원,『분단한국사』(동녘, 1985), 261쪽.

186 한용원,『한국의 군부정치』(대왕사, 1993), 211쪽.

187 정대철,『장면은 왜 수녀원에 숨어 있었나』(동아일보사, 1997), 66쪽.

188 조갑제,『내 무덤에 침을 뱉어라 3: 혁명 전야』(조선일보사, 1998), 141~142쪽.

189 한용원,『한국의 군부정치』(대왕사, 1993), 212쪽.

190 조갑제,『내 무덤에 침을 뱉어라 3: 혁명 전야』(조선일보사, 1998), 101쪽.

191 이석제,『각하, 우리 혁명합시다』(서적포, 1995), 14쪽.

192 이석제,『각하, 우리 혁명합시다』(서적포, 1995), 14~15쪽.
193 이석제,『각하, 우리 혁명합시다』(서적포, 1995), 15쪽.
194 남재 김상협 선생 전기편찬위원회 엮음,『남재 김상협: 그 생애/학문/사상』(한울, 2004), 337쪽.
195 김호진,『한국정치체제론』(수정7판, 박영사, 1997), 421쪽.
196 조갑제,『내 무덤에 침을 뱉어라 1: 초인의 노래』(조선일보사, 1998), 318~320쪽; 중앙일보 특별취재팀,『실록 박정희』(중앙M&B, 1998), 108~109쪽.
197 조갑제,『내 무덤에 침을 뱉어라 1: 초인의 노래』(조선일보사, 1998), 353~354쪽.
198 조갑제,『내 무덤에 침을 뱉어라 1: 초인의 노래』(조선일보사, 1998), 354~355쪽.
199 최상천,『알몸 박정희』(사람나라, 2001), 33쪽.
200 조갑제,『내 무덤에 침을 뱉어라 1: 초인의 노래』(조선일보사, 1998), 372~375쪽.
201 이병주,『대통령들의 초상: 우리의 역사를 위한 변명』(서당, 1991), 81~82쪽.
202 조갑제,『내 무덤에 침을 뱉어라 2: 전쟁과 사랑』(조선일보사, 1998), 100쪽.
203 이상우,『박정권 18년: 그 권력의 내막』(동아일보사, 1986), 221쪽.
204 한홍구,『대한민국사 2: 아리랑 김산에서 월남 김상사까지』(한겨레신문사, 2003), 66~68쪽.
205 한홍구,『대한민국사 2: 아리랑 김산에서 월남 김상사까지』(한겨레신문사, 2003), 66~68쪽.
206 이병주,『대통령들의 초상: 우리의 역사를 위한 변명』(서당, 1991), 87쪽.
207 조갑제,『내 무덤에 침을 뱉어라 2: 전쟁과 사랑』(조선일보사, 1998), 181쪽.
208 조갑제,『내 무덤에 침을 뱉어라 2: 전쟁과 사랑』(조선일보사, 1998), 105~106쪽.
209 최상천,『알몸 박정희』(사람나라, 2001), 119쪽.
210 정윤재,「박정희 대통령의 근대화 리더십: 그의 "개발독재"에 대한 재검토」, 한국정치학회 편,『한국현대정치사』(법문사, 1995), 271쪽; 한배호,『한국정치변동론』(법문사, 1994), 135~136쪽.
211 김삼웅,『한국 현대사 뒷얘기』(가람기획, 1995), 268쪽.
212 조갑제,『내 무덤에 침을 뱉어라 2: 전쟁과 사랑』(조선일보사, 1998), 161쪽.
213 조현우,「박정희, 일본군 장교에서 대통령까지」,『말』, 1989년 12월, 138쪽; 박세길,「인간 박정희, 변절과 권력욕의 화신」,『역사비평』, 제21호(1993년 여름), 161쪽.
214 문명자,『내가 본 박정희와 김대중』(월간말, 1999), 66~67쪽.
215 한홍구,『대한민국사 2: 아리랑 김산에서 월남 김상사까지』(한겨레신문사, 2003), 64~65쪽.
216 최상천,『알몸 박정희』(사람나라, 2001), 139쪽.

217 조갑제,『내 무덤에 침을 뱉어라 2: 전쟁과 사랑』(조선일보사, 1998), 163쪽.
218 조갑제,『내 무덤에 침을 뱉어라 2: 전쟁과 사랑』(조선일보사, 1998), 169쪽.
219 황병주,「민중, 희생자인가 공범자인가: 박정희 시대의 국가와 '민중'」,『당대비평』, 제12호(2000년 가을), 252~253쪽.
220 최상천,『알몸 박정희』(사람나라, 2001), 145쪽.
221 중앙일보 특별취재팀,『실록 박정희』(중앙M&B, 1998), 86~92쪽.
222 조갑제,『내 무덤에 침을 뱉어라 2: 전쟁과 사랑』(조선일보사, 1998), 172~173쪽.
223 조갑제,『내 무덤에 침을 뱉어라 2: 전쟁과 사랑』(조선일보사, 1998), 170~171쪽.
224 조갑제,『내 무덤에 침을 뱉어라 2: 전쟁과 사랑』(조선일보사, 1998), 193쪽.
225 최상천,『알몸 박정희』(사람나라, 2001), 149쪽.
226 조갑제,『내 무덤에 침을 뱉어라 2: 전쟁과 사랑』(조선일보사, 1998), 199~200쪽.
227 조갑제,『내 무덤에 침을 뱉어라 3: 혁명 전야』(조선일보사, 1998), 103쪽.
228 조갑제,『내 무덤에 침을 뱉어라 2: 전쟁과 사랑』(조선일보사, 1998), 205쪽.
229 최상천,『알몸 박정희』(사람나라, 2001), 157~158쪽.
230 이채훈,「아직도 말할 수 없는 한국현대사」,『역사비평』, 제56호(2001년 가을), 214, 223쪽; 한홍구,「박정희, 양지를 향한 끝없는 변신…」,『대한민국사 2: 아리랑 김산에서 월남 김상사까지』(한겨레신문사, 2003), 74~75쪽; 허종,「박상희: 대통령의 형으로 잊혀진 선산의 사회운동가」, 김도형 외,『근대 대구 경북 49인: 그들에게 민족은 무엇인가』(혜안, 1999), 252~253쪽; 문명자,『내가 본 박정희와 김대중』(월간말, 1999), 53쪽.
231 문명자,『내가 본 박정희와 김대중』(월간말, 1999), 229쪽.
232 김영수,「박정희의 정치 리더십」, 한국정신문화연구원 편,『장면·윤보선·박정희: 1960년대 초 주요 정치지도자 연구』(백산서당, 2001), 199쪽.
233 이영신,『격동 30년: 제1부 쿠데타의 새벽 ①』(고려원, 1992), 67쪽.
234 조갑제,『내 무덤에 침을 뱉어라 2: 전쟁과 사랑』(조선일보사, 1998), 289~290쪽.
235 조갑제,『내 무덤에 침을 뱉어라 2: 전쟁과 사랑』(조선일보사, 1998), 243쪽.
236 조갑제,『내 무덤에 침을 뱉어라 2: 전쟁과 사랑』(조선일보사, 1998), 260쪽.
237 문명자,『내가 본 박정희와 김대중』(월간말, 1999), 261쪽.
238 한홍구,『대한민국사 2: 아리랑 김산에서 월남 김상사까지』(한겨레신문사, 2003), 65쪽.
239 이영신,『격동 30년: 제1부 쿠데타의 새벽 ①』(고려원, 1992), 67쪽.
240 이영신,『격동 30년: 제1부 쿠데타의 새벽 ①』(고려원, 1992), 68쪽.
241 조갑제,『내 무덤에 침을 뱉어라 2: 전쟁과 사랑』(조선일보사, 1998), 375쪽.
242 선우종원,『격랑 80년: 선우종원 회고록』(인물연구소, 1998), 153~155쪽; 한용원,

「군부의 제도적 성장과 정치적 행동주의」, 한배호 편, 『한국현대정치론 I: 제1공화국의 국가 형성, 정치 과정, 정책』(나남, 1990), 271~272쪽.

243 김영수, 「박정희의 정치 리더십」, 한국정신문화연구원 편, 『장면·윤보선·박정희: 1960년대 초 주요 정치지도자 연구』(백산서당, 2001), 202쪽.

244 조갑제, 『내 무덤에 침을 뱉어라 3: 혁명 전야』(조선일보사, 1998), 111쪽.

245 이상우, 『박정권 18년: 그 권력의 내막』(동아일보사, 1986), 67쪽.

246 조갑제, 『내 무덤에 침을 뱉어라 3: 혁명 전야』(조선일보사, 1998), 324쪽.

247 한용원, 「군부의 제도적 성장과 정치적 행동주의」, 한배호 편, 『한국현대정치론 I: 제1공화국의 국가 형성, 정치 과정, 정책』(나남, 1990), 273~274쪽.

248 조갑제, 『내 무덤에 침을 뱉어라 3: 혁명 전야』(조선일보사, 1998), 130~131쪽.

249 이상우, 『박정권 18년: 그 권력의 내막』(동아일보사, 1986), 44~45쪽.

250 이병주, 『대통령들의 초상: 우리의 역사를 위한 변명』(서당, 1991), 89~90쪽.

251 이병주, 『대통령들의 초상: 우리의 역사를 위한 변명』(서당, 1991), 92쪽.

252 김세중, 「박정희의 통치이념과 민족주의」, 유병용 외, 『한국현대사와 민족주의』(집문당, 1996), 130쪽.

253 이병주, 『대통령들의 초상: 우리의 역사를 위한 변명』(서당, 1991), 95쪽.

254 이병주, 『대통령들의 초상: 우리의 역사를 위한 변명』(서당, 1991), 99쪽.

255 조갑제, 『내 무덤에 침을 뱉어라 3: 혁명 전야』(조선일보사, 1998), 142~143쪽.

256 한용원, 「군부의 제도적 성장과 정치적 행동주의」, 한배호 편, 『한국현대정치론 I: 제1공화국의 국가 형성, 정치 과정, 정책』(나남, 1990), 273~274쪽; 한용원, 『한국의 군부정치』(대왕사, 1993), 184~185쪽; 이상우, 『박정권 18년: 그 권력의 내막』(동아일보사, 1986), 44~45쪽.

257 조갑제, 『내 무덤에 침을 뱉어라 3: 혁명 전야』(조선일보사, 1998), 165쪽.

258 조갑제, 『내 무덤에 침을 뱉어라 3: 혁명 전야』(조선일보사, 1998), 184쪽.

259 이용원, 「제2공화국과 장면: 요동치는 군 상(上)」, 『대한매일』, 1999년 4월 30일, 6면; 중앙일보 특별취재팀, 『실록 박정희』(중앙M&B, 1998), 65, 112쪽.

260 이용원, 「제2공화국과 장면: 요동치는 군 상(上)」, 『대한매일』, 1999년 4월 30일, 6면; 조갑제, 『내 무덤에 침을 뱉어라 3: 혁명 전야』(조선일보사, 1998), 211쪽.

261 조갑제, 『내 무덤에 침을 뱉어라 3: 혁명 전야』(조선일보사, 1998), 222쪽.

262 이상우, 『박정권 18년: 그 권력의 내막』(동아일보사, 1986), 54~55쪽.

263 조갑제, 『내 무덤에 침을 뱉어라 3: 혁명 전야』(조선일보사, 1998), 224~225쪽.

264 이용원, 「제2공화국과 장면: 요동치는 군 상(上)」, 『대한매일』, 1999년 4월 30일, 6면.

265 정윤재, 「장면 총리의 정치 리더십과 제2공화국의 붕괴」, 한국정신문화연구원 편, 『장

면·윤보선·박정희: 1960년대 초 주요 정치지도자 연구』(백산서당, 2001), 80쪽.
266 이용원,「제2공화국과 장면: 요동치는 군 하(下)」,『대한매일』, 1999년 5월 4일, 6면.
267 이용원,「제2공화국과 장면: 요동치는 군 하(下)」,『대한매일』, 1999년 5월 4일, 6면.
268 이용원,「"군부 방관하면 큰일" 수차례 직언: 장 내각 국방부 사무차관 김업 옹」,『대한매일』, 1999년 5월 4일, 6면.
269 김준하,『대통령과 장군: 윤보선 대 박정희』(나남, 2002), 173쪽.
270 김형아, 신명주 옮김,『박정희의 양날의 선택: 유신과 중화학공업』(일조각, 2005), 108~110쪽.
271 이용원,「"군부 방관하면 큰일" 수차례 직언: 장 내각 국방부 사무차관 김업 옹」,『대한매일』, 1999년 5월 4일, 6면; 조갑제,『내 무덤에 침을 뱉어라 3: 혁명 전야』(조선일보사, 1998), 226쪽.
272 김준하,『대통령과 장군: 윤보선 대 박정희』(나남, 2002), 179~180쪽.
273 김준하,『대통령과 장군: 윤보선 대 박정희』(나남, 2002), 175~178쪽.
274 김준하,『대통령과 장군: 윤보선 대 박정희』(나남, 2002), 178쪽.
275 김준하,『대통령과 장군: 윤보선 대 박정희』(나남, 2002), 178쪽.
276 김준하,『대통령과 장군: 윤보선 대 박정희』(나남, 2002), 187쪽.
277 한용원,『한국의 군부정치』(대왕사, 1993), 203~204쪽.
278 정대철,『장면은 왜 수녀원에 숨어 있었나』(동아일보사, 1997), 82쪽.
279 정대철,『장면은 왜 수녀원에 숨어 있었나』(동아일보사, 1997), 92~93쪽; 김세진,「한국 군부의 성장 과정과 5·16」, 김성환 외,『1960년대』(거름, 1984), 131쪽.
280 안정애,「주한미군: 대한민국을 만들고, 지키고, 유지시킨 대한민국 역사 그 자체」, 이재범 외,『한반도의 외국군 주둔사』(중심, 2001), 344쪽.
281 김세진,「한국 군부의 성장 과정과 5·16」, 김성환 외,『1960년대』(거름, 1984), 132쪽.
282 정대철,『장면은 왜 수녀원에 숨어 있었나』(동아일보사, 1997), 101쪽.
283 정대철,『장면은 왜 수녀원에 숨어 있었나』(동아일보사, 1997), 103쪽.
284 이완범,「제1차 경제개발5개년계획의 입안과 미국의 역할, 1960~1965」, 한국정신문화연구원 편,『1960년대의 정치사회변동』(백산서당, 1999), 41쪽.
285 조갑제,『내 무덤에 침을 뱉어라 3: 혁명 전야』(조선일보사, 1998), 245쪽.
286 조갑제,『내 무덤에 침을 뱉어라 3: 혁명 전야』(조선일보사, 1998), 231쪽.
287 이영신,『격동 30년: 제1부 쿠데타의 새벽 ①』(고려원, 1992), 66쪽.
288 김준하,『대통령과 장군: 윤보선 대 박정희』(나남, 2002), 182~183쪽.
289 조갑제,『내 무덤에 침을 뱉어라 3: 혁명 전야』(조선일보사, 1998), 232~233쪽.
290 조갑제,『내 무덤에 침을 뱉어라 1: 초인의 노래』(조선일보사, 1998), 312쪽.

291 조갑제, 『내 무덤에 침을 뱉어라 3: 혁명 전야』(조선일보사, 1998), 250쪽.
292 연시중, 『한국정당정치실록 2: 6·25 전쟁부터 장면 정권까지』(지와사랑, 2001), 305쪽.
293 연시중, 『한국정당정치실록 2: 6·25 전쟁부터 장면 정권까지』(지와사랑, 2001), 305쪽.
294 선우종원, 『격랑 80년: 선우종원 회고록』(인물연구소, 1998), 247쪽.
295 이용원, 「제2공화국과 장면: 분출하는 욕구 상(上)」, 『대한매일』, 1999년 4월 9일, 6면; 백영철, 「제2공화국의 의회정치: 갈등 처리 과정을 중심으로」, 백영철 편, 『제2공화국과 한국 민주주의』(나남, 1996), 139쪽.
296 이용원, 「제2공화국과 장면: 분출하는 욕구 상(上)」, 『대한매일』, 1999년 4월 9일, 6면.
297 정윤재, 「장면 총리의 정치 리더십과 제2공화국의 붕괴」, 한국정신문화연구원 편, 『장면·윤보선·박정희: 1960년대 초 주요 정치지도자 연구』(백산서당, 2001), 64~65쪽.
298 이용원, 「제2공화국과 장면: 분출하는 욕구 상(上)」, 『대한매일』, 1999년 4월 9일, 6면.
299 정윤재, 「장면 총리의 정치 리더십과 제2공화국의 붕괴」, 한국정신문화연구원 편, 『장면·윤보선·박정희: 1960년대 초 주요 정치지도자 연구』(백산서당, 2001), 65쪽.
300 임대식, 「반민법과 4·19, 5·16 이후 특별법 왜 좌절되었나」, 『역사비평』, 제32호(1996년 봄), 44쪽.
301 연시중, 『한국정당정치실록 2: 6·25 전쟁부터 장면 정권까지』(지와사랑, 2001), 308쪽.
302 김동춘, 「4·19 시기 과연 혼란기였나」, 『역사비평』, 제8호(1990년 봄), 310쪽.
303 리영희, 『역정: 나의 청년시대-리영희 자전적 에세이』(창작과비평사, 1988), 342쪽.
304 한승주, 「제2공화국」, 안청시 편, 『현대한국정치론』(법문사, 1998), 217쪽; 한용원, 『한국의 군부정치』(대왕사, 1993), 200~201쪽.
305 한승주, 「제2공화국」, 안청시 편, 『현대한국정치론』(법문사, 1998), 217쪽.
306 한승주, 「제2공화국」, 안청시 편, 『현대한국정치론』(법문사, 1998), 217쪽.
307 정윤재, 「장면 총리의 정치 리더십과 제2공화국의 붕괴」, 한국정신문화연구원 편, 『장면·윤보선·박정희: 1960년대 초 주요 정치지도자 연구』(백산서당, 2001), 78쪽.
308 이상우, 『박정권 18년: 그 권력의 내막』(동아일보사, 1986), 36~37쪽.
309 정윤재, 「장면 총리의 정치 리더십과 제2공화국의 붕괴」, 한국정신문화연구원 편, 『장면·윤보선·박정희: 1960년대 초 주요 정치지도자 연구』(백산서당, 2001), 83쪽.
310 서중석, 「1960년 이후 학생운동의 특징과 역사적 공과」, 『역사비평』, 제39호(1997년 겨울), 26쪽.
311 이재오, 『해방후 한국학생운동사』(형성사, 1984), 186쪽; 손호철·정해구, 「제2공

화국 시민사회와 사회운동」, 백영철 편, 『제2공화국과 한국 민주주의』(나남, 1996), 285쪽.
312 이재봉, 「4월 혁명, 제2공화국, 그리고 한미관계」, 백영철 편, 『제2공화국과 한국 민주주의』(나남, 1996), 101쪽.
313 이종오, 「4월 혁명의 심화 발전과 학생운동의 전개」, 고성국 외, 『1950년대 한국 사회와 4·19 혁명』(태암, 1991), 198~199쪽.
314 서중석, 「4월 혁명 운동기의 반미·통일운동과 민족해방론」, 『역사비평』, 제14호(1991년 가을), 131쪽.
315 손호철·정해구, 「제2공화국 시민사회와 사회운동」, 백영철 편, 『제2공화국과 한국 민주주의』(나남, 1996), 285쪽; 박태순·김동춘, 『1960년대의 사회운동』(까치, 1991), 94~95쪽.
316 김동춘, 「민족민주혁명, 4·19」, 박현채 엮음, 『청년을 위한 한국현대사 1945~1991: 고난과 희망의 민족사』(소나무, 1992), 194쪽.
317 이용원, 「제2공화국과 장면: 분출하는 욕구 중(中)」, 『대한매일』, 1999년 4월 13일, 6면.
318 이용원, 「제2공화국과 장면: 분출하는 욕구 중(中)」, 『대한매일』, 1999년 4월 13일, 6면.
319 이철국, 「4·19 시기의 교원노동조합운동」, 고성국 외, 『1950년대 한국 사회와 4·19 혁명』(태암, 1991), 181쪽.
320 이용원, 「제2공화국과 장면: 분출하는 욕구 중(中)」, 『대한매일』, 1999년 4월 13일, 6면.
321 이철국, 「4·19 시기의 교원노동조합운동」, 고성국 외, 『1950년대 한국 사회와 4·19 혁명』(태암, 1991), 198~199쪽.
322 정윤재, 「장면 총리의 정치 리더십과 제2공화국의 붕괴」, 한국정신문화연구원 편, 『장면·윤보선·박정희: 1960년대 초 주요 정치지도자 연구』(백산서당, 2001), 72쪽.
323 윤영춘, 「실직과 다방」, 『현대문학』, 1960년 12월호, 167쪽.
324 「법외지대 17: 사장족-사무실은 다방, 여성은 조심하라」, 『조선일보』, 1961년 4월 9일, 석간 3면.
325 리영희, 『역정: 나의 청년시대-리영희 자전적 에세이』(창작과비평사, 1988), 318~319쪽.
326 리영희, 「언론노보 200호 기념 특별기고: 한국 언론인의 매저키즘과 새디즘」, 『언론노보』, 1993년 6월 12일, 5면.
327 김민환, 『한국언론사』(사회비평사, 1996), 404쪽.
328 김민환, 『한국언론사』(사회비평사, 1996), 404~405쪽.
329 송건호, 『민주언론 민족언론』(두레, 1987), 311쪽.
330 송건호, 『한국현대언론사』(삼민사, 1990), 124~125쪽.

331　송건호,『한국현대언론사』(삼민사, 1990), 125쪽; 안병찬,『신문발행인의 권력과 리더십: 장기영의 부챗살 소통망 연구』(나남, 1999), 85쪽.
332　정순일,『한국방송의 어제와 오늘: 체험적 방송 현대사』(나남, 1991), 76쪽; 임택근,『방송에 꿈을 싣고 보람을 싣고』(문학사상사, 1992), 198~199쪽.
333　김을한,『한국신문사화』(탐구당, 1975), 297~298쪽.
334　채명신,『사선을 넘고 넘어: 채명신 회고록』(매일경제신문사, 1994), 371쪽.
335　안병찬,『신문발행인의 권력과 리더십: 장기영의 부챗살 소통망 연구』(나남, 1999), 82쪽.
336　권희영,「여성과 타자: 제2공화국 시기 발표된 소설을 통하여 본 여성상의 변화」, 한국민족운동사학회 편,『장면과 제2공화국』(국학자료원, 2003), 146쪽.
337　이용원,「제2공화국과 장면: 분출하는 욕구 하(下)」,『대한매일』, 1999년 4월 16일, 6면.
338　조갑제,『내 무덤에 침을 뱉어라 3: 혁명 전야』(조선일보사, 1998), 237쪽.
339　허용범,『한국언론 100대 특종』(나남, 2000), 82~85쪽.
340　이용원,『제2공화국과 장면』(범우사, 1999), 188~189쪽.
341　「하녀(1960)」,『나무위키』.
342　이효인,『김기영: 하녀들 봉기하다』(하늘아래, 2002), 35쪽.
343　김명환,「[김명환의 시간여행] 10: "즐거움 주는 거리 약장수를 許하라" 노인들 집단 항의에 경찰 단속 중단」,『조선일보』, 2016년 3월 16일.
344　이효인,『김기영: 하녀들 봉기하다』(하늘아래, 2002), 113쪽.
345　김원,『여공 1970: 그녀들의 반(反)역사』(이매진, 2005), 143쪽.
346　이 기사는 정찬일의『삼순이: 식모, 버스안내양, 여공』(2019)에 대한 서평 형식으로 쓰여진 것이다. 홍진수,「[책과 삶] 그때 그 시절 우리 자화상, 시대의 산물 '삼순이들'」,『경향신문』, 2019년 9월 7일, 17면.

제2부　1961년 ①

1　이용원,「제2공화국과 장면: 국토건설사업 상(上)」,『대한매일』, 1999년 2월 23일, 6면.
2　김기승,「제2공화국과 장준하」, 한국민족운동사학회 편,『장면과 제2공화국』(국학자료원, 2003), 120쪽.
3　이만갑,「삶의 뒤안길에서: 61년 국토건설사업」,『세계일보』, 2004년 6월 24일, 25면.
4　임대식,「1960년대 초반 지식인들의 현실 인식」,『역사비평』, 제65호(2003년 겨울), 307~309, 332쪽.
5　이용원,「제2공화국과 장면: 국토건설사업 상(上)」,『대한매일』, 1999년 2월 23일, 6면.

6   이기홍, 『경제근대화의 숨은 이야기: 국가 장기 경제개발 입안자의 회고록』(보이스사, 1999), 287쪽.
7   이용원, 「제2공화국과 장면: 국토건설사업 하(下)」, 『대한매일』, 1999년 3월 2일, 6면.
8   이기홍, 『경제근대화의 숨은 이야기: 국가 장기 경제개발 입안자의 회고록』(보이스사, 1999), 284쪽.
9   김영삼, 『김영삼 회고록: 민주주의를 위한 나의 투쟁 1』(백산서당, 2000), 146~147쪽.
10 김영삼, 『김영삼 회고록: 민주주의를 위한 나의 투쟁 1』(백산서당, 2000), 148쪽.
11 이용원, 「제2공화국과 장면: 경제개발5개년계획 상(上)」, 『대한매일』, 1999년 3월 5일, 6면.
12 이용원, 「제2공화국과 장면: 경제개발5개년계획 상(上)」, 『대한매일』, 1999년 3월 5일, 6면.
13 박성휴, 「"장면은 다원적 민주주의 실천한 선각자": 탄생 100주년 '정치인 운석과 2공' 재평가 활발」, 『경향신문』, 1999년 8월 27일, 18면.
14 조갑제, 『내 무덤에 침을 뱉어라 5: 김종필의 풍운』(조선일보사, 1998), 33쪽.
15 김성진, 『한국정치 100년을 말한다: 우리들이 꼭 알아야 할 한국 정치의 실상』(두산동아, 1999), 200쪽.
16 박태균, 「1950~60년대 경제개발 신화의 형성과 확산」, 『동향과전망』, 제55호(2002년 겨울), 95쪽.
17 김용석, 「[다시 쓰는 한반도 100년] 6: 2공화국과 박정희 시대 개막」, 『경향신문』, 2001년 9월 22일; 김정원, 「군정과 제3공화국: 1961~1971」, 김성환 외, 『1960년대』(거름, 1984), 182쪽.
18 김용석, 「[다시 쓰는 한반도 100년] 6: 2공화국과 박정희 시대 개막」, 『경향신문』, 2001년 9월 22일.
19 이상우, 『박정권 18년: 그 권력의 내막』(동아일보사, 1986), 79쪽.
20 정경모, 「박정희: 권력 부상에서 비극적 종말까지」, 『역사비평』, 제13호(1991년 여름), 215쪽.
21 브루스 커밍스(Bruce Cumings), 김동노 외 옮김, 『브루스 커밍스의 한국현대사』(창작과비평사, 1997/2001), 440쪽.
22 이완범, 「제1차 경제개발5개년계획의 입안과 미국의 역할, 1960~1965」, 한국정신문화연구원 편, 『1960년대의 정치 사회 변동』(백산서당, 1999), 39~40쪽.
23 임영태, 『대한민국 50년사 1: 건국에서 제3공화국까지』(들녘, 1998), 279쪽.
24 선우종원, 『격랑 80년: 선우종원 회고록』(인물연구소, 1998), 244쪽.
25 선우종원, 『격랑 80년: 선우종원 회고록』(인물연구소, 1998), 245~246쪽.

26 이용원,「제2공화국과 장면: 윤보선과의 갈등 중(中)」,『대한매일』, 1999년 3월 19일, 6면.
27 이영석,『야당 40년사』(인간사, 1987), 162쪽.
28 정대철,『장면은 왜 수녀원에 숨어 있었나』(동아일보사, 1997), 50~51쪽.
29 한승주,「제2공화국」, 안청시 편,『현대한국정치론』(법문사, 1998), 208쪽.
30 한승주,「제2공화국」, 안청시 편,『현대한국정치론』(법문사, 1998), 209쪽.
31 김삼웅,『해방후 정치사 100장면: 해방에서 김일성 죽음까지』(가람기획, 1994), 141~142쪽.
32 한용원,『한국의 군부정치』(대왕사, 1993), 189쪽; 김대중, 일본 NHK 취재반 구성, 김용운 편역,『역사와 함께 시대와 함께: 김대중 자서전 1』(인동, 1999), 136~137쪽; 한승주,「제2공화국」, 안청시 편,『현대한국정치론』(법문사, 1998), 209쪽.
33 백영철,「제2공화국의 의회 정치: 갈등 처리 과정을 중심으로」, 백영철 편,『제2공화국과 한국 민주주의』(나남, 1996), 144쪽.
34 한승주,「제2공화국」, 안청시 편,『현대한국정치론』(법문사, 1998), 209쪽.
35 이상우,『박정권 18년: 그 권력의 내막』(동아일보사, 1986), 358쪽.
36 김학준,『가인 김병로 평전: 민족주의적 법률가, 정치가의 생애』(민음사, 2001), 467~469쪽.
37 윤승모,「DJ의 3신론: '개혁의 칼' 뽑는가」,『뉴스플러스』, 1998년 5월 7일, 12면.
38 김대중, 일본 NHK 취재반 구성, 김용운 편역,『역사와 함께 시대와 함께: 김대중 자서전 1』(인동, 1999), 136~137쪽.
39 한승주,「제2공화국」, 안청시 편,『현대한국정치론』(법문사, 1998), 209쪽.
40 한승주,「제2공화국」, 안청시 편,『현대한국정치론』(법문사, 1998), 209~210쪽.
41 한승주,「제2공화국」, 안청시 편,『현대한국정치론』(법문사, 1998), 218~219쪽.
42 정대철,『장면은 왜 수녀원에 숨어 있었나』(동아일보사, 1997), 158쪽.
43 이태영,『'정의의 변호사' 되라 하셨네: 이태영 선생 유고변론집』(한국가정법률상담소, 1999), 130~132쪽.
44 이용원,「제2공화국과 장면: 지지부진한 혁명 과업 하(下)」,『대한매일』, 1999년 5월 14일, 6면.
45 공제욱,「한국전쟁과 재벌의 형성」, 경상대학교 사회과학연구소 엮음,『한국전쟁과 한국 자본주의』(한울아카데미, 2000), 92~93쪽; 이용원,「제2공화국과 장면: 지지부진한 혁명 과업 하(下)」,『대한매일』, 1999년 5월 14일, 6면.
46 서재진,『한국의 자본가 계급』(나남, 1991), 213쪽.
47 이용원,「장 총리 "소급입법 위헌" 첫 지적: 민의원 재경분과위 소속 장경순 전 의원」,

『대한매일』, 1999년 5월 14일, 6면.

48   이용원, 「제2공화국과 장면: 지지부진한 혁명 과업 하(下)」, 『대한매일』, 1999년 5월 14일, 6면; 공제욱, 「한국전쟁과 재벌의 형성」, 경상대학교 사회과학연구소 엮음, 『한국전쟁과 한국 자본주의』(한울아카데미, 2000), 93쪽.

49   이용원, 「제2공화국과 장면: 장면의 정치 역정·생애 하(下)」, 『대한매일』, 1999년 6월 1일, 6면.

50   그레고리 헨더슨(Gregory Henderson), 박행웅·이종삼 옮김, 『소용돌이의 한국정치』(한울아카데미, 1968/2000), 272쪽.

51   정대철, 『장면은 왜 수녀원에 숨어 있었나』(동아일보사, 1997), 141쪽.

52   정대철, 『장면은 왜 수녀원에 숨어 있었나』(동아일보사, 1997), 143쪽.

53   서중석, 「4월 혁명 운동기의 반미·통일운동과 민족해방론」, 『역사비평』, 제14호(1991년 가을), 133~134쪽.

54   서중석, 「4월 혁명 운동기의 반미·통일운동과 민족해방론」, 『역사비평』, 제14호(1991년 가을), 134쪽.

55   원희복, 『민족일보 사장 조용수 평전』(전국언론노동조합연맹, 1995), 98~99쪽.

56   손호철, 「5·16 쿠데타를 어떻게 평가할 것인가」, 『역사비평』, 제13호(1991년 여름), 165쪽.

57   박명림, 「제2공화국 정치 균열의 구조와 변화」, 백영철 편, 『제2공화국과 한국 민주주의』(나남, 1996), 231~232쪽.

58   원희복, 『민족일보 사장 조용수 평전』(전국언론노동조합연맹, 1995), 142~143쪽.

59   서중석, 「4월 혁명 운동기의 반미·통일운동과 민족해방론」, 『역사비평』, 제14호(1991년 가을), 138쪽.

60   서중석, 「4월 혁명 운동기의 반미·통일운동과 민족해방론」, 『역사비평』, 제14호(1991년 가을), 138쪽; 원희복, 『민족일보 사장 조용수 평전』(전국언론노동조합연맹, 1995), 144~145쪽.

61   「"자금 1억 뿌렸다"/여당서, 마산 반정부 '데모' 무마에/김영삼 의원 폭로」, 『민족일보』, 1961년 3월 21일, 1면.

62   김지형, 「4월 민중 항쟁 직후 민족자주통일협의회의 노선과 활동」, 한국역사연구회 4월 민중항쟁연구반, 『4·19와 남북관계』(민연, 2000), 123쪽; 원희복, 『민족일보 사장 조용수 평전』(전국언론노동조합연맹, 1995), 147쪽.

63   이용원, 「제2공화국과 장면: 혁신계의 부침」, 『대한매일』, 1999년 4월 20일, 6면; 서중석, 「4월 혁명 운동기의 반미·통일운동과 민족해방론」, 『역사비평』, 제14호(1991년 가을), 139쪽.

64　여현덕, 「1960년대의 사회환경과 사회운동」, 한국정신문화연구원 현대사연구소 편, 『한국현대사의 재인식 5: 1960년대의 전환적 상황과 장면 정권』(오름, 1998), 233쪽.
65　이용원, 「제2공화국과 장면: 혁신계의 부침」, 『대한매일』, 1999년 4월 20일, 6면; 서중석, 「4월 혁명 운동기의 반미·통일운동과 민족해방론」, 『역사비평』, 제14호(1991년 가을), 139쪽.
66　김준하, 『대통령과 장군: 윤보선 대 박정희』(나남, 2002), 204~205쪽.
67　원희복, 『민족일보 사장 조용수 평전』(전국언론노동조합연맹, 1995), 150쪽.
68　이용원, 「제2공화국과 장면: 윤보선과의 갈등 중(中)」, 『대한매일』, 1999년 3월 19일, 6면.
69　김준하, 『대통령과 장군: 윤보선 대 박정희』(나남, 2002), 206~208쪽.
70　유병용, 「장면 정권의 성립과 붕괴」, 한국정신문화연구원 현대사연구소 편, 『한국현대사의 재인식 5: 1960년대의 전환적 상황과 장면 정권』(오름, 1998), 97쪽.
71　서중석, 「4월 혁명 운동기의 반미·통일운동과 민족해방론」, 『역사비평』, 제14호(1991년 가을), 139쪽.
72　김종필, 『김종필 증언록 1: JP가 말하는 대한민국 현대사』(와이즈베리, 2016), 29~30, 33쪽.
73　김종필, 『김종필 증언록 1: JP가 말하는 대한민국 현대사』(와이즈베리, 2016), 30~131쪽.
74　김형아, 신명주 옮김, 『박정희의 양날의 선택: 유신과 중화학공업』(일조각, 2005), 113쪽.
75　김종필, 『김종필 증언록 1: JP가 말하는 대한민국 현대사』(와이즈베리, 2016), 32쪽.
76　이용원, 「제2공화국과 장면: 요동치는 군 하(下)」, 『대한매일』, 1999년 5월 4일, 6면.
77　정대철, 『장면은 왜 수녀원에 숨어 있었나』(동아일보사, 1997), 110쪽.
78　한승주, 「제2공화국」, 안청시 편, 『현대한국정치론』(법문사, 1998), 222쪽.
79　이용원, 「제2공화국과 장면: 요동치는 군 하(下)」, 『대한매일』, 1999년 5월 4일, 6면.
80　정대철, 『장면은 왜 수녀원에 숨어 있었나』(동아일보사, 1997), 107쪽.
81　정윤재, 「장면 총리의 정치 리더십과 제2공화국의 붕괴」, 한국정신문화연구원 편, 『장면·윤보선·박정희: 1960년대 초 주요 정치지도자 연구』(백산서당, 2001), 82쪽.
82　김준하, 『대통령과 장군: 윤보선 대 박정희』(나남, 2002), 64~65쪽.
83　장도영, 『망향: 전 육군참모총장 장도영 회고록』(숲속의꿈, 2001), 267~268쪽.
84　정대철, 『장면은 왜 수녀원에 숨어 있었나』(동아일보사, 1997), 100쪽.
85　정대철, 『장면은 왜 수녀원에 숨어 있었나』(동아일보사, 1997), 59쪽.
86　정대철, 『장면은 왜 수녀원에 숨어 있었나』(동아일보사, 1997), 118쪽.

87	조갑제,『내 무덤에 침을 뱉어라 3: 혁명 전야』(조선일보사, 1998), 255쪽.
88	정윤재,「장면 총리의 정치 리더십과 제2공화국의 붕괴」, 한국정신문화연구원 편,『장면·윤보선·박정희: 1960년대 초 주요 정치지도자 연구』(백산서당, 2001), 81쪽.
89	이용원,「제2공화국과 장면: 요동치는 군 하(下)」,『대한매일』, 1999년 5월 4일, 6면.
90	이영신,『격동 30년: 제1부 쿠데타의 새벽 ①』(고려원, 1992), 63~64쪽.
91	정대철,『장면은 왜 수녀원에 숨어 있었나』(동아일보사, 1997), 115쪽.
92	정대철,『장면은 왜 수녀원에 숨어 있었나』(동아일보사, 1997), 115쪽.
93	정대철,『장면은 왜 수녀원에 숨어 있었나』(동아일보사, 1997), 138쪽; 김세진,「한국 군부의 성장 과정과 5·16」, 김성환 외,『1960년대』(거름, 1984), 133쪽.
94	김충식,『정치공작사령부 남산의 부장들 1』(동아일보사, 1992), 54쪽.
95	이태영,『'정의의 변호사' 되라 하셨네: 이태영 선생 유고변론집』(한국가정법률상담소, 1999), 126쪽.
96	정윤재,「장면 총리의 정치 리더십과 제2공화국의 붕괴」, 한국정신문화연구원 편,『장면·윤보선·박정희: 1960년대 초 주요 정치지도자 연구』(백산서당, 2001), 81쪽; 주돈식,『우리도 좋은 대통령을 갖고 싶다: 8명의 역대 대통령과 외국 대통령의 비교평가』(사람과책, 2004), 160쪽.
97	조갑제,『내 무덤에 침을 뱉어라 3: 혁명 전야』(조선일보사, 1998), 253~255쪽.
98	김대중, 일본 NHK 취재반 구성, 김용운 편역,『역사와 함께 시대와 함께: 김대중 자서전 1』(인동, 1999), 145쪽.
99	하야시 다케히코(林建彦), 최현 옮김,『한국현대사』(삼민사, 1986), 185쪽.
100	김세진,「한국 군부의 성장 과정과 5·16」, 김성환 외,『1960년대』(거름, 1984), 134~135쪽.
101	서중석,「4월 혁명 운동기의 반미·통일운동과 민족해방론」,『역사비평』, 제14호(1991년 가을), 151쪽.
102	원희복,『민족일보 사장 조용수 평전』(전국언론노동조합연맹, 1995), 156~157쪽.
103	지명관,『한국을 움직인 현대사 61장면』(다섯수레, 1996), 71쪽.
104	서중석,「1960년 이후 학생운동의 특징과 역사적 공과」,『역사비평』, 제39호(1997년 겨울), 27~28쪽.
105	김영명,『한국현대정치사: 정치변동의 역학』(을유문화사, 1992), 230~231쪽.
106	리영희,『역정: 나의 청년시대-리영희 자전적 에세이』(창작과비평사, 1988), 352쪽.
107	김형아, 신명주 옮김,『박정희의 양날의 선택: 유신과 중화학공업』(일조각, 2005), 82쪽.
108	원희복,『민족일보 사장 조용수 평전』(전국언론노동조합연맹, 1995), 127~129쪽.
109	원희복,『민족일보 사장 조용수 평전』(전국언론노동조합연맹, 1995), 161~162쪽.

110　최하림,『김수영 평전』(실천문학사, 2001), 294~295쪽.
111　김대중, 일본 NHK 취재반 구성, 김용운 편역,『역사와 함께 시대와 함께: 김대중 자서전 1』(인동, 1999), 138~139쪽.
112　이병국,『대통령과 언론』(나남, 1987), 95쪽.
113　이용원,「자유다운 자유 누린 '민주주의 원형': 현대사에 비친 제2공화국」,『뉴스피플』, 1999년 7월 22일, 41면.
114　김정원,『분단한국사』(동녘, 1985), 253쪽.
115　김정원,『분단한국사』(동녘, 1985), 251쪽.
116　이용원,「제2공화국과 장면: 분출하는 욕구 상(上)」,『대한매일』, 1999년 4월 9일, 6면.
117　김동춘,「민족민주혁명, 4·19」, 박현채 엮음,『청년을 위한 한국현대사 1945~1991: 고난과 희망의 민족사』(소나무, 1992), 211쪽.
118　최장집,「제2공화국하에서의 민주주의 등장과 실패」, 백영철 편,『제2공화국과 한국민주주의』(나남, 1996), 59, 65~66쪽.
119　조갑제,『내 무덤에 침을 뱉어라 3: 혁명 전야』(조선일보사, 1998), 257~259쪽.
120　조갑제,『내 무덤에 침을 뱉어라 3: 혁명 전야』(조선일보사, 1998), 261쪽.
121　김세진,「한국 군부의 성장 과정과 5·16」, 김성환 외,『1960년대』(거름, 1984), 137쪽.
122　「[사설] 한국의 경제적 지위 강화와 실업자 대책」,『조선일보』, 1961년 5월 31일, 석간 1면;「완전실업자 수 23만」,『조선일보』, 1961년 6월 19일, 석간 1면;「실업자들 신고를 기피?: '노력 동원' 등 유언(流言)의 탓인 듯」,『조선일보』, 1961년 6월 20일, 석간 3면;「[사설] 실제적인 실업자의 조사와 그 구제 대책」,『조선일보』, 1961년 6월 20일, 석간 1면.
123　중앙일보 특별취재팀,『실록 박정희』(중앙M&B, 1998), 312~313쪽.
124　이상우,『박정권 18년: 그 권력의 내막』(동아일보사, 1986), 27, 50쪽; 정윤재,「장면 총리의 정치 리더십과 제2공화국의 붕괴」, 한국정신문화연구원 편,『장면·윤보선·박정희: 1960년대 초 주요 정치지도자 연구』(백산서당, 2001), 38쪽.
125　조갑제,『내 무덤에 침을 뱉어라 3: 혁명 전야』(조선일보사, 1998), 280~282쪽.
126　김세진,「한국 군부의 성장 과정과 5·16」, 김성환 외,『1960년대』(거름, 1984), 140~141쪽.
127　이상우,『박정권 18년: 그 권력의 내막』(동아일보사, 1986), 52쪽.
128　김세진,「한국 군부의 성장 과정과 5·16」, 김성환 외,『1960년대』(거름, 1984), 141쪽.
129　이영신,『격동 30년: 제1부 쿠데타의 새벽 ①』(고려원, 1992), 84쪽.
130　이영신,『격동 30년: 제1부 쿠데타의 새벽 ①』(고려원, 1992), 86쪽.
131　이동원,『대통령을 그리며』(고려원, 1992), 44쪽.

132 김경재, 『혁명과 우상: 김형욱 회고록 ①』(전예원, 1991), 70쪽.
133 조갑제, 『내 무덤에 침을 뱉어라 3: 혁명 전야』(조선일보사, 1998), 306~307쪽.
134 「실업자들의 절규: 사직공원서 이색 대회」, 『조선일보』, 1960년 11월 29일, 석간 3면.
135 「'일자리 다오' 실업자들 선언문」, 『조선일보』, 1961년 1월 6일, 석간 3면.
136 「시청 앞서 시위: 실업자 궐기대회」, 『조선일보』, 1961년 2월 21일, 석간 3면.
137 「좁은 '사회의 문': 올해 실업고교·대학졸업생 취업 전망」, 『조선일보』, 1961년 3월 5일, 조간 4면.
138 「실업자 데모」, 『조선일보』, 1961년 3월 23일, 석간 3면.
139 「비정의 서울 주말: 실업의 번뇌 영화화도 유언」, 『조선일보』, 1961년 4월 2일, 석간 3면.
140 이상우, 『박정권 18년: 그 권력의 내막』(동아일보사, 1986), 358쪽.
141 이용원, 『제2공화국과 장면』(범우사, 1999), 186~187쪽.
142 이병국, 『대통령과 언론』(나남, 1987), 94쪽.
143 김정원, 「제2공화국의 수립과 몰락」, 김성환 외, 『1960년대』(거름, 1984), 81~82쪽.
144 이병국, 『대통령과 언론』(나남, 1987), 96쪽.
145 이해창, 『한국신문사연구: 자료 중심』(성문각, 1983), 108쪽.
146 이용원, 『제2공화국과 장면』(범우사, 1999), 188쪽.
147 정진석, 『한국언론사연구』(일조각, 1995), 333~334쪽.
148 조갑제, 「내 무덤에 침을 뱉어라!: 언론통폐합」, 『조선일보』, 1998년 10월 19일, 24면.
149 조갑제, 『내 무덤에 침을 뱉어라 3: 혁명 전야』(조선일보사, 1998), 133쪽.
150 이상우, 『박정권 18년: 그 권력의 내막』(동아일보사, 1986), 359~360쪽.
151 조갑제, 『내 무덤에 침을 뱉어라 3: 혁명 전야』(조선일보사, 1998), 133쪽.
152 방우영, 『조선일보와 45년: 권력과 언론 사이에서』(조선일보사, 1998), 193쪽.
153 방우영, 『조선일보와 45년: 권력과 언론 사이에서』(조선일보사, 1998), 193쪽.
154 김자동, 「민족일보 기자가 쓴 『민족일보』의 활동과 수난」, 『역사비평』, 제12호(1991년 봄), 257~258쪽.
155 김영호, 『한국언론의 사회사 상(上)』(지식산업사, 2004), 351쪽.
156 박윤석, 「사후 37년 만에 진상규명위원회 발족된 민족일보 사장 조용수」, 『신동아』, 1999년 2월, 482쪽.
157 원희복, 『민족일보 사장 조용수 평전』(전국언론노동조합연맹, 1995), 92쪽.
158 원희복, 『민족일보 사장 조용수 평전』(전국언론노동조합연맹, 1995), 132~133쪽.
159 원희복, 『민족일보 사장 조용수 평전』(전국언론노동조합연맹, 1995), 117쪽.
160 원희복, 『민족일보 사장 조용수 평전』(전국언론노동조합연맹, 1995), 105쪽.

161 「제2공화국 언론자유탄압 제1호!: 절대 자유 보장하겠다던 장 내각 집권 반 년 만에 국민기본권 유린/만난을 무릅쓰고 의연 속간!」, 『민족일보』, 1961년 3월 6일, 1면.
162 이상우, 『박정권 18년: 그 권력의 내막』(동아일보사, 1986), 128~129쪽.
163 원희복, 『민족일보 사장 조용수 평전』(전국언론노동조합연맹, 1995), 106쪽.
164 김민환, 『민족일보 연구』(나남출판, 2006), 20쪽.
165 원희복, 『민족일보 사장 조용수 평전』(전국언론노동조합연맹, 1995), 165~166쪽.
166 「사설」 혁명위원회에 부치는 기대와 충언」, 『민족일보』, 1961년 5월 18일, 1면.
167 전영기·유광종, 「"혁명은 의지다, 숫자가 아니다" 60만 대군 중 3600명 거병…박정희 "중심부 서울만 장악하면 나머지는 다 따라온다"」, 『중앙일보』, 2015년 3월 18일.
168 정대철, 『장면은 왜 수녀원에 숨어 있었나』(동아일보사, 1997), 172~188쪽.
169 김충식, 『정치공작사령부 남산의 부장들 1』(동아일보사, 1992), 37쪽.
170 정대철, 『장면은 왜 수녀원에 숨어 있었나』(동아일보사, 1997), 58~59쪽.
171 김충식, 『정치공작사령부 남산의 부장들 1』(동아일보사, 1992), 37~38쪽.
172 선우종원, 『격랑 80년: 선우종원 회고록』(인물연구소, 1998), 249~251쪽.
173 전영기·유광종, 「"혁명은 의지다, 숫자가 아니다" 60만 대군 중 3600명 거병…박정희 "중심부 서울만 장악하면 나머지는 다 따라온다"」, 『중앙일보』, 2015년 3월 18일.
174 김용석, 「[다시 쓰는 한반도 100년] 6: 2공화국과 박정희 시대 개막」, 『경향신문』, 2001년 9월 22일; 정대철, 『장면은 왜 수녀원에 숨어 있었나』(동아일보사, 1997), 196~201쪽.
175 이영석, 『야당 40년사』(인간사, 1987), 165~166쪽.
176 한용원, 『한국의 군부정치』(대왕사, 1993), 207쪽; 이영신, 『격동 30년: 제1부 쿠데타의 새벽 ①』(고려원, 1992), 92쪽.
177 이영신, 『격동 30년: 제1부 쿠데타의 새벽 ①』(고려원, 1992), 92쪽.
178 이영신, 『격동 30년: 제1부 쿠데타의 새벽 ①』(고려원, 1992), 146~147쪽.
179 한용원, 『한국의 군부정치』(대왕사, 1993), 216쪽.
180 이영신, 『격동 30년: 제1부 쿠데타의 새벽 ①』(고려원, 1992), 188~189쪽.
181 조갑제, 『내 무덤에 침을 뱉어라 4: 국가개조』(조선일보사, 1998), 32쪽.
182 이용원, 「제2공화국과 장면: 윤보선과의 갈등 하(下)」, 『대한매일』, 1999년 3월 23일, 6면; 이영신, 『격동 30년: 제1부 쿠데타의 새벽 ①』(고려원, 1992), 184쪽.
183 정대철, 『장면은 왜 수녀원에 숨어 있었나』(동아일보사, 1997), 304쪽.
184 이용원, 「제2공화국과 장면: 윤보선과의 갈등 하(下)」, 『대한매일』, 1999년 3월 23일, 6면.
185 문명자, 『내가 본 박정희와 김대중』(월간말, 1999), 37~38쪽.

186 김세진,「한국 군부의 성장 과정과 5·16」, 김성환 외,『1960년대』(거름, 1984), 143쪽.
187 유병은,『초창기 방송시대의 방송야사』(KBS문화사업단, 1998), 247쪽.
188 김종필,『김종필 증언록 1: JP가 말하는 대한민국 현대사』(와이즈베리, 2016), 22~25쪽.
189 이영신,『격동 30년: 제1부 쿠데타의 새벽 ①』(고려원, 1992), 232쪽.
190 장도영,『망향: 전 육군참모총장 장도영 회고록』(숲속의꿈, 2001), 295쪽.
191 이우영,「박정희 민족주의의 반민족성」,『역사비평』, 제10호(1990년 가을), 235~236쪽.
192 김교식,『다큐멘터리 박정희 3』(평민사, 1990), 222쪽; 이상우,『박정권 18년: 그 권력의 내막』(동아일보사, 1986), 102쪽.
193 이영신,『격동 30년: 제1부 쿠데타의 새벽 ①』(고려원, 1992), 236~238쪽; 조갑제,『내 무덤에 침을 뱉어라 4: 국가개조』(조선일보사, 1998), 64쪽.
194 이영신,『격동 30년: 제1부 쿠데타의 새벽 ①』(고려원, 1992), 242쪽.
195 조갑제,『내 무덤에 침을 뱉어라 4: 국가개조』(조선일보사, 1998), 68쪽.
196 이영신,『격동 30년: 제1부 쿠데타의 새벽 ①』(고려원, 1992), 242~244쪽.
197 이영신,『격동 30년: 제1부 쿠데타의 새벽 ①』(고려원, 1992), 245쪽.
198 김준하,『대통령과 장군: 윤보선 대 박정희』(나남, 2002), 48쪽.
199 조갑제,『내 무덤에 침을 뱉어라 4: 국가개조』(조선일보사, 1998), 70쪽.
200 김준하,『대통령과 장군: 윤보선 대 박정희』(나남, 2002), 50쪽.
201 김준하,『대통령과 장군: 윤보선 대 박정희』(나남, 2002), 49쪽.
202 이용원,「제2공화국과 장면: 윤보선과의 갈등 하(下)」,『대한매일』, 1999년 3월 23일, 6면.
203 조갑제,『내 무덤에 침을 뱉어라 4: 국가개조』(조선일보사, 1998), 72쪽.
204 이용원,「제2공화국과 장면: 윤보선과의 갈등 하(下)」,『대한매일』, 1999년 3월 23일, 6면.
205 이영석,『야당 40년사』(인간사, 1987), 178~183쪽.
206 김준하,『대통령과 장군: 윤보선 대 박정희』(나남, 2002), 52쪽.
207 김준하,『대통령과 장군: 윤보선 대 박정희』(나남, 2002), 67쪽.
208 이영신,『격동 30년: 제1부 쿠데타의 새벽 ①』(고려원, 1992), 270쪽.
209 조갑제,『내 무덤에 침을 뱉어라 4: 국가개조』(조선일보사, 1998), 77쪽.
210 이용원,「제2공화국과 장면: 윤보선과의 갈등 하(下)」,『대한매일』, 1999년 3월 23일, 6면.
211 조갑제,『내 무덤에 침을 뱉어라 4: 국가개조』(조선일보사, 1998), 79쪽.

212 이영신, 『격동 30년: 제1부 쿠데타의 새벽 ①』(고려원, 1992), 280~281쪽.
213 이용원, 「제2공화국과 장면: 윤보선과의 갈등 하(下)」, 『대한매일』, 1999년 3월 23일, 6면.
214 조갑제, 『내 무덤에 침을 뱉어라 4: 국가개조』(조선일보사, 1998), 82~83쪽.
215 조갑제, 『내 무덤에 침을 뱉어라 4: 국가개조』(조선일보사, 1998), 83, 104쪽.
216 이영신, 『격동 30년: 제1부 쿠데타의 새벽 ①』(고려원, 1992), 280~281쪽.
217 이영신, 『격동 30년: 제1부 쿠데타의 새벽 ①』(고려원, 1992), 281~282쪽.
218 이영신, 『격동 30년: 제1부 쿠데타의 새벽 ①』(고려원, 1992), 284쪽.
219 이영신, 『격동 30년: 제1부 쿠데타의 새벽 ①』(고려원, 1992), 285쪽.
220 김준하, 『대통령과 장군: 윤보선 대 박정희』(나남, 2002), 73쪽.
221 김준하, 『대통령과 장군: 윤보선 대 박정희』(나남, 2002), 69쪽.
222 문명자, 『내가 본 박정희와 김대중』(월간말, 1999), 84쪽.
223 이영신, 『격동 30년: 제1부 쿠데타의 새벽 ①』(고려원, 1992), 287쪽.
224 이영신, 『격동 30년: 제1부 쿠데타의 새벽 ①』(고려원, 1992), 290~291쪽.
225 김준하, 『대통령과 장군: 윤보선 대 박정희』(나남, 2002), 66쪽.
226 이영신, 『격동 30년: 제1부 쿠데타의 새벽 ①』(고려원, 1992), 292~293쪽.
227 조갑제, 『내 무덤에 침을 뱉어라 4: 국가개조』(조선일보사, 1998), 98~99쪽.
228 이영신, 『격동 30년: 제1부 쿠데타의 새벽 ①』(고려원, 1992), 294~296쪽; 김호진, 『한국정치체제론』(수정7판, 박영사, 1997), 415쪽.
229 정운현, 『실록 군인 박정희』(개마고원, 2004), 188쪽.
230 이영신, 『격동 30년: 제1부 쿠데타의 새벽 ①』(고려원, 1992), 298~300쪽.
231 김준하, 『대통령과 장군: 윤보선 대 박정희』(나남, 2002), 74쪽.
232 박태균, 「5·16 쿠데타와 미국: 비밀해제된 미국 문서를 중심으로」, 『역사비평』, 제55호 (2001년 여름), 107쪽.
233 임대식, 「1960년대 초반 지식인들의 현실 인식」, 『역사비평』, 제65호(2003년 겨울), 332쪽.
234 이영신, 『격동 30년: 제1부 쿠데타의 새벽 ①』(고려원, 1992), 303쪽.
235 조갑제, 『내 무덤에 침을 뱉어라 4: 국가개조』(조선일보사, 1998), 101쪽.
236 김준하, 『대통령과 장군: 윤보선 대 박정희』(나남, 2002), 81쪽.
237 김준하, 『대통령과 장군: 윤보선 대 박정희』(나남, 2002), 83~85쪽.
238 이영신, 『격동 30년: 제1부 쿠데타의 새벽 ①』(고려원, 1992), 307~308쪽.
239 김준하, 『대통령과 장군: 윤보선 대 박정희』(나남, 2002), 73쪽.
240 이완범, 「장면과 정권교체: 미국의 대안 고려와 그 포기 과정을 중심으로, 1952~

	1961」, 한국민족운동사학회 편, 『장면과 제2공화국』(국학자료원, 2003), 50~51쪽.
241	한배호, 『한국정치변동론』(법문사, 1994), 128쪽.
242	김준하, 『대통령과 장군: 윤보선 대 박정희』(나남, 2002), 96~97쪽.
243	정윤재, 「장면 총리의 정치 리더십과 제2공화국의 붕괴」, 한국정신문화연구원 편, 『장면·윤보선·박정희: 1960년대 초 주요 정치지도자 연구』(백산서당, 2001), 85쪽.
244	정대철, 『장면은 왜 수녀원에 숨어 있었나』(동아일보사, 1997), 272~273쪽.
245	이완범, 「장면과 정권교체: 미국의 대안 고려와 그 포기 과정을 중심으로, 1952~1961」, 한국민족운동사학회 편, 『장면과 제2공화국』(국학자료원, 2003), 52쪽.
246	이영신, 『격동 30년: 제1부 쿠데타의 새벽 ①』(고려원, 1992), 308~310쪽.
247	조갑제, 『내 무덤에 침을 뱉어라 4: 국가개조』(조선일보사, 1998), 144쪽.
248	방우영, 『조선일보와 45년: 권력과 언론 사이에서』(조선일보사, 1998), 381쪽.
249	김종필, 『김종필 증언록 1: JP가 말하는 대한민국 현대사』(와이즈베리, 2016), 85쪽.
250	조갑제, 『내 무덤에 침을 뱉어라 4: 국가개조』(조선일보사, 1998), 111~112쪽.
251	정대철, 『장면은 왜 수녀원에 숨어 있었나』(동아일보사, 1997), 246쪽.
252	김문, 『장군의 비망록 II: 격동의 현대사를 주도한 장군들의 이야기』(별방, 1998), 63쪽.
253	김충식, 『정치공작사령부 남산의 부장들 1』(동아일보사, 1992), 24쪽.
254	김문, 『장군의 비망록 II: 격동의 현대사를 주도한 장군들의 이야기』(별방, 1998), 62쪽.
255	조갑제, 『내 무덤에 침을 뱉어라 4: 국가개조』(조선일보사, 1998), 112~113쪽.
256	이영신, 『격동 30년: 제1부 쿠데타의 새벽 ①』(고려원, 1992), 319쪽.
257	김문, 『장군의 비망록 II: 격동의 현대사를 주도한 장군들의 이야기』(별방, 1998), 64쪽.
258	김문, 『장군의 비망록 II: 격동의 현대사를 주도한 장군들의 이야기』(별방, 1998), 65쪽.
259	주돈식, 『우리도 좋은 대통령을 갖고 싶다: 8명의 역대 대통령과 외국 대통령의 비교평가』(사람과책, 2004), 160쪽.
260	이영신, 『격동 30년: 제1부 쿠데타의 새벽 ①』(고려원, 1992), 321쪽.
261	이용원, 「제2공화국과 장면: 윤보선과의 갈등 하(下)」, 『대한매일』, 1999년 3월 23일, 6면.
262	김종필, 『김종필 증언록 1: JP가 말하는 대한민국 현대사』(와이즈베리, 2016), 127쪽.
263	조갑제, 『내 무덤에 침을 뱉어라 4: 국가개조』(조선일보사, 1998), 118~119쪽.
264	이용원, 「제2공화국과 장면: 윤보선과의 갈등 하(下)」, 『대한매일』, 1999년 3월 23일, 6면.
265	정대철, 『장면은 왜 수녀원에 숨어 있었나』(동아일보사, 1997), 22쪽.
266	중앙일보 특별취재팀, 『실록 박정희』(중앙M&B, 1998), 58~59쪽.
267	정대철, 『장면은 왜 수녀원에 숨어 있었나』(동아일보사, 1997), 28쪽.

268 김용석, 「[다시 쓰는 한반도 100년] 6: 2공화국과 박정희 시대 개막」, 『경향신문』, 2001년 9월 22일; 조갑제, 『내 무덤에 침을 뱉어라 3: 혁명 전야』(조선일보사, 1998), 242쪽; 조갑제, 『내 무덤에 침을 뱉어라 4: 국가개조』(조선일보사, 1998), 83쪽.
269 김용석, 「[다시 쓰는 한반도 100년] 6: 2공화국과 박정희 시대 개막」, 『경향신문』, 2001년 9월 22일.
270 조갑제, 『내 무덤에 침을 뱉어라 3: 혁명 전야』(조선일보사, 1998), 295쪽.
271 이완범, 「제1차 경제개발5개년계획의 입안과 미국의 역할, 1960~1965」, 한국정신문화연구원 편, 『1960년대의 정치사회변동』(백산서당, 1999), 49~50쪽; 이상우, 『박정권 18년: 그 권력의 내막』(동아일보사, 1986), 75쪽.
272 박태균, 「5·16 쿠데타와 미국: 비밀해제된 미국 문서를 중심으로」, 『역사비평』, 제55호 (2001년 여름), 69~70쪽.
273 박태균, 「5·16 쿠데타와 미국: 비밀해제된 미국 문서를 중심으로」, 『역사비평』, 제55호 (2001년 여름), 103쪽.
274 박태균, 「5·16 쿠데타와 미국: 비밀해제된 미국 문서를 중심으로」, 『역사비평』, 제55호 (2001년 여름), 70~71쪽; 조갑제, 『내 무덤에 침을 뱉어라 3: 혁명 전야』(조선일보사, 1998), 301쪽; 조갑제, 『내 무덤에 침을 뱉어라 5: 김종필의 풍운』(조선일보사, 1998), 393쪽.
275 최장집, 「제2공화국하에서의 민주주의 등장과 실패」, 백영철 편, 『제2공화국과 한국 민주주의』(나남, 1996), 63쪽.
276 손호철, 「5·16 쿠데타를 어떻게 평가할 것인가」, 『역사비평』, 제13호(1991년 여름), 164~165쪽; 김창수, 「한미관계, 종속과 갈등」, 한국정치연구회 편, 『박정희를 넘어서: 박정희와 그 시대에 대한 비판적 연구』(푸른숲, 1998), 331쪽.
277 손호철, 「5·16 쿠데타를 어떻게 평가할 것인가」, 『역사비평』, 제13호(1991년 여름), 165~166쪽.
278 정경모, 「박정희: 권력 부상에서 비극적 종말까지」, 『역사비평』, 제13호(1991년 여름), 217쪽.
279 최장집, 「제2공화국하에서의 민주주의 등장과 실패」, 백영철 편, 『제2공화국과 한국 민주주의』(나남, 1996), 63쪽.
280 서중석, 「4월 혁명 운동기의 반미·통일운동과 민족해방론」, 『역사비평』, 제14호 (1991년 가을), 166~167쪽.
281 문명자, 『내가 본 박정희와 김대중』(월간말, 1999), 37쪽.
282 김삼웅, 『곡필로 본 해방 50년』(한울, 1995), 112~113쪽.
283 김준하, 『대통령과 장군: 윤보선 대 박정희』(나남, 2002), 102~105쪽; 한용원, 『한국

의 군부정치』(대왕사, 1993), 223쪽; 김성진, 『한국정치 100년을 말한다: 우리들이 꼭 알아야 할 한국 정치의 실상』(두산동아, 1999), 211쪽.

284 조갑제, 『내 무덤에 침을 뱉어라 4: 국가개조』(조선일보사, 1998), 131쪽.

285 전인권, 『박정희 평전: 박정희의 정치사상과 행동에 관한 전기적 연구』(이학사, 2006), 165쪽.

286 김광호, 「권모술수와 담싼 성직자형 정치가: 장면 전 총리는 누구인가」, 『경향신문』, 1999년 8월 27일, 18면.

287 이상우, 『박정권 18년: 그 권력의 내막』(동아일보사, 1986), 244쪽.

288 이용원, 「장 총리 "소급입법 위헌" 첫 지적: 민의원 재경분과위 소속 장경순 전 의원」, 『대한매일』, 1999년 5월 14일, 6면.

289 조광·김영구, 「제2공화국과 장면: 시리즈 결산 전문가 대담」, 『대한매일』, 1999년 6월 15일, 6면.

290 박성휴, 「"장면은 다원적 민주주의 실천한 선각자": 탄생 100주년 '정치인 운석과 2공' 재평가 활발」, 『경향신문』, 1999년 8월 27일, 18면.

291 조광·김영구, 「제2공화국과 장면: 시리즈 결산 전문가 대담」, 『대한매일』, 1999년 6월 15일, 6면.

292 이덕일, 「미래형 정치가와 과거형 정치가: 장면과 윤보선 평가」, 『대한매일』, 1999년 3월 23일, 6면.

293 박성휴, 「"장면은 다원적 민주주의 실천한 선각자": 탄생 100주년 '정치인 운석과 2공' 재평가 활발」, 『경향신문』, 1999년 8월 27일, 18면.

294 박성휴, 「"장면은 다원적 민주주의 실천한 선각자": 탄생 100주년 '정치인 운석과 2공' 재평가 활발」, 『경향신문』, 1999년 8월 27일, 18면.

295 김정원의 말, 정대철, 『장면은 왜 수녀원에 숨어 있었나』(동아일보사, 1997), 197쪽.

296 정대철, 『장면은 왜 수녀원에 숨어 있었나』(동아일보사, 1997), 196쪽.

297 이완범, 「장면과 정권교체: 미국의 대안 고려와 그 포기 과정을 중심으로, 1952~1961」, 한국민족운동사학회 편, 『장면과 제2공화국』(국학자료원, 2003), 64~65쪽.

298 김병익 외, 「좌담: 4월 혁명과 60년대를 다시 생각한다」, 최원식·임규찬 엮음, 『4월혁명과 한국문학』(창작과비평사, 2002), 52쪽.

299 김대중, 일본 NHK 취재반 구성, 김용운 편역, 『역사와 함께 시대와 함께: 김대중 자서전 1』(인동, 1999), 146쪽.

300 오명호, 『한국현대정치사의 이해』(오름, 1999), 249~250쪽.

301 오명호, 『한국현대정치사의 이해』(오름, 1999), 247~248쪽에서 재인용.

302 정윤재, 「장면 총리의 정치 리더십과 제2공화국의 붕괴」, 한국정신문화연구원 편, 『장

면·윤보선·박정희: 1960년대 초 주요 정치지도자 연구』(백산서당, 2001), 75~76쪽.
303 임대식,「1960년대 초반 지식인들의 현실 인식」,『역사비평』, 제65호(2003년 겨울), 313~314쪽.
304 안정애,「주한미군: 대한민국을 만들고, 지키고, 유지시킨 대한민국 역사 그 자체」, 이재범 외,『한반도의 외국군 주둔사』(중심, 2001), 349쪽.
305 김준하,『대통령과 장군: 윤보선 대 박정희』(나남, 2002), 110~111쪽.
306 이상우,『박정권 18년: 그 권력의 내막』(동아일보사, 1986), 173~174쪽.
307 이상우,『박정권 18년: 그 권력의 내막』(동아일보사, 1986), 174~175쪽.
308 김삼웅,『한국 현대사 바로잡기』(가람기획, 1998), 90쪽.
309 임대식,「1960년대 초반 지식인들의 현실 인식」,『역사비평』, 제65호(2003년 겨울), 323쪽.
310 임대식,「1960년대 초반 지식인들의 현실 인식」,『역사비평』, 제65호(2003년 겨울), 334~335쪽.
311 이상우,『박정권 18년: 그 권력의 내막』(동아일보사, 1986), 71~72쪽.
312 이상우,『박정권 18년: 그 권력의 내막』(동아일보사, 1986), 74쪽.
313 이석제,『각하, 우리 혁명합시다』(서적포, 1995), 123~124쪽.
314 이종오,「4월 혁명의 심화 발전과 학생운동의 전개」, 고성국 외,『1950년대 한국 사회와 4·19 혁명』(태암, 1991), 220쪽.
315 이완범,「장면과 정권교체: 미국의 대안 고려와 그 포기 과정을 중심으로, 1952~1961」, 한국민족운동사학회 편,『장면과 제2공화국』(국학자료원, 2003), 60쪽.
316 이상우,『박정권 18년: 그 권력의 내막』(동아일보사, 1986), 75쪽.
317 정태영,「5·16 쿠데타 이후 혁신세력은 어떻게 존재하였나」,『역사비평』, 제18호(1992년 가을), 45~46쪽.
318 정태영,「5·16 쿠데타 이후 혁신세력은 어떻게 존재하였나」,『역사비평』, 제18호(1992년 가을), 47~48쪽.
319 정진석,『한국언론사』(나남, 1990), 289~290쪽.
320 김삼웅,「민족일보 조용수」,『대한매일』, 1998년 12월 22일, 7면.
321 박윤석,「사후 37년 만에 진상규명위원회 발족된 민족일보 사장 조용수」,『신동아』, 1999년 2월, 483쪽.
322 원희복,「민족일보 사장 조용수 평전』(전국언론노동조합연맹, 1995), 191~195쪽.
323 이병주,「5·16혁명 '공약(空約)'」,『월간조선』, 1985년 5월, 489쪽.
324 김삼웅,『한국현대사 바로잡기』(가람기획, 1998), 92~93쪽.
325 육성철,「조용수 사형집행 그 후: 공산당 물주로 지목됐던 교포 이영근 박정권과 밀

착」,『일요신문』, 1997년 10월 5일, 21면; 이상우,『박정권 18년: 그 권력의 내막』(동아일보사, 1986), 129~131쪽.
326 원희복,『민족일보 사장 조용수 평전』(전국언론노동조합연맹, 1995), 211쪽.
327 김삼웅,『한국 현대사 바로잡기』(가람기획, 1998), 95쪽.
328 원희복,『민족일보 사장 조용수 평전』(전국언론노동조합연맹, 1995), 203~207쪽.
329 황용연,「역사는 두 번 되풀이된다: 민주공화당과 열린우리당」,『당대비평』, 제26호(2004년 여름), 339쪽에서 재인용.
330 임대식,「1960년대 초반 지식인들의 현실 인식」,『역사비평』, 제65호(2003년 겨울), 320쪽.
331 김석야 · 고다니 히데지로(小谷豪治郎),『실록 박정희와 김종필: 한국현대정치사』(프로젝트409, 1997), 179쪽.
332 신창균,『가시밭길에서도 느끼는 행복: 조국통일범민족연합 남측본부 의장 송암 신창균 회고록』(해냄, 1997), 235쪽.
333 신창균,『가시밭길에서도 느끼는 행복: 조국통일범민족연합 남측본부 의장 송암 신창균 회고록』(해냄, 1997), 237쪽.
334 이상우,『박정권 18년: 그 권력의 내막』(동아일보사, 1986), 76쪽.
335 이상우,『박정권 18년: 그 권력의 내막』(동아일보사, 1986), 158~159쪽.
336 조성기,『한경직 평전』(김영사, 2003), 168쪽.
337 김헌식,『색깔논쟁』(새로운사람들, 2003), 195쪽; 문명자,『내가 본 박정희와 김대중』(월간말, 1999), 45쪽.
338 정경모,「박정희: 권력 부상에서 비극적 종말까지」,『역사비평』, 제13호(1991년 여름), 219쪽.
339 중앙일보 특별취재팀,『실록 박정희』(중앙M&B, 1998), 72쪽.

한국 현대사 산책
1960년대편 1권(개정증보판)

ⓒ 강준만, 2025

초판 1쇄   2004년 9월 20일 펴냄
개정증보판 1쇄   2025년 12월 10일 찍음
개정증보판 1쇄   2025년 12월 19일 펴냄

지은이 | 강준만
펴낸이 | 강준우
인쇄·제본 | 지경사문화

펴낸곳 | 인물과사상사
출판등록 | 제17-204호 1998년 3월 11일

주소 | (04031) 서울시 마포구 동교로22길 29 성지빌딩 301호
전화 | 02-325-6364
팩스 | 02-474-1413

www.inmul.co.kr | insa@inmul.co.kr

ISBN 978-89-5906-821-0 04900
     978-89-5906-820-3 (세트)

값 22,000원

이 저작물의 내용을 쓰고자 할 때는 저작자와 인물과사상사의 허락을 받아야 합니다.
파손된 책은 바꾸어 드립니다.